HERMES

在古希腊神话中,赫耳墨斯是宙斯和迈亚的儿子,奥林波斯神们的信使,道路与边界之神,睡眠与梦想之神,亡灵的引导者,演说者、商人、小偷、旅者和牧人的保护神……

西方传统 经典与解释 **HERMES**
Classici et Commentarii

布鲁姆集

刘小枫 ● 主编

巨人与侏儒（1960—1990）

Giants and Dwarfs: Essays 1960-1990

[美] 阿兰·布鲁姆 Allan Bloom | 著

张辉 等 | 译

华夏出版社

古典教育基金·"传德"资助项目

"布鲁姆集"出版说明

阿兰·布鲁姆(1930—1992)因其《美国精神的封闭》(1987)一书引发争议,不仅在美国名气很大,在我国读书界也名气不小。我们知道,他是出生于普通社工(social worker)家庭的才了:15岁上芝加哥大学,18岁本科毕业,25岁以研究古希腊修辞家伊索克拉底斯(Isocrates)的博士论文获得博士学位。

38岁那年(1968),布鲁姆翻译的柏拉图《王制》出版,并附有义疏,为他赢得了古典学家的声誉,尽管译文因严格按字面翻译而过于生硬,受到不少批评。同一年,布鲁姆还出版了他翻译的卢梭《就剧院致达朗贝尔的信》,11年后又翻译出版了卢梭自认为最重要的著作《爱弥儿》(1979)。无论柏拉图的《王制》还是卢梭的《爱弥儿》,都是大部头经典。我们可以设想,倘若不是哈钦斯(1899 - 1977)校长划时代地改造了芝加哥大学本科教育,确立起"阅读大书(Great Books)"的博雅教育理念,①布鲁姆这样的罕见才子恐怕不会把自己的大量人生时间用来翻译这样的大部头经典。

《美国精神的封闭》引发的争议让我们想起卢梭在39岁那年因《论科学和文艺》而引发的争议。尽管卢梭在其写作生涯的开端就惹事,布鲁姆惹事时已经57岁,他们惹事的性质都一样:挑明了民主政体必然会面临的公民教育难题。《美国精神的封闭》有这样一个副标题:"高等教育如何导致民主失败和大学生心灵枯竭"(How Higher Education Has Failed Democracy and Impoverished the Souls of Today's

---

① 参见哈钦斯等著,《大学与博雅教育》,落崖编/译,北京:华夏出版社,2015。

Students)。在卢梭的时代,民主政体尚未形成,不可能谈论相应的高等教育问题,但《美国精神的封闭》与《论科学和文艺》所挑明的问题一以贯之:即便民主政体也应该封闭国家精神。

建立民主政体得凭靠哲学,民主政体建立之后,哲学自然会成为高等教育的基础。民主政体的基本特征之一是,智识人群体不再受任何建制约束,除非自己约束自己。由此不难设想,在开放的民主政体中,五花八门的哲学主张难免导致国家精神的混乱。《美国精神的封闭》表明:哲学的民主状态会危及民主政体的国家精神。布鲁姆去世前一年与同仁编辑过一部文集,他用书名及其副标题进一步挑明了这一问题。①

问题的吊诡在于:"美国精神"恰恰是心仪民主政体的哲学家们打造出来的。建立民主政体首先需要靠自由的哲学破除原生性的政治生活的基本原则——民主政体建立之后,又需要阻止哲学的自由破坏民主政体的立国精神。布鲁姆呼吁"封闭美国精神",我们则仍需要致力于开放"中国精神"——我们的许多智识人会说,理由很简单:尚未"开放",谈何需要"封闭"。

除了翻译大部头经典和教书育人培育好学生,②布鲁姆还写过一些绎读西方经典的文章,以政治哲人姿态与破坏政治生活基本原则的民主智术师们搏斗。布鲁姆从自己的老师施特劳斯那里懂得:

> 就算人们真的不需要绝对意义上所讲的政治哲学,只要某种错误政治教导会危害某种合理的政治行为,人们还是需要政治哲学。如果芝诺未曾否认运动的真实性,就没有必要去证明运动的

---

① 参见 Allan Bloom / Steven J. Kautz 编,*Confronting the Constitution:The Challenge to Locke, Montesquieu, Jefferson, and the Federalists from Utilitarianism, Historicism, Marxism, Freudism*, Washington, DC, 1991。

② 参见 Michael Palmer / Thomas Pangle 编,*Political Philosophy and the Human Soul:Essays in Memory of Allan Bloom*, Maryland, 1995。

真实性。如果智术师们未曾破坏政治生活的基本原则,也许柏拉图就不会被迫精心营造他的《王制》。①

由此可以理解,布鲁姆绎释经典有两个显著特色:首先,以绎读文学经典为主——34岁那年,他就出版过《莎士比亚的政治学》(1964);第二,其文风表明他不是为学院人写作,而是为普通大学生甚至知识大众写作——这意味着布鲁姆自觉地在做反向启蒙教育。

西方文史上的经典大家很多,布鲁姆主要绎释的是柏拉图、莎士比亚和卢梭的作品。可以推想,他选择这三位伟大的西方经典作家,与他思考自己的国家的政治生活品质有关。更明确地说,布鲁姆尤其关注古典作品中的"爱欲"主题,想必与美国大学上世纪60年代经历的"文革"有关。这场"爱欲解放"运动爆发时,正在康奈尔大学执教的布鲁姆才30多岁,他所经受的思想冲击恐怕不亚于我们所经历过的"文革"。美国的"文革"历时不长,其后续影响却未必逊于我们的"文革"。两种"文革"固然不可同日而语,却有着共同的品质:爱欲的民主化。由于"文革"后的中国更坚定了拥抱美国式"文革"理想的决心,布鲁姆对西方经典的绎读在今天也适合我们的脾胃。

《经典与解释》系列已经先后翻译出版过布鲁姆的若干著述,在一些热心朋友的建议和努力下,我们将布鲁姆的所有著述翻译过来(含未刊博士论文),结为专辑,以飨读者。

刘小枫
古典文明研究工作坊
西方典籍编译部丁组
2016年10月

---

① 施特劳斯,《苏格拉底问题与现代性》,刘振、彭磊等译,北京:华夏出版社,2016,页125。

目　录

中译本前言 …………………………………………… 1

前言 …………………………………………………… 1
西方文明 ……………………………………………… 6

书籍

巨人与侏儒 …………………………………………… 29
政治哲学与诗 ………………………………………… 50
基督徒与犹太人 ……………………………………… 58
《理查二世》 …………………………………………… 80
《希帕库斯》或《好利者》 …………………………… 92
民主社会的政治哲学家 ……………………………… 106
《伊翁》或《论〈伊利亚特〉》 ………………………… 127
柏拉图《伊翁》解 …………………………………… 144
阿里斯托芬和苏格拉底 ……………………………… 169
《爱弥尔》 ……………………………………………… 186
卢梭 …………………………………………………… 217

老师们

纪念施特劳斯 ………………………………………… 247
雷蒙·阿隆 …………………………………………… 268
亚历山大·科耶夫 …………………………………… 281

我们时代书籍的命运

商业与"文化" ··· 289
文本的研习 ··· 308
正义 ·· 329
自由教育的危机 ··· 358
大学的民主化 ··· 375

致谢 ·· 400
索引 ·· 402

中译本前言

一

记得2002年初夏，我在《书城》杂志第2期发表了一篇几千字的短文，题为《在恐惧巨人的时代》，介绍阿兰·布鲁姆(1930—1992)的著作和思想。时隔不久，编辑李二民先生便转来一封读者来信。信中称，我的小文或许标志着知识界某种新的思想动向："解构之后，试图重建的可能"。

十年过去了，当我准备为《巨人与侏儒》这个中文全译本撰写前言的时候，情不自禁又想起了那位低调而敏锐的匿名读者所说的话。那句话，简洁而语重心长。

遭遇布鲁姆，究竟给中国知识界带来什么？这位才华横溢而又桀骜不驯的犹太裔美国人，究竟在什么意义上有助于我们进一步反观自己、反观我们的时代？我们解构了什么？我们又需要重建什么？如何重建？

《巨人与侏儒》当然不可能给我们提供标准答案，更不要说一劳永逸的解决方案了。但细读布鲁姆发表于二十世纪六十年代至二十世纪九十年代三十年间的这二十篇文章，无疑不仅可以帮助我们从一个侧面了解"走向封闭的美国精神"，而且更重要的是，可以使我们不至于沾沾自喜于我们所谓的"开放"与"现代"。在现代性的背景前，我们"精神封闭"的程度，比布鲁姆所激烈批判的美国应该说有过之而无不及，甚至还带着很多消极的中国特色。

这其中，也许就包括我们对诸如布鲁姆这样的思想者的盲视和无知。即使大量翻译和介绍了他们的著作,也依然出于现代人"良知的傲慢"而带来的盲视和无知。

原因是多方面的,而最明显的是,布鲁姆很难被归入哪一个特定的专业领域。不错,他是著名思想大师施特劳斯的第一代传人,又在法国师从雷蒙·阿隆、亚历山大·柯耶夫等,可以说是师出有门;而且,早在1955年25岁时他就毕业于芝加哥大学,获博士学位,毕业后又分别任教于耶鲁、康乃尔、特拉维夫、多伦多等多所世界一流大学并最终回母校芝加哥大学鼎鼎有名的社会思想委员会。他的这些学术经历,即使按时下学院政治的标准衡量,也毫不逊色甚至足以骄人。但是,他的著作所涉的范围之广,却会让许多"专家"摸不着头脑。他是政治哲学教授,但是,他的很多文章却讨论了诗——广义的诗,比如莎士比亚的戏剧,奥斯丁、司汤达、福楼拜和托尔斯泰的小说,等等。他甚至与人合作了一本研究莎士比亚的专著《莎士比亚的政治学》(*Shakespeare's Politics*, The University of Chicago Press,1981),被他的好友唐豪瑟(Werner J. Dannhauser)评价为:"我们时代最为不朽的莎士比亚评论之一";而他的博士论文主要研究伊索克拉底(Isocrate),应该属于古典研究范畴,可是他一生中除了翻译柏拉图的《理想国》(*The Republic of Plato*, Basic Books Inc.,1990)并使之成为最重要的英译本之一,还花了大量时间研究卢梭,翻译并注解了《爱弥尔》(*Emile or On Education*, Basic Books,1979)以及卢梭给达朗贝的信(《政治与艺术——关于达朗贝"论剧院"一文的信》)(Politics and the Arts: Letter to M. D'Alembert on the Theatre, Cornell University Press, 1960),似乎是一个法国现代思想史研究家。如此上下古今纵横交错,难怪关注者寥寥矣!甚至包括他的最后两本文集:《巨人与侏儒》(*Giants and Dwarfs*, Simon and Schuster,1990)及《爱与友谊》(*Love and Friendship*, Simon and Schuster, 1993),书中涉及的文类,传统上几乎也都应该属于文学范畴(poetry),而并不是哲学论文(treatise),因而很难用现代学术建制中的所谓专业分工来圈限。前一本书的书名,首先使人想到的是斯威夫特的小说《格里佛游记》,似乎与政治、与哲学之间的关系很远;而后一本呢,一开篇讨论的是《爱欲的沦落》(The Fall of Eros),最后则以《爱的阶梯》(The Ladder of Love,该文另有单行本,附于伯纳德特[Seth Benardete]翻译的《会饮》之后,University of Chicago Press, 1993)煞尾,分明是在呼应柏拉图《会饮》中所提出的"爱欲"这个跨学科也跨历史、跨文化的永恒问题。

进而言之,布鲁姆很少被关注,恐怕与知识界流行的思想趣味不无关系。至少与布鲁姆相比,人们缺乏对经典的真正热爱,也缺少亲炙伟大作品的渴望。对那些耳熟能详的"大作品",几乎每个人都会认为,自己即使并不对这些大书了然于心也至少可以略知一二,而且略知一二也就够了。更何况,那些"大作品"常常是些"过时"的旧书,没有时效性也不实用,茶余饭后作为谈资足矣,有什么必要一遍遍翻译、解释甚至还要通过那些老古董来反观现代思想的弊端?汉语知识界对本民族经典的解释传统尚且没有引起足够重视,更遑论细读西方经典乃至对西方经典的解释性作品!

二

布鲁姆对那些伟大旧书的热爱,以及他的大量解经式作品,究竟出于什么思想动机?难道那只是一个知识人的阅读偏好而已?在看似杂乱而不合惯常学术理路的选择中,他灌注了怎样的关切?

这就不能不说到他的老师施特劳斯。布鲁姆是幸运的,从19岁开始,施特劳斯就对他产生了决定性的影响,一个基本信念逐步确立:"自我实现有赖于对人的可能性的认识,而这些可能性就有血有肉地活在那些旧书之中。"所以,从那时候起,他就开始学习过一种苏格拉底式的哲学生活,一生通过解释伟大的诗与哲学著作以认识自我。

这种读书生活,与对伟大作品的一知半解、浅尝辄止不可同日而语。站在流俗解释学思想的对立面,布鲁姆在许多地方一再阐明并捍卫施特劳斯朴素的阐释原则。倡导从最简单、最普通乃至最表面的东西出发,主张"表面即核心",不放过每一个微妙的细节;同时力图以伟大作家自己的方式理解他们的作品,而不是像尼采所讽刺的那些学者一样"挖出来的仅仅是他们自己埋进去的东西",把古人仅仅看成一面镜子,从中看到的不过是解释者自己的影子;而且,与他的老师一样,布鲁姆最重要的作品几乎都是解经家式的"评注"(Commentary)或字斟句酌的翻译,而非"原创"。我们常常看到,他总是站在巨人身后说话,而并不直接站到前台。因为在他看来,"任何严肃的新说法必须基于与旧说法的深刻对质。这种对质具有更多有益效果,他摧毁人的自以为是并给予我们更高的渴望"。

这种读书态度,表现出的因而是对伟大作品的敬畏。对布鲁姆来说,"敬畏是从一个伟大的心灵所写下的伟大作品中学到教益的必备条件",将一切作者和读者扯平,是不明智的;而认为任何人都可以轻松达到伟大思想的高度,也不过是一个美好的海市蜃楼。在伟大作品面前,人们所应该具有的是真正的谦逊,而不是什么站在巨人肩膀上的傲慢或狂妄。在《巨人与侏儒》的导言里,他说过这样一番意味深长的话:

> 有一句老话说,"我们是矮子,但是我们站在巨人的肩上",我的标题跟这句话绝对扯不上关系。这句话披着谦卑的外衣,表达的却是极度的自满。巨人们那么容易让你爬到他们的肩上去吗?他们的作用就是把一群矮子扛在肩上?也许他们曾经如此悲悯,但现在已把我们搁在地上,悄悄离去,只留下我们傻乎乎地以为自己还拥有辽阔的视野。人们不过无中生有地以为,自己与伟大为邻,很快,新一代人来了,他们否认曾经有过巨人,并声称所谓巨人不过是老师们捏造的谎言。我猜,巨人低头看着这场闹剧,恐怕要笑起来。

这就是说,对伟大作品与伟大精神(也即对巨人)的否认,实际上建立在无端的乐观与自欺之上,要么认为自己可以不费吹灰之力轻易超越巨人;要么干脆不承认有什么高于或优于自己的巨人存在。这也许是现代人的通病。布鲁姆所否定的恰恰就是这两种对待伟大者的病态心理,或曰侏儒的精神胜利法。而这一切,事实上基于对现代世界的清醒判断,因为"在希腊由荷马、在意大利由但丁、在法国由拉辛和莫里哀、在德国由歌德建立起来的那些民族之书的教化与整合功能正在迅速消亡"。

  对伟大作品的尊重与热爱,无疑正是要与侏儒哲学相对垒,从而帮助我们在这个宣布人人平等的时代,看清严峻的事实:"对一本伟大著作或一个伟大作者的反复阅读与信赖已然消失,这不仅导致生活基调的庸俗化,而且也导致社会的原子化。因为,有教养的民族集合在一起,是基于对德行与恶行、高贵与卑鄙的共通理解。"这些共通理解,凝聚并渗透在那些伟大作品中,无视或小视伟大作品恰恰暴露了现代精神的滑稽与渺小。也正由于此,布鲁姆要反其道而行之,思考古代对于现代的意义。在他看来,"《格列佛游记》所引发的笑声是荷马和柏拉图的标准所认可的","他的判断标准全都是古代的;他的褒贬总是和柏拉图相一致的。他学会了如何在自己的时代以古人的视角进行生活";"而人的整全,统一和独一(singleness)——在《理想国》中被反讽地勾勒出来的设想——是《爱弥尔》及在其后出现的几乎所有作品的严肃主题";而莎士比亚呢,"因为莎士比亚最生动也最广泛地呈现了僭主的命运、善好统治者的品质、朋友之间的关系、公民的职责,如果不带偏见地去阅读他,他会触动读者的灵魂;读者也会因为读了莎士比亚而更好地理解生活;由此,莎士比亚也就变成一个长期的向导和指南。他的作品因此发生了《圣经》所曾经发挥的作用,人们通过莎士比亚的眼睛看到了一个更丰富、更多彩的世界。正是莎士比亚的这个重要方面被人们错过了。只有教会人们莎士比亚确实说了些什么,莎士比亚才能再次影响非常需要他影响的这一代人——在最重要问题上,给予人们所需要的、深思熟虑的观点"。

  这样,解读伟大作品,已经不仅仅是个人或某个学派的为学旨趣,而已经与生存选择紧密相关。关键在于,伟大作品给出了关于什么是美好生活、什么是美好德行等紧要问题的深刻思考与解答。即使我们要寻求只属于自己的答案,也无论如何必须首先面对那些伟大的书。

三

当然,对于中国人来说,依靠巨人、依靠大书来确定生活意义,并不是什么美妙的记忆。像布鲁姆所担心的那些受到蒙骗的学生一样,我们已经习惯于怀疑。巨大的灾难,使我们有理由怀疑扭转乾坤的巨人,也怀疑开天辟地的巨著。我们好像已然难以超越这另一种流行病:恐惧巨人。既积极地警惕巨人挡住了我们自己的视线与天空,也消极地害怕巨人使我们的庸常生活相形见绌。拒绝神话、躲避崇高,已经成为我们时代的常识。

但常识未必是真知。布鲁姆在回忆施特劳斯时说:"柏拉图式的洞穴图景描述了人类的根本处境。人是其所处时代及场所中权威意见的囚徒,一切人由此开始,大多数人也在此结束。教育就是从这种束缚中获得解放,就是上升到某种立场,从那里能够看到洞穴。"可以说,布鲁姆对伟大作品的解释,正是在寻求从洞穴中走出来的途径,或者说,他是将那些大书看成了自己走出洞穴的地图。这个思路,对我们应该不无启发。说到底,在一个恐惧巨人的时代,我们恰恰需要知道真正的巨人究竟意味着什么,消极躲避和小心翼翼的防备其实都无济于事。

值得注意的是,在布鲁姆看来,所谓巨人以及他们留下的巨著,并不是真理的终结者。宣称话语终结的人,其实并不是真正的巨人,而不过是独裁者或专权者而已。如果将两者混淆,并进而将对专制的恐惧迁延到对所有高出日常生活逻辑的东西之上,只能视为犬儒主义。

在布鲁姆的心目中,最伟大的巨人不是俨然无所不知的智术师,而是认识到自己之无知的大哲学家:苏格拉底。苏格拉底这样的巨人,也许会让一些人恐惧,但那不是由于苏格拉底期望像僭主那样剥夺别人思考和选择的权利,从而僭越他人的生活。人们恐惧苏格拉底,是因为他会永远刨根究底,使人们的成见在洞穴外的太阳下暴露无遗。但是,对于苏格拉底的同类来说,他倒是一个可以分享友爱——希腊意义上的友爱——的伙伴,甚至他本身就是一本奇妙而伟大的书。"善好的热爱者变成了朋友,因为他们借助于智慧的旧书共同思考善好的问题。"像苏格拉底这样的巨人,完全不需要别人爬到肩膀上去和他交往,需要的只是对"智慧的旧书"的共同爱好而已。

这样的巨人朋友,布鲁姆当然不止一个,也不应该只有一个。关于此,我印象最深的有两段话。一段是布鲁姆自己在《爱与友谊》中写下的:"这最后一次对莎士比亚的解读,其结果对我来说就是我再一次确信,任何我所想和所感的东西,不管是高是低,他没有不比我想得、感受得和表达得更好的。"另一段则来自唐豪瑟的回忆:"施特劳斯的遗产还继续存在着,没有谁比阿兰·布鲁姆为保护它做得更得力了。施特劳斯培育了施特劳斯学派,而布鲁姆甚至从来没有试图培育布鲁姆学派。"一个汪洋恣肆的天才,如果不是出于对巨人和大书的敬畏和热爱,还有什么东西能使他有这样谦逊而近乎中庸的言行?承认巨人的伟大并且努力建立与巨人的友谊,在一个失去了高度的时代,不恰恰表现了非凡的勇气?

布鲁姆的努力也许没有白费,他至少使我们知道,真正的巨人,并没有因为后现代的解构,而失去思想的力量和生命的光辉。人们对巨人的恐惧——无论是躲避还是否认,却反而从反面显示了巨人的不朽。可以说,这本文集中所收录的文章也都关心了同样的问题,即在现代社会我们如何面对先哲们的高贵精神遗产——那些伟大的书。用先哲独特的眼光和深邃的智慧,而不仅仅是现代人的臆想来判断那些伟大思想的价值,不仅由现代反观古代,而且更透过古代反思现代的问题,那些记录在伟大作品中的、超越特定文化、经济、政治限制的永恒问题,应该是阅读伟大作品的题中应有之义。

四

如前所说,《巨人与侏儒》这个书名,显然取自十八世纪英国伟大作家斯威夫特的《格列佛游记》。布鲁姆选择这个名字,目的很明显。对他而言,在貌似没有高低贵贱之分、消除恶行德行之别甚至很难确定美好与邪恶标准的现代"民主"社会,伟大作品所代表的价值尺度以及对自然正当的关切,正像这个世界有高个子与小矮子一样不容否认和回避。区分人的禀赋与自然差别,区分事物的好坏,乃是一切政治哲学的起点。

不仅如此,布鲁姆整个文集的编排也很有深意。细心的读者会注意到,在"前言"之后,他首先列出的是1988年在哈佛大学的一则演讲,题为《西方文明》。毋宁说,这是本书的第二个前言。通过这后一个前言,他似乎在提示我们,这整本书,正是面对现代文明所面临的问题乃至危机有感而发。

但与习惯于宏大叙事的那些作者判然有别,布鲁姆其后给出的文集各个部分的名称,却与西方文明这个大命题,似乎无法形成一般意义上的正比例。文集的正文分三个部分。第一部分的名称是"书籍";第二部分的名称是"老师";第三部分则又回到了书籍——"我们时代书籍的命运"。

完全不难看出,这三组名称中事实上有四个主题词,即"书籍""老师""时代"和"命运"。这至少给我们一个提示,对布鲁姆来说,西方文明的问题——准确地说,是西方现代文明所面临的问题,在很大程度体现在书籍的时代命运以及老师的时代命运之中。也即我们在什么样的老师带领下阅读什么样的书,一定意义上决定了西方所代表的现代文明的走向与命运。

具体到布鲁姆本人而言,在第二部分,除了斯威夫特,莎士比亚、柏拉图以及卢梭,是他最关注的最重要的作家;而在第三部分,除了施特劳斯,雷蒙·阿隆、科耶夫是对他的阅读和思考产生过决定性影响的老师。

与上面的编排结构相对应,布鲁姆以对西方文明的发问开始,又以讨论大学教育的两篇文章煞尾。第一篇文章是写于1966年的《自由教育的危机》,第二篇文章是写于1969年的《大学的民主化》。这两篇文章无疑都是对风起云涌的六十年代"教育革命"的回应,但全书如此安排,又多少意味着,书籍——在布鲁姆那里,主要是古典大书——的命运就是教育的命运,而教育的命运与现代文明的未来前途紧密相关。

特别值得注意的是,"我们时代书籍的命运"这部分,以《商业与文化》开头,以《大学的民主化》作结。商业对文化的波及,商业对大学的渗透,事实上正与大学的民主化浪潮彼此呼应。这是现代性逻辑和现代社会的必然结果。

当《正义论》的作者罗尔斯从哲学上力图证明现代社会的合理与正义之时,布鲁姆执拗地要求我们要敢于让现代社会的一切接受伟大的"书籍"与哲人们的质疑。更重要的是,在冷静思考中,布鲁姆呼唤人们在面对现实的同时,与伟大思想家一道发问而不是成为时代精神的奴隶和牺牲品。

因为,如果说我们曾经解构了什么,我们最大的"破坏"是切断了与伟大思想的关联,对自然正当的承认;如果说我们可以重建什么,那就是要重建我们对自然禀赋的尊重,对建立在自然禀赋之上的伟大思想的敬畏。

我们"封闭"的时间已经不短了,也许现在已是走出洞穴的时候。最后抄录几年前在评论《走向封闭的美国精神》中文新译本时写的一段话,也许可以延伸我们的思考:

> 所谓开放,绝不仅仅意味着一种宽容和自由的生活态度,也更不是"政治正确"的代名词。向理性探究美好生活的可能性开放、向人类历史上那些伟大思想的光辉范例开放,才是一种更高境界的开放。

因为，只有不放弃对"什么是美好生活"的追问，我们才能在所有看似并无区别的生活样式中做出属于自己的选择；也只有以伟大思想的范例为对照来审察我们的生活，我们才不至于简单认同那些末人哲学和侏儒人格。

是为序。

张辉

2011 年 3—5 月

于京西六道口之学思堂

前　言

[9]①我的标题当然是引自斯威夫特。他把灵魂的大小转换成身体的大小，从而让灵魂以及灵魂的三六九等能为我们所感知。斯威夫特鲜活地表现出，我们如何不停地寻求着一个立足点，以对自己和自己所处的时代做出评价。他告诉我们，书是一把借来的梯子，能帮助我们到达这个立足点。他还提醒我们，有巨人的地方就有侏儒。这个提醒看起来令人沮丧，其实并不如此，因为我们一旦知道有巨人存在，就有了景仰和模仿的目标。格列佛实际上是个侏儒，却有幸与巨人为伴，这就是造成他与同时代人——即被他形容为雅虎人的人——格格不入的原因。斯威夫特最重要的教诲是，教育的本质在于体验伟大。

有一句老话说，"我们是矮子，但是我们站在巨人们的肩上"，我的标题跟这句话绝对扯不上关系。这句话披着谦卑的外衣，表达的却是极度的自满。巨人们那么容易让你爬到他们肩上去吗？他们的作用就是把一群矮子扛在肩上？也许他们曾经如此悲悯，但现在已把我们撂在地上，悄悄离去，只留下我们傻乎乎地以为自己还拥有辽阔的视野。人们不过无中生有地以为，自己与伟大为邻，很快，新一代人来了，他们否认曾经有过巨人，并声称所谓巨人不过是老师们捏造的谎言。我猜，巨人们低头看着这场闹剧，恐怕要笑起来了。

我的观点都涵盖在一段我最喜欢的关于读书的说法之中了。智术师安提丰(Antiphon)为了把苏格拉底的同伴或学生吸引走，就声称苏

---

① [译注]文中方括号内的阿拉伯数字为英文版页码，以下全书同。

格拉底生活得不幸福,尤其因为苏格拉底穷困不堪。据色诺芬讲述,苏格拉底是这么回应的:

> [10]安提丰,正如别人所欢喜的是一匹好马,一条狗或一只鸟一样,在更大程度上我所欢喜的乃是有价值的朋友;而且,如果我知道什么好的事情,我就传授给他们,并把他们介绍给我所认为会使他们在德行方面有所增长的任何其他教师。贤明的古人在他们所著的书中遗留下来的宝贵的遗产,我也和他们共同研讨探索,如果我们从古人的书中发现什么好的东西,我们就把它摘录出来,我们把能够这样彼此帮助看为是极大的收获。([译注]色诺芬,《回忆苏格拉底》,吴永泉译文,北京:商务印书馆,2007,页37)

色诺芬评说道:"当我听到这里,我认为苏格拉底是真正幸福的……"(《回忆苏格拉底》,1,6)

多么朴实啊!我们应该找回这种朴实。可是呵,谈何容易!对于这一点,卢梭十分明白:

> 我们[的碑文,]尽管洋洋洒洒地写了一大堆,其实是只适宜于用来吹捧小人[侏儒]的。古代的人是按照人的本来面目来描写他们的,因此可以看得出他们确实是人。色诺芬在追忆万人大撤退中被奸细出卖而牺牲的几个战士时,称赞他们说:"他们死了,但在战争和友爱中没有留下任何的污点。"这就是他所说的话。不过,请你想一想,在如此简短的一句赞辞中,作者的心中是充满了什么感情。谁要是看不出它的美来,谁就太可怜了!([译注]卢梭,《爱弥尔》,李平沤译文,北京:商务印书馆,2008,卷四,页505)

卢梭的评价甚至更为恰当。色诺芬在有过如此丰富的阅历、看过这么多建功立业的伟人后,如此平淡地说一个人是幸福的,这是他所有作品中仅有的。

要吃透那段话的意思,就必须懂得苏格拉底生活方式中蕴含的独特才智。自然会有一连串富有感染力的词环绕着他——善、快乐、朋友、收获、书籍。苏格拉底告诉我们,友爱是他生活的核心。我们虽然都珍惜友爱,但它确实不是一个现代主题,晚近以来实在找不到一篇足够深入谈论友爱的文字。但是在苏格拉底的那段话里,我们至少能隐约感到真正的朋友是什么。真正的朋友与基于享乐或利益的腐朽的友谊大异其趣。腐朽的友谊不能持久,我们通常称为友谊的那一套东西正是由它组成。真正的朋友对于苏格拉底来说,是能一起探索对善的共同兴趣的人。在这一探索之旅中,好马和好狗都不是合适的同伴,只有人才是。共同的品味和爱好才是朋友间共同的基础。现在,我们就明白了至关重要的核心:[11]共同爱好及其营养源于古代贤人们的书籍。热爱善的人成为朋友,因为他们正是得了贤明古书的指引才来悉心思考善。友爱何以可能以及究系何物霎时间变得明了。朋友们交游共处,读书知人,倾谈自己希望过的是哪一种生活,谈论之间,他们恰就过着这样一种生活。

结果表明,因书结缘的这种友爱就是我最大的满足,以一种持久并且相对自足的美好愉悦的经历,滋养丰富着我。我这么说,是想驳斥一种认为我是一个受文化悲观主义(Kulturpessimismus)戕害的愤客的观点。这个观点是以历史主义为前提,即一个人完全是其时代的产物,批判这个时代就意味着这个人一定不幸福。如果这一前提是正确的,那么斯威夫特恐怕就不可能乐于对其时代的教育投以鄙夷,并以喜剧的方式对其加以调侃了。他已从时代的文化流沙上走下来,在超越时间的伟大中扎下牢固的根基。那就是他所快慰的。一个人一旦与柏拉图、马基雅维利以及莎士比亚相交至深,就很难再拿当今大学中人文学科所说的那一套当回事。但是他的反应不是愤慨,而是浅浅一笑。沉思(theory)的乐趣以及思考人和事的乐趣是自由的。生活的艺术在于懂得寻找历来就稀有的、能够分享这一乐趣的人。

因为美国的教育现状惨然,并不意味着会一直如此、到处都如此。正如我写过的,东欧正是灵魂的春天。那里有懂得自由——尤其是思想自由——为何物的认真男女,他们正在用思想重新勾勒自然的轮廓,正在探索一种与正义的理想相匹配的语言。他们懂得书的用处,他们需要用书来思考他们的未来。在波兰、匈牙利和捷克斯洛伐克,一个令人敬仰的有教养的"天鹅绒"革命党阶层,正力图冲破阻隔在他们与世界之间的野蛮术语的枷锁,这枷锁算得上他们所受暴政的一半。正当此时,美国的知识分子们却在主动给另一些术语枷锁投怀送抱。你如果要灵感,那就看看东欧。在那里你才能理性地言说、自由地言说。

本集中的篇目是对一段始于弗洛伊德止于柏拉图、寻求自我理解的生活的不完全记录。与施特劳斯的相遇,是这段生活的关键。当时我十九岁,施特劳斯讲授的一切对我来说是个完全的他者,即便讲得对,也似乎否定了我的独特个性。但是,我终于从这个伟大的人身上理解到,[12]自我实现需要看到人的潜能、看到人有血有肉地活在古书之中。从那一刻起,我的自我认识之路就成了诠释那些教导着哲学生活方式、杂糅着哲学与诗的书籍。这一艺术的最高典范就是柏拉图对话,而那只是苏格拉底的生平故事。尼采当初说,一个人要合时宜——也即最深入现代生活,必须不合时宜,我现在猜想,他所说的不合时宜的意思就是理解希腊人。我从来没有给自己的生活制定一个计划,虽然曾经觉得应该这么做。但是现在我发现了一个统一。这一只飞蛾总是围着同一簇火焰飞舞。那火焰为青春的稚嫩渴望照亮了成长之路。

各篇文章与最初出版时大致相同。如果忍不住加以改进,恐怕会成没有尽头的事,最后把它们改得符合我最近的想法。而我一点也不能保证,现在的我比当初更好。我的不寻常做法是把柏拉图的两部小对话包含其中,以便读者能连同解释的文章一起读到更忠实的文本。我的解释都不能孤立起来看,而是要与它们讨论的文本相辅,并且都预设读者已经熟悉文本。我努力要做的只是媒人,让读者与书相遇,而我最好在他们喜结良缘之后就被忘记。

本卷第一部分向读者引介我处理文本的方式,以及文本长久以来的问题。第二部分记叙了三位引我走向这些书籍以及这种思想生活的老师。认识到他们的德性,正是我所受教育给我带来的首要裨益之一。

第三部分体现了,从这些老师们学习到这些书籍的人如何看待当代知识界。

塔尔科夫(Nathan Tarcov)一如既往给我提出建议,考茨(Steven Kautz)帮助我实行。夏尼克(Judy Chernick)和德诺夫(Terese Denov)耐心为我集成此书。

芝加哥,1990年3月

(马涛红 译)

西方文明*

——1988年12月7日在哈佛大学的演讲

[13]诸位精英伙伴们：

如果我是希尔什（E. D. Hirsch）①——大家倾向于把我和他弄混——我可能会问"我用这样的词来称呼大家是受谁影响"，答案是罗斯福（Franklin D. Roosevelt）。他也这样称呼另外一些精选出来的听众，那是美国革命的女儿们，他这样开始他的演讲："诸位移民伙伴们"。

罗斯福温和地嘲弄着那些女士们，因为她们相信，在美国，古老的家族囊括了所有能够任意享有特权的头衔。这种观念是一种贵族思想的遗留，而这种贵族传统被民主制取代了，民主制支持平等，认为特权应基于美德。罗斯福温文尔雅、饶有谐趣，是这个世纪民主派最伟大的领袖人物。我们这些移民或移民的后代热爱他的法令；他站在我们这边。我们对自以为高我们一等的人满怀仇恨，而罗斯福对他们的取笑带给我们的快乐则加深了这种仇恨中的酸楚之感。罗斯福懂得如何利用这种感伤，如果像我们这样的人比像她们那样的人多的话，罗斯福打在"革命的女儿们"脸上响亮的耳光就并非没有私心。但是罗斯福的快乐迥异于我们的快乐。他确实是他们中的一员，实际上他的家庭和任何一个家庭一样追求古老、财富和荣誉。一定是嘲弄和自己同等地位或比自己地位更低的人，比嘲弄地位高的人更让他愉悦。他的态度

---

* 1988年12月7日在哈佛大学的演讲。

① [译注]希尔什，美国弗吉尼亚大学教育和人文学科教授，创办和主持了非营利性的"核心知识基金会"（Core Knowledge Foundation），著有最畅销书《文化语词》（Cultural Literacy）等书。

是一种贵族式的屈尊。他屈尊在一个民主制中统治,在他的时代,人们总说他是"一个自己阶级的叛徒"——这真是一个绝妙的复合体,人既不断在力争跻身上游又在要求这个社会什么都是平等的。民主制的心理学真是错综复杂又让人着迷。

[14]这种心理学导致了《走向封闭的美国精神》(*The Closing of the American Mind*)一书的反响异乎寻常地激烈,且多集中在我所称的那种精英主义上。我被怀疑成是我们民主政体的敌人。在这些齐声讨伐中,最先、最响亮的声音来自常青藤盟校,尤其是那些和哈佛有关联的学校。说到这儿,我想起一个古老的笑话,说一个农民听到贼在他的鸡笼里。如果把鸡笼换成"哈佛笼",我想象自己大叫起来:"谁在里面?"答曰:"里面没人,除了我们这些反精英主义者(antielitists)。"每个人都知道哈佛在各个方面——学生、师资、图书馆和捐赠——都是全世界最好的大学。很久以前,我这个"半西方人"在耶鲁教了一年书,其间,我惊异于那个小小的哈佛虫子实际上在蚕食所有教授和学生们的灵魂,只有那些已经拒绝留在哈佛的人才能幸免。精英不是一个我非常喜欢的字眼——既不精确又是社会学层面上抽象制造出来的——但如果有一个美国学院凭这个名称获赏的话,那就是哈佛,她给每一个和她有关的人脸上都贴了金。

那么,为什么有这种谴责别人犯了精英主义错误的激情?一种可能只是自我保护意识而已。"如果我们说他是一个精英分子,他们就不会注意我们。"但我怀疑有些人,甚至很多人,是出于一个更复杂、更模棱两可的动机:羞愧。我们政体的首要原则是所有的人、事和情感都具有同等价值。看上去和此原则相矛盾的事实和情感被民主人士当成是不道德的。但那些民主人士发现自己也是精英分子的一部分,于是良心感到不安。他试图压抑或自我否认任何体验到的、能改变情感的东西——我肯定你们中没人这样——其中包括因被哈佛挑中而带来的喜悦和优越感。他(或她)比那些在卡拉玛祖学院中可怜的傻瓜们境况要好太多,尽管他们值得得到这一切,因为高资质才可能高学历、高位置和高尊严。有些人也许清醒地意识到事情的确如此,但一旦这些与民主制的人人平等观念不一致时,他们会变成精神上的逃犯、伪君子并对纯粹的美国正义原则产生犬儒主义式的冷漠。剩下的人,为了安抚自己的良知不得不忙于诡辩术,虽然那说不上是智术之士的辩术。简单的带民主色彩的方案是开放性录取政策,就像欧洲的学校那样。如果哈佛在欧洲,这种精英主义更不能被容忍。但这里没人真正想过这么做。我猜想哈佛是要坚定不移地保持孤傲姿态,这就等于在说人与人有着重大的自然差别。博克(Bok)校长让这种精英主义和民主的右翼思潮相谐一致,[15]很明显是要告诉大家总体而言哈佛人在为社会行善。同样的观点也体现在哈佛出身的罗尔斯(John Rawls)的精神中,他允许那些证明自己能使社会最劣势部分获益的个人,有权拥有和培养更广泛的才能。然而这一解决办法是否理性与合理,还有待讨论。

所有这些暗示着民主派的复杂心理学,我们为了了解自己也必须意识到这一点。同时,如果没有像托克维尔(Tocquaville)、伯克(Burke)、柏拉图这样伟大思想家的帮助,我们也不可能意识到这一点。他们从局外审视我们,用民主制之外其他严肃的选择来评判我们。对精英主义的指控反映了我们政体的道德特征,就像早前对无神论的指控一样。今天,你不能期望说一句"布鲁姆不信仰上帝"就从大学中得到太多的回应,但你只消说我不相信人人平等就能使很多人激动起来。这告诉我们关于我们这个时代的很多东西,也解释了主张人人平等的达尔丢夫式的(Tartufferie)①事业是多么诱人。"精英主义者"并不是一个很精确的指控;不过和常青藤盟校比起来,我最多只能算是个温和的精英主义者(moderate elitist),而且也只有那些不骂精英主义的人才能这么说我。

真正的意见分歧在于现在和将来精英教育的内容。现在我们正目睹新的"非精英主义者""非排他主义"的课程被引进到人文学科和部分社会学科中,与此同时是一个改善人类理解的计划。这是一个极端

---

① [译注]Tartuffe 是十七世纪法国剧作家莫里哀(J. B. P. Moliere)的戏剧《伪君子》中的主人公。

激进的工程,它的支持者们在民主运动的旗帜下把它作为一个主流行为进行到底,那些主张一个更平等的社会的民主运动几乎是全体美国人都支持的。这种激进主义还未被辨认出是为了什么,就纠结了强大的、有时是愤怒的狂热和激进本身带来的疯狂。《走向封闭的美国精神》就面临这种审问,继而被判决逐出学界。美国学术委员会甚至发布了一个全体新成员起草的报告,他们宣称现在已有学术共识,不,一个证据,即所有经典文本必须用单一的被认可的方法研究。他们命令我们相信,这些文本是作家无意识的阶级、性别或种族偏见的流露。今天人文学科的天职是将我们从那些作家及其偏见的桎梏中解放出来,报告中提到的作家有莎士比亚和弥尔顿。这就将人文主义者推到与欧洲中心主义战斗的最前沿。这场战争主要不是甚至完全不是学术的,而是道德的和政治的。殿后的保守主义者被当作历史命运的敌人,成了特别泄怒的对象。[16]据报告支持者之一米勒(Hillis Miller)声称,解构主义将给全人类带来充满和平和正义的新千年,哪有什么人能够挡住它的道路呢?因而,这个报告谴责了《走向封闭的美国精神》的"喧嚣的"成功,也把这本书归罪于"美国反理智主义"这个老怪物——你们知道的,一无所知党①(the Know-Nothing)的排外性或麦卡锡式的多样化(McCarthyite variety)。这样一来,写报告的那些人活生生地上演了一出"走向封闭的美国精神"。

既然我批判强加于我们身上的激进改革,那么有这种反应是必然的,虽然我总是追求实际平等的运动的支持者和受益者。

真是自作自受,我已经遭到了太多不堪的辱骂。能与我这种经历相比的,只有四五十年代萨特(Satre)在《现代》杂志(Les Temps Modernes)上对他的敌人和批评者的回击(正如我在书中所说,那个萨特的世界是个传送带,传递了许多现在正影响着我们的观点)。我怀疑萨特是那些涉政的批评家攻击的典范,这些批评家指责我的主张使我的

---

① [译注]一无所知党是十九世纪五十年代美国反对新移民、天主教徒政治势力等的一个秘密党派。

双手沾满了尼加拉瓜无辜者的鲜血,真是"肮脏的手"①。并称我为"非美国人(un-American)",让人想起我们麦卡锡时代的遗产。

人民的愤怒能够揭示什么使他们焦虑。愤怒好比道德上的不光彩,几乎总是要伪装自己,进而证明自己是合理的。正如亚里士多德所说,愤怒是惟一一种需要陈辞和说理的激情。没有这些虚饰的证据,愤怒总是挫败和畏缩的。愤怒是人的合理反应,但它遮蔽了理性或给理性带来危险。它所引用的论证总是先回到道德的普遍原则,然后才是受到责问的问题。如果愤怒的人没有被我们的自由社会牢牢约束住,他们最后也会走向焚书。这有一个例子,《纽约时报》(The New York Times,1988年9月25日)伯恩斯坦(Richard Bernstein)的报道:

> 教堂山仇恨的一分钟:
> 学院自由主义者捍卫经典的嘉年华
> 反对布鲁姆的"(Killer B's)"
>
> 从某些方面讲,上个周末在北卡的一些场面,让我想起在奥威尔(George Owell)的《1984》中每天"仇恨的一分钟",在那一分钟公民要站起来朝政权的伟大敌人的像恶骂,而他们只知道那个人名叫高德斯坦(Goldstein)。
>
> 在这个由杜克大学和北卡教堂山大学主办在教堂山召开的关于自由教育未来的会议上,发言者一个接着一个地谴责他们口中的"文化保守主义"。用杜克大学英语系的[17]一个教授费什(Stanley Fish)的话来说,这些保守主义分子"让人文学科消化不良"。
>
> 墙上并没有这些"文化保守主义者"的照片,但他们被辱骂、被蔑视、被嘲笑……

我感谢《纽约时报》将这种与斯大林式的思想控制相似的东西给

---

① [译注]借用萨特1948年剧作《肮脏的手》(Les Mains sales)。

显露出来。这种观点代表了人文学科、文学和历史目前的建制。这些教授都是来自斯坦福、杜克这样热门的学校，这些学校以最开放的心态投身于所谓"开放性"（openness）的新教育曙光中，它玫瑰色的手指正紧紧地箍在多数大学课程的喉咙周围。

对《走向封闭的美国精神》的攻击把这个运动带入关注焦点，尽管这是对书和我本人的一种误读。人们总想硬塞给我一些不属于我的东西，好更容易把我归类和打倒。首先，我不是保守主义者——无论新的或旧的。我说这个并不是要在保守主义已经不讨好的时候来拍非保守主义者的马屁。保守主义是一种可敬的态度，为了坚持和忠于在大学中已经不再那么受欢迎的东西，它的拥护者通常不得不在人格上保持坚定。我恰巧不是那样的人。对我的书任何一种肤浅的阅读，都可以看出我的立场和理论与实践上的两种保守主义立场都不同。我的老师——苏格拉底、马基雅维里、卢梭和尼采也很难被称为保守主义者。所有的创见都是激进的，因而保守主义总是不得不被它想守据的激进思想或事件来评判。首先，用马克思主义的话来说，我甚至没被当成一个右派的真正同盟者——比如左派自由主义者雷曼-豪伯特（Christopher Lehmann-Haupt）、理夫斯（Richard Reeves）、斯克德尔斯基（Robert Skidelsky）和奥伯雷（Conor Cruise O'Brien）都发表了对我的书表示赞同的言论。但那是在精英知识分子踏足之前。他们的误解也和我不是任何一种当下意义的自由主义者有关，尽管对我来说维护一个自由社会是我首要的关切。人类的永久趋向是去质疑理论论断是否可信，要当心它是否仅是一个政党暗地里的手腕。这一趋势在我们这个时代更突出了，因为哲学本身被理解成"介入政治"的——是最极端的党派偏见。多党参政的必要性已经被推断到一点上，即现在心灵本身似乎必须被党派精神支配。从这一角度来说，理论看上去是苍白、虚弱、不诚实和罪孽的。

施莱辛格（Arthur Schlesinger）爵士批评过我，他的批评方式体现出[18]当代知识分子的观点已经变得多么幼稚。他说，我是个绝对主义者（absolutist），而真正的美国传统是相对主义，其实他对我的书究竟在说什么并没有确切把握。接着，请大家坐住了，为了证明他的后半句话，他引用了《独立宣言》中的"我们把这些真理当作不证自明的,即所有人生来平等,被造物主赋予了某些不可被剥夺的权利……"他把这句基本原则,当成美国缔造者们是相对主义的证据。施莱辛格在布朗大学的一次学位颁受典礼上的演讲中讲出这些令人震惊的话,显然他认为那里的学生会相信一切。

由于这些指控声称我说了我并没说过的东西,所以我的自我辩护是浪费时间,但这对于指导施莱辛格教授的真正问题可能是有用的。我从未说过也不相信人已经或能够占有绝对的东西。我的言论也不是绝对主义的言论,这种绝对的话也没有出现在我写的东西中。我试图教导人们(从施莱辛格身上看出我显然教得不是很成功),理性面临两个威胁。一种观点认为人们已经了解关于最重要东西的真理,另一种是说那最重要的东西就是没有真理。这两种看法对于哲学都是致命的。第一种宣称追求真理是不必要的,而第二种在说那种追求是不可能的。我认为苏格拉底的无知之知是所有哲学的起点,它界定了两个极端中合理的中间地带(我们还得找比我们已知的更多证据来支持这一论断)。帕斯卡尔说我们知道的太少因而当不了独断论者,但又因为知道的太多不能成为怀疑主义者,这个说法完美地描述了我们现在真实经历的人类状况,尽管人们有强烈愿望要去遮蔽它,因为常常发现这种状况是那么无法忍受。

苏格拉底认识到我们能明白我们并不清楚最重要的东西是什么,我们被自然(天性)驱使着去找到它。他的生存方式正是这种体认的结果。我们必须对穿透我们周围黑暗世界的一线微弱之光保持忠诚。

这是我钦佩的理论生活,不是某种假道学或其他。我试图去捍卫它,防御那些对它的攻击,尤其是来自我们所处时代的攻击。哲学是幻觉和虚假希望的敌人,它从来不是真正大众化的。在任何一种碰巧占统治地位的极端思潮的支持者眼中,它都是不可靠的。施莱辛格先生是相对主义的典型代表,相对主义如今在左派那里已取得共识。然而像珀西(Walker Percy)这样的观察者真是杰出和有洞见,他竟从右派视角出发怀疑我是个虚无主义者,右派另一些不负责任的人也支持他这个观点。[19]我要用几乎同对施莱辛格一样的话来回应他。左右两派都在批判我,这让我再次安心我做得对,肯定了我对哲学的理解。哲学不是被了解的也不是被渴望的。对一些人来说它是绝对主义,对另一些人它是相对主义;没有中间物。每个阵营都把自己的观点塞给对方。我现在更相信研究苏格拉底为何被控诉是一种迫切需要。不热爱哲学是危险的,苏格拉底审判的后果存在于所有的时代,这危险不在那些追求享乐的人心里,他们并不在乎;而是在那些品格高尚、有理想的人的情怀中,他们不愿让自己的抱负接受审察。当然苏格拉底是影响深远的自由主义的源头,但施莱辛格教授的版本与之对照看来不过是个拙劣的戏拟。

我说施莱辛格教授的相对主义并不是真正的相对主义,只是我们时代典型的绝对主义和相对主义的畸形混血儿。这是个题外话。施莱辛格教授毫无疑义绝对忠诚于民主制,他想避免人们在民主制上喋喋不休。他故作姿态说他不相信任何东西,善与恶只是不同的偏好,然后他把民主制的命运交给了一只看不见的或神圣的手。在我看来,这么说太冒险也太不确定,我怀疑是否有理智的论述能代替这种说法。对制造神话或意识形态并不陌生的施莱辛格教授,好像也想给多数人的暴政提供一个意识形态。

而且,我也不是教育改革或其他任何运动的领袖或成员。我尊敬像胡克(Sidney Hook)那样的人,他们尽自己最大的力量来对抗学院一体化的威胁,但那不是我。我总是满足于在知识界建制的边缘徘徊、审视其内部,并一直惊异于我还能这样养活自己。企图改变事物将会使我远离自然的活动,也会阻碍我现在的满足感,因为未来并不确定。我想,我觉得最重要的东西就是透彻思考(to think things through)。从我们追求自我认识(self-knowldge)的角度来看,我的书是一个关于当代处境的陈述——我尽可能严肃地去写作。我再有想象力也没料到这书会吸引什么人,除了一些朋友和可能成为朋友的人、一些学生和可能成为学生的人。但它轰动一时,友善的美国暴露了本性。我书中描述的前景是不可能被公众容忍的。我为没能提供一种治愈方法而挨批,又因为开出了疗方而备受称赞。也许一场公开的关于教育的辩论是[20]好事。但我不太热衷于参加,我怀疑时下任何更激烈的冲突都只能加速自由教育更大的失败。首要的是,我希望能避免自私自利和腐败。在轰动案件(causes célèbres)发生时,我已经在那些学院的头头们身上看到了这种自私自利和腐败。

我因变成像摇滚明星一样的学院明星而得到极大的乐趣。部分原因是因为我永恒的美国认同。发现在美国内部经历美国式的成功是那么令人愉悦,以至于我要看看是否还错过别的什么;但更多原因是因为我有机会很近地观察走向封闭的美国精神。然而我不得不学会小心提防它砰的一声对我关上门。

我被我书上描写的景象深深震撼了。从这个意义上讲,我替那些视野变得如此暗淡和狭窄的年轻人感到悲哀或遗憾,这个经过启蒙的国家开始像个洞穴。自我意识、自我清醒、德尔斐式的"认识自我"对我而言是教育中重要的几件事。但我知道想明白以上那些确指什么已是太难,更不要说达到那些目标。但一件事是确定的。如果一个人的脑袋被一些曾经重要但已成为陈词滥调的观点充塞,如果一个人还不知道这些陈词滥调并不像太阳、月亮一般自然,如果一个人不认为有其他东西能够替代它们,这个人注定是别人意见的傀儡。要在人们对别人意见确信无疑以至于停止了思考之前,追回到这些观点的源头,去看看它们真正的论据。只有这种搜寻才能解放我们。对历史的研究已经教会我们嘲笑整个故去的愚蠢,嘲笑各种君主制、寡头制、神权制、贵族制,这些制度还带着它们帝国的荣华或拯救的力量,曾经是那么被当回事。但我们没有多少工具能用来使我们像别人看我们一样看清我们自己。每个时代总是密谋使自己的思维方式显得是惟一可能或合理的,而我们的时代最不愿意抵制这种自证道路的胜利。其他像样的道路并没有几条真正出现,那些创建了我们道路的知识界伟大人物也没有几个人知道。而且,我们还受别的一些东西影响,历史主义告诉我们人不能阻挡前进的步伐,相对主义总是那句"不管怎样,有什么用",所有这些都使我们试图挣脱的那种自然诉求脚步蹒跚。

在《走向封闭的美国精神》中，我批评教条的历史主义和相对主义威胁着它们真诚追求者的自我意识。我指的是一些已成为教条的重要思想的伟大源泉，其源泉敦促我们回转身去认真研究[21]它们，以便将我们从自身的教条主义中解脱出来。为此我被猛烈抨击成怀旧的、意识形态的和教条的人。真正的意思是"别碰我们的信仰结构，这会伤害我们"。基于历史的观察我们应该知道，被每个时代当作最伟大美德的东西其实常常是其时代最大的诱惑、邪恶或危险——比如古罗马的男性气质、西班牙的虔敬、不列颠的阶级、德意志的本真。我们必须学会把手术刀放在我们的美德上。柏拉图认为，如果你生在民主制，你就可能成为一个相对主义者。这和其生长领域相伴而生。相对主义可能是真理，但既然你生来就依赖它，那就最好再仔细考虑考虑——不是说为了美好的道德或社会秩序（尽管总常常这么说），而是为了你的自由和自我清醒。

因为首先说了相对主义问题，我已经认识到相对主义所庇护的道德狂热以及和相对主义对立、种族中心主义所攻击的道德狂热是什么了。这种狂热并不是让大家去调查研究而是呼唤一场大规模的运动。于是认为我们应该去寻找判断自身的标准那是丢脸的。如果你要信任民主制，想做一个体面的人，你竟只能去相信当下这种对开放性的理解。

这个开放性的教条集中体现在一个知识分子身上，他并不是特别熟悉我的书，只因为我不接受所有文化是平等的就嘲弄我。他说他的观点对于期望解决我们面临的问题——"太平洋的世纪"（the century of the Pacific）是一个必备的标准。他的说法让我展开想象。我敢肯定，要是能去日本来一场格列佛式的旅行①会很有趣，看看我们是不是真的想只用一个相对主义的指南针，而不带"种族中心主义"的救生衣就能把我们的大船放在广阔的太平洋上。我们可以从崭新的斯坦福大学起锚，现在斯坦福的口号是"来斯坦福，看全世界"（Join Stanford and

---

① ［译注］化用十七世纪英国小说家斯威夫特的小说《格列佛游记》（Gulliver's Travels）。

See the world)。当我们到了日本，会看到一个蓬勃发展的民族，它的成功很明显和它的社会有关，它总是反思自身从而也获益良多。那是个真正的共同体，成员们祖祖辈辈有共同的根基。日本社会常常被比作一个家庭。这些特征和当下美国自由思想中的许多东西是合拍的（想想纽约州长葛谟在 1984 年民主党代表大会上的主题演讲）。

然而，家庭是排外的。因为对于家庭，一堵铁墙隔开了家里的人和家外的人，家中的成员对两边的人有着截然相反的情感态度。因此，顽固追求同质化的日本社会坚决排斥美国今天极其引以为豪的多样化。说得露骨些，日本人是种族主义者。[22]他们认为自己高人一等，坚定地抵制移民进入，甚至排斥已经在他们中世代生活的朝鲜人。因此，他们很难阻止内阁成员用黑人的存在来解释美国经济的滑落。

我们应该开放到接受这种新文化吗？赞同这种态度？我们应该力求制约而不是致力于多样化吗？甚至试验一个更有效的种族主义？所有这些都能被理解成我们对赶上日本经济奇迹有兴趣。或者更婉转地说，它们有助于我们寻找共同体和民族根基。我们为甚至有这样的想法而害怕得退缩了，但我们怎能让这种恐惧变得合法？这只是我们文化交流的产物，是我们在这个探索的旅程中携带的多余行李。如果不存在超越文化的价值，我们的反应就是种族中心主义的。我们只是绝对知道一件事，即种族主义是恶的，这样我们已经画地为牢，理解这一点很重要。对这些困境不予理会的人不能认识到除了自己的情感之外，拥有正义是多么重要。没有正义我们很快会屈从于一些危险的诱惑，也许已经开始缴械投降了。

在今后对非西方世界的探索中还会有许多这样的教训。探索需要勇气和决心，就像海德格尔教给你们的那样。我不知道那些涉政的评论家们在引用海德格尔的时候，是否清楚他说"人在生成的大海中不得不面对风暴"是什么意思。小孩子们也会说种族中心主义有多恶，但我明白这是宣传的结果。对他们来说那太复杂，不能理解。谴责种族中心主义常常是知识分子的一个符号，尽管这种谴责并不必然是道德的、进步的。然而这只是第一步。认识到我们文化信仰中的一些东西不是真理就意味着我们有责任去发现哪些是真的哪些不是。这比成批地抛弃人们自认为已经知道的东西要困难得多。这种抛弃终归会有选择地、自私地回到种族中心主义思想中去,这个旧思想基于人们的即时需要、高兴和纯感情。① 为了旅行,人们必须像思考想去什么目的地一样,花一些时间来想想用什么样的指南针。

几个月前作家拉什迪(Salman Rushdie)的案件已经能很好地说明这个问题。[23]他的书《撒旦诗篇》(*The Satanic Verses*)辱骂穆斯林的信仰,结果招致霍梅尼(Ayatollah Khomeini)发布追杀令,不管他在英格兰还是世界其他任何一个地方。② 整个西方世界都为之震惊。斧子上沾满血污的作家们冲到电视镜头前,谴责霍梅尼这么做是对不可侵犯的言论自由原则的无耻攻击。好倒是好,但讽刺的是,正是大部分这类作家教导了大家很多年我们必须尊重其他文化的完整,用我们的标准来判断其他文化是傲慢的种族中心主义,我们的标准本身只是我们文化的产物。然而一回到现实就把所有这些推理都忘了,言论自由被当作超越文化地位、无论何时何地都有效都正确的声明。早些时候这样的宣称被当作美国帝国主义的工具;不可思议的是后来它们被变成了绝对正确的东西。且不说其中有思维的内在联系这个问题,这种流变意味着,从此时到彼时,在人类权利和文化神圣的必需之间出现不可避免的矛盾时,我们不知道要怎么做。你们可能已经注意到最近关于这个案子大家有些沉默了,部分因为这是个难堪的问题;同时因为我们的信念是脆弱的。是哲学家为确立言论自由权利提供了重要的论据,其

---

① 在这个演讲之后,哈佛学院传奇性的院长洛索夫斯基(Henry Rosovsky)被我激怒了,他宣布自己是一个相对主义者。随后他又瞬即抱怨我只会挑日本的刺而不谈日本的好。

② [译注]1989年2月,伊朗精神领袖霍梅尼宣布英国作家萨曼·拉什迪的小说《撒旦诗篇》中有亵渎伊斯兰教先知穆罕默德和《古兰经》的内容,号召在全世界追杀拉什迪,最终导致两国断交。霍梅尼去世后,英伊两国关系开始缓和,追杀令取消,并于1999年9月恢复大使级外交关系。

中最负盛名的有洛克(Locke)、弥尔顿(Milton)和穆勒(Mill)——而我们当代人并不回到他们的作品,让他们的记忆重新鲜活,然后再去看看那些论点是不是真的好。这种局面不仅是由于惰怠,也因为当下对这种研究观点颇多攻击。

以开放性为名的改革心灵的教育工程在过去的两三年中实力大增,继而在全国范围内改动大学课程设置。这些变动之剧烈有如六十年代,但没有那样明显,因为它们很容易为人接受,且现在看起来是那么正确。从大学里、报纸上被频繁重申的一些口号和说法来看,人们能判断这次改革的意图及它在冒怎样的风险。关键词是经典(canon)。我们正目睹的是一场经典之争——十七世纪古代和现代之争的二十世纪荒诞版。斯威夫特的《书战》(*Battle of the Books*)对十七世纪那场争论作了最伟大的记载,多希望他能在此描绘我们的状况,就像他当年描写他们的那样! 问题是什么食物最能滋养饥饿的年轻灵魂。"经典"是指那些在正式教育的核心中教的和学生要读的书,新近被看重,也受到热捧。但[24]一旦人们采纳了"经典"这个词,辩论的性质就被确立了,即其实双方都已经接受了"经典"。那些为但丁、莎士比亚和康德辩护的人也愚蠢地未意识到这一点。因为经典意味着由权威和权力确立的东西,而不靠那些可以理智地捍卫的标准来判定。辩论从书的内容转到它们如何获得权力,这是它们可以被利用的原因。根据定义,经典是统治的工具。在自由的名义下,它们是要被推翻、被解构的;那些追求授权(empowerment)的人一定会抵制普遍的经典,这些经典是奴役人的主要思想来源。奇妙的是,这一切给书注入伟大的意义。马克思主义会说它们是起因,不仅仅是附带现象(epiphenomena);去改变书而不是生产方式的所有者,这样你才能改变世界:"全世界读者,你们失去的只有经典,得到的却是整个世界。"这是权力的话语。尼采说过的"哲学是最精神化的权力意志"多少能作为今天对经典的普遍看法。在一个比一般理解更形而上学的意义上,"所有都跟权力有关"。过去哲学是关于知识的,现在哲学是关于权力,这正是关于我们的深刻戏剧正漫不经心结束的原因之所在。知性生活成了和权力意志的斗争。萨义德(Edward Said)在斯坦福说新大学改革是后现代主义的胜利,意思是所有课程中,那些讲授理论生活是最高生活的课程已经被舍弃了。在讨论非西方的内容背后是西方人在用完全西方的范畴讨论西方的没落或终结。从定义解,西方的自杀是西方人一手促成的。

《纽约时报》对北卡会议的报道引起公众讨论的兴趣:"……与会者谴责他们说的话是对人文学科和文化自身的一种狭隘、过时的阐释。他们频频指出其中一种基于那些'已故欧洲白种男人'的著作。"这就是所谓口号,但总的来说,这场战役是针对欧洲中心主义的:

> 北卡会议上有人说,美国社会变动太多,欧洲中心主义这种观点再不流行了。黑人、妇女、拉丁裔和同性恋要求承认他们自己的经典。费什教授说:"贝内特(Benett)、希尔什和布鲁姆等人,都提出希望复原美国早期文化,来反对一种异教徒狂欢及多元文化、生活方式的节庆概念。"

[25]用东方的市场取代了古老、冷漠的希腊神庙。这不妨叫作芝加哥政治模式。用一个彩虹同盟来推翻新教统治。作为一个政治"策略",这或多或少可信,而对于年轻心灵的形成它是否是指路的北极星则又另当别论。这个构想允诺了持续大量的课程变化,多如争夺权力的不同手段和集团。感谢费什教授如此坦率的描述,①要不我要用福

---

① 在我对此感到疑惑的时候,我发现这项工程至少在一些学生身上取得了辉煌的胜利。一个中国人、一个黑人、一个亚美尼亚人和一个替同性恋说话的人,只要根据他们"共同体"成员所著的书是否按他们的人数和全体学生的人数的同样比例,在课程中被体现出来,就可以知道他们是否被"排斥"。他们似乎认为希腊人和意大利人的思想控制了大学教育,如今他们的好日子来了。可以想象一种书籍普查,重新分配各类书的代表。这些学生关注的前提是"你的文化,即'你从哪里来'比你要往哪里去更重要"。他们很像柏拉图《理想国》中高贵的看家狗,只爱熟悉的事物而不管那有多恶,并憎恨所有陌生和异己的东西。这种要求是全新的:你上大学不是为了发现什么对你是有益处的,而只是为了确认你的血统来源。

楼拜之笔来详尽刻画了。

以上是这个运动广为人知的表面,每个人都要参加到国家的行动中去,这成了公众接受的原则,最后就形成了集团政治。但还有更深刻、更强有力和更具揭露性的一面:"会议充满了符码语词。当发言者说到'霸权文化'时,他们指的是白种男人的不民主统治。学者们特别批评以下观念:某些伟大的文学作品有绝对的价值或代表某个永恒真理。他们所有作品都是关于种族、阶级或性别的表述。"这是学术术语,三分之一马克思主义加上三分之二尼采,直接针对的是巨大的权力斗争的形而上学,而今天我们用这种权力斗争来阐释一切。所有书都要被重新解释,以便发现该书作者的有意识或无意识的权力动机,正如尼采说:"每一种哲学都是作者的隐秘忏悔。"

在布瓦(W. E. B. Du Bois)的话中我们能发现这场斗争的另一面。他在世纪之交曾说:

> 我和莎士比亚并肩而坐,他面无表情。我和巴尔扎克、小仲马手挽手前行。华贵的大厅里穿梭着微笑的男人和热情的女人。黑夜摇曳在肢体强壮的大地和如石花图案的群星中。我在黑夜的洞穴外召唤亚里士多德、奥勒留(Aurelius)①和我期盼的灵魂。他们和善地到来,[26]没有丝毫轻蔑和俯就。和真理结成连理,我就能安身于面纱之上。

坦白说这种观点对我是最有亲和力的。布瓦不是在经典中发现我们共有的跨文化人性,而是在另一些著作中他了解了自己,并为他在面纱之上的孤独旅程汲取了力量。他发现了共同生存而不是战争。他用那些书去思考自己的处境,超越了偏见的腐蚀,走向完全发展的灵魂才有的独立高尚的尊严。在他身上,我们看到了一个受压迫的、聪明的可

---

① [译注]马库斯·奥勒留(121—180),罗马皇帝(161—180),对外经年用兵、对内迫害基督徒,死于军中。新斯多亚哲学主要代表,宣扬禁欲主义和宿命论,著有《沉思录》12篇。

怜人寻找出路时对书不断更新的体验。

但最近在斯坦福课堂辩论中,一个黑人学生团体的领袖郑重地说西方文明课程隐含的意旨是"黑鬼滚回家"。这么说来,布瓦受苦于虚假意识,这虚假意识是奴隶制实际发明者在理论解放上制造的欺诈信仰。没有出路(No Exit)。

这些充满敌意的材料确实反映了辩论什么被称作经典的意义。这个词有宗教色彩。经典(The Canon)是一排被天主教会已经接受为真经和启示的关于圣经的书。这些书被认定能不靠理性和证明就激起我们的信仰。使用一个像经典这样的词,能唤起我们摆脱权威的热情。这种实践万物的伪宗教特征在后尼采时代(post-Nietzschean period)比比皆是。上帝死了,他是惟一的造物主。各种抽象语词决定了我们在没看到现象之前就既定了视野,比如克里斯玛(charism)①。它们坚定了以下看法:学界和政界一样,权力是惟一之物。为了区别统治者和被统治者,经典被当成是统治精英们灌输思想的手段,学习经典也是取得精英资格的过程。换句话说,讲授经典的神甫们被经典赋予了权力,他们又通过讲授来保护自己的特权位置,他们确立了经典也因经典确立了自己。所以你们看到为什么我这样的教授如此强烈地捍卫经典。

人们可以继续无休止地编织幻想之网,但其中总有一丝真理的元素。显然,书被民族和宗教用来佐证自己的道路,并训练他们的后辈继续走下去。但事情并不完全是这样。许多书——可能是一些最重要的——有着独立的地位,给我们带来洞穴外面的光芒,[27]没有这些光我们会变得盲目。它们又常常是能揭示出滥用权力之情状的才智。这在我们这样的自由社会中尤其如此,很难发现一本能真正无限度地支持我们的道路的经典。至少那些一直有好名声和在大学中被读的书,因内在的优点成了经典。无可否认,传统趋于僵化,也聚集了太多冗余的东西,又常常被一些讨厌的家伙当作权威教授。他们有这份工

---

① [译注]参见韦伯(Max Weber)对克里斯玛的定义和相关论述。

作,只是因为他们都只顾那些无关紧要的东西。但这仅意味着从一个时代到另一个时代传统要被更新,然后教授们再去给出一个他们自己的新说法。

最明显的例子是亚里士多德。在基督教的中世纪,他被用作权威来恫吓可以被称为权力结构的东西。经院哲学是一种令人窒息的暴力,要想解放心灵一定要反抗它。但是如果认为这种杜兰式的(Will Durant-like)①阐释就足够的话是幼稚的。首先,亚里士多德独一无二,卓越非凡。他挺住了经院哲学的迫害,在那之前和之后都不需要权力结构来保证启蒙过的男人和女人对他的著作保有持续的兴趣。而且,亚里士多德获得权力是基督教内部一场革命的结果,这场革命使基督教理性化,将其从启示向理性推了一大步。这是希腊哲学进入基督教欧洲的大爆炸。穆斯林保持和更新了那种哲学。穆斯林哲学家提出的理性的挑战加速了基督教的危机,阿奎那(Thomas Aquinas)只是暂时安抚了这场危机而并未彻底解决。亚里士多德位列基督教圣哲,但却鼓动人们去反对圣哲。这样,我们就看到一个所谓西方和所谓非西方间关系的很有趣的例子。这些例子反对经典的主题,却又被经典的主题全部涵盖。

有人说已故西方白种男人的经典都是西方的,接受任何诸如此类的说法都是严重的错误。一定是我对非西方狂热的怀疑让人(甚至是那些同情我的评论家)觉得我在推销西方文明(Western Civ)之类的东西。这种用语表明我们变得对历史学家的结论是多么俯首帖耳,他们说所有的思想一定是受文化制约的。当阿威罗伊(Averroës)②和阿奎那读亚里士多德的时候,他们并没有当他是希腊人,也没有把他放入他的历史情境。他们对希腊文明没兴趣,只当他是个智者,这样他就可以

---

① [译注]杜兰(Will Durant,1885—1981),《世界文明史》作者,美国普利策大奖获得者。

② [译注]阿威罗伊,伊斯兰教哲学家,将伊斯兰传统学说和希腊哲学融为一体。评注过亚里士多德著作和柏拉图《理想国》。

是任何时代的同代人。[28]我们对这种天真报以微笑,但只要细读他们的评注就能看出他们比我们这些学者更懂亚里士多德。柏拉图和康德说他们朝任何地方任何时代的人说话,我看没有理由把这些论断当成是先验的(a priori)抛弃掉。但他们被我们当作西方文明一部分时,我们就是在这么做。因为显然西方文明是非整全的,需要其他文明来补充,那仅就阅读来说,反对他们的声音说他们仅仅只有一部分是正确的。反对的力量在于他们要求整全或完满的理解。因此,首先被尊为文化首要性的历史主义不得不被打上问号,尽管它只是那些看上去不可怀疑的、完全俘虏了现代人心灵的观念之一。争吵不是关于西方和非西方的,而是关于哲学的可能性的。真正的问题被政治的分歧所蒙蔽。如果我们屈服,就纵容了现代哲学去吞噬从苏格拉底以来包括马克思在内的所有的哲学家。后现代主义要歼灭比罗马灭亡后黑暗时代的野蛮哲学更有效的希腊哲学灵感。之所以更有效,是哲学本身的暴力和罪孽成就了它。我不是在宣扬哲学中陈词滥调的真理,以突破文化和历史的限制,我是在说哲学才是惟一的问题,既不是西方的也不是非西方的。

　　没有人,或者说至少实际上还没有人,说自然科学是本于西方的。已经有人在朝这个方向努力了,就像一些女性主义者已经试图证明科学本质上是男性的一样。但除了保持理论连贯性的可敬需要,这些努力都不具备说服力。当我们唠叨所有知识的文化基础时,自然科学这块跨文化认知(或真理上)的巨大岩石立在我们中间。一个谨慎的非西方武装革命会要求学生学习百分之五十非西方数学、百分之五十非西方物理、百分之五十非西方生物,还有医学、工程等等。改革者停在那里,因为他们知道他们是枉费心机,反而使整个运动遭到质疑。他们说哲学不是那样的。也许吧,这样,我就看到一个严肃的关于哲学分衍的讨论。确实今天的哲学不一样了,但是,是质上的区别吗?这问题够我们忙活一阵。科学当然多少是跨文化的,宗教似乎非常局限于某些文化,甚至区分了文化。哲学像科学还是宗教?我们亲眼所见的是哲学被拉进宗教阵营的趋势。

大学已经处理了这个问题,[29]他们将为人所不齿的历史化了的人文学科扔给了政治活动家或极端分子,让未被历史化的学科领域不受打扰,成为大学和财政投向的主要部分。对管理者来说,能将所有对"肯定行动"的抱怨移交给人文学科是一个飞来横"福"。当大学这艘大船继续在安静的水域稳稳前行的时候,人文学科总是最先被拿来开刀。斯坦福对内是关怀、人道、激进的一面,而对外,尤其是对它的捐助人则摆出严肃、机械的面孔。如果他们算计好人文学科的激进分子能控制年轻人的心灵,就勉强接纳他们,而他们则最终赢得对于科学权力的政治控制。

最重要的是,解放性的文本已经存活下来,因为它们有用。当我在《走向封闭的美国精神》中谈民主制和相对主义时,我只是在说我从柏拉图和其他一些人那里学到的东西。我感激他们并需要更进一步的知识。我们大家都是这样的。非西方思想界中的严肃学者们应该把他们知道的有力度的文本带来帮助我们。真正的经典聚集在我们所面临的最紧迫问题的周围。这才是研究那些书的惟一原因。东方或西方的无用的文化报道,都不能真正吸引我们,只是闲暇时打发时间而已。弗雷德伯格(Edgar I Friederberg)有一次说社会科学家总是在给自己找疝气(hernias),试图去发现托克维尔尚未能看到的关于美国的一些东西。那是我们需要托克维尔的原因,我们疏于阅读他的作品可以被解释成是预防疝气的努力。尼采没有挑衅苏格拉底,因为苏格拉底已是德国的孩子们在学校中学的古典经典的一部分。尽管如此,尼采还是去探索苏格拉底的微言大义。苏格拉底对他来说是必需的,因为苏格拉底是陈述"哲学是什么"的创建者,也是尼采最有力的对手。马基雅维里挑衅色诺芬(Xenophone)是被实际的需要驱使而不是为了遵从。男人、女人、黑人、白人、希腊人、野蛮人:那都无关紧要,该怎样就怎样。当尼采想知道矛盾的原理是什么时,也会想到佛教。这就是事物应其然的模式。我们最不希望的是一种哲人式的联合国,被官僚们以代表所有人的名义操纵着。

每个人最终都必须自己判定哪些是重要的书,但一个好的开始应该是看看吸引自己的思想者是从另外哪些人那里汲取了东西。这样很快就能到达最高处。没几个人站在最高处,他们互相认可对方。那里密谋的,只有求知的欲望。如果我们让自己被今天一些似乎正确的东西引诱,背弃伟大的对话,我们的损失将不可弥补。

在我的书里,我将这种激进的历史主义和法西斯主义[30]联系起来,欧洲右派的思维已经波及美国左派。这使我受到不加思索的猛烈批判[罗蒂(Richard Rorty)①的另当别论]。这些批评家的逻辑是,我称任何一个我不喜欢的人为法西斯分子或纳粹,就能将独一无二的可怕现象变得小事一桩。实际上我并不用那些名字来称呼六十年代的活跃分子。我认为新左派(the New Left)的语词不再是真正的马克思主义,已经被法西斯语词淹没了。听过魏玛政权(Weimar Germany)知识分子讲话的人,都会在我们身边听到这种危险思想的回声,但他们对这种危险思想已经习以为常。自《走向封闭的美国精神》出版后,意外地又有人开始关注海德格尔的纳粹主义了,他越来越广泛地被认为是有功于后现代主义运动的最杰出人物。同时,将解构主义引进到美国的保罗·德曼(Paul de Man)被披露曾在年轻时为一家通敌的比利时报纸写过支持纳粹的文章。我在阅读这些文章时深感于如果忽略它和希特勒、希特勒主义的关联,这些听起来就多半像是今天的高级文学评论。在这些问题上激烈辩论并没有太大用处,因为它谈的更多的是个人罪行,而不是他们的思想和最可恶的政治极端主义之间可能有的联系。德曼已经变成左派的事实不能说明任何东西。他似乎从来也没跨越过被理性和自由主义吸引的阶段。我们已经忘记文明才是真正的反对力量,那些选择凌驾于文明之上的文化人,被迫进入超善恶的位置,因为善恶都是文化的产物。那些真正的伟大思想家们,思考着这种向文化的转向意味着什么,并得出结论说,它从权力出发,无节制、暴力、

---

① [译注]罗蒂,二十世纪美国著名后现代主义哲学家和阐释学家。

血腥和领土都是它的手段。这是权力意志的后果。我赞成认真对待这种人类命运的观点。在美国谈西方的终结的人极少被文化问题的这些方面吸引。尽管还是有一些人,但我怀疑当他们听到这些观点时都会产生一阵快感的震颤。不管怎么说,人最终总要为思考的后果付出代价。

这就是美国知识分子的图景。我很清楚我们已面临深渊的边缘,正是在这种氛围中,我思考和写作。美国知识分子图景是荒凉险恶的,但如果你能去就近观察,它就一定能提供巨大的欢娱。

(秦爱华 译 严蓓雯 校)

书　籍

巨人与侏儒

——《格列佛游记》述略

[35]《格列佛游记》所达到的修辞成就是惊人的。它是最优秀的儿童故事,但也是一个颇为讨人厌的故事。斯威夫特(Swift)能够赋予纯真以魔力,对败坏却嬉笑怒骂,这正是他的天才所在。我想不出还有谁能与之相提并论:无论是安徒生的儿童故事,还是薄伽丘的成人故事。但最重要的是,这本书在具有非凡力量的形象中表现了哲学。斯威夫特不仅具有以理性看待世界的判断力,而且具有重新创造世界的想象力,他能够在无法进行理性思辨的地方进行教诲,这种创造方式可以满足所有人,但不会误导任何人。

格列佛的游记说得很清楚,归根结底,他是一个"雅虎"(Yahoo)①。他说着"并非如此之事",或者用"雅虎"的话来说,他是个撒谎者。并非说我不相信他真的经历过他讲述的历险故事;但他确实隐瞒了一些事情。从他为自己和一位夫人所做的辩护中,可以搜集到一点小小的证据,这位利立普特(Lilliput)贵夫人对他满怀热情。格列佛为自己的辩护建立在据他所说的事实之上,即根本没有人私下拜访过他。但紧接着他就说一位部长秘密拜访过他。我们只能朝最坏的方面去想象这位夫人和格列佛的绯闻。我们还可以进一步猜想,格列佛有一些隐秘的思想和意图,只有对他仔细盘问才能发现。②当他旅行结束,发誓自己是诚实的时候,他自己也透露出这一点。他为这一庄严

---

① [译注]Yahoo 是斯威夫特在《格列佛游记》中创造出来的一种人形兽。
② 《格列佛游记》(*Gulliver's Travels*)(New York:Random House,1950),第 71,73 页。

的场合选用了西农(Sinon)对特洛伊人所发的虚誓,通过这种方式,这些豪杰成功地使木马和藏在里面的希腊人获准入城。①

我想说的是,这本书也是一个里面藏着希腊人的容器,他们一旦被引入,就注定要征服一个新的特洛伊,或者用"小人国的语言"来说,他们注定要征服利立普特。换句话说,我希望可以宣称,《格列佛游记》是那场著名的"古今之争"(Quarrel between the Ancients and Moderns)中最后的清晰论述之一,或许还是对这场臭名昭著的辩论最伟大的介入。这个时代已经连这场争论的重要性都否定掉了,更别提看似已经被历史吞没的古代观点的重要性,这本书就是在这样的时代里通过它的虚构故事,使古代眼光保持它的活力。《格列佛游记》所引发的笑声是荷马和柏拉图的标准所认可的。

在直接进入这本书的内容之前,我应该尽量使这种说法在外围部分更为合理。这场争执本身在今天看来是微不足道的事情,双方都很可笑,照例是在旧与新、保守与进步之间的论争,对此后世早就以综合的方法解决了。双方都缺乏视角;思想史只有一条长长的连绵不绝的发展方向。并且,这场争论更多地被看作一场纯粹的文学争论,源自希腊、罗马诗歌和法国诗歌的比较。现在这种理解和当时论争的参与者们有很大不同,他们即使不总是最好的法官,也一定是任何听证会最重要的证人。他们懂得,这场关于诗歌的争论仅仅是两个广泛思想体系的对立中一个小分支而已,这两个思想体系从根本上就是对立的,一个以古代哲学为根基,另一个则是现代哲学。现代人认为他们才找到了自然的真正原则,并且,通过他们的方法,在物质自然、政治和各种技艺中可以找到新的力量源泉。这些新原则代表了与古代思想的根本决裂,并与之水火不容。这场诗学的论争在现代性的鼓吹者看来,仅仅意味着在古典毫无争议地作为主人和典范的领域中,显露一下建立在现代才智和现代自由基础上的现代思想的优越性。这场论争关涉何为万

---

① 《格列佛游记》,第 332 页;对比维吉尔《埃涅阿斯纪》(*Aeneid*) II,第 79–80 页。

物第一因和最好生活方式这些最高的原则,它标志着一个十字路口,一个极少数人必须在方向上作出关键决断的路口。一旦作出选择,我们就会忘记这并非我们惟一的路,曾经还有别的路摆在我们面前,[37]或者由于我们忽视了其他选择的可能,或者出于如此确信,我们认定,这就是通往拉里萨(Larissa)的惟一道路。只有返回出发点,才能意识到选择的重要性;在这个十字路口,人们可以发现这场争论。我再重复一次,这不是作者,而是原则之间的争论。

斯威夫特以自己的方式展现和比较了这些原则。他赋予古代哲学家以蜜蜂的形象,它们嗡鸣着振翅飞翔,去"造访田野和花园中所有的花朵……从花那里采蜜,丰富了自己,却丝毫无损于它们的美丽、芬芳和甜蜜"。和蜜蜂相反的是筑家的蜘蛛,它们以为从自身创造了自己的世界,因此是独立的,但其实却是以污物为给养,并排出秽物。正如蜜蜂所说,"因此,简言之,所有问题都在于:两者中谁更高贵,是在方寸之地懒惰地沉思,傲慢自负,自给自足,把一切转化成秽物与毒液,除了飞虫的祸根和蛛网外什么都不生产的那一个;还是无所不至,长久、详尽地进行调查研究,具有真正判断力,分辨万物差别,并酿造蜜和蜡的那一个"(第529—530页)。

这段描述引自斯威夫特最早的作品之一《书的战争》(*The Battle of the Books*)。《格列佛游记》是他最晚期的著作之一。斯威夫特在一生中看到古代与现代在物理、诗和政治上的论争,正是这个问题指导着他的文学事业以及实践生活。这场论争是理解这个多面人的不同立场的关键;他的判断标准全都是古代的;他的褒贬总是和柏拉图相一致。他学会了如何在自己的时代以古人的视角进行生活。斯威夫特这个特洛伊人和高教会派成员(High Churchman),是一个共和派和无信仰者。

《格列佛游记》总被当作一部讽刺作品,这种划分当然无可厚非。但仅仅这么说是不够的,因为讽刺是建立在严肃与滑稽、好与坏的观点基础上的,但说人类的愚蠢只是一种滑稽根本不够,对阿里斯托芬(Aristophanes)来说是愚蠢的行为在德尔图良(Tertullian)看来就不是,反过来也是如此。如果不揭开这部作品特别的讽刺意图何在,就把它平庸化了。斯威夫特写这本书是为了进行指导的,但如果我们不像他自己严肃对待这些事那样严肃对待这部作品,指导的特征就会失去。然而,我们连这场"古今之争"的真正内容都不得而知,更别提来决断哪一方代表最大范围的真理。在我们这个时代,只有施特劳斯(Leo Strauss)为我们[38]提供了恰当对待古今之争所必需的学术与哲学洞见,因此,他的作品是重新唤醒斯威夫特教诲的前言之作。如果不考虑到还有其他选择的可能,那么斯威夫特对现代物理和政治科学的拒斥就显得非常任性。正是施特劳斯精心、详尽地阐发了这种可能性的合理之处,甚至是要害之处。此外,斯威夫特的写作技艺显然是遵循了由古代发展而来的公开表达的修辞术,这也是施特劳斯教授提醒过我们的。这种修辞术是对哲学与政治的关系进行通盘考虑的结果,它所强调的正是启蒙作家们所忽视的这些考虑。《格列佛游记》无论在内容还是形式上都可以看作是解决这些问题的典范,而施特劳斯教诲我们也要把这些问题看作自己的问题。以这篇小文章向他致敬是非常恰当的;本文受惠于他的丰富学识之多,非言谢可以表达。

《格列佛游记》根据这场古今大裂变,讨论了人,特别是政治人(political man)的自然。大体上这本书的安排如下:第一卷,现代政治实践,特别是英国和法国的政治;第二卷,大体以罗马或斯巴达为典范的古代政治实践;第三卷,现代哲学对政治实践的影响;第四卷,以古代的乌托邦政治为标准,来判断现代根据自己所希望的理解方式来理解的人。斯威夫特所指的古代属于希腊与罗马——希腊的哲学和诗,罗马共和国的政治。对斯威夫特而言,托马斯·阿奎那是现代人(第533页)。

书中有许多内容或形式上的暗示来说明各部分的顺序。比如,格列佛乘着同一条叫作"探险号"的轮船前往"布罗卜丁奈格"(Brobdingnag)和"慧因"(Houyhnhnms)。第一卷和第三卷是仅有的两卷,可以直接根据字面意思进行分析:利立普特充斥着这样的人物,从他们身上可以清楚辨别出影射的是哪些英国政坛显要,而勒皮他(Laputa)则主要居住着现代哲学家和英国皇家学院(Royal Academy)的院士。在布罗卜丁奈格和慧因，惟一能清晰辨认的现代因素，是格列佛在旅行中谈到的一些英国的事情。在利立普特和勒皮他（注意名字的相似性），他对自己祖国的事只字不提。他没必要这样做，因为读者会看出来；格列佛是外来人，通过他的眼睛所看到的世界才有趣。他的视角完全是一个英国之外的人的视角；对于布罗卜丁奈格人和慧因人来说，他是彻头彻尾的英国人，而这些英国人的特征通常用作衬托物，显出他自然中的软弱。在前一种情况下，他被用作非难现代英国的标准；在后一种情况下，慧因人和布罗卜丁奈格人又作为批评他这个现代英国人角色的标准。在某种意义上，这本书全部是关于英国的；在另一种意义上，它又是全部关于古代的。其中的公式非常简单：当他是好的，其他人就是坏的；当他是坏的，他们就是好的。这些坏的其他人可以在第一卷和第三卷中找到，可以看出这两部分处理的是现代。而好的其他人出现在第二卷和第四卷中，这两卷至少是远离了现代。和这种转移相对应的是格列佛的羞耻感；第一卷中他是不知羞耻的——在庙里排便，往皇宫上撒尿；在利立普特，人们是很在乎这些的。在布罗卜丁奈格，人们不那么在乎这些事情，他却充满着罪恶，不允许别人看到自己这些举动，而要躲在酸模草叶后面解决（第29－30，60－61，103页）。我们可以说格列佛是处于两者之间的某种状态——比低劣的人优越，而比优越的人低劣，但永远都不相等。他缺乏某种完美，但在某种观点看来，他比其同时代的人都要优越。

　　从布罗卜丁奈格回来后，格列佛告诉我们他根本没必要到利立普特去，就能把英国人看作像利立普特人一样大；惟一必要的是他到过布罗卜丁奈格，因为当他上岸的时候，他认为自己具有布罗卜丁奈格人一样高大的身材。事实并非如此，而是他拥有了他们的眼光，他忘掉了真正的自己，像巨人们看他那样看待自己的同类（第168－169页）。英国人确实是侏儒。从中得到的教训是人必须研究布罗卜丁奈格。由于格列佛在布罗卜丁奈格学到的东西，他在利立普特是作为一个巨人的；但是当他和布罗卜丁奈格人在一起时，他又重新意识到自己是真正的利立普特人。他认出自己的软弱，但他又是了不起的，因为他有自我意识或者说自知之明。他学会了"一个人在他根本无法望其项背,或无法比拟的一群人中间,还企图妄自尊大,是多么徒劳"(第138页)。

斯威夫特对利立普特和布罗卜丁奈格的描写手法,是将道德和智力的差距设计成形体上的大小差距。这一点简单的改变使所有一切随之变化。这种变形[40]所遵循的是亚里士多德的观念,他说自然安排把人在灵魂上的差异反映在他们的身体上,那些身体高大孔武之人类似于神的地位,容易被作为主人来接受。① 作为一种文学技巧,斯威夫特的变形是通过各种奇谈怪论产生的,因为文学依赖形象和感觉,诉诸幻想与想象,但这些技艺没有一个是哲学可以直接使用的。而当这些难以察觉的差别突然变成强有力的感性形象,一切都变得非常清晰。格列佛认真对待利立普特人的身体之美的努力,或者布罗卜丁奈格国王把格列佛放在自己手心里,问他是辉格党还是托利党,这些描写使需要几百页才能论述清楚的内容在瞬间就活灵活现。此外,由于缺乏这种体验,伟大人民的多数很难理解伟大灵魂的卓越,而这一高度是人可能做到的。但是,当这种力量在身材上显现出来,所有的人,哪怕只是暂时的,都会了解何为卓越,并意识到它给拥有这种卓越的人和他身边的人带来的不便。告诉人们人类自负如何虚幻或许是一件有所教益的事,但是声称利立普特是"宇宙中的恐怖",这种荒谬对人们却那么有说服力?

格列佛在利立普特的历险大部分是在揭示由于他身体的庞大给自己和利立普特人带来的困难。双方都抱着良好的意愿,却不能理解彼此所关注的东西。他们本不属于对方,但仅仅是出于共同的人性——一种延展到极致的人性,被迫待在一起。他被这些人囚禁起来,需要他们供养生计;他们不知道应当如何干掉他(如果他们把他杀了,尸首腐烂发出的恶臭会使空气令人作呕),一方面处于恐惧与不信任之间的折磨,另一方面又抱着眩目的希望去利用他。他们的问题由于他们的视野而加剧:利立普特人"看得非常确切,但没有远大的目光"。他们

---

① 亚里士多德,《政治学》(*Politics*),1254b,第27–39页。

丧失了自己的视角。这也非他们的错;这就是他们被塑造的方式。

剩下的只要通过我们这位导游的眼看那些巨人,就再清楚不过了:没有什么比对那个女人胸部的描写更令人恶心。他看见的事物确实存在,但再也看不到对象的全貌;一个从人的视角看应该是美丽和诱人的东西,在他眼里却是丑陋和让人厌恶的。气味和味道也被歪曲了;格列佛在布罗卜丁奈格经历了生活背面不折不扣的肮脏;由此我们知道,利立普特人在他这里体验到的,正是他[41]在布罗卜丁奈格人那里所体验的东西。一个利立普特人甚至壮胆抱怨他在热天发出的气味,尽管他好干净是赫赫有名的(第62,101,132-133页)。他们永远不能把握他的真实状况;每个部位看上去都很丑陋;他们强烈地感到,这些东西天生就是丑的,其实从整体上看它们并不丑。在他们身上,人们可以理解这句名言:"在他的仆人眼里,没有人是英雄;不是因为他不是英雄,而是因为他的仆人是一位仆人。"我想毫无疑问,斯威夫特相信巨人的视角与事物的真实目的最终是相称的;不存在什么简单的相对性。

现在的很多批评都认为,晚近望远镜和显微镜的发明影响了斯威夫特对侏儒与巨人的讽刺。如果确实如此,人们也可以说斯威夫特旨在表明,这些工具或许带来了知识上的增长,但相应地,却被整全意识的丧失所抵消。布罗卜丁奈格人具有的对秩序的远见是利立普特人没有的。在布罗卜丁奈格,一切事情都和能生产出什么样的人联系起来,学习与行动都根据这一标准被接受或者拒绝。

尽管格列佛试图诚实地和利立普特人交往,但他发现这样做是很困难的,他观察不到他们所观察到的东西,也不能像他们自己那样,在宇宙秩序中给他们的意见以同样的重要性。利立普特是一个君主国,获得某种虚荣和虚职是他们全部生活所在;这些纯粹习俗性的区分构成朝廷上重要人物的全部视野,格列佛被要求像那些大臣那样严肃对待这些区分,仿佛这些一派胡言具有自然地位一样。格列佛真诚地投入到这些关系当中:尽管格列佛是"那达克"(Nardac),比财政大臣的官衔要高,他还是要由于对方的职务做出退让。谄媚和利益是惟一的政治动机,这些邪恶在宗教信仰冲突设立的舞台上扮演着各自的角色。

目前,这个国家被两大政党间的争斗所分裂,一党是斯拉迈克三(slameckson),另一党是特拉迈克三(tramecksan)——高跟党和低跟党。曾在上院供职的斯威夫特,再现了由于上院和下院的区分组成的托利党和辉格党之间的区别,他把这种区别的实质比作鞋跟高低的微小差别。更有甚者,利立普特近代历史的大部分都充斥着两伙人之间的争斗,一群人打鸡蛋的时候从大头打破,另一群人则从小头打破,更重要的是,外交政策也被它所制约。争论依据的是对神圣经典的解释,国王[42]有权决定解释的标准。为了这样一些事情,战争一直在打,国家搞得天翻地覆。只是出于自卫目的,格列佛才愿意帮助他的国家;他可没有圣战的狂热(第51-53,57-58页)。

一位向格列佛描述该国政治宗教形势的贵族,通过引用《波兰得克拉尔》(Blundecral)①的话作结:"一切真正的信徒都要在较为方便的一端打破他们的蛋。""并且,"他继续说,"依我个人的浅见,到底哪一端比较方便,似乎只有听从个人的良知,或者至少也要由行政长官来决定。"格列佛的朋友对一个可笑的问题提出一个可笑的解决方案,由此延续了十七、十八世纪对市民社会启示宗教的要求所提问题的解决方向。

首先有天主教和新教的分裂,然后就是上院和下院之分,双方都假装掌握了关于神圣事物的权威观点,可以对政治生活加以必要指导。由于敌对双方的冲突不可调和,其结果只有战争。由此产生出一个学派,认为君主应该决定这些事务,或者,另一种选择,也是更重要的一种,必须给这些事务以自由,人的良知不能强制。仅仅出于审慎的原因,这一学派得到少数派的鼎力支持,他们在良知自由的原则中看到了保存自身的基础。这种思考方式尤其是现代自由主义的源泉,他们认为崇高目标的方向不能作为政治功能的一部分,这些事情应该由个人决定。这一原则开始时是为了避免内战而做出的妥协,后来就变成我们当然很熟悉的绝对原则。在侏儒的嘴里,它听起来是如此可笑地简

---

① [译注]利立普特人的《圣经》。

单明了。应当把他的表述和布罗卜丁奈格的国王对同样问题的评价对比一下。他笑话格列佛"那种计算太离谱",他喜欢这样称呼它,"竟然把各政党所有的人加起来估计我国的人口。他说,他不明白为什么一定要强迫那些对公众怀有恶意的人改变他们的主张,而不让他们把自己的主张隐瞒起来。一个政府强迫人改变意见是专制,但它做不到让人收起对公众不利的意见就是软弱。因为尽可以允许一个人在家里私藏毒药,却绝不能让他们拿毒药当甜酒叫卖"(第147页)。① [43]这是斯威夫特自己对这件事的看法,是符合古典传统的。这种观点预设了统治者应当掌握对政治利益的明智理解,同时,没有理由向照顾疯狂的少数派自由的公共福利的观点妥协。尽管这是合理的立场,但也不是说在某些特定情境下,不能采取其他权宜性的必要或有力原则;惟一要坚持的是党派本身是有害的,一个好政体必须除掉它们。布罗卜丁奈格的国王能够相对轻松地谈论这些事情,是因为在他的属地之内没有宗教纷争或者战火连绵的历史。他们惟一的政治难题是古老、自然的君主、贵族与人民的冲突,这也已经在很早之前就通过建立一个均衡的政体解决掉了(第156页)。

斯威夫特自己则生活在一个由信仰分歧导致的政治党派将国家长期分裂的时代。他具有很强的党派立场,因为他相信在他的时代,任何政治目标都要通过党派来实现。他试图选出最合理的政党,一个能够为合宜的政体,为好人、好公民的产生最好地提供道德基础的政党。但毫无疑问,他认为自己所处的境况是有缺陷的,更好的政体应该根本不为这种纷争和宗教习惯犯难,而是统治者由理性所指导,派系之争能够被合法地压制下去,而不是通过国家中狂热的一半人,将自己的信仰强加给同样狂热的另一半人的方式进行镇压。但更多的往往是后者。对

---

① 对比,如斯威夫特,《良知宣言》(On the Testimony of Conscience)(《约拿森·斯威夫特散文集》[*The Prose Works of Jonathan Swift*]卷四,London: George Bel, 1898)第120–122页;《一个英格兰人教堂的心绪》(The Sentiments of a Church of England Man),同上,卷三,第55页。

此，有充分的理由可以说，对于斯威夫特，宗教问题是现代性的核心问题；在他的乌托邦国家里，这个问题或者以无信仰的方式解决，或者干脆完全被压制了。格列佛在利立普特遇到的一大部分困难是因为无法理解这个难题或者采取一个与之相关的立场。

第一卷的第六章列举了审慎之人在政治上必须做出的种种妥协。这一章通常被看作是后来加上的，与全书很不和谐，斯威夫特在这部分透露了他自己对于政治善好的看法。这部分借口描述利立普特的古代制度，而这些制度都已经被败坏了。经常有人会论证这些描述和先前所谈的并不一致，因此仅仅是斯威夫特用来[44]表达某种意见罢了。但是，哪怕对该部分粗粗阅读一遍也会发现，这些制度和被布罗卜丁奈格人和慧因人所使用的并不相同，他们的制度显然是被当作范本来描述的。正如格列佛所说，这些制度毫无疑问是对利立普特现实统治的改进。但它们也同样毫无疑问是对最好制度的妥协，是建立在十八世纪英国真实的实践和原则基础上的。斯威夫特所建议的改革并非是理想主义者的方案。他知道将根基和枝叶全部换掉是不可能的，必须从那些能够被改变的人物的性格着手。

格列佛的讲述中有很多洛克的影子。欺骗是一个国家最大的犯罪，因为没有信任，信用就会被破坏。奖善惩恶的制度应当建立起来；奖励包括一定数量的金钱。商业和金钱——本质上是个人私利——被用来作为革新的基础，行为得当的动机是为了获得奖励。并且，教育制度把父母和孩子分开，允许孩子被政府抚养，因为"他们不承认，由于孩子是父精母血的产物，就应该对父母尽什么义务。如果仔细想想人生的悲惨，那么生儿育女本身没什么好处，做父母的也根本没有想到要生儿育女，当他们情浓意蜜之时，他们的心思根本就是在别的东西上边"。子女的教育不能托付给父母，因为他们自然完全是自私的。因此，孩子们应当由政府来培养成公民；这一原则重复了洛克关于子女义务的教诲。这三项革新的关键措施都是基于自利的原则。第四项是所有利立普特人都必须信仰神圣的"神意"，但是，这样做是基于纯政治的立场。他们的君主声称是"神意"的代表；因此，他们的权威就将被缺乏信仰而破坏。虽然还有尊重权威的其他可能,但在英国的状况下,这是惟一可行的。信仰所指定的内容并不是呆板拘泥的,它与多个宗派并不矛盾。格列佛勾画出一套对利立普特人有好处的制度,赋予它们特定的特征;明眼人出于道义会完全支持这些制度,但也非常清楚,其他制度对于其他更好的人民而言或许更加令人赞赏。这么做可能让他看起来自相矛盾,但仅是看上去如此而已。

格列佛在利立普特的遭遇是因为,他对于利立普特人来说太硕大了;对此惟一可能的必然结果就是对他的专门指控。这一结果是不可避免的。市民社会不能容忍这种不恰当的伟大,对于最好的人,它要么屈从他,[45]要么排斥他。对这个喜剧性的苏格拉底的谴责并不能归罪于利立普特人的偏见;这样做的必要性是任何谈话或教育都不能打消的。指控格列佛的四项罪名如下:(1)尽管法律禁止在皇宫禁地小便,他还是把尿撒在宫殿上。(2)他拒绝征服不来夫斯(Blefuscu),拒绝彻底消灭大端派的异说者,以迫使不来夫斯人承认利立普特人的宗教,接受利立普特人的君主。(3)他善待和帮助前来求和的不来夫斯使臣。(4)有造访不来夫斯的意图(第 74 - 76 页)。

如果我们把这些指控概括一下,有以下几点。(1)他拒不接受利立普特人关于尊贵与卑贱的判断。他采取了保护皇宫的必要手段,他用的方法在他们自己中间根本不算什么,但遭到了女王的厌恶;当然,从她的观点看来,这么做是极其令人不快的。斯威夫特保护王冠的幽默手法使安妮女王很不高兴,这可以同这一控诉所提及的行为相比较。这也令人想起阿里斯托芬的臭虫(Dung - beetle),因为他降得很低,因此可以升得很高。但应当强调的主要问题是,由于他们处在不同的情境之中,格列佛不可能和利立普特人对美丑有同样的情感。他把美好或高贵等同于有用———一个理性的过程,这对于依靠区分两者而生活的市民社会来讲是决计难以接受的。(2)他不接受该国的宗教偏见,不愿意为了那些看上去毫无意义的教条做出残忍的事情。他看不出国王的信仰或者野心有何重要。大头,小头,在他看来都是表面合乎人情而已。(3)他不能接受依据国家界限划分敌友的做法。他看到的还是共同的人性。同时,从利立普特人的视角看来,一个与敌人勾勾搭搭的外国人如何能够信得过呢?他们只能给他赋予他们已知的那些动机;他们不可能看到他灵魂的内在活动。依据任何法规,格列佛的行为都是可疑的,不论它们事实上如何清白。利立普特人怎么会认为他没有征服两个国家的野心,使自己成为已知世界的主宰呢?他们怎么能相信,在他们看来如此重要的事情[46]对于格列佛来说根本就微不足道呢?(4)格列佛不满意他的新家园;他认为别的地方还有很多东西可以学。他或许会发现另一片土地会令他更加愉快。他的忠诚是成问题的;他有十分可疑的离家倾向。

格列佛受到谴责因为他们在宫廷火灾中发现他的道德趣味与自己不同。他的举止不像一个好公民;他的善恶观和利立普特人不同。朝廷中的妒忌和仇恨只是最终危机的倾向性因素而已。就他的利用价值而言,他注定会因为看似倾向于某一方而成为拉拢或算计的对象。解决格列佛危机的方案是市民社会利用天才的标准:他被弄瞎双眼,这样,他能维持他的力量,但又能被政治权威轻易地利用。他将成为一个瞎眼的巨人,对他所服务的目标茫然无知,仅仅在实现这些目标的手段上出力而已(第76-77页)。这种解决对他来说是无法忍受的,但另一种解决就是利立普特人改变自己去适应他。两者太不相称了。最后,良好的希望落空了,利立普特和不来夫斯国王都衷心地希望能够除掉他。这就是斯威夫特所描述的他自己和其他伟大之人的处境。

当然,对利立普特的这种解释是建立在布罗卜丁奈格之行所提供的信息基础之上的。格列佛对利立普特人而言的优越性就好似布罗卜丁奈格人对他的优越性。在布罗卜丁奈格的背景下,格列佛的道德视角成为焦点。布罗卜丁奈格人是伟大的因为他们是有德性的;尤其是,他们非常有节制。政治生活不是他们贪欲的玩物。这里既没有宗派,也没有天主教的纷争(他们是多神论者)(第127页)。因此这里没有战争,因为他们没有邻国和内部分裂——不是因为政治实体中的一部分战胜了其他部分,而是非常贤明地将三部分全都混合起来。他们让自己时刻处于备战状态,只是为了保持从军事德性中获得的优势。他们的军队完全是一支市民军。他们的注意力放在服从法律,而非解释法律上。只要法律受到尊重,就是有力量的,而尊重隐含着赞同。心智不应当用作合乎理性地消除清晰的责任的基础。对于法律是不允许做出任何评价的。那里没有政治科学,他们的学识只是那些能够产生好公民的知识,或者,换种说法,他们的研究用以产生的不是学识,而是德性。[47]他们懂得道德、历史、诗和数学,这些就足够了(第153页)。

格列佛在普通民众身上发现的最坏的恶可以算是过分节俭,这基本上只是他自己个别视角的结果;在那些或许只是不留心或者不注意的地方,他却归结为用心不善。布罗卜丁奈格人是简单、高尚的人民,他们的国家并非为了追求知识或培养多样性而存在,而是为了众所周知的、共识性的德性而存在。布罗卜丁奈格是斯巴达和罗马共和国的交汇;它几乎在一切方面都与亚里士多德的《伦理学》相符。斯威夫特是启蒙的敌人,包括它的知识,它的政治。

我们只能对勒皮他进行短暂访问。① 格列佛在看完现代政治之后,到那里去看现代科学以及它对生活产生的影响。他在这儿发现从所有人类的重要内容中抽取出来的一个褊狭的理论视角,它并非开始

---

① 对于勒皮他和拉加多之行细节的分析,可以比较马约里·尼古森(Marjorie Nicolson),《科学与想象》(*Science and Imagination*) (Ithaca: Cornell University Press, 1956),第110 – 154页;《月球之旅》(*Voyages to the Moon*) (New York: Macmillan, 1948);以及诺拉·莫勒(Nora Mohler),《斯威夫特的勒皮他之行的科学背景》(The Scientific Background of Swift's Voyage to Laputa),选自《科学年鉴》(*Annals of Science*),卷二,(1937),第299-334页;《斯威夫特勒皮他之行中的飞岛》(Swift's Flying Island in the Voyage to Laputa),同上,第405-430页。
所有对于斯威夫特新科学进行批评的众口一词的主题,不是其主张的外在的荒谬,或是它的不敬之词,或是标新立异,而是它对于关于人事知识的片面和断章取义。现代科学代表了和古典原则与方法的彻底断裂,斯威夫特认为存在一个现象的整全范围,现代科学无法把握它,却必将歪曲它。这种情况长此以往,如果把它绝对化,将会毁掉人类的前程。这种主张一直遭到否定。

于人的维度。飞岛上的人们一只眼睛朝向内,另一只朝向天顶;他们是完美的笛卡儿式的人——一只以自我为本位的眼睛沉思着自我,一只宇宙论的眼睛探索着最遥远的事物。两者之间的范围,既界定了自我,又界定了研究星空的模式,从前曾是关注的中心,现在则根本不在勒皮他人的视野范围内。他们只研究天文学和音乐,世界被化约成这两种科学。他们不接触感官对象;这样可以使他们满足于他们的科学。和他人的交往是没有必要的,人们需要被拍打一下才能应答别人。他们不是让数学遵循事物的自然形状,而是改变事物以适应他们的数学;食物被切割成各种形状的几何图形。他们对女人的爱慕,实际上取决于女人各部分同某种特别的形状相类似。嫉妒[48]是他们所不知道的;他们的妻子可以在他们眼皮子底下偷情而不被注意。而首要的是,他们缺乏诗的感觉。这是格列佛的试金石;在利立普特和勒皮他都没有提到诗,尽管布罗卜丁奈格人和慧因人都有很优秀的、荷马式的诗歌(第153,311页;比较第184页)。诗表现了生活的节奏,诗的形象捕捉到现实的色彩。没有诗的人就无法捕捉到人性,因为诗是人类对哲学的补充——不是现代意义的诗,而是伟大的史诗时代的诗,它们刻画了众多的英雄以作为我们效仿的摹本。现代科学无法理解诗,因此,它永远无法成为人的科学。

对于这些人的其他特别之处,格列佛是这样描述的:

> 最使我奇怪的,也最不可思议的是,我发现他们对于时事、政治十分关心,他们永远都在追究公共事务,对国家大事做出自己的判断,对于一个政党的主张进行讨论而寸步不让。当然,据我观察,我所认识的欧洲数学家大半也有同样的癖好,可是就这两种科学而言,我却找不出什么共同点来。(第185页)

我们看到,格列佛恢复了他原先的优越性。在科学与政治这样一些今天如此重要的主题上,斯威夫特显示出惊人的洞察力。他不仅看出科学不仅没有能力理解政治,而且看出他们迫切想操纵政治,并觉得他们这样做有特殊的权利。勒皮他人的政治力量是建立在新科学基础之上的。他们的"飞岛"以吉尔伯特和牛顿奠基的新物理学原则为基础。斯威夫特看到了伟大的发明可能会打开通往政治事业的新道路。这个岛可以使国王和贵族免于人民的阴谋——事实上是避免和他们接触——同时可以利用他们,接受必要的纳贡以维持统治者的生计和闲逸。他们可以压碎陆上的城市;他们的权力几乎是无限的,却没有什么责任(第 194 页)。权力集中在统治者手里;因此他们甚至不必因为恐惧发展出一套真正的政治才能。他们不要求德性,一切东西都自生自灭,所以也不会由于他们的无能、冷漠或邪恶而有伤害到他们的危险。他们的岛允许其性格上的缺陷发展到畸形的地步。科学,在解放他们的同时,破坏了使他们成为人的自然条件。在这里,历史上第一次[49]出现了僭主不是建立在无知,而是建立在科学基础上的可能性。科学不再是理论性的,而是服务于人的希望,从而成为一种激情。

格列佛非常厌恶这个世界;他代表着常识,他蔑视它。他觉得这里让人很不愉快,因此他想回到地上,在那里他能得到尊重。但是在拉格多(Lagado)他发现事态更严重;所有的东西都一团糟,因为所有正常运转东西都为了实验而放弃了。格列佛对这里的批评虽然很有趣,留给我们的印象却没有别处那么深。他似乎很认真地低估了实验成功的可能性。但或许支撑这种态度的原因对我们来说仍然是睿智的。勒皮他按照它的原则生活的直接结果,就是实验带来的那些新变化;他们愿意仅仅为了希望中的新生活,就抛弃原来的生活和它带来的德性。如果新生活成功了,它能够带来如此的舒适;但他们并不知道这种生活方式将给他们带来什么。这种转变和不确定使格列佛趋向保守。他不信任实验者的动机,并且怀疑他们并不能代表沉思生活的高贵目的由此而降低。如果格列佛嘲笑实验科学的可能性是不正确的,但他怀疑的愿望却可能是对的。至少在今天的美国,仍然有一个社会批判学派,异口同声地在说同样的事情。对于教育和政治,当格列佛讽刺思考和学习的替代品,或者描述拉斯维尔(Harold Lasswell)的政治科学时,目光像往常一样敏锐。格列佛对现代科学和实验的攻击预见到了只有今天才引发公众良知的问题:对自然的征服会给征服者带来什么?

格勒大锥(Glubdubdribb)之行使格列佛看到现代历史科学的现实状况,因为他能招来它所涉及的那些人的魂灵。历史是非常重要的,因为人们可以从中理解得与失,以及自己正在遵循的方向。我们知道这种科学是最不准确的。它美化了现代人,误解了古人;甚至我们对希腊语的知识也已经退化到了了无所知的程度。格列佛最仰慕荷马、阿里斯托芬和反抗僭主的英雄。后者中只有一位现代人——托马斯·莫尔爵士。所有后世的诗人和哲学家的解释者都误解了他们,并改变了他们的本性。必须努力恢复他们的本来面目才行;研究结果将重新认定经典古代的无限优越性。"我要求看到罗马元老院在一间大厅里开会的情况,同时也要求看到现代的下议院在另一间大厅里开会,作为对比。[50]看起来罗马元老院就像英雄和半人半神在聚会,而现代下议院却像一群乱哄哄的小贩、扒手、土匪和暴徒。"(第223页)

我们在勒皮他行程的第四站,也是最后一站拉格奈格(Luggnag),在这里格列佛有一段关于不朽的插曲。在其他国家,死亡都是令人恐惧的,但在拉格奈格就不是这样,在这儿,不朽以"斯特鲁布鲁格"(Struldbrugs)的形式不断呈现。对不朽的渴望,或者说对死亡的恐惧,使人们徒有各种希求与愿望。格列佛见到斯特鲁布鲁格的经历使他多少缓解了这种焦虑。这些人永远不会死,可是变得越来越老,他们令人厌恶,没有什么人的特征。"他们不仅固执己见,暴躁、贪婪、忧郁、喋喋不休,而且没有友爱的能力,对一切人类的情感都心如死灰,……嫉妒和无能的欲望是他们的主要激情。"(第242页)他们憎恨所有年轻的东西。毫无疑问,大多数人宁可死去也不愿像这样的活死人一般地生活。但是,经常可以看到这样的情况,人们想象永远年轻和他们想象不朽的程度是一样的。格列佛自己也想象永远年轻,这时,他发现斯特鲁布鲁格的存在,并且得知他们不是朝廷的顾问而是被排除在外。他非常吃惊。这些特殊的不朽者会变老,而且衰朽;对人们不朽欲望的批评只适用于这些人,而不包括永远年轻。

那么,为什么斯威夫特会以这种方式来表现他的想法呢?人们或许认为,他这是在反映我们这个世界上惟一宣称不朽的机构——教会。

我从格列佛对斯特鲁布鲁格描述的结尾得出这种想法，这些人不允许托付给任何公职，或者购买土地：

> 我不得不同意王国制定关于斯特鲁布鲁格的法律具有强有力的根据。在类似的情况下，任何国家都有执行这种法律的必要。否则，因为贪婪是老年的必然结果，这些长生不老的人终究会成为整个国家的所有者，独占社会的权力，又没有能力管理，结果一定会毁掉整个公共事业。①

这仅仅回应了在英格兰非常流行的观点，这种观点在限制教会土地重要性的改革之后，尤其是对罗马天主教会的土地进行限制之后，变得流行起来。现今时代的特征[51]是不朽的身体栖居于市民社会之中，但其实并不是它的一部分——一个衰老的身躯具有危险地壮大自己的倾向。死亡强于以教会为代表的那种生命的苟延残喘；只有在市民社会这具躯体中填入法律的内容，它才是安全的。

仔细考察勒莫尔·格列佛的慧因之行是非常重要的，因为这是他最后一段旅行，也是对他影响最大的一段；正是在看到慧因和雅虎的天壤之别的影响下，他才写了这本书，其中含有明显的改变所有人性之恶的目的。在利立普特和勒皮他，他没有发现什么令他倾慕的东西；在布罗卜丁奈格，他仰慕；但身处慧因人中间，他却模仿。一切革新都要遵循实践的方向。慧因们不是人类；人类现在要遵循一个非人的标准。斯威夫特在慧因这片土地上所做的是要描画一个乌托邦，一个建立在柏拉图的《理想国》基础上的乌托邦；但它是一个超级理想国，因为苏格拉底建造最好的城邦时所面临的困难消失了——慧因们缺乏灵魂中

---

① 第244页。尽管斯威夫特捍卫爱尔兰教会的财产权，他只是在严格的限度内这样做的，是为了保存一个重要的公民制度。他非常了解更高一级神职人员可能的贪欲，他也完全明白在宗教改革之前罗马教会的财产和影响所带来的政治困难。

激情的部分。《理想国》中全部的困难在于,使灵魂中的三个秩序在彼此的关系中各自扮演恰当的角色。惩罚和修辞是必要的;整部书充满了理性和欲望之间的斗争;容易激起的情感或者说意气,想把它作为理性的同盟,却不断表现出要推翻理性的倾向。在慧因们身上,激情、意气和理性却有着完美的自然和谐。斯威夫特去掉了所有和激情或肉欲的自然相关的东西,把它们堆积在一种东西上,他把它们叫作雅虎。或者,用另一种更为确切的说法,斯威夫特的慧因是从柏拉图刻画的人中推演出来,而雅虎则是从霍布斯刻画的人中推演出来的。

说这一部分是在总体上贬低人类,抬高动物并不正确,因为这些动物是非常特殊的动物,它们拥有柏拉图秩序中某些特定的人类特征,它们是某种特别种类的激情的人。人类有双重自然——部分是神的,部分是兽的;斯威夫特将这两部分分开。现实中,两者间是相互紧张的,人们必须决定谁为谁服务。是激情被导向服务于理性,还是理性作为激情的婢女?如果是后者,则雅虎是真实的人;如果是前者,则慧因代表人的真实状况。斯威夫特的这种分离澄清了最终的目的。

自然是惟一的标准,慧因们就是"自然的完美",这也是它们名字的意涵。自然是巴门尼德式的;[52]存在物存在;可变并没有意义。慧因们只谈论和沉思"什么是",因为只有"什么是"可以言说。没有只言片语是关于意见的,它们也没有分参非存在物的激情。它们身上没有可以考虑"什么不是"或者能够分参"什么不是"的东西;因此它们不能讲述那些"不是"的东西。它们不需要撒谎,因为就像柏拉图的诸神那样,它们不需要欺骗,也不需要被欺骗的朋友。德性对它们而言就是知识。它们看到什么是必须做的,就去做了;不需要道德规约。它们总是像哲学家那样运用理性;当它们认出一个现象是什么,它们就这样说——否则它们就什么都不说。这就是为何格列佛对他们来讲是一个难题:他是不是一个雅虎?① 他既是又不是。顺便说一句,这或许表明

---

① 第 267,272,304,313,319,261,263,266 - 270,274 - 275,291 页。

了慧因们理解上的弱点；它们不能充分地理解这个复合的存在物。

格列佛起初在和他的主人相处时，企图掩饰他身上雅虎的那种自然，但最后被迫揭掉掩盖。他造了一种束衣来"掩藏我的赤裸"，这是模仿亚当在上帝面前的做法。格列佛就像在布罗卜丁奈格那样，再次感到羞耻。慧因们是没有羞耻感的；全身上下也没有哪一部分比别人更美或更丑（第269页）。格列佛感到羞耻是因为他是有贪欲的生物，不能控制他明知是坏的欲望。他是一个罪人，一个忏悔者，而慧因则像亚里士多德的绅士，它们从不脸红，因为它们没有什么可以羞耻的。这种表现尤其可使我们把雅虎看作现代人。他们是人与人之间的乱交，就像奥古斯丁和霍布斯所描述的那样。它们具有奥古斯丁笔下的人类无法控制的败坏的自然，对性欲有特别的关注。雅虎之间的关系就像霍布斯式的战争状态。雅虎具有无穷的欲望，而首先，它们对别人占有任何东西都感到愤恨。它们是饥渴的生物，时刻怀有缺少的感觉。它们聚集在一起，对金子有无限的欲望，却不知道自己要它们来做什么。它们不知道自然的限度，所以永远都不满足。它们强壮，但是怯懦；它们自己给自己设定了领导以统治自己（第296 - 304页）。如果有人把人的现实生活想象成活在激情中，他脑中的景象必然是这一类的。斯威夫特对慧因的观点中绝对没有表现出一点感觉到自己的败坏并试图改进自己，希求拯救的生物是令人喜爱的。

[53]毫无疑问，慧因的乐土是"理想国"的完美化。即使扫一眼两者间的相似之处也会令人信服；稍做改动之处在于慧因的优越性。那里几乎不需要任何政治，因为公民们是如此有序，能够接受它们各自的角色。也没有导致战争的需求。统治者自由交谈。它们是哲学家；在一个它们推理的例子中——解释雅虎的起源——就能看出，它们就像前苏格拉底的哲学家们那样推理。无论如何，这都是一片由哲学家统治的乐土。

慧因们的生活是简单的，它们的需求由共同体来提供。也没有金钱。因为它们生活得简单而自然，它们也无需医药的技艺或者法庭的修辞。那里是古典的制度，但又完全建立在自然区分的基础上。它们不害怕死亡,对死去的人也不感到悲伤。它们把这片土地视作它们的第一位母亲,它们作为一个整体属于这片土地,没有特殊的和私人的利益。

谈到《理想国》第五卷所处理的悖论,在慧因中间也有妇女的平等和妻子与孩子们的德性公共体。婚姻在理性的基础上进行安排:爱欲不起任何作用。它们被分为一对对夫妻,有它们私人的房屋,但一旦需要,它们就得打破家庭,相互服务,交换孩子——所有这些都是以作为整体的共同体的名义进行的。友爱和仁慈是它们的德性和交谈的主题。它们的诗,具有荷马史诗的全部力量来支撑着它们的品质。但是,它们不需要任何在《理想国》中所提到的那些详尽的策略去审查诗歌,或者破坏家庭的利益。它们没有公与私、善好与自己的区别。它们不爱自己的孩子;它们为了共同善好而照顾它们。①

第四卷中的对比是柏拉图与霍布斯的对比,是完美的政治动物和自然状态中的人的对比。雅虎是僭主;慧因是共和者,它们无需附属,因为它们有足够的智慧管理自己。斯威夫特躲避在动物中,因为在关于人的概念中丝毫没有什么能够表明,这样一种政体在国家或者灵魂里是可能的。他想象出一种对雅虎的仇恨;因为只有通过这种自我蔑视,他才能够在自己身上培养出一种与慧因相合的东西。

有人会问,为什么慧因具有所有的德性,却没有神性?这点很清楚地从它们的原则而来。[54]它们不能言说不存在的东西。它们只能看到持久、永恒和不变的存在物。在英格兰,雅虎是有宗教的;它们神圣的事务甚至不能用慧因的语言来表达。② 这些特洛伊木马比它们看上去所容纳的东西还要多。在第一、二卷,身形尺寸是主要的阐述工具。这里则以不同的种类表达不同的涵义。

《格列佛游记》经常被人们看成一本厌恶人类的书。事实上,它也

---

① 第304—317页。注意这段开头对苏格拉底和柏拉图的谈及。
② 第279页。这些事务被称作"观点上的差异"。对比慧因的观点,第304页。

没有描绘一幅恭维人类的画卷。但我们应当问问自己什么叫厌恶人类。在某种意义上,他是一个仇恨人性的人——对他人报有很大期待,却被欺骗了。首先——如果我们可以相信莫里哀——他是一个试图根据德性的最高标准生活的人,并发现它们为人类社会所不容;他是一个总在说真话和根据原则生活的人。卢梭远离社会,回到自然,是一个厌恶人类的人。康德则在教诲关于厌恶人类的绝对道德律令。格列佛在他给辛普森的信中,无疑也透着厌恶人类的腔调。他放弃了所有改良人性的希望,因为在他的书出版后,他给了他的国人六个月的时间,这个时间当然是足够改进了——他们却没有丝毫改进。

但我们同时也知道,格列佛是一个撒谎者,并崇拜像西农那样成功的撒谎者。一个撒谎者几乎不可能是一个厌恶人类的人;他对自己的同胞们报以足够关心,甚至尊重他们的偏见;高贵的谎言是慷慨的举动。他们是建立在正在形成的真理或者说意见之上的存在物;他们证明了一种对这个世界的理解,这种理解并非慧因的那种。最后,也是最重要的是,厌恶人类并不好笑;这个世界和道德就此而言太严肃了。我不知道格列佛是怎样的,但斯威夫特肯定是世上曾经有过的最有趣的人之一。他对人类的厌恶是一个玩笑;试图改进人性,是世界上最伟大的蠢事。这就是理解人类真正的意涵。同时,或许我们根本就不是什么严肃的存在物。在戏弄之中自有真理;我们看出有必要区分我们是什么和应当是什么。但这留给我们的最后印象是人们喜欢同情可怜的必朽之物。理解就是接受;《格列佛游记》通过向我们展示我们自然的复杂性使厌恶人类变得非常滑稽,以此来教诲我们应当接受什么。

(秦露 译)

政治哲学与诗

一

[55]在希腊由荷马、在意大利由但丁、在法国由拉辛和莫里哀、在德国由歌德建立起来的那些民族之书的教化与整合功能正在迅速消亡。马尔伯勒(Marlborough)过去可以说,他仅靠莎士比亚来了解英国历史;而如今这种对诗人的信赖却几乎不可想象了。对一本伟大著作或一个伟大作者的反复阅读与信赖已然消失,这不仅导致生活基调的庸俗化,而且也导致社会的原子化。因为,有教养的民族集合在一起,是基于对德行与恶行、高贵与卑鄙的共通理解。

莎士比亚依然是上述这样一种教育资源,并能提供关涉人类德行和对高贵生活的热切渴望所必不可少的教训。他在我们的传统中获得了尊重,我们也说着他的语言。但是仅仅拥有他的作品是不够的;必须恰当地阅读和解释那些作品。人们永远也不能依靠阅读高等考证(Higher Critics)①所解释的《圣经》来重建摩西的宗教,同样,人们也不能通过以新批评方式来解读莎士比亚戏剧,从而将之作为道德与政治教育的文本。

浪漫主义运动兴起以来,对诗的本质的理解有所变化。如今,将诗视为自然的镜子,或者解释说诗在教育什么东西,已被看成是对神圣艺术殿堂的玷污。人们认为,诗人是不必有什么意图的,他们的史诗与戏剧是特定的(sui generis),不能按文明社会或者宗教的标准来判断。在很大程

---

① [译注]高等考证,在《圣经》研究中指对经文的作者、写作日期、写作背景等所做的详细考证,十八世纪起源于德国的哥廷根大学。

度上,将莎士比亚的戏剧仅仅理解为文学作品,就使这些作品与其所激发起来的重要问题——行动的人及其生活所面临的问题——毫不相关了。

[56]但是,因为莎士比亚最生动也最广泛地呈现了僭主的命运、善好统治者的品质、朋友之间的关系、公民的职责,如果不带偏见地去阅读,就会触动读者的灵魂;读者也会因为读了莎士比亚而更好地理解生活;由此,莎士比亚也就变成一个长期的向导和指南。他的作品因此发生了《圣经》所曾经发挥的作用,人们通过莎士比亚的眼睛看到了一个更丰富、更多彩的世界。正是莎士比亚的这个重要方面被人们错过了。只有教会人们莎士比亚的确说了些什么,莎士比亚才能再次影响非常需要他影响的这一代人——在最重要问题上,给予人们所需要的、深思熟虑的观点。因而,批评最恰当的功能就是重新获得莎士比亚的教诲,并且作为盎格鲁－撒克逊世界中依然持续的莎士比亚教育的推动者。

根据现代的观点,诗的东西是超越于基本的公共政治关切的;艺术家更接近于反政治的波希米亚而不是政客。只要一说到诗的政治解释,就会要么被怀疑为试图将诗作为意识形态的武器,要么是在输入外来学说——比如马克思或弗洛伊德学说,而无意识地将莎士比亚作为其先驱,则始终是忘却了戏剧本身。

不错,构成现代国家基础的政治教诲是散文化的——而且是有意为之的。同时,如果资产阶级——"被对暴死的恐惧触动"的人,是政治生活的产物,那么,诗就要为其活动寻求另外的领域,因为这种具有利己主义特征的人并不是诗的合适主题。但是,政治生活并不总是以这种方式被设想的,传统上它是既有广度又有深度的高贵激情与德行发挥作用的舞台。政治人物,似乎是诗最感兴趣的主题。至少可以说,将我们现在对于政治概念的理解作为永恒的东西,是对历史上的诗的错误解释。在这个意义上,我们对重大历史错误就会有一种犯罪感,而那种错误可以通过对戏剧自身进行开放的研究得以纠正。

莎士比亚几乎在他所有戏剧中都特别关注建立政治场景,而他最伟大的英雄和统治者都发挥了他们在市民社会才能发挥的能力。忽视这一点,简直就是被人们自身的偏见所蒙蔽。一旦人们看到了这一点,人们就禁不住要问：什么是莎士比亚所认为的善好政制与善好统治者？我以为具有政治激情和受政治教育的人会比纯粹的个人更能[57]理解莎士比亚的戏剧。承认这个事实，就打开了一个新的视角，这不仅关涉到戏剧也关涉到我们的政治观念。

如果政治被作为诗的对立面，那么，哲学就更是如此。因为，据说诗所处理的是激情与情感，而哲学则以理性为基础。诗人是有灵感的创造者，而哲学家则只理解事物本身。此外，对这一点，人们只能认为大部分现代哲学确实没有关注诗，但是既不清楚这是不是必然情况，也不清楚诗人是否不能是一个思想者。

对一个并未充分思考人类自然本性的人能否写出令人信服的戏剧，人们是有疑问的。说莎士比亚并没有对他在戏剧中所描述的人有一贯而合理的理解，仅仅是一个假设；只有对其所有作品做最终的、彻底的解释，才可表明确实如此。表面说来，一个人可以将《麦克白》写得如此令人信服，以致让林肯相信那是对暴政和谋杀问题最完美的表达，这样的人应该是懂得政治的；否则的话，不论语言如何优美，那戏剧也不会吸引被认为确实懂得政治的人。当代关于哲学与诗的对抗，正是时代的产儿；它会非常有助于使我们想起另外一种哲学——可以感性地讨论人类事物的哲学，以及另外一种诗——将优美的激情和严格的理性统一起来的诗。

二

莎士比亚是在这样一个时代来写作的：当时的常识告诉人们，诗人的功能就是制造快乐，而伟大诗人的功能就是通过快乐教会人们什么是真正的美。常识受悠久传统的支持，而这一传统在文艺复兴时期又焕发了新的活力。苏格拉底说，荷马是希腊人的老师，他说这个话的意思是，那些希腊统治者通过荷马史诗提出了他们要为自己设定的人的类型。阿喀琉斯是真实的英雄，他的荣耀，其后的英雄们直到亚历山大都欲与之匹敌。而懂得荷马的人是希腊人。如果根据希罗多德的说法，那么，荷马和赫西俄德一样,都创造了为后代人所崇拜的神祇。[58]他是民族的真正创始人,因为这个民族的人与众不同,创造了那些他们因之而被记忆的灵魂。这是伟大诗人的抱负。歌德理解这一点:

> 伟大的戏剧诗人,如果同时多产,又受渗透在他所有作品中的高贵目的所驱动,那他就会成功地使他的戏剧中的灵魂成为民族的灵魂。我想,在这方面遇点麻烦是值得的。从高乃依那里产生了一种能够形成英雄的能力。这是关于拿破仑的事情。他需要英雄的国民,出于这个考虑他说起了高乃依:如果高乃依活着,他会让他做王子。一个知道自己使命的诗人因而需要不懈地为其更进一步的发展工作,以便使他对民族的影响既高贵又有益。①

正像拿破仑所知道的那样,只有诗人可以给国民这样的灵感。

诗是最有力量的修辞形式,它超出了一般修辞,而一般修辞则可以塑造政治家修辞(statesman's rhetoric)得以发挥作用的人。哲学家并不能感动多数人;他只对少数人说话。诗人可以将哲学家的观点转换成形象,而这些形象触及了激情的最深处,使人们知道他们所浑然不知的东西。亚里士多德关于英雄德性的描述对一般人没有任何意义,但是荷马对希腊人和特洛伊人德性的具象化却令人难忘。这种描述人的真理并使他人实现这种真理的愿望,在史诗和戏剧中将诗提升到了最高。诗由于诗人政治上的高贵性,在内容和功用上都有了意义。诗并不是自足的;诗被灌注了生命,因为它与激发行动者最优秀部分的同样事物相联系。

诗人具有双重任务——理解他期望表达的事情,理解与之说话的听众。他必须知道真正永恒的人类问题;否则,他的作品就会无足轻重、短暂易逝。在他所言说的东西与他的观众所最关切的东西之间会有某种对应;舍此,其作品就不过是贡献给了对其技巧的艺术鉴赏了。

---

① 艾克曼(Johann Peter Eckemann),《歌德谈话录》(*Conversations with Goethe*),1827年4月1日。

在伟大作品中,人们并不意识到技巧的存在,甚至并不意识到艺术家的存在;人们意识到的只是手段与目的的完美契合。美丽的言辞仅仅是对[59]美好事物的反映;诗人沉浸在事物之中,而这些事物才是真正的、美的来源。他必须知道怎样去感动他的读者。一个人的照片并不能很好地传达其性格;性格是由那些鲜为人知的特征所左右的。一个画家可以抽离出那些对表现来说非核心的东西,他知道观察者的眼睛如何看到人。一定的幻觉对看清人的真实面目是必需的;真实感通过非真实的媒介得以传递。诗人也是如此,他需要知道怎样和他的观众打交道,也需要知道在只看到事物是什么样的情况下怎样改变视角。观众是由不同层次的人组成的复杂的动物。他要对每个人说话,要吸引简单的心灵,也要吸引敏感的心灵。因此,他的诗就像他的观众一样复杂而具有不同层次;它首先是为由贵族和普通人组成的惯常秩序(conventional order)构思的,但在更深刻的意义上,它则是为理解者和不理解者组成的自然秩序(natural order)构思的。诗人通过观察人并与人说话了解人的性格。所以,理智的人严肃地对待诗人;诗人具有与人相处的经验,那是从事其他技艺或科学的人所并不拥有的。

　　诗人是自然的模仿者;他再现了在世界中所看到的一切,正是他对世界的投入使他成为诗人。他并不是原创者,因为那就意味着他要从无中生有;如果他仅仅关注其自身,他将一无所获——就其自然来说,它注定并不充分拥有从根本上阐明事物的知识。区别一个好诗人与差诗人的标准是,他是否看到事物究竟怎样,是否学会了区分表面和深刻。特别是,诗模仿了人,按照我们详细阐述的古典传统,这意味着模仿了人的德行和恶行。人在很大程度上通过他的行动而成其为人;了解人,不仅仅根据人的存在,还要看人的行动的特征,是文雅还是贪婪、是勇敢还是胆怯、是率直还是羞怯、是节制还是放荡。因为这些特征带来了幸福或痛苦,人类一直予以关注。因此,这些也就是诗的特定主题。激情,感情,以及一系列心理因素都在其次。这是因为感情是与特定的行为类型完全联系在一起的,也是与控制行为的德行联系在一起的;就感情考虑感情是没有着落的。嫉妒和雄心与爱和政治相关,而它们的特征受制于特定客体以及具有这些感觉的人。所以,诗人最关心的是人类行为的各种类型。情节,[60]那些导致繁荣或灾祸的一系列行动故事,是戏剧的灵魂,它主导着其他所有东西,包括对心理情绪的描绘。

人的德行和恶行原本可以说是由政治概念来界定的。公民社会及其律法规定了什么是好、什么是坏,以及公民教育的形式。生活的特征受到人们生活于其中的政制(regime)决定性影响,而政制则鼓励或阻碍了存在于其中的不同人类形态的成长。生活方式的任何改变预示了政治的变迁,而正是通过政治方式变迁产生了效果。是共同生活使人开发了潜力,是政治秩序决定了对共同生活的目的与安排。更重要的是,统治与被统治,决定战争还是和平这些事情极大地锻炼了人的能力。或许人没有机会去当一个统治者,但是,人越被排除出政治生活,就越不能获得全面发展、得到满足。在政治生活中,不仅普通的德行被投射到更大的帷幕上,而且总体上将各种新的能力带到戏剧中。政治提供了一种架构,使得任何一个人都能在其中发展自身;它吸引了最有好奇心的激情,也吸引了最有好奇心的人。所以,试图完美地表现人的剧作家,通常总选择政治英雄。因为剧作家的艺术自由,他可以比历史学家更有特点地描画他的人物,更少地受制于偶然特征。

人的本质在极端中显现,我们可以通过理解可能的情况更好地了解我们自己。从一定意义上说,观众在观看莎士比亚戏剧时,可以比在日常生活中更真实地了解自己,日常生活更多的是被特定时空的偶然事件所决定的。可以有那么一个戏剧,完全只处置私人生活,关心养家糊口的问题,但是,从来也不超出那种生活的人将无法全面发展。在这种生活观点中勉强获得的戏剧,仅仅不过是一个工具,增加了对生活的奴役。

这是传统戏剧观的流行看法,是莎士比亚时代的观点;很可能莎士比亚也持这种观点,而不是任何现代观点。无疑,他自己对之进行了反思;但悬而未决的是,他是否自然地按上述观点来思考问题?但事实似乎是清楚的,[61]莎士比亚的历史剧所提供的事实详细阐述了他的意图,他有意识地想要通过他的作品传达他的政治智慧。在那些戏剧中,他试图对英国政制是什么、而这政制又怎样被接受并被后世英国人所尊崇有敏感的了解。他的努力是成功的,因为英国人恰如莎士比亚所表现的那样去理解历史以及历史的表现。他的意图很清楚是政治性的,而他对美与感人事物的理解也首先建立在对公民社会的关切之上。说这仅仅是一系列美好的故事合理吗?诚然,那是些美好故事,但是它们之所以如此恰恰是因为唤起了某种兴趣。说他匆匆写就那些历史剧是为了钱,或者说他对英国历史事实无知是因为他对之并没有研究是合理的吗?这就等于说,杰佛逊并没有考虑政治原则,为出名写了《独立宣言》,而他的成功则是由于他是一个了不起的独立日发言人。

历史中明显真实的东西,很可能在悲剧和喜剧中也是真实的。莎士比亚的博爱并不局限于英格兰或者使英国人成为好英国公民。我设想,莎士比亚试图整体地描写人类的一系列基本问题,而每一个可以独立了解所有戏剧的人,也就能看清所有可以选择的重要生活方式带来的后果,并且完全了解各类美好灵魂的特征。这个问题不是我在这篇导言中可以说清楚的;我提及此只是为了说明莎士比亚的天才。这里,我们只能说,对其他剧本恰如对待历史而言,莎士比亚或许至少是重视政治的。他也是有教育意图的,他的学养足以使他意识到理论和实践中的那些基本选择。

上述观点如果能成立,政治哲学对我们解释莎士比亚作品就是必不可少的。不管莎士比亚被现代批评怎样作为诗的真实本质来探求,要理解他,我们就必须使用他自己的构架而不是用我们的范畴去挤压它。任何客观法则都需要作者像他自己理解自己那样去理解他;否则,作品就只是我们所炮制的东西。政治哲学在莎士比亚批评中的作用,就是要给戏剧中所描写的激情的目标一个决定性的判断。[62]当庞贝被选择去谋杀他的客人并成为统治一切的皇帝(或者保持了体面而被废除)时,人们面临的是古典政治伦理的问题,《安东尼与克里奥特佩拉》细致而精确地表现了这一点。我们必须认识这一点,我们还要进一步了解关于统治者以及统治欲望对统治者的影响。只有在哲学讨论中,我们才能发现这些问题是如何展开的,也才有助于我们澄清莎士比亚为我们提供模式的那些问题。当今之世,我们特别需要了解政治哲学的历史,因为我们并不能马上了解政治与道德现象的各种不同可能,而必须寻求对莎士比亚所呈现给我们的那些东西最充分的解释。

莎士比亚将他的戏剧置于不同国家和不同历史时代中。这是探究他的教诲的最好出发点,因为不同国家在人们之中鼓励不同的德行;我们并不能在任何特定的时间和地点发现所有类型的人。这正像异教与基督教的不同对人所最关注的事物产生了不同影响一样。要表现那些不同可能性,典型的人必须处于其游刃有余的环境中。莎士比亚戏剧的时间和地点是带着这样的观点来选择的:要展示角色的特定旨趣。只有在威尼斯、奥塞罗和夏洛克才能发挥他们的潜能;他们是外国人,只有威尼斯这样的城市中才给他们提供了自由和空间。只有在罗马,人们才能看到政治雄心的形成过程,是怎样摆脱了消减它的各种目的的。花一生时间研究戏剧中的场景与情节的关系,指明在什么时代、在什么国家哪些是典型的问题,是值得一做的工作。所有这一切,都与莎士比亚区分什么是最好的人、什么是各种生活的利弊的观点相关。我们需要一代代批评者——其质朴的批评提出的是莎士比亚式的问题,那些格劳孔和阿德曼图斯曾经呈现给苏格拉底的问题。我们怎样生活?做一个统治者或者诗人,哪一个更好?我们可以杀一国之王吗?为了爱的缘故我们可以不服从自己的父母吗?如此等等。

席勒指出,现代一方面以抽象的科学为其代表,另一方面则以粗鄙的情感为代表,二者不相关联。一个自由的人和一个好的公民应该在情感与知识之间获得自然的谐调;这就是所谓的有趣味的人,而这种人[63]如今似乎是无法塑造出来的。我们知道,不能把握道德现象的政治科学是野蛮的,不能被正义的激情所激发的艺术是微不足道的。莎士比亚的写作先于上述分离;我们意识到,他既具清晰的理智,也具强有力的激情,而且在他那里二者并不削弱对方。如果我们有片刻和他在一起,也许,我们就能重新追寻到生活的完整性,重新发现已经迷失的通向统一性之路。

(张辉 译)

基督徒与犹太人[*]

——论《威尼斯商人》

[64]威尼斯是一座色彩斑斓的美丽城市。直到这个时代,对那些已闻其名的心灵来说,威尼斯仍然富有异国情调,令人激动不已——这样一座港口,充满了因为靠近海边而发的自由,聚集了来自不同民族、种族和宗教并满怀冒险和发财希望的人。财源滚滚的威尼斯商人奢侈地把这座城市装饰得富有一种浪漫的情调,它融合了东西方的风格,构成两者之间的纽带。如果再加上意大利的阳光和这个民族的魅力,你就把握住了这个始终作为快乐与幸福之梦幻场景的城市。

在《奥塞罗》和《威尼斯商人》两部关于威尼斯的戏剧中,莎士比亚令人钦佩地捕捉了威尼斯的气氛。他选择这个地方来刻画其笔下最富异国情调的主人公丝毫也不令人奇怪。奥塞罗和夏洛克都是这种类型的人物形象:对自己的活动环境、对自己面对的观众来说,他们都是外在的(foreign)。在某种意义上,莎士比亚两部戏剧的成就恰恰是把这两个人,两个在正常情况下仅仅是仇恨和鄙视的对象变成了因其灵魂的力量让人难以忘怀的人(human beings)。欧洲文学中第一次出现了如此与众不同并且富有表现力的人物塑造;莎士比亚在证明博大的同情心的同时,也给观众留下了难以磨灭的印象。不管喜欢还是不喜欢这些人,观众现在[65]也认识到他们是人,而不是可以任由自己毫无

---

* 本文的基础是1960年2月在芝加哥大学希勒尔基金会(Hillel Foundation)上发表的一篇讲演。我想以本文纪念 Maurice B. Pekarsky 拉比,该组织长达十七年的主任。他是一位智慧和善好(wise and good)的人,激励了许多怀着不同信仰的人尊敬犹太教;基于最高的理由,他同时诉诸人们的心与智(heart and mind)。

顾忌地发泄最可鄙激情的物。威尼斯给夏洛克和奥塞罗提供了完美的行动场所,因为威尼斯是形形色色的人都可以自由混杂的地方,因为威尼斯作为当时最宽容的城市闻名于世。在这个城市中,那些通常被认为不可能拥有一个共同生活方式的人看起来和谐地生活在一起。

然而,莎士比亚并没有用人们因其美丽远景而期待的最亮色彩来描绘威尼斯。一想起夏洛克和奥塞罗,就只记得他们阴郁的命运。就我看来,在两种情况中,他们的不幸命运在某种程度上都是由于他们的外在性(foreignness)所致,换句话说,威尼斯对他们来说并没有实现这样一个社会的承诺:人,是作为一个人,而不是作为白人与黑人、基督徒与犹太人、威尼斯人与外国人,在这个社会中生活。为了理解莎士比亚为什么这样描述威尼斯,我们必须暂时思考一下,威尼斯对十六、十七世纪那些被启蒙(enlightened)的人来说意味着什么。

一

威尼斯是一个共和国,是那个时代这样一种政治制度的为数不多的成功典范之一。几百年以来,它一直捍卫自己的独立性。它拥有一个合乎秩序的统治形式,相当大比例的公民可以参与这种统治。威尼斯异常繁荣且强大,尽管领土很小,却足以使它怀揣某种帝国的野心。文艺复兴时期,共和精神在有思想的人中间复活了。据认为,自从罗马共和国衰亡之后,恰如其分的政治生活实践就日益恶化。不管是出于什么原因,政治——人之尊严的条件对人来说变得无关紧要,并且他们生活在君主统治之下。作为自我统治之结果的独立和荣耀已经消失;古人赞美的政治德性没有施展的机会,随之也萎缩了。可以发现,这种观点在马基雅维里那儿发展得最为完整,但它也成为许多杰出思想家的共识。不过,怀有共和精神的人仍然在现代寻找共和国的可能性典范,而威尼斯就是最合适的一个。从十六世纪末到十七世纪中期,威尼斯一直被推崇和描绘为一个现代意义上的良好政治秩序模式。作为这样一个模式,威尼斯先于阿姆斯特丹,而且只需列举两个最有名[66]

的拥护者——哈林顿和斯宾诺莎自由地利用这一模式阐释自己的学说。事实上,威尼斯是一个现代国家,因此在许多关键的方面不同于罗马。正是这些方面才使威尼斯引起现代理论家的最大兴趣,因为它似乎为他们的核心问题提供了答案。

伴随共和主义趣味一道出现的,是一种对圣经宗教的明确贬斥,因为圣经宗教的彼岸性(other-worldliness)似乎构成了政治冷漠的来源,另一原因则是因为它们是许多事件中引发宗教战争和迫害的宗教狂热的根源。据认为,这种宗教依附性使人背离了自己的政治关怀,使人基于不同的意见产生分裂。现代共和主义必须消解宗教问题,使人们依附于此时此地的当下,而不是死后的世界。国家必须宽容,惟此方能在一个稳定的秩序中容纳信仰各异的人们。这个问题提出并非直接来自古代政治思想,同时对这一问题的解决方案构成了后世政治思想最富特色的一面。据认为,只有把人们的关怀转向某种能够主宰其宗教依附的东西,才有可能建立一种生活方式,由此宗教的教义及其不妥协性才不会发挥主导的作用。教导人们采取一种宽容的观点,并通过拒绝既定的宗教来化解宗教的权力,这并非不可想象;除此之外,别无他法,惟有以另一种具有和宗教一样强烈吸引力的对象,来取代对人之宗教激情的关怀和关注。

这种对象恰恰是在对赢利的嫉妒性欲望中发现的。商业的精神使人节制自己的宗教狂热;金钱至上的人不会死在十字架上。威尼斯首先是一个商业城市,而且同其他城市相比,威尼斯真正成功地容纳了更多类型的人。①

---

① 莎士比亚之前对威尼斯的一种典型和富有影响的评价,可比较:Jean Bodin, Les Six livres de la République (Paris: 1577),第726页、第790页。对同时期威尼斯的一般性理解,可参见:Cardinal Gaspar Contareno, The Commonwealth and Government of Venice [《威尼斯的共和国与统治》](London: 1599)。尽管此书的翻译直到《威尼斯商人》上演五年之后才出现,但该书已经在1543年以意大利文发表,并在1594年之前很长时间被翻译成法语,广为人知。

夏洛克在威尼斯的生活状态,正是威尼斯对满足自己进取心的冒险资本的需要。法律之所以受到尊重,不是因为法律自身,而仅仅因为它们是构成城邦繁荣的基础。正如商人自己所言:

> 公爵不能变更法律的规定,
> 因为威尼斯的繁荣,
> 完全倚赖着各国人民的来往通商,
> [67]要是剥夺了异邦人应享的权利,
> 一定使人对威尼斯的法治精神发生重大的怀疑。①

威尼斯的犹太人生活富足,享受着十五、十六世纪法律的全面保护;在离散(Diaspora)的犹太人共同体中间,威尼斯的犹太人共同体享有相对的特权。夏洛克对安东尼奥的控告完全依赖于那种法律,同时他也完全认识到法律的商业根源。在新的政治思想看来,威尼斯是一个模范的城市;它是宽容的、市民的(bourgeois)和共和的。这一政治问题的解决方案在西方占据了统治地位,也是我们惟一熟悉的方案。

因此对我们来说,这样一个包含了今天被我们广泛接受的东西之萌芽的城市,考察一下莎士比亚如何看待它就再合适不过了。如前所述,他的确通过这个城市提出了他对相互外在(foreign)的人们之间关系的看法。这一点构成了两部威尼斯戏剧之间的纽带。莎士比亚对建立在威尼斯式实验之上的希望表示理解,但正如戏剧主人公的命运所表明的,他对这一实验成功的可能性感到悲观。这并不是说他不认可威尼斯所代表的东西;而是他试图理解法律安排的人性后果,并且发现,如此截然不同的人物(personages)之间的友谊即便并非不可能,也是相当困难。法律不是一切。法律必须辅以生活于法律之下的人的好性情(good disposition)。莎士比亚以无与伦比的方式展示了灵魂的深度,而且借助他那神灵般的洞见,我们能够洞察到妨碍人类友爱(broth-

---

① 《威尼斯商人》V, iii, 31 – 36; VI, i, 39 – 43。所有的引文都出自 Furness variorum 版(Philadelphia: J. B Lippincott Co., 1888)。

erhood)的那些困难——这些困难都是实实在在的,不可能通过虔诚的道德教化予以消除。

二

夏洛克和安东尼奥分别是犹太人和基督徒,他们因为信仰的分歧发生争斗。这并非意味着,他们因为一段漫长的偏见史而相互误解,并且单凭启蒙就可以纠正他们的相互敌视。相反,他们真正的世界观、他们对什么是生活中最重要东西的理解过于对立,致使他们不可能达成共识。当他们因为涉及[68]同一个人而在同一个地方相遇时,他们必然相互争吵。这种极端对立的标志就是他们对于应该把钱借给谁、附加什么条件产生了分歧,而要想消除他们的敌对性,就应该消除他们每个人的信念——这些信念贯穿了灵魂的全部,从灵魂的最深处一直到灵魂的最高处。换句话说,他们的存在就必须改变,因为人在最根本的意义上是由他们对最重要之物的理解所构成的。威尼斯的法律能够强迫他们暂时休战,但在任何关键的场合,这一冲突都会死灰复燃,任何一方都会竭尽全力地摧毁法的精神;因为任何一方都有一种不同的生活方式,假如把一方的生活方式在城市中普世化,就必将摧毁另一方的生活方式。

然而,安东尼奥和夏洛克都不仅仅是相互分歧的个人;莎士比亚把他们描述为犹太教和基督教的类型和代表,不管这一描述正确与否。每一方都根据自己的信仰原则行事。他们之所以产生分歧,并非因为他们是富有个性(idiosyncrasies)的人,而是因为他们的原则相互对立。这些原则并非属于他们自己,而是来自他们各自的宗教。当然,我们并非依据他们信仰的纯粹性来看待这些原则;他们是在一个私人和政治生活已经败坏的世界中行事。但我们并没有看到,他们的原则被推广到那个世界之中。安东尼奥和夏洛克都被描绘成为他们各自遗产的模本;甚至可以说,每一方都是对一个有据可考的圣经形象之戏仿(parody),不是作为事实存在的形象,而是作为可能在威尼斯的背景中出现的形象。

莎士比亚外在地看待他们,没有考虑他们各自的真理。①

夏洛克坚持认为,尊重并服从法律是[69]过一种体面生活的条件。综观整个戏剧,法律是他惟一的救命稻草,也是他惟一的要求。因此正直就是善好的标准;假如一个人一生都一字不差地服从法律,那么他就会获得成功,并且其践行之事也符合人性。他没有必要因为其他的考虑受到困扰。正义就是守法;夏洛克是摩西的子民。与此对应的是某种积极的性情;夏洛克在这个世上活得很充裕。钱是舒适生存的牢固保障,不是为了快乐和精致,而是为了家族和家庭。乞丐诚为可鄙,而且很可能不诚实。这个尘世是人生活的地方,正义和不义都有奖惩的报应。体面的清醒是生活的法则,每个人都根据这一法则为自己活着。一种明确的强硬性,并且缺乏广泛的同情心,构成了他的性格特征(IV, i, 150, 94 – 108; II, v, 30 – 40)。

而且,对法律并未言明之事的精明完全是合法的,甚至是可取的。为了在这个世间过得好,一个人必须拥有相当数量的财富,没有财富,生活将很悲惨;就人的自然而言,假如一个人不够精心,他就有可能丧

---

① 和以前描写过犹太人的戏剧家不同,莎士比亚似乎直接到《圣经》中去发现自己的描绘,而不是利用一种传统的形象。他笔下的犹太人是在其信仰表白中的犹太人;他的原则是可以辨认的。这一点同基督徒类似。莎士比亚似乎已经明确地选择旧约的立场,并且补充了使徒保罗对犹太人的批评。这一点尤其可以参考《罗马书》第 9 – 11 章;夏洛克与安东尼奥的对立,最好被描述为"愤怒的 vessel 同仁慈的 vessel"之间的对立。或者一般性地说,这一问题正是旧的律法和新的律法(the Old Law and the New Law)之间的冲突,每一方都提出了自己对什么是虔诚以及作为其结果的道德之中最重要的因素的评价。两种律法有关联,但却敌对。我相信,莎士比亚更感兴趣的是安东尼奥而不是夏洛克的原则。犹太人在英国不是一个问题;英国没有犹太人,或者在实践中没有,他的观众都是基督徒。但安东尼奥的起因在某种程度上却是夏洛克的律法,所以只能根据这些起因以及他同这些起因的对立来看待他。这一点对应着新约中对耶稣的处理。两者的对比恰恰是那个原始对比的重演,但却被 1500 年的不幸历史所改变和加重。参见安东尼奥和夏洛克之间的对话(V, iii, 40 – 187; III, iii, 3 – 28; IV, i, 39 – 124)。

失恰恰属于自己的东西。夏洛克的榜样是雅各(Jacob);雅各为了继承遗产不得不欺骗自己的父亲,而且他使用诡计从拉班(Laban)那儿得到了一大笔报酬(I, iii, 74 - 100)。因此夏洛克成为一个高利贷者;他没有欺骗人——他只是利用了他们的需要。假如一个人为了自己的事业和自己的快乐需要金钱,他就能够使用夏洛克所拥有的东西。夏洛克并不关心这个人或者他的利益,但他能够通过它们获利。他的所作所为既不高贵也不大方,但并非不正义。他为什么应该关心巴萨尼奥的挥霍,关心后者想获得一个配得上自己卓越身份的希望?把自己的同情和财富浪费在别人的恶上面,难道不是愚蠢吗?夏洛克喜欢私下同女儿一道生活在自己"清醒的家中",而且这种生活方式也受到自己的精明以及精明所赢得的金钱的保护。

相反,安东尼奥把自己的全部生活建立在慷慨大方以及对同伴的爱之上。对他来说,法律,因其不妥协性以及对人的漠不关心,并不足以指导生活。不是说人应该无视法律,而是说法律只是一种最低限度的条件。公平和仁慈是比正直更为重要的德性。安东尼奥有钱;但是钱不是为了自己的享受,而是为了自己的朋友。他借钱给人不是为了获利。生活在这个世上是一件脆弱的事情,生活所诱发出来的惟一好处就是看到别人变得幸福。安东尼奥很悲观,生活对他来说没有太多的意义。[70]生活只是一个阶段,而我们的行动只有在一个更大的背景之中才有意义。安东尼奥百分之百愿意为自己的朋友而死,以此证明他是多么爱他们。他同冷静的计算风马牛不相及。他做出了自己无法兑现的承诺,他寄希望于即将到达的船舶。犹太人的严苛和冷酷非他能所为;他的同情延伸到一切人,他非常关心他们的情感。他多愁善感。他没有家,而且我们从未听说过他的家庭情况;他是一个单身汉(I, i, 5 - 11, 98 - 109; iii, 133 - 140; II, iii, 309 - 314; IV, i, 75 - 88, 120 - 124)。

安东尼奥和夏洛克并没有要被迫理解对方。当夏洛克看见安东尼奥走近时,他说,"他的样子多么像一个摇尾乞怜的税吏",这也同《福音书》中法利赛人的情感遥相呼应——他们为自己的正直感到自豪,鄙视税吏在主面前的卑贱。① 安东尼奥反过来模仿耶稣,把高利贷者赶出里阿尔托(Rialto)。他向夏洛克吐唾沫,因为他的同情不可能延伸到一个否认仁慈这一基本原则的人(I, iii, 110－140)。这是底线。双方都不可能把对方看成一个真正意义的人,因为在任何属人的方面,他们都存在分歧。让他们生活在一起固然很好,但只要一见面他们就会争吵。一个人所说的审慎,对另一个人是掠夺;一个人所谓的仁慈,对另一个人是令人作呕的多愁善感。不存在任何中间地带,因为他们把相同的对象看成是极为不同之物;共通感(common sense)不可能使他们产生沟通。假如真的有和谐,那也是一方必须完全屈从另一方;即使不说信念,至少荣誉也会排除了这一可能。但两个人也互相需要对方;金钱构成了他们的联系。安东尼奥必须向夏洛克借钱。他们必须立一个契约,但这个契约不受善良信仰的制约。

在这出不是很有趣的喜剧中,最令人发笑的形象是小丑朗斯洛特·高波。他之所以令人发笑,很大程度上因为他代表了试图同时生活在夏洛克和安东尼奥世界之中的那样一种人的可笑;事物之间的天壤之别,致使他仿佛是一个想要以头脚同时站立的人。他为犹太人工作,但他的良知又告诉自己,犹太人是魔鬼(Devil);所以他想离开犹太人,但他的良知告诉自己,他必须尽自己的义务。他的良知,那个道德指导的非凡工具,告诉他,他必须同时离开和停留。朗斯洛特完全搞糊涂了。最终,[71]他服从的是自己惟一确信的东西:他的胃。夏洛克的吝啬使朗斯洛特饥肠辘辘;而巴萨尼奥却送给他一套得体的制服,一个在苛刻的犹太人家里不可想象的东西。似乎没有什么道德行为的规范能够如此灵活地左右人与人之间的关系。在同杰西卡(Jessica)讨论其改宗的谈话中,朗斯洛特引申出处境的两难性。他说,惟有她的父亲不是她的父亲,她才能得救;但是倘若她作为犹太人女儿的罪得以消除,她又必将承受自己母亲通奸的罪。假如她这么做,她将受到诅咒;假如

---

① 《马可福音》,18:10－14。一般而言,夏洛克的正直对应着法利赛人的正直。

她不这么做,她也将受到诅咒。除此之外,朗斯洛特基于胃肠的原因反对她改宗,因为这将使肉价上涨。①

说到同自己所在的基督徒共同体的往来,夏洛克将其原则陈述如下:"我会同你们做买卖,同你们说话,同你们一道走路,等等:但我不会同你们一起吃饭,同你们一起饮酒,也不会同你们一道祈祷。"②

他不可能同邻人分享在他看来最为重要的东西。假如人们对什么是最重要的东西不能达成共识,就不可能说他们组成了一个共同体。《奥塞罗》讲述了一个试图选择同化却失败的人。在《威尼斯商人》中,我们看到了一个拒绝同化的人的灵魂。因此他遭到不信任和仇恨。他进行交换,但他的灵魂却受到毒害。

三

夏洛克同自己的原则做了一次妥协。他去参加了巴萨尼奥的晚宴。惩罚来得迅速而严厉。在晚餐时间,他失去了女儿,外加一大笔钱。他最珍爱的一切都离他而去;他变成了一个一心只想复仇的恶魔。不再有任何原则指导他,因为他由于不服从法律而损害了自己的原则。他只能认为,安东尼奥安排了可怕的行动,尽管后者看起来好像一无所知。③ 夏洛克知道没有人关心[72]自己,而自己的悲伤只是别人的笑

---

① II, ii, 2–29; III, v, 1–25。朗斯洛特把这种困惑进一步带到自己同父亲的关系中,他对父亲既尊敬又鄙视,因此混合着鲍西娅和杰西卡的反应。他的父亲——在这部戏中更多地同父亲相关——眼瞎了。而且,朗斯洛特还滑稽地模仿了这个复杂的世界中几位异乡人的爱情(III, v, 36–41)。

② I, iii, 33–39。夏洛克的信仰把自己同他人割裂开来;而且这一信仰还给他提供了一种对真正有价值之物的不同看法。

③ 究竟什么原因导致夏洛克改变主意去同基督徒共同进餐并不是特别清楚,只能成为一个猜测的主题(II, v, 14–21)。这里并没有表明夏洛克对诱拐之事有所知晓(II, vi, 69–75)。但夏洛克把它看成是整个基督徒世界都知道并且支持的密谋(III, i, 22–23)。

料。没有什么羞辱比这更极端;作为一个有尊严的人,他只能对别人以眼还眼、以牙还牙。别人认为他没有人性,他也向他们表明他们的看法是正确的。以前他也很苦,但他还有一丝生活让自己践行信仰、安度天伦。现在这一切都化为乌有。在其愤怒的深渊中仍然有着某种光辉的东西,不过他已经变得非常可怕。他所激起的强烈印象,仅仅建立在他身上那些否定性因素的基础上。当他只是因为自己的宽恕而遭到鄙视时,他怎么可能宽恕?即使不能被爱,他至少能够因为可怕而获得尊重。但是现在,只有在对自己所恨的基督徒的反应中,他的生活才能继续下去;他的生活没有自己坚不可摧的内容。在他的描绘中,莎士比亚在某种程度上赋予基督教式的指责以某种正当性:犹太人已经失去了最为重要的东西,只能继续承担其空洞的法律形式。

夏洛克不是一个喜剧人物。戏剧中也没有夏洛克当面受到故意嘲笑的场景。在一些基督徒行动者的眼里,他看上去的确富有喜剧性,但这仅仅证明莎士比亚并不赞同他们,而且他给夏洛克同他们一样多的评价。对于萨拉里诺和萨莱尼奥来说,夏洛克最富喜剧性,他们滑稽地模仿夏洛克因为钱财、因为女儿和钱财发出的尖叫。① 正如犹太人普遍受到的指责一样,夏洛克也因为物质主义(materialism)、一种使事物之间的恰当区分成为不可能的物质主义而受到指责,这一点为夏洛克的行为所证实,但绝非从不名誉的角度而言。正如我们所言,对夏洛克来说,生活是一个世俗的事情,他的金钱同他的生存内在凝结在一起。他对女儿的情感正是基于这一事实:女儿是自己的血肉(III, i, 32 - 34)。所谓的精神纽带对他并不存在;他所拥有的一切,都以类似于身体属于自己的那样隐秘的方式归属于自己。物质和精神之间没有任何

---

① II, viii. 这一幕不仅描绘了一个喜剧性的夏洛克,而且也描述了巴萨尼奥和安东尼奥的分歧点。这一点在某种意义上也有喜剧的因素,尽管这不是说话者的本意。这一幕还暴露了安东尼奥的自私;当安东尼奥告诉巴萨尼奥忘掉那些危险时,巴萨尼奥恰恰受到提醒想起朋友替他承担的危险。这一幕沿着两个方向分岔了。

分别;没有其他的纽带,只有纯粹灵魂之间的关系,这是不可能的;因此,一种普遍的人性就被排除了。血缘是爱的源泉;因此他真正的爱就是自己的家庭和自己的"神圣民族"(sacred nation)。

当夏洛克和杜伯尔(Tubal)谈起自己的女儿和金钱时,[73]他的确真实地表达了嘲笑者归结于自己的诸多情感,但这些情感以极为不同的方式显示给我们(Ⅲ,i,75-123)。他非常希望女儿死在自己的脚下,耳朵上挂满金银珠宝。这种情感的扭曲让我们感到震惊,但我们同样能够看到,夏洛克的女儿与其说是他的金钱,不如说是他本人的一部分,而且这是一种对自己损失惨重的表达。杰西卡不再属于他;他现在能够指望的就是自己的金钱。她违背了法律,并且藐视了他。她什么都不是,他必须忘记她,因为只有当她忠诚的时候,她对他来说才作为一个人而存在。这是一个苛刻的律令,但是为服从该律令所需的激情和纪律,都是衡量律令对夏洛克之意义的尺度。正如杰西卡一旦走出樊篱就会受到夏洛克的强烈仇恨,同样的道理,假如她一如既往地待在家中,她仍然会得到爱。对夏洛克而言,女儿虽生犹死,而自己的某一部分也就已经死了。当夏洛克听说杰西卡把他给妻子的绿松石兑换成钱时,夏洛克做出了令人钦佩的反应,正是在这种反应中清楚地体现了夏洛克所能表现的情感。"即使人家用一大群猴子来同我交换,我也不愿意把它给人。"(Ⅲ,i,115-116)这句话是一个情感吝啬者的表达,但正因为如此,他的情感才深沉而难以言表。

《威尼斯商人》中被引用得最频繁的一段话,以最好的方式表明了夏洛克的境况:

> 我是一个犹太人:难道犹太人没有眼睛吗?难道犹太人没有五官四肢、没有知觉、没有情感、没有血气吗?他不是吃着同样的食物,同样的武器可以伤疗他,同样的医药可以治疗他,冬天同样会冷,夏天同样会热,就像一个基督徒一样吗?你们要是用刀剑刺我们,我们不是也会出血吗?你们要是搔我们的痒,我们不是也会笑起来吗?你们要是用毒药谋害我们,我们不是也会死的吗?要

是你们欺侮了我们,我们难道不会复仇吗?要是在别的地方我们都和你们一样,那么在这一点上也是彼此相同的。(III, i, 47 - 66)

夏洛克诉诸人性的普遍性来证明自己的正当性。在这种严肃而感人的抱怨背后,是一种对实行金科玉律(Golden Rule)的吁求。只有当他们相互承认其相同性(sameness)时,人才能共同成为人;否则他们相互之间就好像是不同物种的存在物,他们的惟一相同点就是他们的复仇。但令人悲哀的是,一个人只要看看夏洛克在要求同自己的基督教死敌获得平等时所倚赖的类似特征之列表,[74] 就会明白,这一列表所包含的只是那些纯粹属于身体的东西;他在基督徒与犹太人中间共同发现的,在根本上只是一切动物所共同拥有的东西。列表中惟一共同的精神因素就是报复。①

正如智者安提丰(Antiphon)一样,夏洛克断定:人的友爱只是基于最低的公分母而存在,这一公分母事实上是非常之低。它就是身体;所有更高的灵魂部分都必然是抽象的结果,因为它们都体现了人对什么是好坏、善恶的意见和信念。这些,并非人所共有;这些信念使人相互为敌。夏洛克诉诸的一种是所有人都承认的人性,但在这么做时,他必然使一切高贵者视为至上的东西大打折扣。

夏洛克代表犹太教,他的生活之所以有意义也是出于这一事实,而非出于他有七情六欲的事实。基督教在其拥护者的生活中发挥了类似的作用。为了统一在一起,他们必须改变自己的存在。可供选择的似乎要么是一种高层次的敌对性分歧,要么是兽之层次的共同人性——一种基于对关于善好之自然的意见漠不关心的共同人性。《威尼斯商人》中四位犹太人的名字,似乎可以从《创世记》的两段前后相连的章节(第 10 和 11 章)中引申出来。第 11 章的主题是巴别塔;或许这是莎

---

① 夏洛克特别提到作为逗乐之结果的笑。他和安东尼奥不会因为相同的笑话而发笑。

士比亚寓意的一部分。"我们下去,在那里变乱他们的口音,使他们的言语彼此不通"。人的相互隔膜(separateness)是一种神意的行动。①

四

[75]不管夏洛克一开始(假如可能的话)想不想割肉,在失去杰西卡之后,他的全部希望就是能够在法律的限度内进行报复。夏洛克和安东尼奥的戏剧,假如不是涉及鲍西娅,就会走向一个灾难性的结局。鲍西娅同其他两个主人公之间的对比非常尖锐,而贝尔蒙特同威尼斯的气氛之反差也异常明显。鲍西娅带了一种对愉悦、满足和精致的热爱,并且首先带来威尼斯所没有的共通感。当仇恨的场景在威尼斯展开之时,鲍西娅正在贝尔蒙特主持一个爱的宴席——爱,不是安东尼奥对巴萨尼奥的精神之爱,而是男女之间的身体之爱。鲍西娅是贝尔蒙特这个此岸世界的主人,她的自我满足就是地上最高的法律。她没有信条,并且愿意为实现其目的而变成任何东西。她进行统治,为了自己的善好而统治,但一直保持着繁荣与正义的表象(appearance)。贝尔蒙特非常美丽,置身该地我们进入了感官的世界;贝尔蒙特是异教的;这里,所有人在说话时都使用古代(classical antiquity)的术语。这里,宗

---

① Tubal, 10:2; Chus, 6:Jessia (Jesca), 11:29。后两个名字在 King James 版本中拼法有所不同,但同这里一样出现在七十子希腊文本的圣经中,而且它们在莎士比亚时代的译本中也是这种拼法。"夏洛克"提出了一个更大的问题,它的来源只能猜测。但在同一段中还有一个名字比其他任何名字都要接近于"夏洛克",并且重复了六次(10:24; 11:12-15);它在巴别塔故事的前后都出现过。这个名字以"Salah"的形式出现在 King James 的版本中,但在希伯莱语中的拼法是"Shelah"(最后一个音节的读音为 ach),因此它在 1582 年的英文版中出现过。这事实上是非常接近的,而且这个名字的希伯莱拼法几乎等同于被认为是一个可能来源的惟一的圣经名字:"Shiloh"(《创世记》19:10)。考虑到"Shelah"在同一段文字中和其他的名字一道出现,他很有可能是夏洛克的祖先。

教只不过是用用而已,而且总共只有一座摩尔人的寺庙。贝尔蒙特流行的谈话主题和观念有一个古老的来源,鲍西娅拥有一个罗马人的趣味,并且被比作一个同名的人。①

贝尔蒙特也是一个世界城邦,但它的吸引力不是金钱,而是爱。来自世界各地的男人赶来向鲍西娅求爱,她也能够看到并且评价世界各地所呈现的一切。她不是与世隔绝的小女孩。在浏览求婚者的序列——热爱骑马的那不勒斯亲王、神色凝重的巴拉廷伯爵、纵酒无度的德国少爷等的过程中,她提供了一个民族特征的类型学。她根据对一种快乐的共同生存是否有利来评价他们每一个人。当她独自同仆人相处时,她的坦率让一些人感到震惊,让另一些人感到恼怒,但这种坦率似乎清晰表明了这样一种人的景象:她获得了解放,并且鄙弃悲剧的不幸深度。鲍西娅为表面之美而欢欣,而且肯定没有人能够断定说她的享乐主义会导致庸俗。在见过所有异国他乡、行为古怪的人之后,她最后选择了一位同胞作为自己的丈夫。她构成了羞怯和天真的苔丝狄蒙娜(Desdemona)的反面。她选择了熟悉的对象,不仅因为[76]它为自己所熟悉,而且因为它最充分地体现了她觉得最宜人和最适合的东西;同其他的求婚者相比,巴萨尼奥属于一种中和(mean)的类型,正如他的民族在地理上所显示的那样。

三个匣子的测验表明了隐含在鲍西娅之选择中的原则,正如它预先规定了她在法庭上将要使用的技术。表面上看来,鲍西娅并不是自己命运的主人;她受父亲意志的主宰,父亲规定,任何想赢得她芳心的人首先必须通过一个看起来很愚蠢的性格测验。鲍西娅承认对这种安排感到不满,但是作为一个好女儿,她还是想遵守规定。她不像苔丝狄蒙娜和杰西卡,为了实现自己的愿望,不惜貌视习俗。即使不是对习俗的实质,但她对习俗的形式仍然保持相当的尊重。而且,测验本身也并

---

① I, i, 175 – 176,寺庙在 II, i, 50 中也提到了;鲍西娅对宗教的利用可见于 III, iv, 29 – 35;鲍西娅似乎是古典欲爱(Eros)的代表。贝尔蒙特中所引用的所有神话和例子都取自古代。

非完全令人不快,因为测验的条件赶走了许多不合心意的求婚者,因为要是参加测试他们将不可能通过。她利用传统的义务实现自己的愿望,但正如戏剧清楚地表明,她没有成为义务的牺牲品。

第一位冒险作出选择的是一位摩尔人,他以这样的请求开始求婚:"不要因为我的肤色而憎厌我。"他在某些方面的确很像奥塞罗,但在鲍西娅创造的气氛中却变得喜剧化了。他是一位伟大的战士和热情的情人,满口高贵的言辞。这个鲁莽的南方人因为外表而选择了金匣子。他是一位自己感觉的奴隶。鲍西娅对他报以审慎的礼貌,但在思想中略过了他:"但愿像他一样肤色的人,都像他一样选不中。"她不是苔丝狄蒙娜,"从他的心灵中看出奥塞罗的容貌"(《奥塞罗》,I, iii, 280)。她没有努力改变自己的直接感官印象。她知道哪一种人符合自己的趣味。

正如摩尔人直接、感性并且充满激情,阿拉贡亲王是冷静、工于心计的北方绅士。他是一位虔诚的道学家,满口最正确的陈词滥调。他选择了节制的银匣子,他的判断基础是文本。他的选择是拥有自己的正确德行,但是一旦证明他应得的东西少于自己的设想,他便感到很恼火(II, ix, 1-86)。阿拉贡亲王是一位白痴,认为把德性挂在嘴边就是德性的本质。在他身上,鲍西娅看到的只是一个令人作呕的人。摩尔人为形象(image)左右,阿拉贡亲王被文本左右,这两者都是不正确的。鲍西娅寻求的是这样一位男人:他能够把感觉和思想结合在一种情感的自然光彩之中。南方野蛮;北方,冷冰冰、拘泥不化。真正的文明隐含的是充分发展的理解与反思同全面的感觉能力的混合;[77]一个人必须既能如其所是地看待事物,也对它们做出适当的反应。文本和形象必须作为自然的统一携手并进。

鲍西娅所想的正是巴萨尼奥。她认识到,他不是一位英雄,而且他也同她不平等。她知道他的弱点,甚至知道他希望通过婚姻补偿自己命运的事实。但她也看到,他是一个优秀的男人,一位情感细腻的男人,一位真正的绅士。他没有布道,他的判断力平衡有度并且富有美感。他既不原始,也不是过度文明。他没有卓越的德性,但从不装作有德性,他也没有明显的恶性。他是一种中和;他既英俊又有教养。巴萨尼奥不是狂热分子,他是惟一一个并非本能地仇恨夏洛克的威尼斯人。他总是像对待一个人那样对待夏洛克,不关心造成他们隔阂的教条。他对夏洛克的行为感到奇怪和惊骇;他不希望如此,甚至不像安东尼奥那样激发它。和鲍西娅相似,他不抱成见地进入世界,听从自己的印象和趣味;但他的趣味是有教养的趣味。他爱鲍西娅,鲍西娅所想的也是他。所以她做了小动作,让巴萨尼奥从自己所唱的歌中知道如何选择。歌声贬低了感官,而且它的意思也很清楚。第一个节奏充满了"head",并且用 lead(铅)押韵。巴萨尼奥自己的思考是正确的,而且展示了把文本和形象结合在一起的能力,但他通过歌声肯定自己做出了正确的选择。鲍西娅做得很巧妙;但是通过利用似乎束缚了自己的习俗,她变成了自己命运的主人。她违背了自己的信仰,但通过这样的方式,表面性得到了保护,坚持原则却没有变成原则的牺牲品。法律只是一个她实现目的的手段。①

五

鲍西娅去威尼斯救助安东尼奥,这并非出于什么普遍人性的原则,而是因为他是自己丈夫的朋友,而且[78]巴萨尼奥对朋友的遭遇负有责任。她利用去一个女修道院为自己婚礼做准备的虔诚借口离开了

---

① 父亲的权威类似于法律的权威,并且获得法律的保障。两者都有约束力且不可更改,法律的权威来自祖先,来自法律由祖先所立的事实。因此,鲍西娅同父亲一道处理法律的经验以及法律对她的意涵,都为她提供了处理一般法律的准备——不是作为一位律师,因为律师职业性地从事法律事务,而是作为一个站在法律之外并且理解法律同生活与幸福之关系的人。另一方面,夏洛克简单地把自己的权威和法律视为理所当然,或者换句话说,他把法律等同于善好。

家,并且装扮成一个新面相(appearance),也就是一个男孩的面相。①她变成了法律的代表,插入到相互战争的犹太人和基督徒之间。他们之间的处境变得无法忍受;只有毫无意义的兽性才可能是最终结果。夏洛克活着就只是为了复仇;法律站在他这一边。不存在妥协的可能。他渴望得到安东尼奥的肉,尽管这对他没有任何好处。②

夏洛克知道自己被人仇恨,也知道自己永远不可能从别人那儿获得尊重。他没有私人生活好让自己有尊严地逃入其中;这就是所发生的一切。假如他屈服了,他就显得软弱和胆怯。另一方面,安东尼奥也并非完全不愿意殉道;这非常符合他那一以贯之的忧郁,并且他还能通过为巴萨尼奥而死证明自己伟大的爱。他能够在朋友的歉疚中留下对自己的永远怀念,甚至希望朋友将来为自己撰写墓志铭。③ 只有更改法律才能避免这种并非法律本意的荒谬处境。但是,法律的本质就在于它的不变性(fixity)。只有一位鲍西娅,不关心法律但很清楚法律的力量,能够操纵法律。④

鲍西娅很快就理解了夏洛克的意图;她知道法律对他来说意味着什么。因此她从一开始就把自己打扮成最严肃的法律解释者,正是这一点赢得了夏洛克的信任。首先通过一种最直接和最坦率的方式,她

---

① III, iv。这是一个男人的世界,但男人不再能够控制这个世界,因此女人必须变成一个男人,恢复平衡。

② IV, i, 20 – 74。这一幕同福音书中十字架死亡的叙述之间存在着很大的类似性,公爵的角色对应着彼拉多的角色(参见《马太福音》27:17 – 23;《马可福音》15:8 – 15;《路加福音》23:13 – 25)。夏洛克要安东尼奥必须死亡并且不愿意说为什么如此,这一点对应着犹太人的行为同耶稣的关系。假如没有鲍西娅,结局恐怕也是类似。

③ IV, i, 120 – 124。安东尼奥追求的是殉道;鲍西娅不允许他这么做。

④ 鲍西娅给人的表面印象是对法律所适用的人(persons)毫不关心:"这儿哪一个是那商人?哪一个是犹太人?"(IV, i, 181)但她已经为案件做好了准备,而且这是一个歧视性的案件。夏洛克把自己的忠诚对象从宗教法转向了民法:法律正是作为法律值得他尊敬。这就是鲍西娅的伟大洞察力。

试图不以强词夺理解决案件纠纷。夏洛克肯定是仁慈的。她并非直接诉诸他的单纯人性:她知道夏洛克是一个犹太人,并且知道他必然以此为出发点。她试图提出一个犹太人和基督徒能够会面的共同基点,但并不是动物性自然的低层次基点。她力图表明,双方都拥有共同的经书(Scripture),他们都和相同的祈祷者、主的祈祷者一道,向同一个神祈祷。基督徒和犹太人的确在一个高层次上拥有共同点,双方都无需离开自己的信仰去体验那种统一性。眼前的案件[79]被信仰共同体掩盖了。"原谅我们的债务,正如我们原谅我们的债权人一样"。公平和仁慈高于法律。① 但是这个高贵的意图并没有成功,至少对夏洛克如此。对同一经书意义的解释,双方存在着极大的分歧。对夏洛克来说,法律,并且只有法律,仍然是最高的。

鲍西娅通过卑下的利益动机尝试第二种调解模式。这条途径也失败了,现在鲍西娅开始使用自己的诡计。首先她通过严格的法律解释这种表面性(appearance),使夏洛克接受自己的法律判决。他使自己完全落到她的手中——"一个但以理(Daniel)来做法官了!"这样,通过一系列毋庸我们赘述的步骤,她扭转了夏洛克的局面,并使他丧失了他的复仇、幸运和他的犹太教。她的手段违背了一切善好的法律。鲍西娅要求必须按照准确的重量割肉,并且不许溅出一滴鲜血,这使那个已经被一直承认为具有合法性的目的无法实现。特别是就血来说,她所要求的是一个奇迹:肉必须拥有不是肉的性质。这一点同其反面一样,都是一个重大的奇迹。夏洛克对自己事业的正义性信仰,显然还没有走到去期待神圣干涉的地步。奇迹的时代已经过去了。

鲍西娅坚持法律的表面性,案件也就随之解决了。夏洛克的遭遇很可怕。因为失去了复仇,他失去了一切。总有人必须在这场可怕的事件中遭受痛苦,夏洛克就是一个得到公正待遇的人。他坚持的是非

---

① IV, i, 207-211:"所以犹太人……我们的确祈祷着仁慈。"上帝的仁慈(《马太福音》6:9)正是普通犹太教教诲的精华。关于仁慈的特殊教诲在《启示录》第 28 章频繁地提到。

人性的东西。夏洛克和安东尼奥的战争不可能继续下去,并且鲍西娅决定支持安东尼奥。威尼斯是一个基督教的城市,安东尼奥是自己丈夫的朋友。要清除文明的不和谐音之类的癌症,那么夏洛克正是必须远走他乡的人。

改宗不是办法(IV, i, 397 – 419)。我们所有人都看到,夏洛克现在已经是一个死去的人。他不可能在完整的意义上受到正义的对待。莎士比亚希望留下的正是一种阴郁的印象:这类问题不可能有完满的解决方案。他以夏洛克伟大而苦难的难以忘怀的形象给人留下了这种印象。但夏洛克不是一个优秀的人。

有评论说:把夏洛克简化为什么也不是(nothing)的做法过于仓促并且太不可能了。夏洛克已经显示了这样一种骄傲,却愿意以这种怯懦的方式向鲍西娅表示屈服,这是否合乎情理?[80]这一看法使夏洛克类似于以往文学中的那些犹太人,他们都仅仅是阴谋诡计的装置。我认为那些持有此种异议的人忽略了庭审那出戏的天才性。夏洛克被简化,恰恰不是因为他的怯懦,而是由于他对法律的尊重。他为自己坚持正直的信念感到骄傲和自信。当他看到法律不再站在自己这边时,他就崩溃了。他把巴尔塔萨当作但以理第二而接受,不管她把法律显示为什么东西,这对他来说都是法律。"那是法律吗?"他产生怀疑(IV, i, 329)。莎士比亚坚持性格的统一性。正如法律是夏洛克的心与魂(heart and soul),法律也是导致他崩溃的原因,正是在这一点上,夏洛克达到了悲剧的尊严。他是一个受到法律愚弄的人。他从来没有反省过,法律可能是达成一个目的的手段,因此仅仅是一个工具,可以随着同目的的关系发生变化,或者至少在某种程度上说,法律取决于人的灵活性。鲍西娅利用了巴尔塔萨的名字;这是但以理在尼布甲尼撒(Nebuchadnezzar)法庭上使用的名字。① 她是一位在贝尔蒙特和威尼斯之间进行斡旋的立法者,并使法律和正义取得和谐。在莎士比亚看

---

① 《但以理书》1:7,King James 的版本使用的名字是 Belshazzar,但根据七十子希腊文版本,在许多地方也拼作"Balthasar"(参见关于 supra 的注)。

来,她理解了法律的限度。这是一位诗人笔下的犹太人形象——一个因献身于法律而伟大但却受到法律欺骗的民族。

安东尼奥也从鲍西娅的胜利中遭受某种痛苦。鲍西娅意识到,维系巴萨尼奥和安东尼奥的纽带非常强大。一旦安东尼奥死了,这种纽带就会毒害巴萨尼奥的生活。她使巴萨尼奥摆脱了这一重负,然后通过戒指的骗局迫使巴萨尼奥明白无误地承认:他对鲍西娅的爱高于其他所有一切。她以自己性欲的、快乐的和身体的爱,取代了维系巴萨尼奥和安东尼奥之间阴郁的和精神的爱。安东尼奥被迫大声宣布自己将保证这种新的忠诚关系,而在此之前他一直对这一关系构成了挑战。①

六

审判的结局过于不幸,以至于一篇喜剧很难以这个不幸的主题结束。威尼斯是一个并不快乐的地方,充满了丑陋的激情和无法实现的希望。必须记住,鲍西娅仅仅扮演了一个解围之神(deus ex machina)②的角色。复仇和鲜血已经是最终[81]结果——这一丑陋的真理,如果说并非不可能出现的话,也是一如既往地有效。她没有在原则上解决导致夏洛克和安东尼奥的战争。根本不存在解决办法。我们只有匆匆赶往贝尔蒙特,才能忘记这一切。

贝尔蒙特是一个爱的地方;但它并不存在;它是一个乌托邦。③ 威

---

① V, i, 273-280;参见 IV, i, 296-303, 469-471。戒指的明显象征使鲍西娅对巴萨尼奥的支配权同安东尼奥的相应支配权形成了对比。

② 解围之神,古希腊、罗马戏剧中用舞台机关送出来左右结局的神。——译注

③ 从字面上说,它不在任何地方。在意大利没有人知道它。我把它看成是对人之祈祷的一种精致化。那个指明了日常生活中无法实现的完美的最美好之地,拥有自己的偶然性和必然性。从术语学上说,它指的是"美丽的山"。它是否有可能是帕纳塞斯山?([译注]Parnassus——指古代被认作太阳神和文艺女神们的灵地。)

尼斯不可能发生的事，在这里都成为可能。威尼斯惟一发生的情事是一场肮脏的情事。杰西卡，没有一丝孝顺的虔诚，冷酷地丢下了自己的父亲，掠夺了他。在莎士比亚没有因其犯罪而予以惩罚的极少数人物之中，她就是其中的一位；违逆自己的父母，不管他们好坏与否，在莎士比亚看来都是一种犯罪；因此也是强盗行径。但在某种程度上，贝尔蒙特的氛围却对这一切构成了挑战。它是一个没有法律、没有成规、没有宗教的地方——只有恋爱中的男女。

杰西卡同自己的基督徒情人逃到这片永远子虚乌有的土地，并且得到了救助。① 这里，过去在爱欲的光芒中被变形了；日常生活的义务显示为对劳苦的忧心；义务不是德性的实现，而是必要的负担。世上真的存在着和谐；这是一种永恒秩序的和谐。在威尼斯，我们忘记了这一点，但罗兰佐（Lorenzo）在他那伟大的柏拉图式言说中提醒了我们。② 我们分有（participate in）了一个宇宙，每一个灵魂都是那个宇宙的投射。这是所有的人作为人所能达到的和谐。但是因为我们都被"沾满泥泞的褴褛衣衫""紧紧地裹缠住了"，我们无法听见天体的音乐。惟有通过音乐的影响，我们才能时时触及那个更高的世界；而且，许多人的灵魂之中不再有任何音乐。我们都在一个高层次上成为人，能够获得完整的统一。但是生活的意外迫使人们进入了习惯，习惯导致他们遗忘了自己整全和不朽的部分；民族没有给音乐留下任何时间。人的最终和谐不是他们日常生活层次的和谐，而是日常生活的超越层次的和谐，一种对日常生活的淡泊，一种向天体运转的归化（assimilation）。因此，人性只有极少数人在极为罕见的环境中能够实现，但在我们所有

---

① V. i. 1 – 22。在第一个层次上，恰恰是杰西卡的改宗救了自己。但其他的困难则被这个地方的魔力所消除。在他们花园的那一幕，杰西卡和罗兰佐列举了一系列因为父母和民族对立而分离的不幸情人。

② V. i. 63 – 98。参见 Plato, *Republic*（《理想国》）x. 616a – 617d 和 John Burnet, "Shakespeare and Greek Philosophy"（莎士比亚与希腊哲学）, *Essays and Addresses*（London：Chatto & Windus, 1926）。

人的身上都是一种潜能，正是这一点使我们成为人。[82]贝尔蒙特的实现并没有解决威尼斯的问题；对理解这一点的人来说，贝尔蒙特仅仅激起他们的悲凉之感。爱神鲍西娅能为少数人协调人性的和谐。

莎士比亚并没有理解犹太教，因为他是外在地看待它；他仅仅从一种纯粹的政治视角观察犹太教，不可能有人像他那么真诚地观察它。但是他个人感兴趣的与其说是犹太教问题，不如说是人想成为人并且仅仅成为人的努力。他坚持这样一种信念：人的自然就在于对最高的东西持有不同的意见，这些意见具体表现在信条和法律中，并且同既定的利益休戚相关。一旦这些意见相遇，就必然相互争吵。这就是生活，必须怀着坚强的决心来承受。切断戈耳迪死结（Gordian knot）并把人们统一起来，这样一种努力在威尼斯和现代思想中都存在着，但这样的统一并非基于真正的人性相同（human sameness）的层次，而是基于政治利益的层次——一种体现在人的普遍获利欲望中的统一。这种做法的后果是，要么必然导致每个单独视角之中一切高贵和真实的东西相互发生冲突，要么必然是它们全部被当成私生子加以认可（bastardization）。威尼斯拥有妓女般的浓妆艳抹之美。莎士比亚不愿意为了这种幻相牺牲惟一真正的美，这种美在遥远的天边只留给幸福的少数人。

（秦露　译）

《理查二世》

[83]莎士比亚不仅向我们展现了人变成神(《裘力斯·凯撒》)的奇观,而且也在《理查二世》中让我们目睹了神如何变成人。依照某种政治逻辑,理查被人们设想为——他自己也认为自己——具有某种神圣性:一个有权利、有能力统治人的国王,必须是超自然的,也即必须是神,或神的代表;因为必须是,所以他是。本剧讲述了一个不称职的国王的故事,以及他第一次面临人的身份时的极大痛苦。《理查二世》也是关于亨利·波林勃洛克的故事,他攫取了王冠因而不再清白。他以为,鉴于理查犯有该隐之罪,所以自己可以净化被理查玷污的王座。但是,为了建立他的统治,他不得不犯理查同样的罪。他并未变成神,却变成一个谋杀者。他这个国王因而再也不可能是理查意义上的国王。因而,这两个故事一道向我们讲述了第三个故事,即王权的神圣宣称及罪恶基础。

一

尽管有些批评家并不赞同,但几乎毋庸置疑的是,莎士比亚教导我们,理查在某种意义上是一个应予废黜而又具有正统性的专制君主。而且,莎翁选择以君王的神圣权利作为理查统治的支撑,因而教诲说,是那些原则应该对理查的暴虐行为负责。理查从未理解统治的真正情势,并且相信自己是无责任的。这并不意味着莎士比亚认为[84]王权没有神圣性可言;也并不意味着他相信一旦理查无可争议的尊号化为乌有,这个世界上就会有无可争辩的合法性。但这恰恰是本剧所承载的东西:正统性成为问题,而理查——上帝的牧师,只不过是一个人为的发明物,他掩盖而非解决了问题。①

　　同样,波林勃洛克的正确指控也并不意味着他的动机是好的,或者他了解这一指控究竟何谓。他接受了裁决中并无根据的确证,那越出了他可以起诉国王的证据,而那本会使他无罪,并有理由。他想统治,他的指控是想取国王而代之的借口。他并不像改变理查而是想代替他。然而,奇怪的是,莎士比亚似乎更同情亨利的野心而非他的义愤,因为后一种激情所需要的完美正义在政治中没有基础,追寻这种激情甚至是有害的;但第二种激情却是男子气概的表达,并且是当下政制以及政治德性中所缺乏的。这种男子气概——可以在罗马英雄和亨利的儿子那里找到——不服从于别人的统治,如果得到合适的教化与引导,乃是自由最确实的基础。理查仅仅在最后那短暂时刻才变得具有男子气概,为时已晚。而亨利,从一开始就具有男子气,但却在认识到自己所作所为的结果后变得胆怯。他不敢承担责任,试图回到过去的虔敬,并变得卑微。但是,他的傲慢开启了在全然崭新的世界中登峰造极的某些趋势,那就是,高贵之人的傲慢将得其所哉,而统治需要审慎、勇气还有血统。

　　与最传统的政制中统治者乃抽象存在,其与生俱来的尊号[85]由虚幻的神圣权利所支撑这一特征相吻合,《查理二世》中充满了不自然的言行。这种不自然,在人与人的关系中尤其显眼。一开场,正义者通

---

　　① 作为一个篡位者,亨利四世(波林勃洛克)并不能打动我们,他的罪恶正是他的苦痛的原因。理查与亨利的出场被过于细致地做了情有可原的倾向性安排,使人们便于谴责后者而尊重前者。该剧并非要引导人们敬爱君王(无论是老王还是新王),相反,在其超然之中具有颠覆性因素。我们怜悯狮心王理查无能的后代;他既无神性又无人的力量,也不能激发人的敬畏。我们对亨利所为并不感到恐惧,但另一方面,他并未承继理查的神圣性。而且,阅读了全部历史剧的读者也很难相信莎士比亚认为亨利或理查是优于亨利五世或亨利八世的统治者。莎士比亚对王权与正统性的理解是微妙的,不能化约为对传统的尊重抑或不加掩饰的理性主义。但有一点是确定的:亨利五世和亨利八世所勇敢担当的牧师与亨利王及理查二世均有所不同;而这似乎正是这些戏剧的教诲之核心。

过决斗证明自己被视为理所当然,而上帝——这大写的"他"直接体现在王身上——则会直接显示真理在决斗的胜利者一方。神圣行动和野蛮力量完全优先于通常由审慎所统治的领域。上帝是正义的,并从他自身的立场出发制定了律法,人的理性无法渗透至"他"的理性,并在正义体系中毫无作用。理查尽管害怕决斗的结果会使他自己蒙罪,却被荣誉所制而不得不同意了。但这起发生在圣兰伯特日的决斗,在考文垂的记录中却是英格兰所能见到的最后的决斗了。当理查认为过于危险因而终止了它之时,他无意中就将理查一世(即狮心王)所开辟的基督教武士时代或骑士时代引入末路。第四场中贵族们的挑战变成空洞的咆哮,乃是对他们自己是什么的滑稽模仿。他们永远也不会同意用决斗来测试。必须寻求新的解决争端、决定正确意志的方法。

因而,我们在开场看到的是"中世纪"的英格兰,但我们也看到它已垂垂老矣。无助的、犯罪的国王,与一个雄心勃勃的潜在的继承者相对,后者已差不多可以挑战国王自身神圣的身位。旧秩序的支持者——由兰开斯特和约克公爵所代表——也已经衰老并失去确信。兰开斯特被迫逃离是非、魂归天庭,而约克,这真正的喜剧角色则准备转向新秩序。旧秩序的原则由刚特在与葛罗斯特公爵夫人的对话中得以阐明(Ⅰ,ⅱ),他代表了旧秩序的尊严。人必须忍受这个世界上所受的侮辱和不正义,以确信此乃上帝之永恒善的表现。始终不渝的忠诚和信念,与所有感官的事实以及不过尔尔的人类理性相对,正是臣服者的正当态度。

> 这场血案应该由上帝解决,因为促成他的死亡的祸首是上帝的代理人,一个受到圣恩膏沐的君主;要是他死非其罪,让上天平反他的冤屈吧,我是不能向上帝的使者举起愤怒的手臂来的。(Ⅰ,ⅱ,39–43)①

---

① [译注]此处用朱生豪散文体译文,见《莎士比亚全集》(四),人民文学出版社,1978,第312页。其他各处所引莎翁原句,亦均借用朱译,特此说明。

不过,公爵夫人道出了刚特原则中的问题,以及与之相抵消的原则。她丈夫被谋杀了,而他是[86]刚特的兄弟。残暴的家庭情感理应寻求复仇。但普通的情感,所有普通人所直接体验的情感,却为了无端地服从国王而被压制了。《理查二世》中所有男人都是不自然的,没有一个是值得尊重的,但与之相反,剧中的三个妇女(理查的王后、约克公爵夫人、葛罗斯特公爵夫人)却是自然的、值得尊敬的。她们爱自己的丈夫和孩子。被男人所流放了的人性,似乎在妇女那里找到了避难所。出于互不相同但却相互联系的原则,这些女人并不能依靠自己家的男人;在她们受苦的时候,她们也似乎并不寄希望于上帝。她们忍受着,其坚韧性成为一种标尺,衡量着那些与之密切相关的男人的缺失——葛罗斯特公爵夫人之于刚特,王后之于国王,约克夫人对于约克均是如此。在我们讨论的上面这一场中,观众只能站在葛罗斯特夫人而非刚特一边,人们也只能感到,如果刚特是服从者,那么统治者将是理查。解除善人的武装就等于是武装恶人。

而且,前两场无疑是试图将理查塑造成一个恶的、活该失去其王座的国王。我们看到,他是一个谋杀者,一个贼,一个被谄媚者所包围着的废物,不讲任何孝道——一个没有耐心和良心的君主。他让我们亲眼证实了所有对他的谴责。而这一肖像中没有任何迷人特征。波林勃洛克的诡计却因而具有了某种正义色彩。到第二幕结尾,作为他的罪恶的必然结果,权力和忠诚都顺理成章地远离了理查。但是,即使波林勃洛克废黜理查是对的,仅靠这一点却并不足以使他成为国王。他有他的正义之处,也有在麻烦时代施行统治的才具,而且他也是第二序列的继承人(I . i ,120 - 21 ; iv ,36 - 37),得到了贵族们的支持以及人民的归顺。但所有这一切却并不能与理查无可争议的家庭出生,以及明显与之不可分离的神圣权利感等量齐观。

亨利的问题被约克——爱德华三世的儿子、旧政制的最后残余——用喜剧的方式加以呈现并解决。虽然他谴责侄子理查剥夺了亨利的继承权,但作为理查不在时期的护国公,他却忠诚地阻止了亨利进入英格兰,并视之为叛贼。不过,他并没有权力,当然也缺乏能力[87]

与信念去做理查的殉葬品。所以,他声称自己是无性人,邀请叛军在他的地方过夜。约克的中立象征着旧秩序气数已尽。他解决自身问题的办法是最终狂热地依附于新国王,在行事上却以为亨利似乎就是老国王。亨利由臣服者变为统治者的例子,教给人们一个约克试图绝口否认的教训:为他人所臣服的人,总是得益者。

二

第三幕一开头,理查陡然间不再是国王,他自己也认识到了这一点,戏就变得有趣了。当他降身为一个平头百姓,他的灵魂却受到诗意的缪斯的激发。莎翁似乎要告诉我们,最神圣的还是人。他为理查写下了全剧中最美丽的诗行,让他在发现自己并不是习俗所认为的那样时,追问自己究竟是谁。他从未成功地发现自己是谁,但我们看到他在追寻自己的目标时,表达了自己的灵魂。我们并没有发现理查是善好的,但我们发现他是动人的。

理查从爱尔兰战场回到英格兰,发现自己被轻忽的国家已因叛乱而四分五裂。他自信地面对那被他视为生气勃勃又忠诚不二的英格兰土地,说出了他的希望:这片土地上的花果与动物将会供养他名正言顺的君王。他受到卡莱尔主教的谴责,说上帝帮助自助者,而他则以将自己比作太阳来作答,宣布说,对每一个叛乱的士兵,上帝都会给他理查派遣战斗的天使将他们击退。但当他听说他的威尔士军队已经解散,就变得郁郁寡欢起来,只是想着叔叔约克的军队可以使自己重获信心。而当他预期会从斯克鲁普那里听到坏消息时,他的情绪又再次摇摆不定。这回,他采取的是逊位的方针。人有什么价值? 从上帝的权力、或从死亡的荒凉两个方面来看,一无价值。在上述两方面,所有的人都是平等的。理查已经做好了虔诚地接受生活兴衰变迁的准备。做一个国王算不了什么,不过是对自己的关切。因为他对做什么都自信了,所以他宣布自己逊位成为一个白丁。但是,他忽然怀疑自己被朋友出卖了,这时他是一位人化的神:耶稣,所有的人都抛弃了他,周遭都是犹大。

最终,当他知道那即将要登上王位的人杀害了他最亲近的随从,他便在绝望中崩溃了:

[88]让我们坐在地上,讲些关于国王们的死亡的悲惨的故事。(Ⅲ.ⅱ,158 – 159)

这时他又想起了卡莱尔主教的谴责,以及约克的军队。但当他知道约克已经和亨利在一起时,他知道自己已经不再是国王并放弃了所有希望。他曾寄希望于上帝的军队,威尔士的军队,以及约克的军队。他却没有自己的军队,也没有想试图拥有。理查是黑夜,亨利是白昼。新的太阳升起了。(Ⅲ.ⅱ)很明显,理查的情绪是善变的。但最令人吃惊的是,他的情绪在两极之间徘徊,从来没有其他选择。他要么充满希望,要么失望至极;要么傲慢自大,要么卑下微贱;要么是荣耀的王,要么是被处以极刑的可怜的人儿。从来没有中间状态。

我愿意把我的珍宝换一串祈祷的念珠,把我的豪华的宫殿换一所隐居的茅庵,把我的富丽的袍服换一件贫民的布衣,把我的王节换一根游方僧的手杖,把我的人民换一对圣徒的雕像,把我的广大的王国换一座小小的坟墓,一座小小的小小的坟墓,一座荒僻的坟墓。(Ⅲ.ⅲ,155 – 162)

介于两种来世——上帝与死亡——之间的一段短暂的时光,使得人的生活在理查那里没有位置。但却正是在这个间断中,我们才能找到政治生活,它在一定程度上独立于,或许也有一点遗忘了上帝与死亡。政治家必须不被上帝的权力与荣耀(更不要说高尚的道德要求)所压倒,也不为对死亡的关切所投下的阴影而气馁。他必须相信自己的努力,并严肃对待生活、自由与荣誉的目标。他必须尊重这个世界。但正像理查的登基是建立在基督教的上帝的基础之上,他对这个世界拥有基督教的观念。他既像上帝,又像耶稣;既像修道士,又像隐士。从来也不是一个政治人。他被囚在裘力斯·恺撒塔中(Ⅴ.ⅰ,4),却与那个人毫无关联。

理查经常被与哈姆雷特相比,因为二者都拥有戏剧性的天性。他们相像,亦因为哈姆雷特也好极端地看待事物,而这些极端得之于基督教的视野。[89]哈姆雷特不愿杀了篡位者,而在祈祷中担心其灵魂会得救,因而失去了最佳时机,这个情形与理查很相似。他们两个都是自己角色的扮演者,而不是他们自己。他们是通过另一个世界的透视镜来看这个世界的,因而使之变形了。这两个特征或许是同一个原因的结果。①

像刚特一样,理查只能看到神圣的正义或野蛮的力量,上帝的牧领或僭主的独裁。对一个人负有捍卫正义的责任的世界,一个因之进行褒奖与惩罚的世界,他一无所知。这在第三幕第三场中得到了强调,其后又紧跟着两场,前面所作的反思就建立在这个基础上。理查可爱的王后在约克公爵的花园里徜徉,听到了园丁与其助手的对话。他们是些卑微的人,但正由于此,在一个所有高的事物都是习俗性、非自然的世界里,莎翁让他们说出自然和理性的语言。他们像这部戏中的女人一样,帮助提供那些从高等出生、受习俗压迫的人那里所无法获得的东西。这两个匠人将他们的花园与国家相比,并解释了理查应该怎么做,以及没有这么做为什么导致理查垮台的原因。别人认为那是上帝的意志和人的罪恶的结果,他们则认为是缺乏技艺所致。这不禁让人想到

---

① 毛勃雷是生活在这样一个世界中的政治人的有趣例证。他是个无赖,无恶不作。但他却是一个有信仰的基督徒,因捍卫信仰、反对异教徒而被赞誉。他是十字军时代的基督教武士。他是了不起的罪人,也是了不起的悔过者。他有良知,也有忏悔。尽管他严肃对待政治事务,但对他而言,政治事务是低的。就他对人类生活和政治的贬低来说,他的基督教信仰如果不是单独地却也是主要地影响了他。所有伟大的事情都在别处,都超越于这个世界,但他依然介入政治之中。他是背信弃义的,从他身上我们找不到任何伟大政治人物的正义感。而他的背信弃义被他的良知所折中。(Ⅰ,ⅰ,83–150;Ⅳ,ⅰ,91–100)

《君主论》第 25 章,①在那里马基雅维里将人们所谓的政治中的命运和上帝的行动解释为缺乏审慎和深谋远虑。他说,洪水危害人并不是由于人们不信神,而是因为人们没有建造堤坝。这两个工匠暗示,技艺与自然相合,可以使花园也使国家成长。从根本上,政治科学只需要对事物的清晰视野。但恰恰是这种自然的视野很难获得,因为这种视野被神话的乌云所遮蔽,必须首先驱散那乌云。王后愤怒地谴责园丁犯了亚当之罪,因为吃了智慧果,并带来了第二次堕落。她能设想为她丈夫辩护的只是,将这花园视为不自然的花园,使理性的、可以产生维持生计的果实的人放弃对它的控制;[90]而上帝的花园,即伊甸园,则直接由上帝统治,按上帝的意志生产,并不需要人的配合。人对统治者神秘方式的寻求,只是一种罪。正如园丁并不能插手上帝的花园,讲道理的臣民也不能质疑理查的国家。这种观点使政治科学成为不可能,并使试图创立政治科学成为一种罪:不服从统治者并企图取而代之之罪。是虔诚,而非技艺,才是理查的国家的基础,要解放技艺就要推翻那个国家。

理查的事情是由一个最好、至少是最无功利的主角——卡莱尔主教来处理的(无疑,理查感人的言说,并未使他依然是王。那只是让我们见证了那使他不能做王的较高贵方面)。卡莱尔站在亨利面前,警告亨利不要废黜理查。当他说"……要是你们帮助一个王族中的人倾覆他的同族的君王"(Ⅳ,ⅰ,115 – 150),他准确无误地是在预言红白玫瑰战争的恐怖。一个君主为推翻另一个君主提供了理由。必须有确定的权威和一致赞同的正统性。他认为只有神圣权力才能建立这样的正统性,对国王的攻击就是对上帝的攻击。尽管内战似乎是因公认的君主缺位而发生的,但卡莱尔却明显将这种攻击的可怕后果归为上帝的震怒。我们会认为理查的统治是失败的,因而必须寻找其他的正统性资源。对卡莱尔来说,国王在他的国家就是上帝在此世的形象。理

---

① [译注]该章题为《命运在人世事务上有多大力量和怎样对抗》,参《君主论》,潘汉典译,商务印书馆,1997,第 117 – 120 页。

查的所是与所非来自这种整体观念。上帝的整全统治是理查统治英格兰的源泉,后者似乎是前者的必然结果。如果英格兰的秩序发生了什么问题,那可能与它所取法的宇宙秩序的问题有关。

这是一种以预言代替深谋远虑的秩序。卡莱尔的预言是对先前刚特预言的补充。(Ⅱ,ⅰ,33-70)刚特将英格兰看成一个活体,其国体,与身体一样,是不可分离并且不可改变的。理查将像疾病一样得到净化。刚特的义愤并不导致叛乱,没有任何这种可能。国家和国体是同一的;统治者从其子宫中产生;人自身是其国家的一部分,必须爱自己的国家。而卡莱尔则视英格兰的[91]基督教为某种可以与之分离的东西,因而也了解叛乱与变化的可能。基督教是普遍的,国家既可以加入也可以不加入其中。他的忠诚是属于基督教的。对他来说,基督教由理查来代表。如果英格兰净化了理查,那么这净化的因素就是国家与基督教的关系,具体说来,就是国家与上帝的代表——国王和牧领者的关系。卡莱尔强迫我们修正刚特的看法。如果英格兰摆脱了理查的威胁,它的国体以及形成国体的精神也要随之改变。放弃英格兰,国家的要素就会分解,某些异己的东西就会被去除。只有在莎翁的最后一部英国历史剧中,亨利八世国王才真正是一个大主教,才用这样的方式解释神圣性以服务英格兰。亨利八世才是个真正适得其所者,而理查只不过是个陌生人——当他照镜子时,他看到了这一点。从理查到亨利八世的路是一条长长的血腥之路,在这条路上英国人懂得,王政建立在贵族、贫民还有上帝的基础之上。这种混合是危险的,但通过此,智慧至少可以偶然昙花一现,而不会导致罪恶与内战。卡莱尔为我们呈现了旧秩序的最大尊严,也呈现了其最大弱点。上帝被假设在统治,而实际上是理查在统治。如果他不相信上帝在保佑他,他也许会更小心些。

三

在最后一幕,约克完成他了喜剧,理查完成了他的悲剧,而亨利则开始了其作为一个被罪恶折磨的人、一个厌恶世界的人的生涯。没有安全感、受阴谋威胁甚至不再相信自己的儿子。老约克——旧秩序和新秩序摇摇欲坠的顶梁柱,曾疯狂地劝说自己,谴责儿子的背叛以及渴求他去死,两者并不矛盾。他的儿子忠诚于理查因而对篡位者不忠。约克遗弃了理查,效法罗马人,要求他儿子以一死作为对自己不忠的惩罚。罗马的事情激发了人们的敬畏,因为它是以最古老、最无法质疑的权威的名义行事的,证明了灵魂的坚定性,并毫无疑问是为了共同的善。但已经公之于众的一切,却使约克无论做什么也无法证明他的灵魂的坚定性。奥墨尔对亨利的依附,不仅意味着放弃了自己的君主而且也放弃了朋友。设想亨利可以支配本能的忠诚,是可笑的。这恰恰就是他的问题。依附于他,必须天生具有他的智慧、赐予以及力量,因为他是重新开始的,并没有[92]理查所具有过的认可。约克的行为仅仅使那问题更明显了,并给我们带来了恐怖或混乱。约克公爵夫人赢得了每个人——包括新国王的同情,她是从一个母亲的自然感情出发,为他的儿子辩护。这些情愫,如今被更为严肃地对待了,因为旧的义务结构业已崩塌。如果要行之有效,这些情愫必须成为新秩序的一部分。亨利的仁慈是这种导向的开端。(V, ii - iii)

理查遭人鄙视和遗弃,受到众人的侮辱,不再从他的天父那里寻求特殊保护。审视周遭的情形,他只看到了自己的孤独与弱点。他将自己的囚牢与世界相比,设想着移居到不同的生活之中,但却没有一种生活令他满意。靠对来世的期望生活,与寻求此世的伟大相矛盾。国王的荣耀和财富与卑微而贫困的戒命形成对照。基督教的国王模仿上帝,而上帝叫他"小人儿"。做一个国王似乎预示着要期望至福。雄心勃勃的生活不可能成功,因为他需要超越于人的力量。斯多亚式的满足的生活也不奏效。理查并没有说清楚为什么,但他指出,这种态度仅仅使坏事尽可能地好些,一旦摆脱了厄运就将弃之不顾:并没有真正的自足。这是一种流行的哲学观点。当人们说"他哲学地处理了"这句话时,从来并不是在好事情发生的时候。在三种可能性中,公平地说,理查仅仅思考并体验了第一种。在这第一种生活中,他至少突破了限制,对其他两种可能,他只是轻轻一瞥而已。要严肃对待它们,为时已晚。理查的生活及其堕落,是对第一种生活的生动描述,这是一种基督教的可能性,也是主宰这个世界的可能性。别人也许会寻求其他的生活方式,至于理查则马上滑到了他的老选择之中去了,做国王或者乞丐,要不就是两者的结合——什么也不是。在最后时刻,厌倦于应酬也被一直没有意识到的直觉所吸引,他起来为自己辩护,并与攻击他的人搏斗。他像个人并作为一个人,死去。(V,v.)

当亨利知道他的愿望已实现,他的对手——其正统性的疑问者——已经像葛罗斯特为理查自杀那样,也为他而自杀,他却被懊悔击中了。[93]正像他谴责理查那样,他谴责自己犯了该隐之罪,发誓要继续圣战。他奴役了自己的良心,试图回到他自己已经连根拔起的骑士传统。这样的圣战将永远不会发生,因为国内的问题太紧迫了。他的良心将他带离自己的国家,但是国内问题占了先。他无法像马基雅维里所教诲的那样,去面对这样一种可能性,即该隐之罪将在人间正义的建立中发挥作用。废黜理查,使他部分地认识到自己犯了罪,但这个罪,有时又对共同的善好是必需的。但是,他对地狱之火的信念或恐惧是那么强,以至于宁愿给自己打上罪人的烙印,并削弱自己的政治意识和贡献,而不愿承认众人皆知的事实。(V,vi.)他的儿子恢复了父亲原来的冲动,以无害的自我担保放弃了圣战,而赞同一场与法国之间的不义之战。但那显然是为了英格兰的利益,而不是为了自己的良心。他用教士作为自己的政治使者,而非信仰的导师。因而,他将英格兰与他自己合为一体。亨利家族的故事作为一个整体,显示了良心的局限性。亨利五世与他的先人的对照,在似乎承载同样信息的戏剧中,与哈姆雷特和福丁布拉斯的对照并没有什么不同。最精细、雅致的灵魂并不属于最好的政治人。

《理查二世》中提到两种罪:亚当之罪与该隐之罪。这两者似乎是同一的,至少一个导致了另一个。关于政治事务的知识使人们意识到,为了使神圣变成神圣,必须做一些可怕的事情。因为上帝并不显在地统治,正义创立者自身不能正义。他不能因他的正义以及平庸的眼睛所能看到的其他任何事务,而与犯罪者区别开来。这个重要问题,很久以前曾由索福克勒斯提出,他所呈现的是,那个解开了斯芬克斯之谜并认清了人的英雄,要弑父娶母。马基雅维里后来重申了这个教诲,或许是败坏了它。我并不是说,莎士比亚停留在这一点上,但他从此出发。王政的普遍问题,被莎士比亚以英格兰的特殊事件表现了出来,因为他是一个诗人,所以,他在历史剧中比历史学家更具有哲学性。他给了英格兰一个必须那样去认识自身的镜子。英格兰没有必要像理查砸碎反映自身形象的镜子那样,去砸碎莎士比亚的这面镜子。

(张辉 译)

《希帕库斯》*或《好利者》**

[94] 对话者:苏格拉底　友人

〖225a〗苏:那么,什么是好利($\tau\grave{o}\ \varphi\iota\lambda o\varkappa\varepsilon\varrho\delta\acute{\varepsilon}\varsigma$)？或者说,好利只能是

---

* 希帕库斯是雅典僭主匹希斯特拉图斯的儿子(见本书页100,注释②)。按雅典民间说法,希帕库斯在其父死后(公元前527年)继承了僭主之位,并一直统治雅典直到遇刺身亡。之后,僭主之位由他的兄弟希琵阿斯接任。苏格拉底在本篇对话中化用了这个说法(参228b－229d):希帕库斯是个僭主。而依修昔底德(《伯罗奔半岛战争志》卷六,54－59),雅典民间的这个说法不对——希琵阿斯是直接从匹希斯特拉图那儿继承了权位,所以希帕库斯充其量不过是一个僭主的兄弟。修昔底德讲述的这个版本更为后世所接受。但不管如何,这至少说明希帕库斯作为统治者家庭的一员,与其父一样也参与了煽动雅典民众的行动。(参本对话228b－c;及亚里士多德,《雅典政制》第18章;希罗多德,《原史》卷五第55节,卷六第109节,123节。)

［译注］汉译以Steven Ford英译为底本,见《政治哲学之根》(*The Roots of Political Philosophy*), edited by Thomas. Pangle, Ithaca: Cornell, 1991,第21－31页;并参考了史密斯Nicholas D. Smith英译,见《柏拉图全集》(*Plato Complete Works*), edited by Cooper, Indianapolis: Hackett, 1997,页610－617。用于对勘的希腊文本为《柏拉图对话集》(*Platonis Opera*), edited by John. Burnet, Oxford, 1903, Vol. II,页225－232。

** "好利者"(Lover of gain)在古希腊文中是一个词:$\varphi\iota\lambda o\varkappa\varepsilon\varrho\delta\varepsilon\acute{\iota}\varsigma$。在全篇对话中,这个词都将译成"好利者"。该词的结构使得它可以应用于本篇对话中的其他可以被爱好的事物。所以值得注意与love一词相对应的希腊文是$\varphi\iota\lambda\iota\alpha$,同时也有"友谊"的含义。古希腊文中的另一个表示love的词是$\varepsilon\varrho o\varsigma$,即"爱欲"(erotic passion),在本篇对话中仅出现了一次(见229d);除此以外,译文中与$\varphi\iota\lambda\iota\alpha$相应的只有love。［译注］福德英译中love一词兼具$\varphi\iota\lambda\iota\alpha$和$\varepsilon\varrho o\varsigma$之义,而中译为了保持汉语的通顺,有时用"好",有时则用"爱"表示来$\varphi\iota\lambda\iota\alpha$。在用"爱"表示$\varepsilon\varrho o\varsigma$时,会附上原文以示区别,见229d。

什么,什么人是好利者(οἱ φιλοκερδεῖς)呢?

友:在我看来,他们是这样一群人,他们认为从没啥价值的东西中谋取利益是值得的。①

苏:但他们——在你看来——知道那些东西毫无价值呢,还是不知道?因为如果他们不知道这一点的话,你所说的这群好利者就是一群傻子。

〖b〗友:我说啊,他们不是傻子,却是些利欲熏心的恶棍和坏人。他们知道那些他们想要从中牟利的东西毫无价值,却仍然毫无羞耻地去干。

苏:那你就是说好利者是这种人:他们明知道自己的庄稼分文不值,却仍然想要通过种植它而获取利益,你说的是这类人吗?②

友:那些好利者啊,苏格拉底,他们认为可以从所有东西中牟利。

〖c〗苏:不要给我这种笼统的回答,好像你因谁遭受了不义一样。专心点,像我对你提问那样对我作答,我重新问你:难道你不认为,好利者知道那些他意图从中牟利的事物的价值?

友:是的,我这样认为。

苏:现在告诉我,世人哪个知五谷?何时栽来培何土?——如果我们想象那些在法庭辩论上言辞漂亮的聪明人那样表达的话。③

---

① [译注]此处的"没啥价值"一语双关,除了那些事物本身价值不高之外,还可能品质低劣。

② 动词"种植"(φυτεύειν)和名词"庄稼"(φυτόν)在古希腊文中有相同的词根φύσις(自然)。

③ 苏格拉底所说的"言辞漂亮"指的是他句尾用ὥρα和χώρα两个语词来押韵,这两个语词分别是"季节"与"土壤"的意思。[译注]苏格拉底暗示当时雅典法庭辩论时讲究言辞的华丽和音韵,自己也幽默地模仿了一把——但他不说自己模仿的是诗人,而是模仿当时的讼师,似乎暗示当时的讼师将自己搞得像诗人那样说话。法庭辩论讲究言辞准确,表意明白,如果追求朗朗上口,如歌如赋,是否有些本末倒置?同理,苏格拉底用这样的言语向友人问话,是否也暗示他话中有问题?笔者在此也试着译出句子尾韵,以表现苏格拉底的搞笑。此句福德的英译是:who knows about the worth of plants, in what seasons and soils it is worth planting them. 福德希望用plant的名词和动名词形式来押韵。

〖d〗友:我认为是农夫。

苏:那你也认为获利是值得的,也就是值得从一切事物中获利,而不用考虑是否能够真的得到利益?

友:我是这么认为。

〖226a〗苏:那就别试图用心口不一的答案蒙我这个老头儿呀,你这个年轻人,说实话。是不是会有这样一个农夫,你认为他知道某种作物分明毫无价值,还想通过种植这种作物而获利?

友:宙斯呀,我可没这样认为。

苏:那看看这个:你是否认为一个马夫知道他用来喂马的饲料毫无营养,同时却不知道这样做会伤害他的马?

友:我不这样认为。

〖b〗苏:那也就是说,他不认为自己能从这堆毫无营养的饲料中获得利益。

友:他不会那样认为。

苏:那这个呢:你是否认为一名舵手会给他的船装上无用的帆和舵,同时还不知道他将遭受损失,并且还会把自己和船以及船上所载之物引入毁灭的风险?①

友:我不这样认为。

苏:所以他不认为自己将从这些无用的装备中获得利益?

〖c〗友:肯定不是。

苏:那么,一名将军是否明知道他的士兵们[96]装备着不中用的长枪,还认为自己能通过他们获利,或者说考虑通过这样的士兵获得利益是值得的?

友:完全不会。

苏:那么,一个双管箫手用一只破箫,或者一位基特拉琴手用一把烂琴,抑或一位竖琴手用一把坏弓弦,或者——总之,所有的艺匠们,或

---

① "遭受损失"(suffer loss)和"亏损"(loss)这两个语词在整篇对话中反复出现,古希腊语中,这两个语词也可以理解为"受到惩罚"和"惩罚"。

其他有才能的人们，他们会认为自己可以用没用的装备或工具获利吗？①

〚d〛友：至少我不这样看。

苏：那么，刚才你说的好利者是哪些人呢？因为我推测他们肯定不在刚才我们所举例的那些人中，他们是那些明知某些东西毫无用处，还认为可以从中牟利的人。但如此一来，如你这个令人惊讶的家伙所说，人们中就一个好利者都没有了呀。

友：但是我想说，苏格拉底，那些好利者是一群贪婪的家伙，他们受异乎常人的好利之心驱使，不懈地争取从哪怕任何一点微不足道或塇碎事物中得到好处。〚e〛

苏：而且他们肯定不知道，我的好哥们，那些东西毫无价值。因为我们之前的论证说明了，那是不可能的。

友：在我看来是如此。

苏：所以如果他们不知道这些，认为那些毫无价值的东西价值连城，那显然他们是无知的。

友：很明显。

苏：那么现在看来，好利者肯定好利吧？

友：是的。

苏：你是否同意获利是亏损的对立面呢？

〚227a〛友：我同意。

苏：有没有一个人，遭受亏损对他是好的呢？

友：没有。

苏：那是坏咯。

友：是啊。

苏：人们都因为亏损而受到伤害？

友：是的，对他们来说就是如此。

---

① αὐλούς 是古希腊的一种吹奏乐器，类似管箫。

苏:这样的话,亏损就坏。

友:是啊。

苏:获利是亏损的对立面。①

友:是对立面。

[97]苏:那么获利就好。

友:是的。

〖b〗苏:所以你管那些爱好东西的人叫好利者。

友:看起来是这样。

苏:至少你没管这些好利者叫疯子呵,伙计。但你自己,你爱不爱好东西,不管那东西是什么。

友:我爱呀。

苏:有没有什么好东西你不爱,或者坏的你却爱?

友:凭宙斯说呵,我不会。

苏:或许,你爱所有的好东西。

友:是啊。

〖c〗苏:问我也是一样。因为我也会同意你,我也爱好东西。而且除了你我,难道不是所有人都爱好的,厌恶坏的吗?

友:看起来是这样。

苏:我们不是同意了获利是好吗?

友:是啊。

苏:那么这样看来所有人都成了好利者啦。但据我们早前所说,没有人是好利者。这会儿,我们该选取哪个说法,从而避免出错呢?

〖d〗友:我认为啊,苏格拉底,这样理解才正确:有些东西,正派(decent)人不敢从中牟利,但另一些人却认真对待,并认为值得从中牟利,

---

① [译注]gain 和 loss 慢慢地不再仅仅指获取或失去利益(尤其金钱),而是更加抽象化,意指得失。

这样的人才是好利者。①

苏：但是你看，我最亲爱的，我们之前已经同意，获利就是受益。

友：是啊，怎么呢？

苏：另外，我们还同意每个人都想要好东西，从来如此。

友：是呀。

苏：而且，好人也想要所有的好东西——只要那些东西是好的。

〚e〛友：除了那些获得了会让他们受到伤害的，苏格拉底，那些不是。

苏：你说的受到伤害，是指遭受损失吗，还是别的？

友：不是别的，我说的就是遭受损失。

[98]苏：那人们是因为获利受损，还是因为亏损而受损呢？

友：两者都是：因为亏损和不道德的获利(evil gain)都让他们遭受损失。

苏：那么，有任何正派的、好的东西在你看来会是不道德的吗？

友：我不这样认为。

〚228a〛苏：但我们就在一小会儿前都同意，获利是亏损的对立面，而亏损是坏的不是吗？②

友：我同意。

苏：坏的对立面是好吧？

友：我们看法一致。

苏：所以啊，你看，你在试图蒙骗我哟，有意用与我们之前一致的看法相反的说法。

友：不是呀，凭宙斯说！苏格拉底，相反是你在蒙我呢，我也不知道

---

① 与 Decent 对应的希腊语词是 χρηστοί，这一语词同时含有"有用"之意。我虽然用 decent 来迻译此词，但希腊原文中该词的含混意思也值得我们注意。

② [译注]272a 处，苏格拉底的表述是：失是坏的(loss therefore is bad)，得是失的对立面，故而得就是好的。在这里，苏格拉底引入了"不道德的"(evil，亦可理解为邪门的)，并将 evil 和 bad 混用。

你怎么就能把之前的所有说法来了个黑白颠倒!

〖b〗苏:嘘!切莫妄言(εὐφήμει)!如果没有谨守那位明智之人的训诫,可是我的不对了。①

友:他是谁?你在说什么啊?

苏:他是你我的同胞,斐莱达的匹希斯特拉图斯的儿子,希帕库斯——匹希斯特拉图斯儿女中最为年长,同时也是最明智的那个。②他的明智通过很多优良举止体现。尤其是,他最先把荷马史诗带到这片土地,并命令诵诗人在帕那辛纳节③上轮流吟诵,一人一段儿,〖c〗直到现在仍然如此。他也曾派遣一支五十桨船到忒奥斯去接回了阿

---

① εὐφήμει—词在字面上有"别乱说话"的意思。尤在神圣的礼仪场合使用,因为一些不适当的言辞有可能玷污宗教仪式,并触怒众神。为了保证人们在仪式进程中不会不经意地说出不合时宜的话语,该词常用来提醒人们保持肃静,特别含有强调在诸神面前保有虔敬和敬畏的肃静。

② 匹希斯特拉图斯于公元前560在雅典建立了首个僭主统治。他两次被人民驱逐,又两次卷土重来,最终将其僭主之位传给了他的儿子。希帕库斯和希琵阿斯是匹希斯特拉图斯的儿子,两人的母亲是同一人。但匹希斯特拉图斯至少还有两个子女由他另一个妻子所生。依修昔底德,《伯罗奔半岛战争志》,VI. 54. 55所记,希琵阿斯,而非希帕库斯,才是匹希斯特拉图斯的长子。至于为何苏格拉底提到斐莱达这个地方,最有可能的原因是,提到此地是为了暗示匹希斯忒拉图斯的身世,他似乎出生于这个郊社。根据注家的说法,斐莱达这地方是埃勾斯部族的郊社所在地。

③ 帕那辛纳节(Panathenaea)是雅典夏季的一个重要节日,在这个节日里,人们举行赛马,赛歌,盛大的游行则是这个节日的最高潮。游行的主题是纪念雅典娜出生(据说这一天是雅典娜生日)。游行队伍会一直走到雅典卫城。著名的帕特农神庙雕带(墙头或建筑物上端的带状雕饰物)上有关于这些游行的描述。

纳克瑞翁。① 他还总是通过大量的馈赠和赏赐，说服[99]西蒙尼德②陪伴在自己左右。希帕库斯这样做，是为了教育他的邦民，这样的邦民才是最适合他统治的。希帕库斯认为，作为一个绅士，对他人不该吝啬智慧(wisdom)。在邦民们都受到了希帕库斯的教育，[d]并叹服于他的智慧之后，他决定将自己的教育也推向乡村。他在城市中心的街道和各个郊社树立起赫尔墨斯雕像。③ 至于希帕库斯的智慧，既来自学习，也有他自己的发现。他选取了自己觉得最为明智的一些——他的诗歌和智慧的实例——将这些智慧转写成挽歌对句的形式[e]，铭刻在赫尔墨斯雕像上。这些是他首要做的，因为如此一来，他的邦民们就不会再对德尔斐神庙的铭文："了解你自己""凡事勿过度"等诸如此类的感到惊叹，而是认为希帕库斯的话更明智。而且，过往的旅人将会读

---

① 阿纳克瑞翁是忒奥斯地方的抒情诗人。忒奥斯是小亚细亚地区的希腊城邦。他最开始结交(consorted with)萨摩斯地区的僭主珀利克拉底，然后来到雅典与匹希斯忒拉图斯为伴。他的诗歌，即便是在他老年的时候，也多以爱情和美酒为主题。[译注]福德此处用 consorted with 这一语词描述阿纳克瑞翁与两位僭主的交际，有些一语双关的意思。该语词既可描述一般意义上的交游、结伴、合作，也用作描述君主和配偶的关系，甚至有"结合"之意。柏拉图《会饮》(192a-b)中的阿里斯托芬说过，有的男人喜欢男人，因为他们自然地最具有男子气，这样的男人成年后才会成为搞政治的好手。

② 西蒙尼德是一位抒情诗人，生于爱琴海的开俄斯(Ceos)岛。匹希斯特拉图斯僭政期间，西蒙尼德在雅典度过了一段漫长而辉煌的诗人生涯。后来，他又与叙拉古僭主希耶罗交好。西蒙尼德还因其贪婪而为世人所知。[译注]在正文中，苏格拉底谈到西蒙尼德，也不忘提起僭主希帕库斯总是通过大量馈赠来挽留西蒙尼德，其贪婪可见一斑。

③ Hermae 意指赫尔墨斯的雕像，但这种雕像大体上只是一个方柱，上刻有男性生殖器，顶端是赫尔墨斯神的头像。赫尔墨斯是旅行者之神，古希腊人对他的崇拜久远，在路边和市中心的广场放置他的雕像也是习规。有时，人们也在雕像上铭刻一些文字。雅典人却不同寻常地有大量赫尔墨斯雕像摆放在街道和家门口，至于阿提卡地区，在乡间道路上摆放的赫尔墨斯雕像也相当多。这一现象或多或少地与匹希斯特拉图斯统治有些关联(参 Fustel de Coulanges, The Ancient City, IV, 7.1)。

到他的铭文,体味到希帕库斯的智慧,并在走出乡村的时候完成对他们的教育。〚229a〛此类铭文分刻于赫尔墨斯雕像的两边,左边是:赫尔墨斯立于市中心或者郊社;右边则是:

〚b〛此为对希帕库斯的纪念:行思当中正。

还有很多不同的名言警句篆刻在其他的赫尔墨斯雕像上。特别是在斯忒里亚(Steiria)①地方的路上,有一尊赫尔墨斯雕像上写着:

[100]此为对希帕库斯的纪念:勿欺骗友人。

现在,我既然是你的朋友,自然不敢欺骗你,那也违背了希帕库斯[的训诫]。在希帕库斯死后,他的哥哥以一个僭主的身份统治了雅典三年。而你也应该听老辈子们说过,只有这三年,雅典处于僭主制下,至于其他时候,雅典人简直就像生活在克诺斯统治的岁月。②〚c〛实际上,一些更有教养的人说过,希帕库斯的死并非像大多数人所说的那样,因为他的姐妹在提篮仪式中受到了侮辱——此类说法不过愚妄之言——而是因为哈莫狄乌斯成了阿里斯托戈通的情伴($\pi\alpha\iota\delta\iota\kappa\alpha$),前者受后者的教育。③ 阿里斯托戈通为自己教育人的本事自豪,并把自己看作希帕库斯的对手。[d]后来,哈莫狄乌斯本人也成为有情人,他爱上了($\dot{\varepsilon}\varrho\tilde{\omega}\nu\tau\alpha$)一个在当时有着好出生,模样也俊美的小伙子——他们

---

① 斯忒里亚是阿提卡地区东南沿海的一个乡村,属于潘狄翁部族的郊社范围。

② 在古希腊神话中,克诺斯是宙斯的父亲,在他完美地统治下,人类无忧无病。那个时期是为"克诺斯的统治"(参赫西俄德,《劳作与时日》,109 - 126;柏拉图,《法义》,713b - 714a;《政治家》,269a - 273e)。关于将匹希斯特拉图斯统治时期与克诺斯统治所做的类比,亦可参亚里士多德,《雅典政制》,XVI.7。修昔底德言(《伯罗奔半岛战争志》,VI.54):匹希斯特拉图斯及其子嗣的统治曾经一度温和且有益,只是在希帕库斯遇刺后,变得严苛起来。

③ 情伴($\pi\alpha\iota\delta\iota\kappa\alpha$)一词源自"男孩"($\pi\alpha\iota\delta\iota$)。用来表示男同性恋关系中,作为被爱者的那个角色。

说起过那人的名字,但我不记得了。那个小伙子曾一度叹服哈莫狄乌斯和阿里斯托戈通的智慧,但后来,在与希帕库斯结伴($συγγενόμενον$)后,他开始看不起那二人。① 那二人因深为这羞辱所伤,故而杀害了希帕库斯。

友:那么,苏格拉底,这么看来,要么是你不把我当朋友,[e]要么就是你虽把我当朋友,却不遵守希帕库斯的训诫。因为你要是不通过欺骗,是没法在这段论证中说服我的,虽然我不清楚你怎么做。

苏:但是反过来,我愿意——就像咱俩在下棋($πεττεύων$)一样——让你更改任何一个我们之前论证中的说法,这样你就不会觉得被欺骗了。② 我是不是应该为你把这个说法改一改:好东西并非所有人都渴望的?

〖101〗友:不,不是这句。

苏:那遭受损失,或者说亏损,并不是坏的?

友:不,不是这句。

苏:那"获利"或者"取得收益"并非"亏损"或者"遭受损失"的对立面?

〖230a〗友:也不是这句。

苏:那取得收益,作为坏的对立面,并非好的?

友:并非总是如此,就让我修改这个说法吧。

苏:看起来你的意见是,有些获利是好的,有些则坏。

友:是的。

苏:那我就为你修改一下这个说法:有些获利是好的,另一些则坏。

---

① [译注]此处,福德用 associating with 迻译$συγγενόμενον$又有双关义,意指那小伙子成为希帕库斯的情伴。

② [译注]$πεττεύων$是$πεσσεύω$分词形式,意思是下棋,虽然不知道古希腊人那时候下的什么棋,但苏格拉底的话告诉我们,当时也可以悔棋。苏格拉底同意友人更改他们之前已达成的说法中的任何一条,相当于让友人悔一步棋。这样的说法让两人的论争富有游戏意味。

并且这两者并没有哪一个比另一个多获利一些,不管好的那个还是坏的那个,是不是?

友:你这是问的什么呀?

苏:我来解释,有一些好食物,也有一些不好的食物,是也不是?

〚b〛友:是的。

苏:所以,对饮品以及其他一切存在物而言,都是如此。同一类事物,有好有坏,其中的某一个与另一个在这方面岂不是没什么不同吗?〚c〛就像人,我猜〔同样是人〕,有的正派,有的就邪门(evil)。

友:是啊。

苏:不过他们中的任何一个,我认为,都不会在作为人这方面多一点,或者少一点——并非正派的人就比邪门的人具有更多的人〔的属性〕,邪门的人也不会比正派的少一些。①

友:事实正如你所说。

苏:如此一来,我们不应该将这个观点也应用到"获利"方面吗?不管是不道德的获利,或者正派的获利,都是相等的获利?

友:必然如此。

〚d〛苏:所以,一个人通过正派的手段获利,也并未比用不道德的手段获得更多;如此看来,此两者哪个都没有获利更多,正如我们所同意的那样。

友:是的。

苏:所以,"更多的"或"更少的"并不附着于那两个中的任何一个?

友:是的,确实如此。

---

① [译注]若用意译,为了通顺,此句大抵可译作:正派的人并不显得比邪门的人更像人,反之邪门的人也未必比正派的人更不像人。但苏格拉底此处并非在讨论像或不像,而是在讨论作为某个事物的本质属性,并不因该事物的道德好坏而发生偏差——也就是说,使得人之为人的,是人的属性本身,与道德无涉。但接下来,我们会看到,苏格拉底推翻了这个说法。所以,此处苏格拉底摆出的这个看似有些抽象的论证,很有可能是在装样子。

[102]苏：既然"更多的"或"更少的"并不附着于这两种手段中的任何一个，那么，一个人又怎么可能因为手段正派，或者不道德，而遭受更多，或者更少的损失呢？

友：那不可能。

苏：所以，现在看来，既然这两种"获利"相等，而且都"有利可获"，我们就必须思量思量，你因什么称这两者都是"获利"：你在这两者中看到了什么相同的东西？[e]就像在前一个例子中，如果你问我，我凭什么称好的食物和坏的食物都作食物？我会对你说，那两者都是针对身体的干营养物——简单来说就是因为这个。而你，我猜，也会同意这就是食物之所是，是也不是？①

友：我会同意。

苏：至于饮品，我们可以用同样的方式得到答案：[231a]针对身体的湿营养物，且不论那东西的正与邪，都用这同一个名字——饮品。至于其他的，也依葫芦画瓢。所以，来像我这样回答。当你说正派的获利和不道德的获利都是获利的时候，你在两者中看到了什么相同的东西——那个让获利是为获利的东西？如果你自己又没法回答，考虑一下我的说法：你是否称获利为某个人通过不付出，或者付出较少的，来获得更多的？

[b]友：是的，我想我正是将这回事儿称作获利。

苏：你是指这一类事儿吗：某个人受邀赴宴，不花一个子儿就能尽情吃喝，但后来却因为过食患病？

友：凭宙斯说啊，不是这个。

苏：那通过吃喝变得健康，是获利还是亏损？

友：获利。

苏：那么，如果得到所有的东西，也并非获利。

---

① [译注]苏格拉底在这里将给人的身体提供养分的东西分成两类，一类是干的，如食物；另一类是湿的（呈液态），如水，饮料。这两者形态不同，但都属给身体提供养分的营养物。

友:确实不是。

苏:如果所得的东西坏,就不是,对吗?如果一个人得到所有好的东西,那还不是获利?

友:如果所得都是好的,那此人显然获利咯。

苏:如果所得的坏,那此人不就遭受损失了?

〖c〗友:我是这么看的。

苏:你看你看,你不是又绕回来了吗?获利即好,亏损即坏。

友:啊?我不知道该怎么说。

苏:你晕头转向可并非遭受了不义呵。但还是请回答[103]我:如果某人所获的多于他付出的,你是否称此为获利?

友:只要所获不坏,如果那个人得到的金银比他付出的多,我称其为获利。

〖d〗苏:那让我来问你,如果一个人花去了一半重量的黄金,得到了双倍重量的白银,他是获利了抑或亏损呢?

友:当然是亏损咯,苏格拉底,因为他的黄金本值得十二倍重量的白银,他却只得了两倍。

苏:然而,他得到了更多呀。难道两倍不是多于一半吗?

友:在价值上不是这样,如果比较黄金和白银的话。

苏:因此,看来在考虑获利的时候,有必要加入价值这一因素。因为你刚才说,白银即便比黄金重,也不如黄金有价值;同样的,你说,即便黄金的量少些,也具有同等的价值。

〖e〗友:肯定的,就是这么回事儿。

苏:那么,有价值就是"有利可获",不论大小,没有价值的东西就没法带来获利。

友:是的。

苏:你说的有价值,不是别的,就是值得占有的?

友:是的,正是值得占有的。

苏:此外,你是认为值得占有的,是无益的呢,还是有益的?

友:当然是有益的。

苏:那么,有益的岂不是好的?

友:是啊。

〚232a〛苏:好吧,我最有勇气的伙计,我们是否再次,或者说第三次,甚至第四次回到了这个一致的意见,即获利是好?

友:我看是这样。

苏:那你还记得我们是因为什么问题而开始讨论的吗?

友:我想是的。

苏:如果你不记得了,我会提醒你。你不同意我说的,争辩说好人并不想从所有的东西中获利,他们只是从那些好的中获利,而非从坏的东西获利。

友:是这样。

〚b〛苏:但是现在,我们的论证岂不是已然强迫我们同意,所有的获利,不论大小,都是好的?

友:在我看来,苏格拉底啊,这是在强迫我同意,而非说服了我。

苏:可能待会儿你将会被说服吧。但现在,[104]且先不论你是被说服了,抑或是被强制,至少你同意,所有的获利——不论大小——对我们来说,都是好的。

友:是的,我同意。

苏:那你是否也同意,所有正派人都想要所有好东西?

友:我同意。

〚c〛苏:并且你自己也曾说,那些邪门的人热爱获利,不管大小?

友:我是说过。

苏:如此按照你的说法,所有的人都是好利之人,君子小人皆然,是也不是?

友:显然如此。

苏:那么如果有谁指责其他人是个好利者,这个指责就不正确咯,因为这个作此指责之人自己也属那类人。

(福德 英译　胡镓 译)

民主社会的政治哲学家

——苏格拉底的观点

[105]在如今这个时代，不仅行动的选择性变得相当枯竭，思想的选择性也流于贫瘠，它促使我们必须去寻找那失落的然而对人类生活意义深远的可能性。我们需要对政治的诸多目的进行深思，但我们面对的却是让此工作成功之希望显得渺茫的一大堆障碍。如果我们想要阐明政治哲学的本质，并且彰显它的意图和可能性，回到政治哲学的起源——也就是说，回到苏格拉底——便是必经之路。重新体验政治哲学家的原初任务，这种尝试颇有难度，因为在寻找的过程中，我们对我们所要寻找的所知甚少；因此我们便难确定什么时候我们找到了。最好的起步就是将我们的注意力和努力目标集中到那些和我们处理问题方式最不相同的作品上，和那些曾经被严肃之人认真对待但如今却不为我们重视的作品上去。像伊索克拉底（Isocrate①）和色诺芬这样的作家变得不遭人待见，但我们的确是从他们严谨而富于修辞的作品中一窥修昔底德和柏拉图的风貌，也了解了古代作家的政治思想中"节制（适度）"美德的重要性。如果我们不理解伊索克拉底和色诺芬，我们也就不了解修昔底德和柏拉图。我们以后人的视角关注他们，而他们则失去了有益的影响。我们的视野被习惯围裹以免受侵袭，而这种习惯是，不被习俗理解的就不获关注。由此，那些不被知晓却意义重大的事物就蒙上了庸俗平常和微不足道的面具。

对此类眼光短浅症最好的治疗方法就是研究柏拉图一些篇幅短一点的对话录。这些对话短小精悍，从某种意义上来说就相对简单一些；

---

① [译注]伊索克拉底（公元前436—前338），古希腊著名的雄辩家和教育家，其教育方针与柏拉图大相径庭；在文学史上地位突出。

因为像《礼法》这样长度的书,是很难对每一句每一字都予以充分注意的;[106]我们的眼睛会略过那些原本应该会感到困惑的字句;而且时间也不允许我们的思想倾注于那些惊人丰富的精致细节,同样我们的平凡智力也难以纵览这么宏大、复杂的整部书。那么,只有几页纸长的对话就会让我们停驻、思索每一个细节,对文本提出无穷无尽的问题,并且充分运用我们思维、热情和想象力的每一滴资源。不过,从另一个程度上来说,阅读理解这些短小对话的难度却更大,因为它们是如此非同一般。比如说《理想国》,长久以来的哲学传统告诉我们,它关注的是什么,我们知道是"正义"和"美好社会"。当我们阅读到那些关于善和知识的章节时,我们会感到由衷的亲切,因为我们知道这是几千年来西方思想史上一直争论着的热点的一部分。洛克、康德、尼采都参与了这种讨论,他们使用着和柏拉图一样的概念。但是,这种熟悉感却有可能是虚假的;因为我们阅读的文本,传统上一直按照后来的思想家对它提出的问题,用书中的异质因素在解释着,而根本不是柏拉图自己关心的问题。这当然是危险的;因为如果它没有包含那些众所周知的主题,我们就不能理解这些对话,这也就意味着我们其实并不真正知道柏拉图到底关注的是什么,或者说这种对话的形式到底是什么,又意味着什么。尽管如此,我们还是对那些长篇的、著名的对话感到熟悉有余。但如果我们碰到像《伊翁》(*Ion*)这样一篇对话,我们对苏格拉底和大声诵读着荷马诗歌的那个蠢人的会面能说什么呢?苏格拉底奉他为神使,并将自己的神圣灵感归谢于他。我们对那个最后在苏格拉底诡辩式的追问下无能为自己辩解而深感绝望的朗诵者又能说什么呢?他不得不坚称伊翁是希腊最伟大的庸众。这一切都显得太荒诞。其中又有什么哲学意义呢?每一篇短小的对话都有着这种奇怪的特色。学者们对这些怪异作品的反应,就是忽略它们,把它们认定为伪作,因为苏格拉底永远也不会置身于此类对话中,柏拉图也不会将此记录下来,或者将它们看作是走向真正哲学所必须预备的逻辑练习。

但我认为,如果不先理解这些小作品,是无法真正领会那些巨作的,因为后者是对前者详细阐述的问题的回答,只有在这些问题的基础上,后者的回答才有意义。柏拉图对提出恰当问题的兴趣远远超过给予答案的兴趣。也许,在所有问题中,最重要的问题是:什么是哲学?它怎么能存在?它为什么是必需?在人类历史中,哲学很晚才出现;即便在苏格拉底时代,也是一门崭新的学问。它不像家庭、城市以及看来是有用的艺术那样[107]和人类同生同长。在那时,它不能被认为是理所当然的事情。它仍然是令人疑惑的、感觉荒谬的、遭人嫉恨的。它不仅需要建构自身;它还需要保护自身。那些体现了苏格拉底个性、由此也建构了哲学特色的小对话,面临着舆论和习俗的挑战,这些舆论习俗来自产生出哲学的土壤;这些小对话也面对着来自教士、诗人、政治家、自由民等权威观点的质疑。换言之,这些对话大致勾画了洞穴墙壁上的图像,揭示出它们的不足,也展示了向上之路的关键之处;这些对话首先表达的是人类的常识视界,这视界必须被超越,但如果要超越它,就必须先知道此视界的存在。对世界的每一种解释,都必须先有对世界目的的充分把握;否则这种解释就会理屈词穷,而对自己想要阐明的那种认识也会蒙昧不清。在这些精小对话中,柏拉图详细阐述了人类的庸常视界。每一个对话同伴都代表了一种典型的成见。他们的论点往往是拙劣愚昧的,但他们如此浅薄是因为他们的灵魂中有些东西让他们迷恋着谬误和虚假。因此,如果我们搞清楚了愚见得以横行的理由,我们也就了解了灵魂的复杂性,同样也知道了人们觉得什么是最重要的应去相信和明白的种种观点。这些对话细察了人类灵魂的诸种类型,也深究了关于什么是真和善的最有影响的前哲学观点。它们面目荒唐,因为关于这个世界的常识总是有点自相矛盾、斜而不正;如果推到它的结论,就会引领人们的思想和行为走向荒谬;而这正是常识的特点,它使哲学变得必要,也使哲学的诞生变得困难。哲学和想要替代它位置的偏见不同,必须清楚自己的起源和存在的理由。由此,柏拉图的这些短小对话对我们来说如此重要,就是因为它们明确地迫使我们去了解柏拉图解释世界的方式,还因为它们对丰富我们的洞察力提供了必不可少的帮助。这种洞察力在阐明那些最重要问题的绝不抽象的追寻过程中是那么至关重要。

《希帕库斯》(*Hipparchus*)①就是苏格拉底和一个无名同伴交谈的两篇对话中的一篇。另一篇是《米诺斯》(*minos*)。因为对话是直接展开的，所以对交谈的背景、两人的会面场合和其他可能会揭示交谈目的的细节我们都一无所知。《希帕库斯》和《米诺斯》都是以苏格拉底式的最意味深长的问题"什么是……"开头的，《米诺斯》研究了法律的本质，而《希帕库斯》则探讨了 profit 的特性。两篇对话都是在对一个通常被认为是雅典敌人的煽动夸张、无根无据的赞扬中达到高潮，后一篇对话便以此人名为题名。《米诺斯》讲了一个就法律而言的外国暴君，《希帕库斯》则是就 profit 而言的本土独夫。两篇对话的相似性［108］使他们之间的区别变得十分有趣，发人深思。米诺斯是神之子，和神有交往；而希帕库斯则是凡人的孩子，除了同伴的四次发誓，对话中也没有提及什么神灵。或许，和上述所言联系起来，能得到的实情是，在《希帕库斯》中，苏格拉底对他的同伴相当粗暴。这情况肯定和更深层的事实，即苏格拉底称颂的希帕库斯是个暴君有关。

　　《希帕库斯》和《米诺斯》一样，有着双重标题；那便是《希帕库斯或好利者》(我将原文 philokerdes 译成 profiteer，因为那和希腊人的道德论调相配)。也许这两者是等同的；果然如此的话，对希帕库斯的赞颂便发人深省了。

　　就像前面早已说明的那样，对话的最开始几句话提出了苏格拉底式的问题，而且是由苏格拉底本人提出的。他试图从他的对话同伴那里学到点什么，便问他像牟取不正当利益(profiteering)这样一件事到

---

① ［译注］《希帕库斯》篇全名《希帕库斯或好利者》，profiteer 一词在文中多次出现，含义不尽相同。可直译为"好利者"，但根据古希腊文词根，它的字面意思是"lover of gain"，即"增益的嗜好者"，并没有中文中那样的贬义。这篇文章中有时提到 profiteer 时指的是带贬义的好利者，有时指"获利的热爱者"，有时又有这两者的双重含义，苏格拉底和同伴对这个词有着自己不同的理解，这也是他们争论的暗含基点。同样文中也多次提到 profit，它的意思有时是利润、赢利，有时是利益，有时是好处、益处，译者都照用原文，期望读者阅读时根据上下文做出自己的理解。

底是怎么回事。这是一个天真的问题,它让苏格拉底看上去是个不食人间烟火之人——就像阿里斯托芬喜剧中描绘的那样,如今正要冒险闯进这个世界,想要探究众所周知的人世之事。显然,我们面对着一次早已开始的对话,虽然我们不知道为什么苏格拉底会向他的同伴提出这个问题,而那个同伴也非常乐意教导他,但是我们却可以假定那位同伴对 profiteers 说了些诋毁的话,由此苏格拉底想要知道 profiteers 到底有何不妥之处。

"什么是牟取暴利?"确实是以真正的苏格拉底式问题的形式出现,但它却是被错误地提出来了,或者说,这是个衍生问题,因为对此问题的回答建立在对"什么是 profit"这个问题的先在回答上。对更基本问题的忽视导致了整篇对话完全不能解决问题的特点,苏格拉底和他的同伴明显谈的是两件事,而那位同伴甚至对这种差别存在的可能性都不甚了了。但这并不是我们如今所称的交流的困难,因为很显然,想要领会苏格拉底认为什么是"有利可图"的,已然超过了那位同伴的理解力;如果苏格拉底想要向他解释的话,他也只能听懂字面意思。在此情形下,虽然这番对话不至于最后陷入僵局,但他们所达成的一致意见也不过是形式上的一致而已,因为那个同伴会继续赞颂那些他一直在褒扬的东西。交流的困难也揭示出同伴灵魂中的困境;交谈的不充分是充分表达那个灵魂的必要条件,因为那个灵魂必定深藏着许多自相矛盾之处。这次对话的有趣之处在于,观点的变化,典型地[109]是由像同伴这样的人操纵着,另外,那些观点和苏格拉底生活的关系也特别耐人寻味。

此同伴认为,金钱,或者它所代表的东西,是好的东西。对他来说,"profit"这个词的意思也就是当今商业社会里大多数人所认为的意义。他们也许也意识到了这个词语有更广泛的含义,但他们运用这个词语时,意思就跟最初的含义不尽相同了。对金钱的嗜好,与对生命、对舒适的热爱真的没什么不同,照苏格拉底看来,那便是大部分人生活的动力。因此,尽管这个同伴假装严厉申斥那些 profiteers,他其实从属于并代表着《理想国》中的最低阶层——苏格拉底称之为爱钱阶层或牟利阶层。同伴只关心金钱,这在对话的结尾处才显露出来,但这种关注在一开始就触动着他对问题的反应。对话的内容从未超越同伴对 profit 的理解度。这很容易做到,因为在交谈中,很少有人愿意承认自己只关心安定和舒适;有些东西促使着他们认识到还有着更高贵的东西存在;但是事实上许多人还是对有用的东西比对高尚的东西在意得多。《希帕库斯》正是研究了这种人的心态;苏格拉底没有提及这位同伴的动机,而仅仅询问这种动机的结果来实现上述意图,因为通过这种方式,动机就会不加掩饰地表现出来,不会受到可能因此种暴露而导致的羞耻感的影响。

225 a–b 苏格拉底问了一个双重的问题:什么行为是牟取利益和什么人是 profiteers?那个对话同伴选择回答后一个问题,告诉苏格拉底什么人是 profiteers,假装自己更有兴趣攻击此种人,而不太关心牟取利益这件事情的本质。他是这么用富于修辞的优雅语言来表述的:profiteers 就是那些从无利可图处发现有利可挖的人。他的意思即刻变得明显——他说的是那些骗子,那些靠欺骗手段贩卖没有价值的东西的人,这是骗商中最普通的类型——但是这意思对苏格拉底来说并不直白。他天真地追问同伴那些骗商知不知道自己要卖的东西并没有价值,接着他又追加道:如果他们不知道,那么他们岂不是傻瓜。苏格拉底,这个正直坦率的人,俨然并不知道世上的确有那些总是欺骗别人、把毫无价值的东西说得天花乱坠的无耻之徒,而那个同伴却非常想要把世道艰难告诉他,期望能在这场和道德堕落抗争的战斗中获得他的支持。同伴对苏格拉底所提问题的含义太过自信,又急于表白自己对 profiteers 的谴责,以至于没有意识到苏格拉底问题的含糊性。他只是想当然地认为苏格拉底想要知道的是,profiteers 是否是靠卖那些他们自己错误地高估了价值的东西牟利,这样的话就意味着他们不能受到责备;人们应该知道,一个人[110]对某件错事负有责任他才是犯了罪;所以那个同伴想要谴责 profiteers,就必须坚持说他们知道全部的真相。但是,苏格拉底的问题可以解释成,或者说,应该解释成,有些东西显然毫无价值,人们不能从中牟利,只有傻瓜才想这么做。价值在这里有两层含义,一是

profiteers 从中牟利的价值,一是相对买者而言的价值。苏格拉底在这里使用双关语,不是想让同伴头脑发胀,而是这的确代表了同伴脑中一个真正的、尚未解决的问题。同伴相信 profiteers 的确从欺骗行为中获得了一些好处,尽管他本人在这种行为中受到了伤害。他关注的是 profiteers 对他人,包括对他自己的伤害,而苏格拉底看来对此却并不关心,他关注的是 profiteers 索求 profit 这种行为的结果。同伴向苏格拉底一再保证 profiteers 当然知道自己在做些什么,这其实显现了他对 profiteers 的某种嫉妒之心,虽然他称他们为恶棍,无耻之尤。当然,能快速赚一大笔钱的 profiteers 不是傻子,他牺牲别人自己得到好处。就像其他所有也这么说的人一样,这个同伴认为自己知道什么东西是有利可图的,而且他也知道在私人利益和公众利益之间存在着矛盾,所以他谴责那些追逐私利的人,以便保护公众利益。profiteers 行事无所顾忌,不知羞耻。羞耻之心,以及害怕他人的议论,阻止了人们走上 profiteers 之道。但是,羞耻与否,在于 profiteers 是否真正获得了 profit。profiteers 的勾当所获 profit 越大,人们的谴责之心才越深。但是苏格拉底却并不认同同伴的矛盾心理。他不是看上去天真,即便经过严格审视,他仍可能看来是不懂羞耻的人;他并不为人们从毫无价值的东西中获利而感到震惊,他只是好奇这能否做到。他以农夫为例,企图向同伴指出这一点。农夫会认为能从种植没有价值的作物中获利吗?而同伴没有回应苏格拉底的暗示,回答说,profiteers 认定自己应从所有东西中获利。

同伴丝毫不注意苏真正在说什么的例子,其实很能说明问题。农夫和 profiteers 的目标都是"增长";如果农夫的作物是无用之物,它就不会生长;而如果 profiteers 撒下利益的无用之种,它们也不会生长出利润。从农夫和 profiteers 的观点来看,没有任何毫无价值的手段能最后达到目的。同伴可能会乐于承认对农夫来说的确如此,但他看不清农夫和 profiteers 之间的类似性。农夫的收获拜自然所赐,而且拥有天然的使用价值,但 profiteers 收获的却是按约定而付的[111]一大笔钱。显然事物的天然价值或使用价值,和人们因 profiteers 剥削而付的价钱并不相称,同伴抱怨的就是这个。但他是个财迷,把对金钱的追求看成是天经地义。因此他的确不得不接受农夫的种植和 profiteers 的投资之间的比较，也不得不评估为了达到目的而使用的这些手段的价值。就像亚里士多德和马克思都发现的，金钱是种暧昧的东西：它可以代表事物的天然价值，它本身也可能有价值；在前一种情况下，金钱价值可以用事物来衡量，但在后一种情况中，事物价值却要用金钱来衡量。由此金钱本身便成了目的，人们对它的欲求无穷无尽，和任何可能的使用分离开来。对金钱的热爱，从对未来权力的自然渴望开始，渐渐地便让人身陷习俗价值之中，甚至漠然于对天然价值的认识。同伴热爱金钱，但同时又希望那些卖东西给他的人更关注事物的天然价值或使用价值，而不是金钱。为了避免这种矛盾，同伴不得不分清对卖者来说金钱的价值和对买者来说事物使用的价值，并细细思量这种区分后的结果。但他完全被搞糊涂了，绝望透顶，其实这种混淆和他对人类及金钱的整个看法有关。

同伴宣称，profiteers 认定他应从一切东西中获利。苏格拉底对此做出了毫不留情的回应。他告诉同伴停止漫无目的地回答问题，仿佛自己受制于别人而受尽不公平之苦似的。对苏格拉底来说，这种不公正之感让人答非所问，他暗示说，至少在同伴的这种情形下，愤怒只不过是一种自私的报复形式，而他的高姿态也只不过是一种自我保护。愤怒，对不公正的仇恨，只会蒙蔽对重要问题的思考。苏格拉底，与众不同地赞同那些 profit，摒弃了对公平的判断。从这一点上来说，在这场对话中，他显得要拒绝同伴说以下这些话的可能性：即 profiteers 是坏人，因为他们伤害他人，这话暗示着同伴的论点是反对"牟取利益只不过是从更聪明的 profit 谋求者那里保护自己的 profit" 这种说法的。苏格拉底对待这个同伴的态度就像他是个敌人，是否认自己 profit 的阴谋的一部分。他对提起"智慧短语"（wise phrases）深感不屑——这种"智慧短语"是聪明人在"公正法庭"上的用语，他又嘲笑同伴对 profiteers 下定义时所用的修辞语调，这一切突出了上述他对同伴的态度。同伴的道德说教只不过是些高谈阔论，用来给某种契约以虚饰的礼仪：这契约存在于那些并不相信公正但又希望能避免[112]不公正待遇的人中间,这份契约同时阻止人们知道自己真正的 profit 是什么。法庭就是实行这个阴谋的工具。苏格拉底指控同伴存心企图欺骗他。正像这个同伴害怕在金钱交易中有欺骗行为,苏格拉底也害怕在对话中有欺骗行为。看来要避免受到 profiteers 欺骗,倾向于就 profit 的本质先欺骗那些潜在的 profiteers。在另一个语境中也许会被认为是"公正感"的,苏格拉底在此定义为伪善者的发明。苏格拉底指责同伴要他相信他自己都不相信的东西。大概是出于自我保护之心,同伴想让苏格拉底相信 profiteers 的种种恶劣行径,由此也就可以获得他的支持了。

苏格拉底威吓同伴,由此将话题从对 profiteers 的谴责上转开,不让他口口声声说正义却只关注在他人身上牟利的后果。他将同伴的话——即 profiteers 知道他们是在从无价值的事物中牟利——变成:profiteers 是一个明白人,就像所有的工匠都熟悉了解他们的用具一样。农夫、驯马师、领航员以及普通大众都永远不会明知故犯地去选择无用的手段来达到他们的目的;每一种技艺要达到的目的是明确的,而手段的价值是由技艺的目的来决定的。比如说,怎么判定农耕中所使用的肥料的价值,人们永远也不会因它引起了过路人的不适来判定。同样的,profiteers 所使用的手段也只能根据他的目的来判定价值——他的目的就是 profit,而不能根据那些手段在他人身上牟利后所产生的结果来判定价值。从这种意义上来说,profiteers 当然不会使用无益的手段来获取 profit,因为这和明白人的本性相反,也是做不到的。这样得出的结论就是,根据同伴的定义,没有人是 profiteer 了;他在谴责根本不存在的人。

225b – 226a

我们肯定会对如此的争辩结果非常愤怒,但从更深一层的意义上来说,它的确公正地评价了同伴。他是自私之徒,他酷爱金钱,但同时又希望约束对金钱的追求,这样,一个社会共同体——他赚钱的前提条件——就能够存在了。这有点像洛克对政治问题的解决办法。从这个角度来说,受到谴责的不是对 profit 的追逐而是追逐的手段。但是这样一个社会毫无尊严;和强盗窝没什么区别。其法律也很难迫使一个拥有更高权力的人放弃对 profit 的追逐。道德禁区成了一纸空文,只不过用来愚弄人而已。从最根本意义上来说,苏格拉底的论点得出的结论是,应该用目的来判定手段是否公正。这是个危险的结论。同伴[113]要避免这种危险结果的惟一办法就是重新来衡量目的。

226d – 227c

但他接着尝试要做的却充满了龟缩犹疑,因为不管是他的头脑还是他的趣味都让他难以胜任对商品货物的等级的讨论——因为他并不真正相信存在着这样一个等级区分。他只是说,由于无节制和不知足,人们执著于价值不大或根本没什么价值的东西。因此他想用自己的方法找到走出迷惘之境的途径。于是他说 profiteers 总是关心着 profit,也就是说金钱,甚至在获利微乎其微的时候也是如此;这是因为他们充满了没有得到控制的热望。同伴的这种定义就不再是攻击 profiteers 没有羞耻心,而是攻击他们缺少节制了。能控制自己欲望的人不会想望或者需要那么多的 profit。profiteers 受获利欲望的驱动,这 profit,虽不是那么毫无价值,但又没有有价值到能证明他行径的正当性。同伴所说的这一切暗含了对节制的褒扬,但又没有任何迹象说明凭什么;显然只有有节制的人才会利用他人,但对实践者来说什么是良好的节制同伴却只字未提。为了把自己谴责 profiteers 的话说圆,同伴开始提及他们的目的,说目的无足轻重;他几乎是被迫地说出 profit 并不重要。同伴认为羞耻心让人虑及他人,当他想到苏格拉底会同意他的这个看法,就有了足够的动力重新鼓起勇气;接着他便要指明节制于人有益,或者说,profit 于人无利。他一开始这么说的时候,几乎不能相信自己的定义,苏格拉底便轻而易举地推翻了它。他相当不合逻辑地从他俩持一致意见的地方出发进行争论,即他们都认为 profiteers 不能知道他们的目的是一无价值的。如果他们并不知情,就不该受到责备;他们需要教育。人们只是追求他们认为好的东西,这样,在对话中第二种定义所剩下的就是,profiteers 对 profit 充满了热爱。接着,苏格拉底通过否定性言说的方式让同伴承认所有的损失都是坏的,由此确定了 profit 是好的。出于羞耻心或恐惧感,同伴也许对 profit 尚存疑虑,但损失却是他不能接受的。然而,如果 profit 是损失的对立面,profit 就一定是好的。同伴、苏格拉底以及所有人都喜欢好的东西,也都希望能够拥有它们。

这样说来所有人就都是 profiteers，这又一次证明 profiteers 是不能受到谴责的。如果同伴这么说：人们应该在他们对"好"的充分理解的基础上再受到评判，只有这样说了，才能为自己辩护，但他不能，因为他认为"好"已经众所周知，而且人人都在对它孜孜追求。

苏格拉底渐渐地消除了同伴的防备之心，打碎了他的自私行为造成的顽固屏障。[114]因为同伴其实相当于在替利用手段获利过程中的不顾脸面和为 profit 目的的追逐过程中的缺乏节制辩护。

同伴做出了最后一次努力来为自己对 profiteers 的谴责进行辩护。227c–228b 这次他用的办法是将正派人或者说正人君子的行为设立为标准，并将此应用到对追逐 profit 的目的和手段的思考中去。他不再坚持目的或者手段是没有价值的；他已经知道在这一点上他说不过苏格拉底。他改为区分两类人——正派人和缺德汉，并宣称 profiteer 正是缺德汉，因为他对绅士根本不会关注的东西非常在意，又认为那些绅士根本不敢从中获利的东西值得去牟利。如果我们能片刻跻身同伴的世界，我们就能看清他想要做的事是什么。他知道世界上存在着一些令人钦佩的人，这些人在合同上讲究信用，别人能够信任他们。这样的人从某种角度来说更优秀，他们是人类交易中所存诱惑的对立面。我们谴责 profiteer 不是因为他们毫无羞耻之心或抱有过度热烈欲望，而是因为他们并没有像这类人那样行事。在同伴看来，正派人行事并不是受 profit 驱动；他们的行为不能从功利的角度来理解；正派与 profit 是不相容的，如果只有 profit 是让人们趋之若鹜的东西，世界上就没有什么正派可言了。同伴渴望 profit，但他钦佩那些更高尚的人，所以同时又鄙视着 profit。虽然他试图披上道德尊严的外衣，但从某种程度上来说却视之不高，因为他从正派高尚中看不到什么 profit。他不得不说有好的货物也有坏的商品，坏的商品有利可图，但和正人君子追求的东西不同。正人君子追求东西没有动机，这让人倍感惊讶，同伴的道德观竟然和康德的相似！反过来，苏格拉底却坚称所有的意图和行动一定都是受希望拥有好东西的欲望所驱使；好人坏人并不是因为后者关心他们自己的好东西而前者却不关心而区分开来。在同伴的理解力水平上，苏格拉底的教导一定显得有败德之嫌，因为同伴会将这教导理解成鼓励人们去做任何他们想做的事，或更明确地说，去没有限制地追求金钱。只有否认金钱增长就是 profit，才是避免这种结局的惟一办法，但同伴永远也不会这么做，至少在他心里是这样。苏格拉底因此触及对正派的普遍看法中的内在矛盾：正派本身并没有什么利处；因此它要么是对那些别的目的有用，要么说它就是没有理由基础的，它的实践也是荒唐可笑的。同伴已经勉强承认 profit 是好的，但他又一定要说它是坏的，每个清醒地意识到有利可图的[115]行为和正派行为之间存在着紧张状态的人也一定这么认为。苏格拉底追求着美好，不得不冉次指控同伴又在欺骗他，因为他将好的说成坏的，想让苏格拉底停止他的追求。

苏格拉底已经告诉同伴，追求 profit 的任何方式都是好的，我们应该永不知足地追求 profit，在这一点上，好人坏人没什么区别；因此同伴便予以还击，发誓说苏格拉底在欺骗他。同伴假定苏格拉底的欲望伤害到了自己，争论在此看来失去了控制；苏格拉底正在摧毁交谈的限制范围，同伴因此已经晕头转向。他知道了一种新的欺骗方式，对争论的无用之用却无法理解。他希望约束那些寻求知识上利益的人，因为那些人寻找的知识可能会伤害到自己；他同时又希望压制那些寻求金钱上收获的人，因为那也许也会伤害到自己。苏格拉底已经打碎了同伴信任他的所有基础，所以一定要加紧打消同伴的疑虑，让他重新安心。

苏格拉底采取了一种奇妙的方式重新安抚了同伴。他试图向同伴显示自己是某人的信徒，这人并不认为自己可以欺骗别人，或者说，欺骗朋友。这么做的过程中他又必须显示出他的主人是个受人尊敬的人。于是苏格拉底用这种反守为攻的、似乎不合情理的方式，在对话中引进了英雄希帕库斯。只有这次跑题才让我们看到了苏格拉底的真正意图，它中断了流于浮面的对话，似乎和对话毫不相干。不管怎么说，苏格拉底的做法都是有点古怪的，因为他将希帕库斯奉为圭臬。希帕库斯被普遍认为是个独裁者，他就是同伴正攻击着的最极端的例子，也就是最成功的 profiteer，他获得了城市和城市内所有一切的拥有权。苏格拉底不是将自己等同于那些人们通常认为的有名望的人物，从而来证明自己的名望,他傲慢地选择了对雅典民主来说最臭名昭著的恶棍,赞颂他,期望人们尊敬他。他谦逊地将希帕库斯称为"我们的市民伙伴"。苏格拉底说 profiteer 事实上都是些凌驾法律的、利用他人的、不想接受对同伴来说非常珍贵的平等规则的人;但他又进一步说,这样的 profiteer 是一个拥有更高权力的人,只要同伴让自己被他利用,他就能从被统治中获利。希帕库斯首先受对智慧的热爱的驱动,就像对同伴来说金钱就是 profit 一样,对希帕库斯来说智慧就是 profit,他愿意抛撒金钱[116]来获得和展示智慧;希帕库斯是个 profiteer,是个热爱收获的人,这等于说他是个热爱智慧的人,是个哲学家(philosophos,热爱智慧的人)。这是一种新的追逐 profit 的行为,是一种永不知足的热望,它公然挑战平等法律,其满足感并不取决于从别人身上获得什么,相反却能慷慨赐予他人而不损伤自己。同伴对此一无所知。这就是苏格拉底提出 profit 时所指的意思,这样我们从他的角度获得对此对话的一个提示,而原来我们只是听着同伴的一面之词。从这个意义上来说,苏格拉底的结论,虽然对同伴而言听起来充满恶意,其实有百益而无一害。但是同伴还是会像谴责前一种牟利方式那样谴责这样的牟利。因为它不遵守规则,这些规则对同伴的自我保护来说是相当基本的东西;同伴对低级形式牟利的指责包含了对高级形式牟利的谴责,因此苏格拉底对低级牟利形式的显白辩护其实真正意义上是对高级牟利形式的辩护,而人们却甚至无法想象那种高级形式的存在。这就说明了苏格拉底为何对同伴怒气冲冲,因为后者是哲学的敌人。

但是,为了阐明这一点,我们必须细究一下希帕库斯的故事,特别是修昔底德对此故事的阐释。以这种方式我们才能看清楚苏格拉底到底在做什么,因为他所说的似乎是违背真实情况的。雅典人认为,希帕库斯是个不讲公平的暴君,阿尔莫迪乌斯(Harmodius)和阿利斯托吉通(Aristogiton)出于一种高贵的情感——对自由的热爱,暗杀了他。他们因此成为雅典民主的奠基者,被雅典人奉若神明。雅典民主的美好和必要性,被它所代替的可怕事物所反证;这一信念又加深了人们对民主国家的热爱,任何偏离民主原则的人都将被指控为有专制野心。深深扎根于雅典人体验中的所谓对独裁的恐惧,成了煽动性政治家极有用的工具。城内所有赫尔墨斯雕像被毁以后,雅典人纷纷谴责涉嫌的阿尔喀比亚德,修昔底德乘机借此特殊情况,使监视成为雅典传统的基本部分。他指出 Peisistratid 家族的规矩比暗杀要好得多,暴君的恶劣行径是诛弑暴君行为的结果。整个雅典对弑君者的解说都从属于政治神话的王国。所有的细节都是错误的。希庇阿斯是个暴君;但暗杀他的行动失败了,只有他的弟弟希帕库斯被杀死。阿尔莫迪乌斯和阿利斯托吉通不是受对自由的热爱所驱使,而是出于为一桩低俗的、次政治的色情丑闻雪耻。这两个所谓的民主爱好者和民主的建立差得远呢![117]他们只是导致专制变得更残暴;是外国人斯巴达废除了 Peisistratid 家族的王位,很明显不是阿尔莫迪乌斯和阿利斯托吉通的行为带来了这个结果。修昔底德对雅典人民普遍说法的修正含蓄地提出了以下问题:是不是专制是可供选择的办法中最差的一种;他同时还指出对待阿尔喀比亚德过程中的非理智因素。他使人们可能会去思考那些未加思虑的东西,并让他们的眼界能超越雅典偏见在头脑中建造的樊篱。

苏格拉底采取迥异的路线达到和修昔底德并无二致的目的。在和同伴——一个雅典人的交谈中,他接受希帕库斯是个统治者这种说法。他只是否认对希帕库斯的描绘是正确的。希帕库斯是民主主义者中伤事件的受害者,如果人们了解这个事实,会希望再次接受他的统治,因为他统治的时代是黄金时代,雅典人民就像生活在农神克罗诺斯时期。

苏格拉底用自己的神话抵制了雅典人的神话,从而从雅典人偏见中解脱出来,在雅典和雅典传统内部找到了这个王国的模范——他认为是好人的人。

对希帕库斯的描述中突出的一面是:他是个智慧的热爱者,他是受以下欲望所驱动——他希望因自己的智慧而受倾慕。他因此不得不成为一个教育者,从而使自己的臣民好到能够钦羡他的美德。在私心和众利之间,他把握着完美的分寸。为了让人民只是钦佩他个人的智慧,他必须战胜在民间占上风的智慧——即德尔斐城神谕智慧,神谕智慧用以下两个短句表达最恰当不过了:"认识你自己""不为过分事"。为此希帕库斯在整个阿提卡城都建起了赫尔墨斯像,在上面雕刻了如下能体现他智慧的话:"行思公正之念""不要欺骗朋友"。

这两句聪明的谚语看来无法和那些德尔斐城的神谕相提并论,但玩味一下至少可能有助于给我们一点启示,到底在这些话里,什么被认为是充满智慧的。在《查米德篇》(Charmide)中提示了一丝线索:潜在的专制者克里提阿(Critias)在谈论节制的时候,解释这两条德尔斐谚语说的是同一件事;一个了解自己的人不会做过分的事,因此,德尔斐教义说的是节制。为了和这作对,希帕库斯提出对节制的批评,而节制掌控着这场对话的第一部分。恰恰是对提倡庸俗节制论点的驳斥,促使苏格拉底尝试找到替代物来保证充分得体的人类交流,希帕库斯的谚语就正应当被当作[118]是这样的替代物。跟随克里提阿的指引,我们也许会说希帕库斯的两条谚语也是相同的:公正就是不要欺骗朋友。换句话说,做人应该公平待人,这不是因为抑制了自己的热望或者放弃了满足之欲,而只是因为他人是朋友,只是因为满足感来自对他人有益。对待公平,人们有两种截然相反的看法,一种将公正视作是自己也有利可图的不得不为之事,另一种则视之为将自己的甜点赠予那些爱吃的人之后得到的满足感。从更政治化的角度来看,前者关注的是人们对利润的反感,由此为社会共同体提供了必要条件;后者更适于个人生活,它关注人们能共有什么以及可敬人士之间的相互满足。希帕库斯的格言正是苏格拉底指导自己生活的原则。

如果一个人不想欺骗朋友,他必须知道真理,也必须找到别的能从他身上获知真理的人。真正解决同伴困境的办法不是"不要欺骗朋友",而是哲学,这正是苏格拉底一番劝诫中的微言大义。生活之道只有一种——既对从业者有利,又对那些协助他的人有益。当然这肯定不是一个政治的解决办法,因为它暗示了社会只由智者或未来智者所构成,这是不可能的。但苏格拉底对希帕库斯政见的描绘包含了对他自己生活的辩护。

为了维护自己对希帕库斯的赞颂,苏格拉底必须解释为什么希帕库斯被暗杀,并将惯常的对阿尔莫迪乌斯和阿利斯托吉通的褒扬转变为责备。他毫不怀疑地承认他们的动机是爱欲,但在苏格拉底眼里,爱欲根本不应受到责备。爱欲(Eros)构成生活的核心,希帕库斯则构建了一个爱欲可以尽享其权的国度。教育被理解成是一个爱欲的行为,或至少和爱欲密切相关,因此,希帕库斯的统治只不过是一种教育实践。据苏格拉底所言,真实的故事是:阿利斯托吉通是与希帕库斯竞争的教育家(也许就是德尔斐那派的),他热恋着阿尔莫迪乌斯,教育他,但阿尔莫迪乌斯恩将仇报,爱上了一个出身良好的青年。这个青年开始时倾慕年长者的智慧,但和希帕库斯会面后就开始鄙视他们。如此不恭使两位长者颇为恼怒,于是杀死了希帕库斯。在这种解释中,希帕库斯不再是侮辱了阿尔莫迪乌斯妹妹的单恋者,阿尔莫迪乌斯自己是个单相思,希帕库斯则是他爱情的障碍。希帕库斯是聪明的,所以他惹人爱;希帕库斯的智慧让最优秀青年的爱情转移了方向,所以他被杀害。

我认为这个关于希帕库斯的传说只不过是对苏格拉底个人的描述,记下这个对话也不过是解释为什么[119]苏格拉底后来被判了死刑。希帕库斯和苏格拉底遭遇死亡都是因为民主主义者嫉妒他们的结果,这些民主主义者宣称青年人都受到了他们教义的毒害。和希帕库斯一样,苏格拉底也是个智慧的热爱者,他教导朋友使他们获益,并和德尔斐神谕斗争。他带领那些听从他的人不再崇敬社会和它的领导者;他教导他们没有节制地追求美好。阿尼图斯是审判苏格拉底的主要指控官,后来据说成了阿尔喀比亚德的失意的爱慕者,而阿尔喀比亚德本人曾说过自己变成了苏格拉底的热爱者。从所有迹象看来,在苏格拉底的审判中,阿尼图斯显得是雅典青年的保卫者,使他们免受苏格拉底的引诱。但我觉得,苏格拉底就等同于希帕库斯,阿尼图斯则等同于阿尔莫迪乌斯,阿尔喀比亚德就等同那位无名青年。就像阿尔莫迪乌斯转向阿利斯托吉通那样,阿尼图斯也转向了他的教育家和情人——雅典民众,靠他们帮助为苏格拉底偷走了阿尔喀比亚德而替自己雪耻。就像希帕库斯和阿利斯托吉通是真正的仇敌,苏格拉底和城邦民众也是不共戴天的敌人。阿尔喀比亚德鄙视民众的公正,而这一切——并非全无偏见——应怪罪于苏格拉底。阿尔喀比亚德被指控毁坏赫尔墨斯像,苏格拉底靠表达对赫尔墨斯的尊重,暗暗为自己开脱。但尽管如此,那些赫尔墨斯像并不意味着就是民主的护卫者,希帕库斯也不是民主的朋友。希帕库斯的故事重申了苏格拉底的教义:智者应该统治别人,而且永远也不该被多数人统治。

但是这一切是怎么跟同伴以及他的言论联系起来的呢?很简单:同伴想将民众的道德强加在苏格拉底身上,如果苏格拉底不赞同,同伴最终将非常乐于打垮他。对社会共同体的存在、对追逐有利可图的罕物——它们因此成为人类争斗之源——来说,有一套必须依循的准则,根据这套准则,同伴说道德存在于克制之中。这种道德就是私人财产的道德。就像对话的第一部分揭示的那样,苏格拉底不能接受这种道德,他自己的教义正逐渐削弱着它的基础,至少大体如此。我们可以说同伴的确认为人是平等的,他的意思是他们都同样渴望着金钱或渴望着代表了金钱的事物。人类彼此之间的惟一区别就是追逐欲望满足的方式不同:好人循规蹈矩,坏人为所欲为。没有节制地追求 profit 的人就是敌人,这正是苏格拉底的所作所为。同伴说的固然是另外一种 profit,但却把哲学家和强盗、盗用公款的人网罗到一起了。苏格拉底的学生不会是民主社会的可信城民,苏格拉底[120]本人也不认为智慧热爱者应该接受由金钱热爱者制订的生活方式。他们要的是民主,而他是君主政体的支持者。

对话的前两个部分展示了热爱 profit 的两种不同的类型,一个爱的是金钱,一个爱的是智慧,他们的需求是互相冲突的。苏格拉底通过对希帕库斯的赞颂,揭示了他自己是何种人,也使第一部分中交流困难的原因显示出来了。同伴真的是阿尔莫迪乌斯和阿利斯托吉通的称许者,因为他能在由他们创立的政权中享尽荣华,就像苏格拉底会在由希帕库斯创立的政权中如鱼得水一样。对话的第一部分和第二部分详细描述了这两个人的抵牾,第三部分则想要找到解决方法。

不出所料,虽然苏格拉底引用了希帕库斯的故事,但没能说服同伴相信他先前说法的正确。同伴认为,要么就是苏格拉底不把他当朋友,

229d–230a

要么就是自己没有被希帕库斯的事件说服。对苏格拉底来说,哪一条都很难驳斥。苏格拉底的演说对同伴来说就像是 profiteer 的言辞,他在对话中欺骗自己,就像 profiteer 在金钱交易中坑蒙拐骗一样,但他无法指出到底是在对话的什么地方,苏格拉底欺骗了他,而且又是怎么欺骗了他。他不相信聪明人,不相信不用通常方式辩论的人。所以苏格拉底引导他进入诡辩的艺术,看他是否能够学到点什么,辩论能否说服他。同伴被赐予了机会,就像在国际象棋中悔棋一样能改变他早先的所言所为。他识趣地转回尝试区分好的和坏的 profit;他希望能撤回以前说的话,即所有的利益都是好的。他似乎想起在诚信交易中赚到的钱和抢劫银行后得到的钱存在着区别。于是他坚定地抵制争论趋向于认为两者都是合法的。

230a –
231c

　　苏格拉底开始细究同伴的再一次的宣言,他将此宣言中潜藏着的准则明示出来:事物无论好坏,是什么就是什么,好和事物的本质并无关联,而是事物经历了什么,是本质的偶有属性。坏的食物、坏的饮品甚至坏人和好的食物、好的饮料、好人差不多。这是个可疑的原则,但的确折射了同伴的观点:钱就是钱——欲望就是欲望——不管这钱是怎么获得的。他坚信不疑。下一步就是要给 profit 下定义。最本质的问题终于被提出来了。苏格拉底给了一个答案。利益就是花费很少或者不花费却得回更多。这也是同伴毫不踌躇地接受了的。接着苏格拉底举出了这样一个例子:有人吃了顿免费晚餐[121]后病了。这是 profit 吗?"以宙斯之名发誓,当然不是!"(同伴的誓言总是加强了他对私利的清醒认识。)苏格拉底将同伴从金钱的世界拉回到自然的世界,同伴发现他要给 profit 下定义,不能根据钱多钱少,而要根据人类受到的影响。健康天然是好的,食物的好坏要依健康而定。以事物不是因好坏而存在这样的前提开始,我们便以同伴的声明而结束:他称如果一样东西不好,它就不会存在。起初认为和自然无关的好,现在又重新变成事物存在的原因。那样,世界上就没有什么叫作坏的 profit 的东西了。

　　为了进一步搞清这奇谈怪论,我们必须将它应用到曾经提及的一个例子中去——苏格拉底显然是随口一说——人类。人不管好坏都是人,这已成定识,但现在看来,如果他不好,他就不是人了。苏格拉底根据功用来定义食物和饮品,将它们视作是身体的营养。如果它们不能尽责的话,就不是食物饮品而不过是满目幻影。接下来就可推出如果人不能履行自己的职责就不成其为人。

这样一个结论会产生具有意义深远的政治后果。空有其壳却无功用的人不该和有用之人同样对待。就像同伴不愿承认 profit 有等级之分一样,他也不愿承认人有高下之分。这种对人的理解是民主的:所有的人都是平等的,在政治社会中都拥有同等权利,惟一能区分他们的,就是看他们是否遵守社会共同体的规则。苏格拉底曾经强迫同伴否认 profit 平等,否认那些看来是 profit 的是 profit,他又以同样的方式,只字未提地迫使同伴否认人的平等,否认那许多看来是人的人是人。食物是根据它和身体健康的关系来判定价值的;人则根据他和灵魂健康的关系来区分好坏。苏格拉底的这种认识是极度贵族化的甚至是君主化的。同伴原以为自己接受了通常准则,就是在保卫任何形式的平等原则;但深究下去,结果他不得不放弃自己建构生活的那些原则。

这种形势的逆转,让同伴承认自己糊涂了,陷入了进退两难(aporia),或毋宁翻译成"没有了方向"。不管多少钱或权都无法助他走出困境。苏格拉底告诉他,他茫然无措并非不公,因为他向他提供了公平的新标准;并且重申了 profit 的先前的定义,即花费少所得多。同伴暴躁地回答道,他的[122]意思并不是说得到越多的坏东西就是得利,而是得到更多的金子或银子才是得利。苏格拉底又问,是否花掉一定重量的金子而得到两倍重量的银子就是获利了。同伴热切地回答说那是大大亏了本了。显然,不是量的多少来决定 profit 而是它的价值。金子比银子更有价值。人想得到更多值点什么的东西,人必须首先知道价值。同伴自始至终都认为判定价值轻而易举;人人都知道用金钱来衡量价值。但金子比银子值钱又是怎么判定的呢? 这不过是约定俗成,和人得到的互利互惠的益处无关,苏格拉底谈论的恰是人能得到的益处。同伴是无望地墨守成规的人。

231c – 232b

对同伴来说,金钱是值得花费努力得到的东西;区分人的好坏的惟一方法就是看他们追逐金钱的方式,他们实现的手段。而对苏格拉底来说,值得努力去得到的事物有不同等级,区分人好坏的基本方法就是看他们将什么看成是有价值的来追求,他们要达到的目的是什么。两者不同的政治意义就是:同伴认为法律的目的就是要规范人们追逐 profit 的手段,以保证市民社会存在的可能性,反过来说,这也是追逐 profit 的必需前提。这样法律便不可避免地成了由金钱热爱者组成的共同体的意愿,来表达他们的私利。苏格拉底却认为法律的基本标准是应有利于由真正的人组成的共同体成员。这样我们就明白了为什么苏格拉底和同伴水火不容。

同伴在信念分裂中备受煎熬:一方面他认为所有事物的价值都可以用金钱来测量,也都能用钱买到;一方面他又认识到世上还有些天然之物,比如说健康;因此他不得不再次承认 profit 是益处,由此有利可图的东西永远是好的,这让他深感自相矛盾。其实他并没有真正认识到是金钱的价值受到了质疑;他以为苏格拉底将道德基础置于未决。这就是苏格拉底的教义对一个相信金钱是 profit 的人影响的结果,那人认为因为人类应该追求美好的东西,于是 profit 就是好的。这是非常危险的教义。

232
b-c

如今同伴必须承认,好人希望得到所有可能的 profit,不管 profit 是大是小。由此他就不能再谴责 profiteer。但是,如果他想要保住自己真正的 profit,他又必须谴责 profiteer。在他看来,所有不受约束的 profit 追求都是危险的。苏格拉底告诉他,这场争辩强迫人们承认好人是 profiteer。同伴回答说,我是被迫[123]接受这观点的,而不是被说服的。但这看来丝毫没有影响苏格拉底;因为如果人的欲望阻止自己响应这种说理,如果他的局限、智识和道德让他不能更关心真理而不是所得,他就不该被允许去统治那些有能力认识这道理的人。他就必须受到强迫,至少在他侵犯别人生活时是如此。苏格拉底通过辩论的威力提出了一种新的专制,这就解释了为什么他对希帕库斯称赞有加,对同伴又是一种专横粗暴的口吻。如果他不能控制同伴的话,同伴就会控制他。他告诉同伴,同伴对 profiteer 的谴责只不过是种伪善的姿态,因为他本人也是个 profiteer。他的责备是牺牲苏格拉底的利益来保护自己私利的一种方式。如果和同伴妥协,那就是以低就高,用真正的 profit 来迎合虚假的 profit。虽然这说法最终决不会产生可操作的政治方案,但是,对同伴和他思想的这种分析却表明,同伴这样的人决不应该得到人应有的关心和尊重。《理想国》就是要找到某种王国的尝试,在这样的国度里,哲人不会被以上这种人所统治。苏格拉底在对话中的所言,深刻影响着他在民主雅典的生活方式,而民主雅典显然不是那样的理想国。迈蒙尼德在谈到哲人如何在民众中生存时,总结了《希帕库斯》的教义:"他应当……根据所有人的不同情况,来判定他们确实是家养牲畜还是掠食野兽。如果孤独生活的圣人根本上是为所有人着想,他选择孤独只是因为他认为,他这么做或者是保护自己免受伤害,因为如果置身大众,就会受到其中有害之人带来的伤害;或者他就会获得益处,因为如果他被自己的某些需要所驱使,他就会从大众中得到益处。"对话的前两个部分是古代对智人与市民社会之间关系的看法的根本描述,此中呈现出来的对抗,第三部分提出了解决之道。

(严蓓雯 译)

《伊翁》或《论〈伊利亚特〉》

对话人:苏格拉底　伊翁

[124]〚530a〛苏:伊翁,你好啊!你这是打哪儿到了我们这里呀?从你的家乡以弗所(Ephesus)吗?

伊:才不是呢,苏格拉底,我从厄庇道洛斯(Epidaurus)的阿斯克勒皮奥斯(Asclepius)神庆典来。

苏:你难道是说,厄庇道洛斯人也用诵诗人的竞赛来献祭医神?①

伊:的确是呀,除了诵诗,还有其他各种文艺竞赛哩。

苏:那告诉我,你为我们而参赛吗?在比赛中表现怎样?

〚530b〛伊:我们拔得头筹啊,苏格拉底。

苏:你说好!② 希望我们在泛雅典娜赛会(Panathenaia)③同样也能获胜哦。

伊:要是神保佑,我就能成功。

---

① 厄庇道洛斯(伯罗奔尼撒半岛上距离雅典不远的一个小城)举行体育和音乐赛会来纪念它的保护神医神阿斯克勒皮奥斯。以弗所是位于小亚细亚的希腊城邦。

② 字面意思是"你说得好极了"($εὖ\ λέγεις$)。"好"一词是比较口语化的翻译,这种用语很普通,但是其字面意义在这篇对话中是个论题,非常重要;比较531c-532a,536d. 相关的表达还有"你说的很正确($ὀρθῶς\ λέγεις$)","你说的是真的($ἀληθῆ\ λέγεις$)",尤其是"你讲得美、高贵、漂亮($καλῶς\ λέγεις$)",诸如此类的用语经常在对话中出现。

③ 泛雅典娜赛会是雅典的节日,纪念雅典的守护神雅典娜,盛大庆典每四年举办一次,也有每年举行一次的小型庆典。

苏：老实说，我常羡慕你们，伊翁，因为你们诵诗这一行儿。干这一行的总是把自己［125］打扮得漂漂亮亮的，而且忙着做的事儿是和好诗人们打交道，尤其是荷马。荷马可真是位最伟大、最神圣的诗人，诵诗人不仅要熟悉他的诗句，并且还得把思想理解得通透，〖530C〗这真让人羡慕呦！如果不明白诗人说了什么，就绝不是好诵诗人。诵诗人必须能够把诗人的思想传达给听众，要是连自己都不懂诗人所云何物，就甭提准确传达诗人的意思了。所有这些都让人羡慕呀。

伊：苏格拉底，你说的对。就拿我自己来说，为诵诗技艺我可花费了最大心思啦。在所有诵读荷马的人〖530d〗当中，我敢说自己最棒。兰普萨库斯人梅特罗多洛斯（Metrodorus of Lampsacus）也好，塔索斯人斯忒辛布洛特（Stesimbrotus the Thasian）也好，格劳孔（Glaucon）①也罢，无论是谁，都比不上我诵读荷马见解之丰富与精到呦。

苏：你说得好，伊翁。为我展示一下，显然你不会吝惜吧。

伊：苏格拉底，我如何为荷马增色的确值得一听，我认为，荷马的崇拜者们（Homeridae）②都应该为此授我金冠。

苏：当然得听（你诵诗）喽，不过还是（改天）抽空儿再听吧，现在〖531a〗回答我这个问题：你只精通③荷马的诗，还是同样熟悉赫西俄德（Hesiod）和阿喀罗库斯（Archilochus）呢？④

---

① 兰普萨库斯人梅特罗多洛斯是哲学家阿纳克萨哥拉的一位朋友，用寓言方式阐释荷马，认为诗歌中各种不同的神代表了诸多自然现象。塔索斯人斯忒辛布洛特是另外一位早期用寓言方式阐释荷马的人，曾经写过一本有关荷马的书。关于格劳孔没有相关记载。

② 最初指自称荷马后人的一个诗人行会，但是通常用来称呼荷马的崇拜者们（参见《王制》599e）。

③ δεινός字面意思是"可怕的，糟糕的"，这个词一般用在语言生动的演说者身上。

④ 赫西俄德的《神谱》较早对古希腊诸神加以系统化，这本书的权威性只稍逊于荷马的作品。阿喀罗库斯通常被认为是短长格诗和抒情诗的创始者。

伊:(赫西俄德和阿喀罗库斯的诗)我压根儿就不熟悉,我只会朗诵荷马。对我来说这就足够啦。

苏:荷马和赫西俄德是不是在某些事情上说法一样?

伊:是,我看他们说法相同的事多着呢。

苏:对于这些事儿,哪一位的诗句你解说得好些,荷马,还是赫西俄德?

伊:苏格拉底,他们说法一致的事儿,不管怎样,我能解说得同样(好)。

[126]苏:〖531b〗那他们说法不同的呢,(你解说得怎样?)比如占卜,荷马和赫西俄德都讲过的。

伊:当然啰。

苏:哦?那么,两位诗人都讲到占卜,其中有些说法相同,有些说法不同,是你,还是好占卜者解说得更好呢?

伊:占卜者会解说得比较好。

苏:若你就是位占卜者,能解说他们说法相同的事儿,那说法不同的你也一样能解说吧?

伊:毫无疑问,我能。

苏:〖531c〗你有本领解说荷马,却不能解说赫西俄德或其他诗人,这是怎么回事?是因为荷马的话题和其他诗人的话题不一样吗?他不也是主要描述战争?不也是在谈人们之间的关系——好人与坏人以及普通人与各行儿的行家里手的关系;谈论诸神之间、诸神与人的关系;讲述他们如何交往;不也是谈论天上〖531d〗和冥府有些什么事情发生,以及诸神和英雄们的家世由来吗?荷马诗歌吟唱的不就是这些事儿吗?

伊:你说的对,苏格拉底。

苏:那么其他诗人呢?他们的诗讲的不也是同样的事情吗?

伊:不错,但是,苏格拉底,他们与荷马作诗的方式不同呀。

苏:怎么不同?更差?

伊:差远了。

苏:荷马的更好啰?

伊:凭宙斯爷发誓,当然荷马的更好。

苏:我至爱的伊翁啊,一堆人讨论算学时,其中有人讲得最好,总会有个人慧眼识珠,找出这个讲得好的吧?

伊:应该说没错。

〖531e〗苏:这同一个人也能判断谁讲得差,是吗?还是另有他人判别谁讲的差?

伊:(判断讲得好与不好的)肯定是同一个人。

苏:那么他拥有算学技艺,不是吗?

伊:是的。

苏:那么,许多人讨论哪些食物(有益)健康时,有个人讲的最好,是不是有个人能识别出其中谁讲得最好,[127]而谁讲得糟则由另外一个人才能判断?还是同一人(都能胜任)?

伊:显而易见,肯定是同一个人(既能判断出好的也能判断出糟的)。

苏:这个(能判别孰优孰劣的)人是谁呢,我们怎么称呼他?

伊:医生。

苏:那么,我们可以做个总结:如果人们谈论同样的事情,总是同一个人能识别出说得好与不好的;〖532a〗或者说,他要是不能判别谁说得不好,显然也就不能判别谁说的好,至少关于相同的话题是这样。

伊:是啊。

苏:那么,判定好与坏同一个人都擅长喽?

伊:对呀。

苏:那么,你是不是断言说,荷马与其他诗人们——包括赫西俄德和阿喀罗库斯——讲的是同样的事儿,不过说法儿有别,荷马好些,其他诗人要差些?

伊:我说的没错呀。

苏:那么你能判别〖532b〗谁说得好,也就能判别那些说得差的喽。

伊:应该是这样吧。

苏:那么,我亲爱的朋友啊,伊翁既擅长解说荷马,也就擅长解说其他诗人,我们没说错呀。因为这位(伊翁先生)亲自说了:只要说的话题相同,他就能够判别(讲得好的和差的);而几乎所有诗人说的都是相同的事儿。

伊:可是,苏格拉底,若是人们谈论其他诗人,我的注意力就不〚532c〛集中,更讲不出什么值得一提的见解,只有①打盹儿的份儿,但是一提到荷马,我就立刻醒来,专心致志,想说的话也源源不断,这到底是怎么回事儿呢?

苏:伙计呀,这不难推测,很显然,你不能够凭技艺和知识解说荷马,倘若你能凭技艺解说荷马,那你也就能凭技艺解说所有其他诗人喽。也许诗的技艺是个整体,是吗?

伊:是这样。

〚532d〛苏:如果有人将无论一种什么技艺作为一个整体来掌握,对所有技艺而言都是这样,那这个人就能以同样的方式来探究这技艺。伊翁,需要给你解释我说这些话是什么意思吗?

[128]伊:凭宙斯发誓,我当然(想听解释),苏格拉底,聆听你们聪明人的话可是件赏心乐事噢。

苏:但愿你说的是实话,伊翁。可是,大概聪明人(不是我)是你们,是你们诵诗人、演员,以及作出你们所诵诗歌的诗人们。我只说老实话,普通人说话就是这个样儿。〚532e〛你看,我问你的问题多通俗,谁都懂我说的话:只要一个人作为整体掌握一门技艺,那对之就用同样方式探究。让我们通过以下的讨论来把握这(道理)吧:是不是有一门作为整体的绘画技艺?

伊:是。

---

① ἀτεχνῶς字面意思是"缺乏技巧的"。这里肯定是在有意玩词;对比534d、541e。[译按]布鲁姆认为柏拉图玩词没有错,但他这里似乎混淆了两个希腊文单词ἀτεχνῶς和ἀτέχνως。ἀτεχνῶς是副词"完全地",而ἀτέχνως才是"不合技艺规范地"的意思。

苏:古往今来有许多画家,他们也有高下之别吧?

伊:当然有。

苏:你遇见过这样的人吗?他只善于评判阿格劳芬的儿子波吕格诺图(Polygnotus)①作品的好坏,〖533a〗却不能评判其他画家的作品;一给他看别人的画儿,他就瞌睡、茫然,毫无见解,但一要他讲讲对波吕格诺图(或任意一个你喜欢的画家)的见解,他就醒过来,专心致志,讲起来思如泉涌。

伊:凭宙斯发誓,我的确没见过这样的人。

苏:说到雕刻,你见过这样的人吗?他只长于解释墨提翁的儿子代达罗斯(Daedalus)的作品如何好,〖533b〗或者解释潘诺普斯的儿子厄庇俄斯(Epeius),或者萨摩人忒俄多鲁斯(Theodorus)②或其他哪个雕刻师刻的好在哪儿,但一给他看其他雕刻师的作品,他就一脸茫然,要打瞌睡,无话可说。

伊:凭宙斯发誓,我也没见过这样的人儿。

苏:的确如此,依我看,在吹奏长笛、演奏竖琴,竖琴伴唱以及诵诗的人们当中,你也不会见到这样的人,他只擅长讲解奥林普斯(Olympus)或塔密里斯(Thamyras)或俄尔甫斯(Orpheus)〖533c〗或者伊塔卡诵诗人费弥奥斯(Phemius),③但对于以弗所的诵诗人伊翁,他就困惑茫然,讲不出伊翁吟诵得好或不好。

[129]伊:苏格拉底,对于你所说的我无话可说。但是,在(诵诗)这事儿上我可了解自己,解说荷马的人们当中我最出色,可说的话很

---

① 波吕格诺图是公元前五世纪最著名的画家。

② 代达罗斯是传说中木器、行走姿势的塑像、人像的翅膀的发明者;厄庇俄斯,是特洛伊木马的制造者;忒俄多鲁斯,是公元前六世纪著名的雕塑家和建筑师。

③ 奥林普斯是传说中的乐师和笛子演奏者,据说曾师从萨提儿马尔苏亚(见《米诺斯》318b);塔密里斯、俄尔甫斯在传说中因为演奏竖琴而大名鼎鼎;费弥奥斯是荷马史诗中伊翁的同行(《奥德赛》卷XXII,330及其后)。

多，其他人也都认为我讲得棒，但提起别的诗人，情形就大不相同喽。你看这是怎么回事儿？

苏：我的确知道怎么回事儿，伊翁，我这就告诉你〖533d〗我是怎么理解的。我刚才说到过，你荷马解说得好，并非因为技艺，而是因为有神的力量激发你，就像某种石头所具有的力量，欧里庇得斯称之为磁石（Magnesian），①但大多数人称这种石头为"赫拉克勒斯石"。这种石头不仅本身能吸引铁环，而且可以传导力量给它们，使之也像〖533e〗这石头一样，能吸引另外的铁环，所以有时许多铁环互相吸引，就串成长长的一串儿。所有铁环的力量都得自于那石头。同样道理，缪斯自己赐给某些人灵感，然后其他人被这些获得灵感的人们吸引，从而也形成一串儿。所有出色的史诗作者们做出美妙诗歌，凭的并非技艺，而是他们从神那里得到的灵感，被神凭附，好的抒情诗人也同样如此。就像受科里班特②巫师们迷惑的人们，他们舞蹈时神志并非常态〖534a〗，抒情诗人们做出动人诗歌时，神志同样处于非常状态。他们一旦沉浸在乐调和节奏中，就疯癫迷狂，像酒神狂女们被（酒神）附身，能从河水中汲取乳和蜜，这在她们神志清醒时是做不到的。抒情诗人们自己说，他们（作诗时）的灵魂也这样。因为诗人告诉我们，不是吗，他们从缪斯的花园和溪谷中那流淌着〖534b〗蜂蜜的源泉里，采撷诗句，带给我们，就像飞舞的蜜蜂（采蜜一般）。诗人们说的是事实。因为诗人身姿轻盈，长有羽翼，富有神性，只有得到神灵感召，精神脱离常态，神志不再清醒，才能作诗；除此，任何人都不能作诗或说出神示。诗人们作出华彩诗篇，写出动人章句，就像你解说荷马一样，并非凭技艺，而是凭神意，

---

① 在小亚细亚的一个地区磁石容易被发现。欧里庇得斯，《残篇》567。
② 表达"受神感召"（ἔνθεοι）和"受情感支配"（ἐνθουσιάζοντης）的这些词关系密切，都暗示"有神参在其中"的观念。科里班特仪式是一种秘仪，仪式进行时有狂热的舞蹈，狂舞时仪式参加者会受到名为科里班特的神灵们（demons）的引导和感召。这种仪式也许和酒神（狄俄尼索斯）崇拜者的类似的迷狂有某种关系。参见《法义》790d；《斐德若》228d，234d。

〖534c〗只有[130]缪斯激发的部分,一个人的诗才能写得美——有人作酒神歌,有人作颂神诗,有人作合唱歌,有人作史诗,还有人作短长格——但除了自己所长之外,言及其他,就表现平平了。因为他们说出那些凭的是神力而非技艺。如果诗人们懂得如何凭技艺作好一种诗,那其余所有体裁的诗他们就都能作好了。神对诗人们像对预言者们和〖534d〗占卜者们一样,夺走他们的正常心智,让诗人们做神的仆人,所以我们听众都知道,说出字字珠玑之言者并非神志不正常的诗人们,而是神自己,神通过诗人对我们言说。关于这种说法最好的例证是卡尔喀岱乌斯人图尼修斯(Tynnichus),他有一首人人传唱的诗,几乎在所有抒情诗中最棒,但除此之外,就再也没有其他什么值得记诵的作品了,正像他自己说的,简直是〖534e〗"神来之笔"(a discovery of Muses)。在我看来,神就是要用这件事儿向我们证明,毋庸置疑,那些优美的诗句不是属人的,也非人之创作,而是属神的,得自于神,诗人们不过是神们的传译者(interpreters)而已,他们各自被掌控自己的神凭附。神有意借最平庸的诗人唱出最美妙的诗,〖535a〗以说明上述道理。伊翁,你认为我说的对不对?

伊:凭宙斯发誓,你说的对。苏格拉底,你的话说得我心悦诚服啊,依我看,出色的诗人们都得于神的安排为我们传达神意。

苏:你们诵诗人接下来不又是诗人的传译者吗?

伊:说得对。

苏:你们就是传译者的传译者(interpreters of interpreters)喽?

伊:的确如此。

〖535b〗苏:等一下,伊翁,回答我这个问题吧,但无论我请教什么,你可不要藏着掖着:你绘声绘色地诵读史诗娱乐观众时——例如,奥德修斯(Odysseus)跳上门槛,出现在求婚者们面前,将箭矢倒在脚边;①或是阿喀琉斯(Achilles)追赶赫克托尔(Hector);②或是安德洛马刻

---

① 《奥德赛》卷XXII,第2行及以下。
② 参见《伊利亚特》卷XXII,第131行及以下。

(Andromache)、赫卡柏(Hecuba)、普里阿摩斯(Priam)①的悲痛——这时,你清醒吗?〖535c〗抑或是失去自主,陷入迷狂,好像身临其境,到了伊塔卡(Ithaca)、特洛伊(Troy),或史诗发生的其他地方?

[131]伊:你讲的事例好生动哟,苏格拉底!不瞒你说,讲到哀伤之事,我满眼泪水;讲到悲惨恐怖之事,我毛骨悚然,心儿狂跳。

〖535d〗苏:那么伊翁哟,如果一个人身着华服,头戴金冠,并且他的这些东西都毫发无损,他却在祭典或节庆中哭哭啼啼;没有谁抢他东西或伤着他,他却在两万多友善听众面前惊恐不已,咱们还能认为此人神志清醒吗?

伊:凭宙斯发誓,说实话,他当然神志不清啰,苏格拉底。

苏:你们同样感染了观众,你知道吗?

〖535e〗伊:我一清二楚哦。每次我从台上往下看,观察那些观众,都看到他们随着我所讲的内容,或哭泣、或出神、或吃惊。我必须最为悉心地关注他们,如果我让他们哭,我自己就会笑,因为这样我能挣到钱,但如果他们笑,我就只能哭啰,因为这样我的收入就损失了。

苏:我曾说过,铁环之间相互吸引的力量都得自赫拉克勒斯石,你可知道,观众是这最后一环。中间环是你〖536a〗诵诗人和演员②,诗人是上面一环;通过所有这些,神吸引人们的灵魂到他所意愿的地方,力量也环环相扣。就像从这石头(悬挂下来的铁环一样),舞者,合唱队员和伴奏乐师等也形成一大串儿,斜挂在由缪斯吸引的铁环旁侧。一位诗人依附一位缪斯,而另一位诗人则依附其他缪斯。我们将这称之为"被凭附(bing possessed)",这种说法极为〖536b〗贴切呀,因为他是"被神掌控(is held)"。③ 还有一些人悬挂在最初一环——诗人那里,

---

① 主要参见《伊利亚特》卷XXII第33行及以下,卷XXIV第477行及以下。

② 或者是"传译者"(ὑποκριτής)。

③ 这个词是"被凭附"的意思,(κατεχόσθαι),来源于ἔχειν,指的是"拥有或掌握"。

被热情攫住。有些人被俄尔甫斯吸引,有的则被缪赛俄斯(Musaeus)打动。① 但是多数人为荷马所掌控,被荷马附体。伊翁,你就是其中一位哦。有人诵读其他诗人的作品,你就昏昏欲睡,茫然无话可说;但是一有人提到荷马的诗作,你就立刻清醒过来,神采飞扬,滔滔〖536c〗不绝。因为你谈论荷马所说的话,凭的不是技艺,也不是知识,而是神的意愿和掌控。就像[132]克里班特仪式中那些癫狂的人们,他们只对凭附自己的那个神的乐调敏感,歌和舞随之油然而生;对其他乐曲却毫不留意。伊翁哦,你也同样如此,一有人提到荷马,你就有许多话;对于其他诗人却茫然无话可讲。你问过我〖536d〗为什么会这样,原因就在于,你长于颂扬荷马,凭的并不是技艺,而是神意。

伊:苏格拉底,你讲得真是妙喔。可是我还是想知道,你是否讲得好到让我信服我在赞颂荷马时神灵附体、陷入迷狂。我也不相信,若是你亲自听我诵读荷马,我会如你所说的那样。

苏:我的确乐意听你诵诗哦,但你还是先回答我这个问题:〖536e〗对于荷马提到的事儿,哪些你解说得好?你总不会样样精通吧。

伊:你要知道,苏格拉底,没有哪儿我伊翁不拿手哇。

苏:但肯定有些荷马说过但你恰好不懂的事情啰,这样的事儿你解说不好吧?

伊:有什么事儿荷马说过但我伊翁不懂得呢?

〖537a〗苏:荷马不是许多地方总谈到各种技艺吗?例如御车,如果我能记得那段诗,我就讲给你听。

伊:那让我来吧,我记得。

苏:在纪念帕特洛克罗斯(Patroclus)的赛车礼中,涅斯托尔(Nestor)告诫儿子安提罗科斯(Antilochus)要当心,告诉我他是怎么说的。

伊:

---

① 缪赛俄斯是传说中诗歌的发明者,一些神谕诗是在他和俄尔甫斯的名下流传开的(参见《普罗塔戈拉》316d,《王制》363c - 64e)。

在那精制的战车里,你要稍稍倾向左侧,〚537b〛吆喝右侧的辕马,扬鞭驱策,放松手里的缰绳。让左边辕马紧挨着标石驶过,挨近到就要碰上轮轴,但要当心不要碰着那石头。①

〚537c〛苏:(诵到这里)够了!伊翁,请问,谁比较胜任评判荷马这些话正确与否,是御车人还是医生?

伊:当然是御车人喽。

苏:因为他的技艺,还是另有其他原因?

伊:因为他的御车技艺。

苏:神赋予每种技艺理解某种特定活动的能力,不是吗?我们不能凭靠医术,去弄懂航海技艺,对不对?

[133]伊:当然不能。

苏:我们也不能凭木匠技艺来弄懂医术喽。

伊:〚537d〛当然不能。

苏:我们凭某一技艺懂得的东西不能凭另一技艺来了解,对所有技艺而言都如此,不是吗?还是先回答我这个问题:你是否承认诸多技艺各有不同?

伊:嗯,是这样。

苏:如果一种技艺是关于某些事物的知识,而另一种技艺是关于另外事物的知识,我就称之为不同的技艺,你同我的看法是否一致?

〚537e〛伊:是的。

苏:如果(不同技艺)是关于相同的事物的知识,那相同事物可以由不同技艺来认知,我们根据什么判断技艺彼此不同呢?比如,这是五个手指,我知道你也知道,我要问你了,你我知道同样事实同样凭算学技艺,还是你凭另外一种技艺来认识?你肯定得认为凭同一种技艺吧。

伊:是的。

〚538a〛苏:那回答刚才我问你的那个问题:依你看,就所有技艺而

---

① 《伊利亚特》卷XXIII,335–40。

言,必然是同种事物靠同种技艺认知,另外一种技艺则不能认识此类事物,若这另外一种技艺果真与第一种不同,它必然认识不同的事物,对不对?

伊:我看是这样哦,苏格拉底。

苏:无论谁,只要他不拥有某种特定的技艺,对于有关这种技艺的事儿说得怎样或做得如何,他就不能准确判断,是吗?

伊:〖538b〗你说得对。

苏:你刚才背诵的那段诗,荷马讲得好坏,是你还是御车人评判得好些?

伊:御车人。

苏:因为你是诵诗人而不是赶车的。

伊:是啊。

苏:诵诗人的技艺与御车者的技艺不同,对不对?

伊:对。

苏:如果这两种技艺不同,它们就是关于不同事情的知识。

伊:是。

苏:荷马叙述中,涅斯托尔的小妾赫卡墨得(Hecamede),怎样拿酒给受伤的马卡昂(Machaon)喝?〖538c〗他这样说:

    她用铜锉刀锉下一些山羊奶酪,放入普拉诺酒中;还放了一个葱头在旁边,以供下酒。①

要准确判断荷马讲得恰当与否,是凭诵诗人的技艺,还是凭医生的技艺?

伊:要凭医生的技艺。

苏:再看荷马的这段话:

---

① 《伊利亚特》卷 XI,630,639。

她像牛角坠了铅,〖538d〗没入海底,给贪食的鱼们带去灾难。①

我们是否可以判断,诗人说了什么,说得正确与否,凭的是渔人的技艺还是诵诗人的技艺?

伊:老实说,显然得凭渔人的技艺。

苏:试想,假如你问我:〖538e〗"苏格拉底,你既然在荷马史诗描写的技艺中找到了适合每个人评判的部分,那你来给我指出哪些适合占卜者、占卜技艺确定其写得好坏"?——想想看,我能多容易、多恰当地答复哟。因为《奥德赛》中好多地方都谈到占卜,例如,墨兰波斯(Melampid)的后裔,占卜者忒俄克吕墨诺斯(Theoclymenes)对求婚者们说:

〖539a〗你们这般可怜虫!你们在遭受什么灾难?你们头脸手脚全让昏冥的黑夜笼罩;呻吟之声阵阵,你们满脸是泪,门廊里尽是阴魂,又把庭院充满布遍,匆忙赶往黑暗的埃瑞博斯(Erebus);太阳在天空消失了,〖539b〗灾雾弥漫。②

《伊利亚特》里也有许多类似的段落,例如攻城战那段儿,荷马这样说:

他们刚要越过那条壕沟,一只飞禽出现在前方:是鹰高高盘旋〖539c〗在队伍左侧,鹰爪紧紧攫住一条血红的巨蛇。那蛇依然活着,不忘厮斗,扭转身来,对准抓住它的老鹰颈项一口,老鹰痛得将蛇【c5】扔下,蛇落到队伍中间,鹰大叫一声乘风〖539d〗飞去。③

我敢说,这些以及诸如此类的段落适合占卜者们评判。

---

① 《伊利亚特》卷 XXIV, 80 – 82。
② 《奥德赛》卷 XX, 351 – 57。
③ 《伊利亚特》卷 XII, 200 – 207。

伊：你说的对,苏格拉底。

苏：对,伊翁,你这样说也对。我已经为你从《奥德赛》和《伊利亚特》中选出了属于占卜者,医生,〖539e〗和渔夫的部分,既然你对荷马比我熟得多,伊翁哦,那你也像我一样,给我挑出一些属于诵诗人及诵诗技艺的段落,诵诗人比其他任何人都适合评判的段落。

伊：苏格拉底哟,我得说,全部(都适合诵诗人评判)。

苏：你肯定不是指全部吧,伊翁,你竟如此健忘？一个人若是诵诗人,他可不该健忘。

伊：〖540a〗我忘记了什么？

苏：难道你不记得,你说过诵诗人的技艺和御车人的技艺不同？

伊：我记得。

苏：既然它们是不同技艺,那么你是否赞同,它们了解的事物也不同？

伊：对。

苏：那么照你自己的说法儿,诵诗人的技艺并不能样样事儿都懂得,诵诗人也不是万事通喽。

伊：也许这些事情除外,苏格拉底。

〖540b〗苏：除外的"这些事情",你指有关其他技艺的事儿吧。但是,如果(诵诗人)并不懂得全部,那么他究竟懂些什么呢？

伊：依我看,(诵诗人知道)男人和女人、①奴隶和自由人、被统治者和统治者适合说什么话。

苏：你是说,一艘船在海上遭遇暴风雨时,船长适合说什么,诵诗人会比舵手更清楚？

伊：不,肯定是舵手知道。

苏：〖540c〗那么诵诗人是否比医生还清楚处理病人适合说什么话？

伊：不是那样。

---

① 或者译为："知道丈夫和妻子(以各自的身份怎样说话)。"

苏:你说(他知道)奴隶适合说什么话?

伊:是的。

苏:你的意思是,设法驯服发狂的牛,是诵诗人而不是奴隶更清楚放牛奴最适合说什么?

伊:肯定不是。

苏:(诵诗人知道)纺织妇关于纺羊毛的活儿会说什么吗?

伊:〖540d〗他不知道。

苏:那么,他知道一个男人适合说什么吗——如果这个人是位将军,在激励自己的将士?

[136]伊:是的,这类事儿诵诗人懂得。

苏:什么?诵诗人的技艺就是将军的技艺吗?

伊:我肯定知道一位将军该说什么话。

苏:伊翁,(除了诵诗之外)或许你同样拥有将才哩。如果你碰巧同时既是位骑手,又是位竖琴师,那你会懂得〖540e〗马驾驭得好坏。如果我问你:"你凭哪种技艺来判定马驾驭得好不好?是凭你骑手的技艺还是竖琴师的技艺?"你怎么回答我?

伊:我该说,凭骑手的技艺。

苏:如果你要判断哪些人竖琴弹得好,你会认为自己凭借的是竖琴师的技艺,而不是骑手的技艺,是不是?

伊:是的。

苏:既然你懂得军事,那你懂得这些因为你拥有将军的技艺还是因为你拥有成为好诵诗人的技艺?

伊:在我看来没什么两样儿。

苏:〖541a〗怎么?你说没什么区别?那么你认为诵诗人的技艺和将军的技艺是一种技艺还是两种技艺?

伊:至少在我看来这是一种技艺。

苏:那么谁要是个好诵诗人就也会是位好将军喽?

伊:当然是,苏格拉底。

苏:那么,谁要是位好将军也就会是个好诵诗人?

伊:我倒不这么认为。

苏:你不是认为好诵诗人也是好将军吗?

伊:〖541b〗那当然。

苏:你是希腊人中的最好的诵诗人吧?

伊:那还用说,苏格拉底。

苏:那么你也是希腊人中的最好的将军喽,伊翁?

伊:那是自然,苏格拉底,我从荷马那里学会的。

苏:哎唷,老天呀!伊翁,既然你既是希腊最好的将军,又是希腊最好的诵诗人,那你在希腊游来荡去,为什么只是诵诗,从不当将军呢?〖541c〗你以为希腊更需要顶着金冠的诵诗人,而不需要将官吗?

[137] 伊:苏格拉底,我们的城邦由你们(雅典人)统治着,有你们(雅典)的将军们发号施令,不再需要将官了;而你们(雅典人)和斯巴达人(Lacedaemonians)也不会选我当将军,因为你们都认为(自己的将军)已经够多了。

苏:伊翁,我的好伙计噢,你不知道奎卒克人阿波罗多洛斯(Apollodorus of Cyzicus)吗?

伊:他是做什么的?

苏:他多次被雅典人选为将军,但他是个外邦人。〖541d〗此外还有安德罗斯人法诺特斯狄尼(Phanosthenes of Andros)、克拉左门尼人赫拉克利第(Heracleides of Clazomenae),①他们也都是外邦人,因为证明了自己值得重用,所以都被雅典人任命过将领和其他官职哩。为什么不选以弗所人伊翁做将军,给他荣耀呢,如果他也值得重视?你们以弗

---

① 公元前 406-405 年,法诺特斯狄尼曾任远征军指挥官,对抗安德罗斯人(色诺芬,《希腊志》I. v. 18);赫拉克利第曾经筹集费用付给参加议事会的人,时间大概在公元前 393 年前后。(亚里士多德,《雅典政治》,XLI. 3);以弗所从雅典的霸权统治下脱离出来是时间大概是公元前 420—415 年。有一个讨论试图通过这些以及其他线索来确定该篇对话中的戏剧场景发生的日期。见布德版(巴黎,1920),第 23-24 页。

所人原本不就是雅典人吗？你们的城邦也不比任何城邦差，不是吗？〚541e〛伊翁哟，如果你当真认为自己能凭技艺和知识赞美荷马，那你就是对我不诚实，因为你声称自己懂得有关荷马的许多好东西，并且说要展示一番，你是在哄骗我噢。你非但不肯展示，而且还不愿说出你究竟擅长什么，尽管刚才我再三恳求。你活像普罗透斯（Proteus），①颠来倒去，变化多端，到最后，〚542a〛为了不给我展示你有多精于荷马的智慧，你就伪装成一位将军，要从我这里开溜。正如我刚才说的，若是精通（诵读）荷马的技艺，你答应表演却又骗了我，（口惠而实不至，）你就是不诚实。不过你如果没有什么技艺，关于荷马能说出那些优美词句，凭的是得自于荷马那里的神灵凭附，你自己一无所知——正像我说过的，你就算不上不诚实。选择吧，你是愿意被我们称作不诚实的人呢，还是愿意被认为富有神性呢？

〚542b〛伊：(这两种说法）天壤之别呀，苏格拉底。被认为有神灵凭附要好得多喽。

苏：那么，伊翁哦，依我们看，这个好称呼就归你啦，你这位荷马的赞美者富有神性，而不是个长于技艺的人。

(布鲁姆 英译 王双洪 译)

---

① 《奥德赛》卷 IV，第 455 行及以下。

柏拉图《伊翁》解

[138]在色诺芬的《会饮》(*Banquet*)中,安替森(Antisthenes)问道:"你是否能找到比诵诗更愚蠢(或更简单)的职业?"这个问题,很明显使用了修辞学方法,引导读者面对《伊翁》进入更深入的思考:"在这大千世界,为什么苏格拉底要选择伊翁,一个典型的诵诗者,作为他的交谈对象?"尽管苏格拉底宣称,他与别人的探讨总是怀着对对方的知识甚至无知的尊敬,我们仍然很难理解为什么苏格拉底单单选择伊翁作为测试对象。此外,他们的对话是私人性的,所以可以肯定苏格拉底的目的并不是让伊翁在别人面前出丑或露脸。在这篇对话中,苏格拉底向人们展示了人类灵魂的一些重要方面,以及他们的一些性格缺憾。为使这次特殊对话成为更有价值的一次冒险,荷马诗歌的简单复述者必须展示一些超出其自身的东西。

苏格拉底显然对这次谈话尤为急切,很明显,是他阻住了伊翁,而伊翁并没有显示出对苏格拉底的特殊兴趣或交谈愿望。由此,对话的前四个回合完全出自苏格拉底的引导,而伊翁的回答则显示,如果苏格拉底不能将谈话继续的话,交谈随时有可能结束。伊翁是一个对自己满意的人,并没有感觉自己和自己的行为需要什么解释,他知道自己是谁、在做什么;同时他也认识到自己与自己的所作所为是重要的。与普通人一样,他远离哲学上的自省与怀疑,乐于谈论自己并接受表扬;然而,他对于别人又少有好奇心,因为他并不感到需要有什么东西求教于他们。为了挑逗伊翁并引导他展露自己,苏格拉底必得先吸引他并且让他认为自己是值得伊翁尊敬的。伊翁的妄自尊大使他首先被阿谀吸引,而当他自视珍贵的能力受到攻击时,更被对方的激将所控制。

[139]作为开场白,苏格拉底表达了自己对伊翁所取得的极大成

就的兴趣,并且表明他自己就是伊翁的仰慕者之一。从苏格拉底的第一个问题中,我们得知伊翁穿行于各城邦之间,并且在他到访的城邦中均受到人们尊敬。他并不受制于对普通公民的限制:具有世界性身份(或者更准确地说,是全希腊性的,因为他的世界性身份不过是冒牌货,他的权利受限于希腊城邦,而非整个世界)。他的诵诗就是他的通行证,而他自身价值的证明,则来自人们对他的赞扬和奖赏。他通过与他人的联系确认自己的存在,这种联系毫无疑问来自人们被他的朗诵激起的喝彩。总之,伊翁参加了希腊尊崇的诸神的盛大节日祭典。他是希腊之仆;他的权力部分地与希腊诸神相关联,这才是他自负的根源。

530 b‑c 苏格拉底显然熟知伊翁的性格,他通过对伊翁的赞扬使谈话得以继续。在接受苏格拉底抛出的诱饵之后,他很快反过来希望得到苏格拉底对他生活方式的肯定。苏格拉底表达了对诵诗这一行业的羡慕,并且紧接着指明激发他产生那种丑陋和阿谀的激情的原因。诵诗者是理解者,他们拥有一种艺术———一种技艺或者方法。这种艺术被分为明显不相关的两部分,享有很不相同的尊贵:其一,干这一行的人需要穿漂亮衣服,尽量打扮得漂亮;其二,还要让自己对好的诗歌(尤其是神圣的荷马——整个希腊的老师)有深刻理解。苏格拉底必须解释这种艺术的后一部分意思:它并不像前一部分那么容易理解。要成为一个好的诵诗者,他就必须理解诗歌究竟说的是什么意思,因为诵诗者是作为言说者、解释者把诗人的思想传达给听众。由此,诵诗者自己必须首先理解诗歌的意义。诵诗艺术的核心,就在于深刻理解诗人之思,并诚实地将他的思想原原本本地交给听众。他是一个中介,所有权力则源自诗的作者。

c‑d 伊翁马上承认了这种描述,却并未考虑到这种描述的更多含意。他既没有反映普遍意义上的艺术,也没有反映荷马思想艺术的特殊要求。他并未意识到整个对话已然转向:由对他自己以及诵诗的讨论转移到了对他作为荷马阐释者的检验。伊翁作为阐释者的合理性将被检测。由此,已被认可的荷马阐释,以及这种阐释的最知名、最典型的阐释者被置于拷问之下。

[140]作为对苏格拉底的评价的回答,伊翁宣称他在诵诗的技艺上费过很多心力,尤其在对荷马的理解上他下了最大功夫。他为自己的声名能与荷马联系而感到高兴,但同时他也一直试图突出他自己。他强调自己为荷马的阐释所做的贡献,这种贡献更多地当归功于他而不是荷马。他的演说(而非荷马的)尤其精彩,相对于别的诵诗者,他对荷马有着更多好的见解。他不仅仅是荷马的忠实仆人。苏格拉底认识到伊翁想展示自己的天才,这是伊翁的工作;而且他也乐于吸引听众,吸引得他们以至于不再能问更多的问题。伊翁强调,他的演说是值得一听的,并又一次提醒我们注意被遗忘的、诵诗艺术的第一方面;他美化了荷马,因此他也值得被荷马的信徒饰以金冠。他借荷马使自己受益。然而,苏格拉底仍然不同意伊翁对荷马的不忠;他对自在的、独立于荷马的伊翁并不感兴趣。懒惰的苏格拉底并不想听这位希腊最优秀的诵诗者的朗诵,他只想问伊翁一个问题。

问题是这样的:伊翁是只会朗诵荷马呢,还是对赫西俄德和阿喀罗库斯有同样精到的理解?这个看似简单的问题实际上直指问题的核心,因为苏格拉底知道伊翁必然回答荷马对他已经足够。伊翁对其他诗人的教诲不存好奇这一事实正是他的标志性特征——他是人们普遍接受的审美惯性的代表。这个问题值得我们提出疑问——尽管并非那么反常——一个人愿意使他的生活符合于已经给定的惟一理念,然而他们在购物(比如选择外套)时却更愿意有其他选择。苏格拉底在他的对话中考察了这样一个人,他接受荷马对诸神和英雄的理解,却并不关心和参照其他人对这一问题的看法。更进一步讲,伊翁是在传达苏格拉底的观点。他代表着传统。他接受了正统观点,并且教授它们。他并不去询问为何是这一传统而非其他传统要被人们接受。如果还存在其他一些与此矛盾的对世界的解释,人们就必须做出选择。但是伊翁们并不能给出理由,为什么他们的传统源头更被人们欣赏。他们所能做的只是宣称这些文本的伟大。在这个意义上,荷马的作品类似于《圣经》。它有纯粹的支持者,但是当面对其他书的时候,却没有人可

531a

以提供这种偏好的理由。如果这本书不能经受住考验,[141]那么凭借这本书的生活方式同样也将失去合理性支持。伊翁依赖于荷马,如果没有其他竞争者存在,荷马已经足够。但在正统的诗人之外总存在其他诗人。希腊人诵读荷马的诗篇,同样,他们也诵读赫西俄德与阿喀罗库斯的诗篇。每一个有怀疑精神的人都必须思考他们应当跟随其中哪一位诗人,因为幸福取决于正确选择。对伊翁而言,荷马已经足够,不仅如此,他还因为诵读荷马的诗篇才被奖赏了金冠。

531
a-b

对伊翁解释其他诗人的能力问题,苏格拉底以一种更容易理解的方式发问,不仅仅满足伊翁所坚持的那样,认为诵诗者只需熟知荷马。当荷马与赫西俄德讨论同样题目时,伊翁必须解说得同样好。由此,伊翁对赫西俄德一部分作品的解说必然要达到他对荷马所有作品解说同样的水准。现在,他们需要检测伊翁其他一些专业技能——关于荷马与赫西俄德涉及的不同题目。这一部分要比其他部分更难于决定,需将新的联系引入讨论。苏格拉底找到了一个荷马与赫西俄德都讨论过但说法不同的题材:占卜。现在,占卜对伊翁是重要的。当然,这里它也只是作为诗中一个常见的题目而被引入的。当诗人们的题目相同时,对诗人们语言的把握便已足够;当他们说不同题目时,我们就必须由他们的语言转而注意他们所说的事物。荷马与赫西俄德都讨论了占卜,他们的语言涉及占卜本身及其他一些相关词汇。而且只有占卜家们可以评判荷马和赫西俄德对占卜的言说。这并非因为占卜家是荷马和赫西俄德语言方面的学生,恰恰相反,是因为占卜家最了解占卜。

专家们从世上的伟大书籍中获取知识,而诗人们,无论他是否了解那些知识,都必须言说着这个他们身处其中的世界。没有一本书可以独存。每一本书,本质上都与其他一些事物相关联,这些关联构成了一本书的基础。苏格拉底使讨论范围逐渐缩小,关注于作为知识源头的诗人,以及作为知识掌握者的诵诗者。伊翁还未意识到,是占卜者而非诵诗者,在这个方面成了荷马专家。这一结果将随后向他显现。现在的争论已经引出如下结论:一个人只有了解荷马所解说的对象,才能解说好荷马。由此就很有必要明确荷马诗歌要表现的对象了,因为只有伊翁对荷马所表现的对象有所了解，才能够胜任阐释荷马的工作。如果荷马与赫西俄德讨论相同的题目，[142]无论荷马与赫西俄德对那些题目是否持有相同看法，伊翁说他不擅长讲赫西俄德就难以站得住脚了。

那些题目，那些荷马曾经提及而伊翁又假定必须掌握的题目是什么呢？答案很简单：一切——关于人类与诸神的一切。荷马所言关涉整个世界的全体，如果他道出真理，则他向人们展示了这个世界的秘密。人们希望并且需要了解，因为他们希望生活得更好。在这一点上，苏格拉底才暗示了他选择这个小人物的原因——这人甚至自己都不知道为何会被卷入这场讨论。荷马向希腊人提供了一个观察世界的权威视角，希腊人以此指引他们自己生活的方向：他是一切关系最为重大的事物、知识或误解的源头。每一群人对于整个世界都会有他们的原初视角，群体的成员借此确定自身生活的方向，以此界定自己的所作所为。从孩提起，他们就接受这样的教育，并在这样的教育中成长。没有人能真正重新开始不受任何影响。尤其对于一个集体而言，总会有一些权威的视角属于它，而这恰恰建构了这个集体深层的内在统一。它以真理的面目出现，人们认可它，并且以为他已经获得了恰当的、正确的生活所需的一切知识。

苏格拉底实际上是在测试希腊人对事物，尤其是对诸神的理解。至少象征性地，他展示了哲学提问的起点。每一个人，都或多或少地从传统中部分汲取了对整个世界的看法。而有那么少部分人，他们发现了哲学的真相，发现了所谓的传统不过是某一种观点，而并非代表所有真实的知识。于是，这些人寻求超越。哲学上的探索使他们更早地意识到传统观点的不足，通过对传统观点的考察，原以为不成问题的问题凸显了出来。伊翁继承荷马，苏格拉底视他为希腊传统的供给者。因此，他试图确认伊翁对荷马的演说是否真的具有作为"知识"的权威性。如果不是这样，那么那些寻求"知识"的人就必须彻底从头来过，寻找对荷马的阐释，而不受流行观点的误导。当然，最终相同的问题必须指向荷马：他自己对于诸神或人类的言说，是否就是基于某种知识？

如果事实并非如此，那我们就必须试图回到起点，重新开始。在《伊翁》中，苏格拉底反对权威，那种在最具决定性意义的事情上持有观点的权威。在进行这种工作时，他小心翼翼，从不直言不讳，因为他知道社会会近乎狂热地保卫它的[143]宗教信仰。尽管如此，他最终难免被社会处死，罪名是他探究世间万物，而不接受荷马对这个世界的观点。通过伊翁面对苏格拉底测试的失败，我们或者能够看到，为何苏格拉底要独自承担对世间万物的探究。

作为荷马阐释的权威，如果伊翁认真对待这些问题的话，他必然熟知荷马曾讨论过的问题。他必须（这一点已经很明显）拥有对整全（whole）的艺术把握。苏格拉底以他的"无知"为人们所熟知，他是一个面对整全（whole）的无知者，他对自己"无知"的认识推动着他向知识发问。他明白掌握知识意味着什么，在《伊翁》中他向人们展示了一些人们以为自己已经知道的问题，以及人们意识不到自己观点不完整的原因。作为传统的演说家，伊翁拥有对最重要问题的解释权，但他并未意识到这些答案自身就有问题。苏格拉底的贡献仅仅在于对传统答案的质疑，并由此详细阐明人类选择的根本。

由此，苏格拉底深深地感激着传统——那是意识向更高一层发展的基础，但他又必须被迫与它决裂。在《申辩篇》中，苏格拉底陈述他致力于检验三种被认为拥有知识的人：政治家、诗人、匠人。他选择政治家与诗人，因为他们的特定行为包含着对整全的知识。由此，政治家的命令表明他们知道何为好的生活，而诗人们的神话则涉及神与人、死与生、战争与和平。苏格拉底发现：政治家与诗人一无所知，倒是匠人实际上知道些东西。他们可以实实在在地做些事情，诸如做鞋、驯马，而他们能够给其他人教授自己技能的能力则是他们拥有知识的明证。然而，苏格拉底倒仍然希望能够保持自己的"无知"状态，而不去变成像匠人们那样的具有一些知识的人。因为正是后者对于具体事物的知识，他们对自己能力的骄傲，使他们忽视了人类作为一个整全的处境。然而，苏格拉底的确从匠人们身上认识到了何为知识，并且由此认识到那些讨论整全的人并不掌握关于整全的知识。这是面对以下两种人做出的选择:一种人,讨论着整全,但他们既不具备这样的资格,又没有意识到他们的不称职;另一种人虽能胜任,却不过处理一些无足轻重的小事,而他们又以为自己已经了解了世界的全部。苏格拉底选择了折衷的位置,他面向整全开放,明白自己[144]并不掌握答案,却意识到自己抓住了问题。在《伊翁》中,他使用了从技巧到主题的关于诗之标准的知识,以此显示诗歌和传统失败在什么地方,通向这些知识的障碍是什么。

在确认荷马曾讨论的主题后,苏格拉底问,是否所有其他的诗人都 d-e
不去讨论和荷马同样的话题。伊翁意识到,如果承认他们曾讨论过相同话题,则不仅意味着他必须熟知所有其他诗人,而且意味着荷马与其他诗人是可比较的。于是,伊翁在承认其他诗人也讨论与荷马相同话题的同时,强调荷马与其他诗人所使用的方法不同。他的意思是,荷马不可与其他诗人在同一标准下评判,他们从前和现在都不曾属于同一个世界。伊翁并未真正接受或理解苏格拉底现在要表达的意思:他想以书本解释这个世界,而不是以世界解释书本。然而,当苏格拉底问到是否在处理不同题材时荷马更强一些的时候,伊翁又很快消除了敌意。他无法拒绝这种示意,其推论是:荷马更加优秀。他曾以向宙斯发誓做出保证。

苏格拉底马上回应,"更好"或者"更坏"即表明一种关联,由此说明双方是存在可比性的。而专家们——那些知道技巧的人——向我们提供标准,他们有足够的资格评判他们专业领域内的演说。如要决定某一演说更好,则必定知道另一个更差。当一个人在讨论关于数字的问题时,算学家能够评判他讲得好还是差;当讨论健康食品话题时,医生能够评判演说是否成功。他们能够这样评判,是因为他们更了解数字和健康。那么,是否能得出这样的结论:能够评判诗歌好与坏,仅仅因为他们更了解被讨论的对象?回答这一问题的困难,向我们揭示了整个对话的问题。与伊翁讨论问题的前提是,诵诗者足以胜任对诗人言说的评判,但现在诵诗者自己却连问题都搞不清楚,更不用说答案了。诵诗者——这些整全艺术理解者的肤浅代言人,启发我们从新的维度探求关于最高事物的知识。通过对伊翁的考察,苏格拉底研究了哲学的通俗替代物。当我们思考谁能决定伊翁的演说是否成功时,我们会意识到,这些决定者一般是大众而非专家。这一问题涉及城邦社会中大众观点和知识的关系。

关于艺术的讨论有其高度必要性,[145]它迫使苏格拉底和伊翁接受这个结论:如果他对于荷马能更聪明一些,那么他在面对赫西俄德与阿喀罗库斯时也应当表现得同样聪明。苏格拉底温文有礼地维持了对话毋庸置疑的前提:事实上伊翁了解荷马,由此可以推论,伊翁对一切诗人都是专家。这一结论,精彩而且不可避免,尽管完全不真实。伊翁意识到他正在面对一个巨大的疑惑:道理上他必须成为一切诗人的专家,然而他却不是,他甚至不能认定他自己。情况变化了,伊翁的自负已渐渐减少。现在,他转向苏格拉底——一个已经树立起一定权威的人——寻求答案:为何他对荷马以外别的诗人的诗歌,会和其他人一样忍不住打瞌睡——据苏格拉底在《申辩》中所讲,人们身边没有牛蝇正是这样的情形。需要澄清的,正是这奇妙的问题。

苏格拉底可以轻易地回答这一问题,他的答案是:伊翁演说荷马,并非凭借技巧与知识,伊翁不是其他匠人那样的技术专家。为得出这一结论,苏格拉底也举了其他一些艺术为例。同时,他利用他所赢得的权威使伊翁明白后者现在处于保护之中。他以模糊的方式提出问题,强迫伊翁求得答案。伊翁曾经渴望被人倾听,现在反而成了一个听者;而苏格拉底,通过煽起伊翁的情绪,现在要做一个比伊翁更具魅力的表演者了。但是,伊翁的虚荣已被激起,他还会想方设法维持自己的尊严,并使苏格拉底受到羞辱。他愉快地表示自己喜欢听"智慧的人"说话。对他而言,与苏格拉底的争论将如同其他任何通常的智者当时所能提供的那样,会成为一次"炫耀"的机会。那就是以卓越技巧反驳普遍的观点,是一次更注重形式而非内容的炫耀。如果一个人如此看待苏格拉底,那么他就不必被我们认真对待。我们可以很轻松地观察他,一如对待其他表演者。然而,苏格拉底却并不赞同伊翁这种虚荣性的自我保护。他主动出击,指明伊翁与其他演员、诗人一样聪明,而他自己——苏格拉底,作为一个非公共的个人,只说出事实。现在,处于对立面的,一方是智慧和公众性人物,另一方则是真实和个人。两方面的对立暗示着人类的处境,这迫使伊翁对此茫然不知,但这却是通向真理的前提。为取悦公众,公众人物必须装作聪明;而只有个体的人,显得好像处于较低层次,才能免于疑惑和公众意见的负累。个体存在似乎是处于哲思状态的生活方式的精髓。[146]举例而言,个体可以思考并言说为人所不齿的思想,这些思想揭示着世界的真相,却超越了公众可以接受的界限。

在一场关于人类境遇的争论之后,苏格拉底回头又继续教育他的学生。艺术涉及整体,苏格拉底说道,因此艺术的从业者是可以相比较的。如果一个人能够判定某一位艺术家,那就意味着他能够评价这一行业的所有艺术家。现在,他向伊翁提供了医药、算术之外的其他一些更类似于诵诗的艺术类型作为例证:模仿的艺术,如绘画、雕塑、长笛、竖琴与齐特拉琴(cither)演奏。(这里,他暗中羞辱着伊翁,将伊翁伟大的艺术与长笛、竖琴、齐特拉琴这些小技艺相提并论。)这部分对话显在的目的,是向伊翁证明对某一艺术的领会意味着能够处理所有艺术对象。苏格拉底成功地做到了这一点,迫使伊翁认识到他不能装作艺术权威,而这苏格拉底一开始就曾证明过。然而,这些例证又含蓄地引入了更深一层未决的问题:使绘画与雕塑能够同时成为艺术的东西是什么?有两种可能的回答:它们的客体对象,或者它们使用的材料。很明显,以上所举的各艺术种类,在总体上具有相似之处,但它们的表现手法则是能将它们清晰区分的主要方面。苏格拉底这场争论,更主要是要通过表达对象,而非表现手法使诗得以明确。他从诗中抽离出构成诗意主要特征的各个方面,尽管他试图很隐蔽地解释那个特征。形式与内容,表达方式与表达对象,诗中的这两部分使我们想起讨论之初苏格拉底提及伊翁艺术的两个方面:诵诗者盛装打扮,而且他们了解诗人的想法。正如他回避讨论关于诵诗者的装束一样,苏格拉底好像忘记了诗中的美。但很明显地,当注意力仅关注于诗的教诲时,他又从哲学或真实的角度,着力讨论真实与美或哲学与诗的关系。苏格拉底极

532d–533e

深刻地认识到诗歌的独一无二,而他所要研究的,则是诗歌在社会中形成错误但却权威观点的整个过程中所扮演的角色。对诗歌的需求,是人类灵魂中最有启示性的因素。正是这种需求和它对公民造成的后果,构成了苏格拉底所探索的特殊问题。伊翁无法区分精彩演说和好的演说,也无法区分吸引人的东西和真实的东西,而这些正是苏格拉底试图澄清的。

[147]为向伊翁展示他必须了解所有的诗人,苏格拉底列举了数位艺术家。这些例子促成了谈话令人吃惊的转变。例证中有一位画家,那位画家与伊翁和苏格拉底同时代;有三位雕塑家,他们中只有一位是同时代人,而另两位则是传说中的人物。提及的五位诵诗者中,只有伊翁自己属于他们那个年代,其他四位全都是传说中的人物。就在这四人当中,前三人中的两位由于他们的歌唱而被暴力致死。第四位斐缪斯(Phemius),在绮色佳(Ithaca)没有国王时,诱使暴民暴动。他也只有在聪明的奥德赛脚下求得怜悯,才免于被杀戮的命运。或许苏格拉底在他的言辞中有些隐蔽的教诲;至少伊翁寻求苏格拉底的援助,而最终完全屈服。

那么,这一事实——一个能够最完美地解说荷马及其诗篇中所有人物的人,一个得到公认的演说家,却并不能同样地解说好其他诗人——意味着什么?

整个对话分为三部分。伊翁对苏格拉底的恳请结束了第一部分,其结论是:能够深刻理解荷马的诵诗者,必须同样能够理解诗的全部艺术,言下之意也即理解整全。

而《伊翁》的中心部分,也可以一分为三,即关于神灵感应说的两个部分以及中间插入的一段对话。这部分的中心目的,是去发现伊翁诵诗的力量源泉,而非他的诵诗技艺。这种尝试在开始是成功的,继而被伊翁拒绝。在最后一部分,伊翁开始重新树立作为诵诗技艺掌握者的荣誉。在这个富有戏剧性的语境中,必须表达苏格拉底关于神灵感应的教诲。作为替代,它把伊翁对荷马的朗诵当作一种高贵的表演;尽管不尽如人意,但由于其他方法更让人觉得不满,它至少还能帮我们看清伊翁感染力的来源。

伊翁坚持让苏格拉底解释为什么他只能完美地演说荷马的诗篇，而对其他诗人却不在行。作为回答，苏格拉底给了伊翁一个体面甚至有些奉承的答案——来自神灵感应。更进一步，他做了一件伊翁一直想做的事：他朗诵了一篇长诗，段落华美，内容涉及诸神、人类和他们的关系。这次朗诵起到了诗篇的效果，"的确，……这个朗诵引领了我的灵魂"。伊翁如是说道。而作为苏格拉底，他诵诗的目的却不是为了谈及诸神。他想知道自己是否被神明感召，或者他还能意识清醒地、理性地结构出一个神话，以吸引伊翁的注意，满足他的要求。

533c – 535a

[148]苏格拉底的神话的确使伊翁满足。它不仅解释了伊翁只擅长解说荷马的原因，而且这种解释远远比单单归因为技巧高贵得多（归因为诸神的神灵感应，要较其他解释更为高贵）。如此，苏格拉底得体地胜过了伊翁：他为荷马设定了一个位置，超越了一般理性的限制；荷马与其他诗人之间的比较，现在已经很像《圣经》与其他书籍的关系。它成了一种信仰，而不是好像两本技术论文之间的对比。确实存在一种智慧，并不依赖于对自然（这个词《伊翁》中未出现过）的理智探究，因此，通往智慧的道路也就不止技艺一条。必须强调，技艺与神灵感应不仅仅是通往相同结果的两条路，或两条可以相互替代的理解同一事物的方法。它们是相互排斥的，第一条路，提供了对整全不同的甚至是相反的视角。技艺要以实在的客体为基础，这个客体必须有持久性，能够被可以理解的规律把握。而神灵感应，则是诸神的自由存在。它难以被理性地把握，它控制着一切，它只有在愿意自己显现的时候，我们才能见到其身影。在神灵感应中，最高的、最重要的事情是通过语言被认识的，而不是通过它们去认识语言。伊翁，作为神的代言人而非一个艺术家，知道事情的真相。苏格拉底不仅描述了人尽皆知的现象：人们陷入迷狂当中，而且宣称，这种现象源于神的作用。这是一个极高的地位。由此，理性是虚妄的，必须被贬低。

苏格拉底认为迷狂、一种神的显现，是诵诗过程的本质。非理性的迷狂和不受意志控制的灵魂，在克里班特斯(Corgbantes)的狂欢舞蹈中得到表现,成为这种状态展现的例证。在这种精神状态下,人们能够预知未来,神灵附体,道出神谕。宗教的兴奋和狂热构成了一种氛围,在此氛围中,伊翁和他所诵的诗都被感动了。苏格拉底把诸神比作磁石,它们都能够通过自己的力量引导并改变其他事物。理性作为另一种自我情绪的源头,在人被情感充溢的时候,应当被排斥。诗歌在这里成了人们对宗教热爱的情感寄托。而伊翁,在诸神的节日上颂神的歌者,从人们对神圣的渴望中回归到自己的家园。然而,苏格拉底说,这种石头可以有两种意义完全不同的理解。[149]一种解释来自诗人欧里庇得斯,他把这石头称为魔石,暗示这不过是块石头;而另一种解释则来自普通人,称石头为赫拉克林(Heraclean),暗示只有神的显现才能引发这神奇的力量。或许在这篇对话中,苏格拉底意指的是后者即更通俗的指称,以解释伊翁神奇的魅力,使这种魅力与伊翁及他的听众所希望的意义相匹配。

535 a-e　　在伊翁心悦诚服地接受了苏格拉底的演说后,苏格拉底开始了他的问话。他明显地加强了对自己论题的论述。但当最终会触及伊翁灵魂深处时,伊翁压抑了自己刚才显示出的强大兴趣。与此同时,苏格拉底详尽地描述了曾提及的宗教体验。诗人是神的代言人,而诵诗者是诗的代言人;由此,他是代言人的代言人。作为伟大链条上的一环,伊翁被要求坦白地说出他在舞台上的体验。当他在朗诵复仇的奥德修斯和阿喀琉斯的可怕传说,或者值得同情的赫卡柏(Hecuba)、普里阿摩(Priam)的故事时,他是否神志清醒;当他朗诵时,他是否陷于迷狂,仿佛身处诗歌所描写的境界? 伊翁坦白承认了自己的狂喜,那是他曾体验的情绪。当他朗诵哀怜的事迹时,他的眼中满含泪水;当他朗诵恐怖的事迹时,就毛骨悚然、心跳加快。伊翁的情感世界与悲剧紧紧相连;他心中激起怜悯和恐惧,并追寻最奇怪的快感;这种快感,来自对他人痛苦的想象和为这种痛苦落下的眼泪。人们渴求从观看强者的伤残和死亡中得到满足。这种满足感由美丽的诗篇提供,处于诸神掌握之中。苏格拉底向伊翁指明在真实环境中,如果他可以看到自己——身穿美服,头戴王冠,在他友好的观众们面前战栗恐惧,只是为了过他的生活和为了荣誉,那夸张的情感是多么不可理解。或许,他可能是某种伟大生灵或情感的代言人,但他本人,却注定只是终有一死的凡人。他的悲剧,是失去自我展现与自我保护的意义。在最深层意义上,他是一个演员。伊翁欣然接受了苏格拉底对他的状况的描述,却并未意识到这种状态下他自己显示出的低下。

最终,在确认诗由诸神掌控,而伊翁由诗人掌控之后,苏格拉底让伊翁确认[150]听众是由伊翁控制的,以此结束了这场讨论。这样,听众是由神抛出的吸引的链条中的最后一环。伊翁肯定地承认,听众的确与他分享了感受。他明白这一点,因为他经常注意他的听者,并仔细地观察他们。为了让苏格拉底更放心,他还进一步说听众哭的时候,他会偷笑,因为他会为此而赚钱;若听众不哭反而笑,就轮到他哭了——那样他会赔钱。这个男人,掌控着诸神和英雄,并与他们生活在一起,同时还在算计着自己的收入。他与听众处于斗争之中——当他们哭时,他笑;而当他们笑时,他哭——但或许,这里有更深刻的相似之处:伊翁对钱的低俗兴趣,在于保养他自身的生命,而这与对死亡的恐惧有颇多联系。对死亡的恐惧,又是听众对悲剧诗具有极大兴趣的根源。无论如何,我们能够看到,真正的磁石实际上是观众,伊翁满足了他们的欲求。

我们可以好莱坞的明星们与之作比,以便对此有更深刻的理解。好莱坞明星们,自己什么都不是,仅仅被影迷的要求填充,但他们为了让影迷满足,还必须看上去显得特立独行,值得尊敬,甚至"神圣"。而听众必须欺骗自己,赦免这些依他们的品位而造就的英雄们的缺点。这是一种人类的自我表扬,人们所言必须根植于最优秀、最高尚者,仿佛由他们链接着神、人之间沟通的途径。伊翁自己感觉是声音的发出者(vox de),但实际他却只是代别人发声(vox populi)。①

或许他自以为比群众高明许多,认为自己在欺骗他们,但实际的他

---

① [译注]原文拉丁语系:vox de 和 vox populi,译为英文分别是"voice of","voice of people",汉语为意译。

却是他们的阿谀者,由他们的欲望制造。他的自我欣赏源于他们的奖励,他的所作所为基于他们的要求。认识到下面的描述,伊翁与群众关系的本来面目就全都清楚了:如果人们最需要的是喜剧,伊翁就不必欺骗他们,而可以与他们的情感同步——当他们笑时,他也会笑。这或许有助于解释苏格拉底早先提出的关于真实与公众人的矛盾,仿佛应了那句名言"城邦乃真正的悲剧"。

535e–536a　　安排第二段演说的目的,在于结束对诗神凭附的争论,并完善苏格拉底为伊翁的新主张设计的观点。但此次演说,尽管在诗的意义上与上一段颇为相似,却并不成功,伊翁并未被说服,甚至拒斥了他的观点。这两段结构相同,因此需要以其他角度寻找未能说服伊翁的原因。仅仅归因于这次未能如前次那样奉承伊翁,显得太过简单。苏格拉底首先给出一个成功演说的例子,又给出一个失败演说的例子,狡猾地证明诗歌流行的本质在于它奉承、煽动听众情绪的能力。第二次演讲告诉伊翁,不仅诗人与诵诗者被引控着,听众同样也被引控。每个人都处于引控下,控制不是特殊的荣誉,亦非智慧的代称;所谓"控制"一无所是。诗神引控人心的"传说",只是对于诗中包含的吸引力和这种吸引力引发的一系列行为的描述。更有甚者,苏格拉底进一步强调,许多诗人都同样被控制,在这个决定性的问题上荷马并不比其他诗人高明多少。某些人只是偶然地被荷马更深地吸引。迷狂说并不能为我们提供什么依据,使人们相信荷马所说的要比奥菲斯(Orpheus)或穆希亚斯(Musaeus)所说的更重要。而伊翁对荷马的朗诵相应地也会受到影响。事实上,对不同诗人的评判相互矛盾,每一种都有相同的神圣支持。现在,伊翁成了隐秘权力的无助工具。最终苏格拉底指出,不仅诗人们和他们的支持者们是奇怪的,而且,有许多不同的诗神,展示了诸多不同的路径。并没有一个宇宙,有的只是混沌,关于伊翁和荷马的真理,现在变得不可能做出判断。这便是进一步详细阐述"天赐迷狂"的结果。

536d　　伊翁隐约地知道苏格拉底对自己行为的解释会令人不满意,于是他否认自己受到控制,进入迷狂状态。最后,他尝试一次演说,并希望借此征服苏格拉底。然而,苏格拉底又一次转移了他的注意力,要求他继续回答另外一个问题。为了前后一致,伊翁被迫承认自己掌握一门技艺。当然,伊翁会在这次尝试中失败。第一部分所得出的结论,是伊翁了解所有的诗人;而这一部分的结论,则是他甚至连荷马都并不了解。第一部分显示了伊翁对普遍性的恰当关切,而第三部分则表明他没有能力实现他自己的关切。为了挽回自己的荣誉,他被迫承认自己凭附于诗神。但那种对诗神的凭附,不过是他一种懒惰、自满的夸口。

作为开场,苏格拉底询问伊翁对荷马哪一部分的演说比较拿手。 536e-537c 伊翁回答没有哪一个部分荷马的诗篇他不拿手。但那些他所不了解的、那些伊翁自己并未亲自实践的东西又怎样呢?没有给伊翁反应的时间,苏格拉底就从荷马诗篇中找出了技术性很明显的一段文字。伊翁很容易地陷入了这个诡计,积极地背诵了那一段落。若不是关于四轮马车竞赛的沉闷指令,伊翁在最后甚至会开始表演。苏格拉底告诉他何时开始背诵诗,何时结束。现在,苏格拉底[152]是伊翁的主人,演示着他应当如何被使用。被背诵的一段,更多地涉及四轮战车,而非医生的领域。它涉及了赛马的诸多细节,但人们或许会有疑问,这一段是否也同样能被一个御车人解说得更好?苏格拉底毫不留情地倾向于专业技能者。在医生与御车人之间,伊翁无可选择,尽管他知道,自己或许更适合解说诗歌。但苏格拉底并不想问那个,他最希望伊翁承认在朗诵一个特殊的段落时,御车人比诵诗者更为适合。但在他能迫使伊翁承认这一点之前,苏格拉底必须与他在更深的问题上达成一致。

这种一致,关注的是技艺与客体对象之间的关系。世界上有许许 537c-538a 多多种类不同的事物,每种事物相对应地都有一种技艺,这种技艺的任务就是了解事物本身。一个被了解的对象就有与之相对的一种技艺,我们通过一种技艺所能了解的东西,通过别的途径不能了解。每种技艺名称的不同,源于它针对客体对象的不同。对于每一种事物而言,只有一种专家。由此,如果御车人是荷马诗篇中某一段的专家的话,那么,诵诗者,既然以诵诗为其专业,就不能算是专家了。一旦这一规则被接受,伊翁无论如何也不能算是专门关注这段诗篇的人,必须承认这一段应当属于御车人的领域,而非诵诗者。但这一承认,不可避免地又引出下面的结论:无论对于荷马诗中的哪一段而言,伊翁都不称职,因为世界已经被分割为许多著名的特殊技艺了。而且,即使荷马诗篇中会有一些涉及颂诗人的章节,伊翁也不过是许多能够解说荷马的专家中的一个。但如果诵诗人还有什么价值的话,他无论如何总应当能胜任处理荷马所有的篇章。无助的伊翁,为了证明自己,必须找到一些特殊的领域为他熟知。最终,他以普通大众的面目出现。

对话中的这一部分,对任何一个热爱诗歌的人而言都特别冒犯。结果,不仅伊翁被剥夺了他自身职业的合法性,而且荷马史诗在此处也被降低为从技艺中获得信息的知识大纲。没有什么能比这个更足以构成对诗的反动了。毕竟,诗是一个整体。它可以利用从各种技艺中取得的素材,把它们以特殊的方式加以融合,但却不能把它从其中的诸多技艺中剥离出来。

苏格拉底其实明白诗是什么;这种论争的不完美是他有意为之。一些特殊的段落能够证明这一点。举例而言,涉及渔民的一段文字,并不能完美地被渔民表达,因为这仅仅是一个比喻,以渔人的网线落入[153]水中类比女神的冲入。能够理解这段话的人,必须同时了解神和渔人的工具。实际上同样的,治愈马卡昂(Machaon)伤病的那些段落,更适于被政治家们而非医生们评判。因为政治家们更了解哪种药物对城邦公民的性格更有用(参看《理想国》,页408)。甚至对第一个例证,表面看去仿佛是直接叙述控制马车的方法,其实含义却远非所表现的那样。研究段落的语境,会发现涅斯托尔实际上是在告诉他的儿子如何在比赛中使用非运动员的策略;对此建议的正当性的判断,仅凭借御车人的经验还不够。这一段争论的不足之处是明显的,它对伊翁和诗都不够公正。但苏格拉底是在迫使我们明白地看出它失败在哪里,并由此去面对一个真正深远的问题。对这个问题,伊翁以及绝大多数人,都没有足够领会。他们在生活中陷于那个问题而未能察觉。这个争论,不过展示我们对事物的最普通的理解中的矛盾。

这个问题能够马上被专业化分工的现代人理解。举例而言,如果一个人到现代大学转一圈,他就会发现一大批独立的,看上去独立自足、自成体系的学科。物理、天文、文字和经济各学科独自授课,看上去理所当然毋庸置疑。那么,现在整体去哪里了?它们是大学的各个部分,但是没有人能够作为专家,从整体上把握大学里现存的各种知识。可以肯定,总是存在一个管理核心,但它却没有关于自己的知识法则;它仅仅用以保存各种规则,接受它们各自知识领域的自主权。存在这样的人,他们整体地讨论知识领域的问题,并因此而受到欢迎。但没有人想过要像对专家那样,要求他们把握坚实、确定的知识。人们会发觉,专业化、涉及特殊领域的言说足以说服别人,而夸大其词的普通言说则不足令人信服。这正是苏格拉底此处关注的问题,同样的问题,在《申辩》谈及他对匠人、诗人和政治家的测试中也曾暗示过。他并不否认荷马建构了一个整体,这个整体要胜过简单地把各部分相加。问题在于这个整体的实际情形。荷马关于普通问题的观点,能否被当作真知看待?或者,这只是一个被装饰的骗局,满足了人们的要求,使他们可以自我欺骗地严肃对待它,并称之为"天赐迷狂"?苏格拉底时代的众人,像时下一样,相信技艺是具有说服力的知识的惟一来源。[154]但如果真是那样,人们的普通观点便永远不会成为知识。

如果一个人能更认真地对待苏格拉底所假定的分工原则,他就会明白这个原则的错误。而伊翁对那个原则的承认,正是诗的整体性瓦解的根源。苏格拉底宣称每一事物都有相适应的技艺,其他技艺对于那个事物都不能精确地讨论。但事实并非如此。被人遗忘的,是控制的艺术。举例而言,骑手谈及马鞍匠的技艺,一定非常适合、到位。甚至,他还能比马鞍匠更有发言权,因为他的使用才是最终目的。他足以证明马鞍的好坏,因为他是使用者,但当然,他不是那个制造者。控制艺术家的最好例证是建筑师,他主宰着建筑房屋的各门类的艺术。苏格拉底的争论忘记了,每一个针对不同客体的艺术,它们都只是整体的一部分,这个整体自身就是一门最高的艺术。没有任何一个专业的门类是真正独立的,即使它看上去也许如此。

这就把我们拉回了整体艺术的问题,早在对话之初,它的重要性已经显现。诗歌要面对的对象,涉及整体的知识,而如果诗歌必须基于知识,或者应该被像知识那样讨论的话,则必须存在一种知识或者技艺,面对整体。但不知为何,人们并没有见到这样的技艺,并没有见到各个部分中有这样预先假定的整体的存在。他们有对整体的观点,但这种观点仿佛更来自不同知识的源头,而非整体的各个部分。做盔甲的匠人的技艺看上去与政治家的统治艺术完全不同,尽管政治家们在战争中指挥着身着盔甲的士兵。对各个部分可以理性地去把握,但对它们组成的整体却并非如此。对于可被理解、把握的整体的可能性的发现,或许可以被称作对自然的发现,而这种发现,正是哲学的源头。我们已经发现,"自然"这个词在《伊翁》中并未出现;那么我们同样可以毫不奇怪地看到,"哲学"一词也同样不存在于《伊翁》之中。在这篇对话中,苏格拉底检测着前哲学(prephilosophic)的灵魂,前哲学并不涉及自然,以及探索自然第一原则的控制艺术。这种技艺,关于那种宇宙的、整体性的知识,既不特别,也不是问题。面对这一问题,不仅伊翁不能理解,我们或许也永远不会寻找出答案。在伊翁的时代,他们知道专业的知识已经高度发达,使人敬畏;这种技艺,与人类的发展同步,它的结果是使人们认识到事物存在永恒的、可知的规律,这些规律使我们可以通过分析局部而认识。[155] 但这种认识并不属于伊翁的世界。相反,是那个世界中存在的神秘的诗歌向人们讲述诸神与英雄。它既是科学之祖,又是科学之敌。《伊翁》是对哲学从神话世界中破土而出的描绘。

_{538e – 539} 不仅仅是对自然的无知阻止我们对它的探索,实际上,是人类随诗歌伴生的强大情感力量,与他对智慧的热爱相互斗争。苏格拉底以他从荷马史诗中选取的最后一个例子向我们展示这一点。他着重复述了《伊利亚特》和《奥德赛》中关于占卜的段落,或许是为了向我们再一次展示荷马史诗中专家应当处理的问题。然而,他已充分地做到了这一点,而且他表现出的特殊庄重会促使人们随他的目继续深入思考。可以看出,他希望对占卜的技艺给予特殊关注。这种技艺,在对话中已经被多次提及,且贯穿于整个诵诗过程始终。在第一部分中,占卜被当作一种技艺来对待;事实上,它是被作为技艺第一个引入的例证。在核

心部分,它曾是诗神吸引力中的一个事例,而现在,它又变成了一门技艺。尽管诵诗或诗歌与它没有明显相似之处,但占卜还是被苏格拉底用于指称它们的特征。通过占卜(预言),我们可以明白苏格拉底关于诵诗与诗歌给我们的教诲。

占卜的存在,是因为人们希望能够预知未来,因为他们担心自己个人将来的境遇。这种知识存在的基础是天意的存在,如果个体的命运,只不过是基于机遇的话,那么占卜的良好愿望将不能实现。天意则意味着诸神存在,并且关切人的命运。如果占卜被认为是一种技艺,那将是奇怪的,因为这意味着必须知道神的意图;作为一种技艺,它将在某种程度上意味一种预期,自由的、难以捉摸的诸神会被制于能够被理解的个人需要。占卜属于技艺中高尚的、理性的部分,同时,又预期世界被诸神控制,而诸神又超越于技艺之上。某种程度上,它同时既属于技艺领域,又属于神性领域,更主要的是,占卜是一种最奇怪的艺术,因为它针对某些特殊对象。而其他的技艺则针对普遍规律。占卜的特殊性、惟一性是它被引入的惟一原因,而在其他技艺中,一个特殊的事例引入考虑,只是因为它能够对普遍规律具有代表性。最终,占卜是一种虔诚的艺术,它的知识还被用以趋利避害。一方面,它预设了天意的存在;另一方面,它又服务于人的欲望,试图控制命运,而非听天由命。

[156]苏格拉底关于占卜的观点,被色诺芬保存了下来。在保卫苏格拉底的虔诚语境下——他(苏格拉底)以对神不虔诚而遭指控——色诺芬如是说苏格拉底:

> 建议他们(他的同伴们),在他们自认为最能有所作为的地方做些必需的事情。至于对那些结果不甚清晰的事情,他则建议他们求问于筮者,自己是否应当那么做。他说,那些掌握城邦命运,使之向更好方向发展的人,尤其需要占卜的技艺。他认为,如果想要变得精通于木工技艺,或者精通于铁匠、耕作、控制人、调查等等这些行为,精通于算术、家务管理甚至精通于做一个将军,以上这些诸多学问都可以通过人的思考来学习和掌握。然而,他说,诸神

为自己保留了它们中最重要的部分。对于人类而言,这些部分并不清楚。因为很明显,人们并不清楚,能够很好地种植庄稼的人是否就是粮食的收获者;同样不清楚,建筑房屋的人,最后是否能住进房屋;同样对于将军而言,不能确定服从命令是否能够获益;对于政治家而言,不能明确掌管一个城市是否能够获益;对于一个将迎娶一位美丽姑娘的少年而言,他不能确定自己是否能获得幸福,她是否反倒会为自己带来痛苦;对于一个要与另一位在城邦中具有强权的人结盟的人,他不能确定对方是否会被逐出城市。他说,那些认为以上这些事情不受神意掌控,而完全处于人类控制范围之内的人,是疯狂的。但另外一些人,那些向神询问,并且关注诸神是否已经赋予人类基本判断能力的人,也同样疯狂;举例而言,如果某人要问,是否应当为他的马车选择一位驭者时,谁会有这方面的知识?谁没有?或者问到是否应当为他的船选择一位水手时,谁能够判断,谁不能?或者问到那些可以通过计算、测量、称重得到的知识,又怎样呢?那些向他们信任的诸神询问这些答案的人,做了不应该做的事。他说道,凡是诸神希望人们应当通过学习掌握的知识,必须通过学习去掌握;而对于人类不甚了了的事情,则应当转向神灵寻求答案;因为神会对那些偶尔投缘的人给予暗示。(《回忆苏格拉底》[*Memorabilia*],I,I,6 – 9)

[157] 技艺会告诉人如何播种,但是否他能从播种中取得收获,则超过了技艺所能告知的范围。在决定此人生死与否的问题上,机遇是决定性的。但是,播种的人,一定是怀着收获的目的做这件事。他作为一个身处生活与行为之中的人,最关心的事情并不能依靠技艺去解决。苏格拉底理性地指出,人们应当在技艺发挥作用的地方依循它的规律,而对于那些由机遇决定的事情,则转投占卜。换句话说,他告诫人们不要让那些超出他们控制能力范围之外的事情左右他们的行为。他们应当从理解中分辨出希望和担忧,并且无所畏惧地追寻已经获得的真知,以之指导行动。他们必须不被感性的情绪影响,阻碍知识的发挥。

但是,对绝大多数人而言,这样的解释并不能令他们满意;他们必须看到有一个这样的世界,在这个世界中,他们的个人欲望具有普遍的地位。个人的命运,在上苍的眼中,其重要性并不比一片特殊树叶的命运在植物学家眼中醒目多少。对于普通人以及城邦而言,上苍的方式是他们无法接受的。他们只能承认一个被天意和诸神控制的世界,一个技艺与科学无法解释的世界,一个使普遍性与特殊性、自然与机遇被迷惑的世界。这是一个诗的世界,人们紧紧抓住诗歌,因为诗歌抚慰着他们、奉承着他们。人类希望特殊现象支配地位的存在有多久,他们就有多久不可能发现自然,不可能发现可以把握而且长久存在的规律,因为自然不能满足他们的希望。伊翁不能想象关于整体的技艺,因为作为一个诵诗者,他最长期地服务于人们不道德的欲求,他通过诗歌达到这样的效果。

苏格拉底已经通过对热心的占卜者、诵诗者与酒神(Bacchic)、疯狂(Corybantic)舞者的比较,阐明了这种精神上不道德的渴望的结果。在《礼法》(790d—791b)中,雅典的陌生人谈到精神迷狂,认为这种问题是极端胆怯的结果,可以通过处于极度情感状态的舞蹈来治疗。迷狂的舞者心跳动了,正如伊翁一样,而且他们疯狂地舞蹈;他们被一种有力的内部律动所左右,这种内部律动又被他们转化为疯狂的外部运动。他们修饰着他们的舞蹈,他们自己成了保护神。对死亡的恐惧,这种最深沉的恐惧和最有力的情感,感染着人们,直到他们失去理智,而他们也只有在进入宗教迷狂行为中才能得到救赎。在《伊翁》中,苏格拉底指出了宗教迷狂最重要的来源,并暗示我们,那种最受重视的诗歌的功能,是救治人们的恐惧,抚慰他们对自身可怕境遇的了解。[158]诗歌非理性地抚慰着我们所有人的疯狂。它是个有用的药物,但同时伴随着危险。迷狂,就是它的后果。深深沉迷于诗人故事中的人,往往不能容忍那些仍未沉醉其中的清醒者。苏格拉底,一个哲学家,一个诗及诵诗者的检测者,对那些安全感的提供者而言是一个威胁。他主要是想以一种特有的、细微的、无处不在的方式,借助自身的力量解决这种焦虑。这才是哲学存在的前提,是人合理地对待自己生活的前提。

539d–540d

伊翁通过诗歌伤害着人们,给人们一种虚假的拥有知识的感觉,同时滋养着一种情感,而这种情感乃真理之敌。

苏格拉底接替了伊翁,自己背诵起荷马诗篇中的片段,展示了他自己在诵诗方面的天赋。现在,他要求伊翁选出属于诵诗人的段落。伊翁于是必须挑选出一些特殊的讨论诵诗人的篇章。但是,他却坚持宣称所有荷马诗篇都属于他的能力范围。看上去,他并没有跟上谈话。这不但非常可笑,而且使他显得尤其愚蠢。如果他不是关于整体的阐释者的话,他将失去受人尊敬的头衔。他清晰背诵的,是整个《伊利亚特》和《奥德赛》,不仅仅是它们中的部分段落。然而,苏格拉底强迫他承认他是荷马所涉及的所有领域的专家。他们早先的关于技巧的实践者才有权裁定荷马的讨论束缚了伊翁。苏格拉底指责伊翁的健忘。而健忘对所有人,尤其对诵诗者而言,是最不可原谅的。苏格拉底指出,诵诗者实际上只是没有头脑的记忆者,不断重复着先辈的事迹。伊翁相信他可以遵守约定,相对无损地传达荷马的原意。正如人们看到的,荷马篇章中穿插的细微、无趣的技艺细节对整体而言并不真正重要。伊翁能够成为其中最关键部分即关于人的事情的专家。尤其是他会知道男人和女人、奴隶与自由人、统治者和被统治者该怎样说话以适应他们的身份;他知道城邦居民应当有怎样得体的举止,这些与技术无关。

苏格拉底并未因为伊翁说他能够胜任地指导别人说话就放过他。荷马从未谈及普通人;他所涉及的,都是有非凡事迹的特殊人。若有一个自由人是一艘船的主人,一个水手,在特别困难的情况下,水手应当有什么言行,只有一个熟知海员技艺的人才能知晓。同样的道理也可以用于治疗病人的医生身上。当苏格拉底问他能否确切地进行这些演说的时候,伊翁现在必须回答"不"了。一个奴隶应当怎样以他适合的身份说话?伊翁对这个问题的回答是,他知道。但苏格拉底不会仅限于让他扮演[159]一个奴隶或女人。而后,苏格拉底问伊翁,他是否知道一位将官在激励他的队伍时应当说些什么。在最后一个绝望的尝试中,伊翁抓住了这次选择,一次能保持他尊严的最后希望。苏格拉底解释说,伊翁断言自己知道将官的言谈,意味着他掌握了将官的技艺;熟知将官言谈的人，必须就是将官。苏格拉底以把伊翁当作一个诵诗者开始，最后又把他提升为一位将官。苏格拉底抛开了言语与实际行动的差别。这一点，伊翁尽管强调，却无力坚持。

现在，很清楚地存在一种可能，即我们可以在普遍的情况下讨论一个人，而不必清楚地熟悉他所涉及的诸多领域。同样地，我们可以讨论一种行为，并且了解它，而不必亲身实践。伊翁陷入了一场诡辩。但苏格拉底并没有不公正对待他，因为如果他能够维护他演说的尊严，如果他能为自己的生活方式提出正当理由——即仅仅以诵诗为生——他就将从现在的困难中脱身。他以演说为生，但并没有真正地尊敬或者理解它。伊翁明显跟随着荷马，敬仰英雄们和他们的事迹；这些要远比美化他们的演说重要得多。演说依附于行为，实践是生活方式中最好的一种。或者根本就没有一种理论化的生活；因为若理论化的生活存在，言语本身就可以超越表意的局限，被视为一切。由此，伊翁诵诗的行为，没有其他目的，仅仅是为了金钱。

只有在一个思想拥有最高地位的世界，即一个普遍世界中——而这普遍意味着本质上可感知的存在——才会有有意义的普遍言说。没有这个普遍的世界，就只存在特殊。这便是伊翁不能阻止苏格拉底继续往下的原因，苏格拉底从伊翁所了解的一般人，进而谈到看守羊群的奴隶，暴风雨中的海员以及其他各色人等。只有了解人性，才能够讨论个人，但我们已经看到他甚至不能设想自然。对他而言，所有的演说，只是行为者行为的精华，而诗人和诵诗者则不过是他们能力的不胜任的模仿。文章与传记中，言谈可以高于行动，但诗歌与诵诗却不能解释这种情况为什么不能够发生。为了使之有一个解释，就必须对他们的视角进行一场革命，一场只能由哲学才能产生效果的革命。当诗人们能够庆祝苏格拉底的演说时，那些诗篇——在这里是柏拉图的——为他们献身于演说的人生找到了基点。

[160]所有这些，在进一步关于伊翁的普遍身份的详尽讨论中更加清楚了。苏格拉底允许伊翁伪装在他的戏装下，尽管他能很轻松地指出这种伪装同样经不起考验。演员的这种角色太过明显，以至于不

540d–541b

用去以此来否定他。伊翁现在明白,他必须有所作为以保护自己,于是他宣称,诵诗者和将官的技艺之间并无差别,所有的诵诗者都能够成为将官(尽管他不能说得太离谱,说所有的将官都是诵诗者)。在所有没有自知之明的人中都藏有一种疯狂,而苏格拉底通过解剖这样的灵魂,使这种特殊的疯狂展现于我们面前。伊翁之所以选择将官的技艺,有许多理由:这是一门特殊的实践技艺,又充斥于荷马的作品之中;而且在诸多技艺中,它最为显赫,受到最多的尊重。

但人们可以更明显地看到,伊翁之所以选择将官,更为合理的解释是将官对世界有整体的视角,这尤其适合于伊翁及他所理解的荷马。在一开始,当苏格拉底列出诗人谈论他涉及的事物时,第一项便是战争,而且它是惟一独立存在的事物,并不像其他事物还要与别的东西有所瓜葛。另一项与战争紧密联系的事物——和平,在诗歌中是被忽略的。很明显,这意味着伟大的诗歌所讨论的内容涉及诸多城邦之间战争中的英雄。更深一层,它意味着他们(诗人们)谈及的世界,尽管由诸神控制,依然充满了斗争,并且指向永恒的混沌。惟一的和谐只能在理性世界中找到,不仅仅被实践者,同时也被理论家们把握。

541b – 542b 苏格拉底就此话题继续追问,为何伊翁足迹满布整个希腊,却总是诵诗而不当一名将官。在伊翁隐藏的偏见下,苏格拉底,这个除了言谈以外没有做其他任何事情的人,嘲讽地说希腊对于佩金冠的诵诗者的需求远远大于对将官的需求。伊翁并没有以诵诗是一个更体面、更高贵的职业作为不当将官的借口,相反,他选择了另外的理由。作为一个希腊属国的公民,他不会被雅典人或斯巴达人任命为将官。伊翁自己,倒是很乐意使自己服务于这两个处于战争状态的城邦。或许,这也是他通过他的诗歌所做的:他选择了与此时此地的需要相对而言更为普遍的东西。他的诗歌,向当时相互残杀的雅典人和斯巴达人同时召唤他们各自的保护神。伊翁的世界主义,只不过是一个羞耻,因为它根源于虚无,而不是某一个城邦的需要,给特殊的、暂时的兴趣一个世界性象征。他是一个必须装作主人,[161]才能满足他的主人的仆从。然而,哲学家却是世界的一个真正的公民,因为他的追求本质上独立于任何一个群体。一个政治上的人,需要向他的国家和人民贡献自己的服务。不依靠观众的支持,伊翁得不到满足。他需要城邦,正如城邦也需要他。对于从事政治的人而言,在他们出生地所发生的突发事件,对他们的发展可能性的影响是决定性的。

苏格拉底装作好像这些对于政治的限制并不存在,把政治当作与其他技艺一样都具有普遍性,比如算学。政治生活的特殊气氛充满着机遇和不确定因素,他对伊翁表现出的不愿表演其他任何一种人表现出惊讶。由此,他提供了区分理性生活和城邦生活之间差异的尺度。伊翁属于某一城邦,而他的非理性也仅仅针对于此城邦。苏格拉底说出几个无迹可考的人的名字,强调他们都是被希腊人选拔出来的将官。基于这些可疑的事实,他强调城邦公民并不是阻止伊翁步入政治的障碍。苏格拉底说,伊翁必须说出这种阻碍确实存在,才能使自己不必向苏格拉底展示他在这方面的才能。而要伊翁展示自己的才能,苏格拉底已经期望很久了。他下结论道:伊翁是一个不诚实的人,因为他并不能实践他的许诺;或者,另外的可能是,他真的只是凭借灵感诵诗。苏格拉底给伊翁一个选择的机会:受灵感支配,抑或不诚实。或许最终,其实这两种选择并没差别。

苏格拉底把伊翁比作善变的海神普罗透斯(Proteus),由此,隐隐地把自己比作了斯巴达王麦尼劳斯(Menelaus),从普罗透斯那里寻找关于诸神的指引以解救自己。但是普罗透斯现在帮不了新的麦尼劳斯。于是他们分开了,伊翁深感羞愧,但戴着新的、神圣的金冠;苏格拉底,则继续追寻更权威的、关于诸神的知识。

(吴德祖 译)

阿里斯托芬和苏格拉底

——答霍尔先生[*]

[162]（柏拉图在《理想国》中）寻找着并构造出一个城邦，这样的城邦与其说希望它能产生，不如说祈祷它能产生……这样的城邦实际上不可能存在，只是可以从中观察政治事务（原则）。

——西塞罗《论理想国》第二卷，52[**]

我对霍尔先生心存感谢有好些个理由，特别是他认真看待我对《理想国》的读解。至于他不尽同意我的解释，那是其次。我们在一些根本问题上还是意见一致的，那就是，理解柏拉图至关重要。

霍尔先生提出的问题相当大，对此做充分回应需要写上好几卷，但我们真正有分歧的地方是怎么读解柏拉图。他认为我在文本中注入了己见。我则回答说其实是他并没有对文本给予足够关注。针对他提出的一些主要批评，我尝试着来证明我所言确实，并指出他阅读柏拉图对话过程中的明显错误。

一

首先，霍尔先生假设他已知道了柏拉图的教义，并且是通过深入阅

---

[*] [译注]此段翻译参考[古罗马]西塞罗《论共和国 论法律》，王焕生译，中国政法大学出版社，1997。

[**] 霍尔（Dale Hall），英国政治科学家，《政治理论》（*Political Theory*），Vol. 5, No. 3, 1977 年 8 月号，页 293–313。

读文本来理解的。我认为《理想国》中的城邦建制并不是一个严肃的提议,他反对这种说法,并告诉我们,"苏格拉底说得很明白,他的城邦(polis)是[163]自然的(natural)"。我找遍苏格拉底的话,徒劳地发现没有一句够得上这意思。事实上,在柏拉图文集中,也没有任何地方说到城邦是自然的,或人自然就是政治动物。不管理式(ideas)到底是什么——它们是我们必须小心翼翼、缓慢慎重地从普遍被感知的个别事物中向上攀升而达到的最高级、最绝对的主题——也没有任何哪怕是最细微的迹象表明,存在着一个关于城邦或好城邦的理式,存在着所谓关于美或关于正义的理式。这样的缺失意味着什么的确值得探讨,但一个人必须意识到事实已是如此,再开始解读柏拉图。显然,从理式的角度来看,城邦的自然性(naturalness)和那些比方说人的自然性,地位很不相同。加里波利洞穴并不能分有并不属于它的理式。虽然世上有芸芸众生,也有关于人的理式,但城邦却不能作为个别或一般存在;因为它既不能被感性认知也不能被理性理解。

仔细考察文本对自然性这个问题到底说了些什么,也许对霍尔先生有所帮助。在《理想国》第五卷中,苏格拉底讨论了怪论的三个浪头,他说(a)对女子和男子不用两种不同的教育方法是可行的,因为他们的自然禀赋是一样的(456b-c);(b)共有女人和孩子并不违反自然(466d);——但是,苏格拉底在此又将可行性的标准从自然性转向了长成性(许多并不自然甚至是违反自然的东西,都能后天培养而成);(c)哲学和统治合而为一只不过是天机凑巧,偶然而成(473c-d)。[①]其实所有的关注最后都在这极度不可能的偶合上。暂且不说好的城邦,一般城邦也不能像动植物那样长成。有些人天性既适合哲学思考,又善于统治城邦,但这并没有说他们这么做是自然而成的。如果他们

[①] [译注]文章中涉及《理想国》原文的地方,译者参考了《理想国》的英译本(*The Republic of Plato*:*Translated with notes and an interpretive essay by Allan Bloom*,Basic Books Inc.)和中译本(《理想国》,柏拉图著,郭斌和、张竹明译,商务印书馆,1996)。

真的能两者兼顾,那是艺术,人工而成,绝非自然。如果我能用霍尔先生反对我的方法来反驳他的话,我会说,就城邦的自然性而言,他只能在亚里士多德的《政治学》里读到,而非柏拉图的《理想国》。他没有认识到,相比于亚里士多德,城邦问题对柏拉图来说更是疑问重重。

霍尔先生阅读文本,既有过度读解的地方,也有忽略未及的地方。他为了证明对柏拉图来说,理论生活和实践生活之间并没有显著区别,便说柏拉图"并没有暗示说哲学思考与统治他人是毫不相干的两件事"。让我们来对比以下文本吧:

> 每一个(哲人)都会将统治城邦看作是义不容辞的事情,而不是件好事情……如果你能为未来的统治者找到一种比统治他人更好的生活,管理良善的城邦就有可能形成……除了真正的哲学生活,你还能找出什么别的生活方式是鄙视政治权力的? ……但是那些并不热衷于权力的人(他们热爱的是别的东西:智慧)必须掌权(521a-b)。

[164]其实哲人并不愿意(身体力行,engage in praxis)(519c)。《理想国》第三、第四卷和第七卷(特别是476a-b)最能体现出实践生活与理论生活之间的本质区别。精神状态(forms)的独立性被着重强调,特别是仅靠精神而没有和感官配合在一起思考的诸种可能性,以及纯粹以冥思方式生活,都得到了强调。后一种生活方式是最好的,也是惟一的生活。恰恰是此种生活和统治生活之间的区别,才让城邦得以正常发展。行事与立言也同样是截然不同的两件事,后者据说绝对是更高级的。① 面对如此完全相反的证据,我真的难以想象,霍尔先生怎

---

① 471e-473b;475d-480a;485a-511d;514a-519c;532a-b;540a-b。柏拉图的确在理论生活和实践生活之间作出了区别。霍尔先生说我是从亚里士多德那里得知了这种区别,他是在混淆视听。就实践智慧(phronesis)和理性智慧(sophia)而言,理论生活和实践生活确实有别,但这和我们在此讨论的问题无关。我所说的一切都根源于柏拉图。但霍尔先生却相反,他近乎要说认识(knowing)就是制造(making),这很危险,这个观点只有从现代思想中才能找到。

么能说出上面那些话。我希望他能在《理想国》里找到哪怕是一句话,能表明哲学生活需要统治他人,或统治行为以任何方式有助于哲学思考。①《理想国》一书发人深省的地方,就是苏格拉底在理论生活和实践生活之间搁置了一段距离,虽然这段距离被他在别处的所言和他自己的生活掩盖了。以上正是苏格拉底掩盖此距离的所作所为,就像霍尔先生说的,"我们习惯于认真对待苏格拉底"。②《理想国》中没有一丝迹象证明制作、绘画,或城邦建立者的"创造性"活动是哲人生活本身的一部分。霍尔先生把与文本无关的抽象概念叠加在一起,以图勾画出存在着以下情形,即理论生活和实践生活具有相同性,但他没有任何依据。他论文的后半部分只是尽显他个性特色,文本指涉却整个缺席,让人印象颇为深刻。就像他文中说的,必须迫使未来哲人走出洞穴,也必须让他们回来,这一点没错。但哲人一旦步出洞穴,他们就会认识到置身在外是多么美好。他们永远也看不到回来的理由,迫使他们回来只是对城邦有益,而不是对他们本人有益。如果他们认为回到洞穴是件好事,他们就不可能成为好的统治者。只有走出洞穴他们才意识到加里波利是个洞穴,而不是地狱,置身洞穴几同于无魂幽灵(516d;521c;cf.386c)。在他复杂如变戏法般的文章中,[165]霍尔先生宣称,因为我是个政治科学家,所以我不能认识到柏拉图说的统治就是真正的哲学生活。我乐于接受这顶帽子,这能说服那些对我作为政治科学家这个认证的真实性尚存疑虑的同僚,但不幸的是,霍尔先生的这一番解释并不起作用。我们必须再一次关注文本。良好城邦里的统治者,是向城民提供衣食住行,带领士兵征战沙场的人。但霍尔先生忘了城邦人民需要哲人的理由:他们基本上是媒婆或优生学家,花大量时间和精力来设计"谎言与欺骗装置",以便让合适的男女能彼此结合

---

① 497a 的这句陈述,是讨论哲学和城邦之间关系的,它的意思就是——哲人能在别的任何地方找到比城邦中更振奋人心的生活。

② [译注]霍尔先生的意思是要认真对待苏格拉底,在此,布鲁姆嘲笑他太把苏格拉底当真了(take seriously)。

(458d—460b)。这是哲学活动吗?

霍尔先生一直忽略文本真正在说些什么,出于同样倾向,他编织了一张精致的推理之网,来阐释坦率而言是超越我理解能力的柏拉图的"幸福"(happiness)概念,这个概念明显想要战胜哲学和统治之间的紧张关系。霍尔在文章中坚称"很显然,柏拉图不是根据满足感来定义至福(eudaimonia)的……哲人的个体幸福也不是他渴望得到之物"。那么,整个对话的高潮——格劳孔在对话开始就要求的也是对话进行的明显动机:就非正义的人的幸福和正义的人的幸福作比较下判断——就和哲人的个体幸福有关(576d—588a),如果我对霍尔先生所谓的个体幸福理解正确的话。在对话过程中,比较的对象从非正义的人和正义的人转向独裁者和哲学家。为此做了三次测试,每次都是哲学家获胜。第一个测试比较"自足":哲人能得到他想望的美好事物,不用仰仗他人;而专制者却生活在恐惧感中,充满了得不到满足的欲望,因为他必须依赖他人而活。另外两个比较也证明了哲人是幸福方面的专家,他能享受到最纯粹、最强烈的快乐。苏格拉底统计出哲人的生活要比统治者的快乐上729倍。这难道不是完全个人化的"满足感"吗?哲学之所以被表述成是值得追求之物,那是因为它源源不绝地提供着个人所能获得的幸福,在此,哲人也没有被描绘成一个统治者,或跟城邦有任何关系。

霍尔先生不是去弄清柏拉图提出的问题到底是什么,而是借柏拉图来回答他自己的问题;他也不是让柏拉图问题的复杂性和丰富性凸显出来,而是笼上抽象概念的晦暗之网。[166]除此之外,他还来了一番道德说教,却对以下情况遮遮掩掩:《理想国》与其说在鼓吹正义,不如说在质疑和审查正义。比如说,霍尔先生的思想据说同胞有益,但对待柏拉图的思想却极其专横武断,他根本没有注意到以下事实:一个城邦对别的城邦毫不关心,甚至意图要损害它们,在它们内部挑唆派系斗争,扶植持异见分子,这么做只不过是为了让它们不能威胁到自身。最好的办法是不相往来,其次是削弱邻邦的实力;最可能做的是帮助它们发展(422a—423a)。既然说灵魂和城邦相似,那么灵魂是否也只关心自身呢？对那些自律甚严的灵魂来说，根据世俗标准要遵循的正义行为都是否定性的——这些事高尚灵魂是不会做的，比如说偷窃、说谎、通奸等(442e - 443a)。就像我们先前已经指出的，苏格拉底所说的正义之人不会损害他人；但没有说他会做好事，会有益于人(335d)。当自律甚严的灵魂被揭示出是个哲学灵魂时，它为什么不会伤害他人的原因也就非常清楚了。哲人的节制(abstinences)不是出于什么良好意愿，那种康德式的"顽固地真诚地倾向于公正行事"，缺乏对建立在世俗标准上的俗物的汲汲热衷。他对智慧的热爱让他淡泊那些比如说金钱之类的事物(485d - 486b)。这并不比一个无意于强奸的太监更值得赞颂。其中并没有任何"道德"动机。① 霍尔先生没有注意到，城邦的三个阶层中，有两个对公共利益(common good)毫不关心——工匠艺人处身城邦是因为他们希望在其中有所收获，或者是出于(孤独的)恐惧；哲人则是被迫身陷公众——但是特权阶层，军事贵族献身公共利益仅仅是因为他们相信谎言，并且被剥夺了任何具有个人性的可能。在《理想国》中，没有迹象表明存在着受了启发的、非假象的对公共利益的热爱。勇士的美德最后被说成更多地属于身体而非灵魂，也就是说仅仅是习性所然(518d - e)。惟一真正的美德是心灵沉思着它所应思之物。所以不是我亚里士多德化了。《理想国》也不是《伦理学》；其中并没有任何道德意义上的美德。

我选择说出以上这几点，是因为它们有助于表明，读解柏拉图的对话需要做些什么；而且看来柏拉图希望读解他所必需的条件，等同于哲学生活的必需条件；他的小世界是为大世界做准备的。总之，我们所需要做的是对那些抽象概念无能为力的事物持敞明之境，[167]因为抽象概念是那么索然无味，再也不能引起任何好奇与惊讶；另外我们需要做的是远离道德，因为它阻止我们看清什么是本质上藐视习俗的东西，也拒绝安慰我们的希望和恐惧。

---

① 在487a 里，正义出现在属于哲人的一串美德中。到了536a，它被剔除出去了。

二

　　我和霍尔先生的分歧可以概括如下：他对对话这种形式没有给予足够重视，他也没有从对话展开的地方开始他的研究，也就是说没有从故事或剧情、生活画面——这些生活画面以我们对生活的普遍理解为基础——开始。对我们理解柏拉图来说，这些比起"柏拉图的形而上学"或那些理式要容易得多。如果允许我用一种亚里士多德式的表述——但这是来自于柏拉图的灵感，我们必须从那些首先是依据我们自身描摹的事物开始，然后再上升到那些按照自然而勾勒的事物。我们必须首先讨论鞋匠、领航员和小狗之类的东西，这些是苏格拉底所讨论的主题，虽然其中的思想被那些远不及他聪明的交谈者所鄙视。霍尔先生说，宣称一部认为哲人应该成为国王的政治哲学作品其实说的是哲人不应该成为王，这是荒唐的，我同意这个看法。但是，只要我们花点时间设想一下，如果它恰恰不是一部政治哲学作品——至少不甚像我们了解的那些政治哲学著作应该是的样子，而只是一出戏剧中的某一刻，其中某角色提出了一个不同寻常的建议，剧作者构思此事来影响情节发展，就像别的戏剧中的诸多对白那样，那么我解释中的自相矛盾之处也就烟消云散了。如是故事情节急转直下：苏格拉底在某青年的陪同下，去比雷埃夫斯港；据色诺芬所言，苏格拉底为此青年（即格劳孔）的哥哥柏拉图着想，希望能治愈他过度的政治野心（Mem. III, vi）。在比雷埃夫斯港，他们遇见了一伙人，其中有一个名气很响的智者，此人认为正义就是遵守根据统治者利益而制定的法律。因此，是利益决定了统治国家的人仅仅是个统治者还是个暴君。格劳孔显然不是仅受无因的好奇心驱使，要求苏格拉底告诉那个人，正义（被理解成是关心平等或关心遵守法律）在价值上超过了独裁专制（被认为是非正义的极点）能获取的所有好东西（快乐或荣誉）。但苏格拉底恰恰从没有向格劳孔表示过，正义是格劳孔所认为的那种好东西。相反，在建立城邦的过程，因此也是认识正义本质的过程中，苏格拉底出于政治必需,引入了哲人。格劳孔获悉[168]要做所建城邦的统治者,就必须是个哲人。接着,苏格拉底告诉了格劳孔哲学是什么,格劳孔于是明白哲学是最好的生活,而且根本上是独立于政治生活的。所以,从哲学的观点来看——格劳孔从未思考过哲学,因此,也没将之视为良善——城邦看上去像个洞穴或牢房。从单纯的统治者上升到哲学的统治者,对格劳孔来说,是从欲望中解脱出来到达统治的重要一步。《理想国》的对话也有一种上升的特点,就像从洞穴攀升到理式的领域。在攀援之顶,苏格拉底揭示出自己是个幸福快乐的人。他并没有强求格劳孔,说他不该只追求自己的利益。他只是让他意识到还存在着专制独夫无法获得的益处,以及能摆脱参政欲望的别种追求。因此,做一个像暴君那样非正义的人才是非正义的。在比较了统治者生活和哲学家生活以后——这已接近于苏格拉底教诲的结束,格劳孔认识到,由哲人统治的城邦只存在于言谈之中,这就让他不再心烦意乱了。苏格拉底告诉他,无论这样的城邦存在与否,无关紧要;因为它能存在于人的灵魂之中,这就足够了(592a–b)。一个人能非常快乐地做一个并不存在的哲学之邦的好城民。明君和明君之国是存在的;民主主义者和民主之邦也存在着;还有独裁者和专制之土;但是,尽管没有一个哲学国度,哲人存在着。并不统治城邦的暴君不能完全算作是暴君;但不管是否一国之君,哲人总是哲人。在对话的结尾,并没有任何暗示说,格劳孔应该致力于建立这样的城邦,或甚至说他应该盼望它的创建。格劳孔的心理发生了转变,从渴望成为统治者变成想望成为哲学统治者,到最后要成为哲人。在他的言谈中,要成为哲人王的那种幻想很是关键。《理想国》的最后几句话中,奥德赛——智者的原型——医好了对荣誉和野心的热爱,并且看到了人类生活的所有可能性,最后选择了作为个体的私密生活,事不关己,高高挂起。尽管《理想国》体现了苏格拉底对正义的关注,但最后以替节制提供根基而非给正义提供根基结束。

霍尔先生恰当地关注了以下陈述:"除非哲人像国王或如今称之为王的人那样统治……将统治哲学化了……否则城邦后患无穷。""否则城邦后患无穷"是《理想国》里的教义,而正是此教义区分了古典政治哲学和现代政治哲学。而且,苏格拉底并没有暗示说,将智慧与政治结合起来,就能治愈哲学之疾。[169]苏格拉底的建制提议是为了拯救城邦,而非哲人。苏格拉底和特拉西马库斯(Thrasymachus)曾讨论什么是正义,正义是投身于共同体呢(成为一群窃贼)——所以这只是达到目的的必要手段(351c-d;352c-d);还是灵魂求完善——正义本身就有良善(352d-354a),需要一生笃行?此番讨论对此做出了区别。哲人为社会共同体服务是义行,然而他们用一生来冥思"以撒的祝福"则是善行。以上两种对正义的判断从来没有合而为一。

霍尔先生没有将对话当对话来读,也没有意识到对话在不断推进着,所以不免断章取义,给予一些只言片语以不恰当的分量。但他更大的错误在于将第四卷中对慎思(logismos)——深思(calculation)或熟虑(deliberation)——的讨论,当作是给思考的"自然功用"(natural function)(这两个词都是霍尔先生用的,不是柏拉图的)下的定义,而不是相应于讨论的不充分状态和对话者的觉知所作的权宜之见。和关心城邦事务的统治者相类似,在《理想国》中,个人的思考首先就被当作是灵魂的一个要素,它衡量着欲望,决定着什么可以纵容,什么又需要节制。这种描述是类比的结果,因为对话将城邦和灵魂进行了类比。对城邦来说,至关重要的东西被应用到了灵魂上(虽然苏格拉底已经指出此番对话是不充分的,435c-d)。对于日常生活事件中的思考活动,第四卷给了我们一个似是而非的说明,将之形容为和城邦统治者谋虑公共事务相类似的行为,继而更支持了以下观点,即个人和城邦的完美和谐。但到了第五卷,哲学浮出水面,就给了灵魂中这理性的部分一个完全不同的解释,它显示出城邦和灵魂之间的相似性土崩瓦解。对灵魂的最高追求被形容成想看清它到底是什么的渴望(437c-487a;509c-511e;514a-518b;532a-534d)。第四卷告诉我们,熟虑或慎思(logismos)归之于灵魂的理性部分,但到了第五卷,根本就不提什么慎思了。前面章节中欲望和慎思之间的对立被超越了,哲学被形容是爱欲(eros)的一种形式(485c;499b)。灵魂的沉思活动,和城邦统治阶层的谋虑行为截然不同。这种沉思,殊异于统治者的目的,如果以身体为例,统治者的目的并不能给沉思提供任何器官。在第五章中,灵魂既是一个新发现,又是一个惊奇。这个近乎偶然的发现改变了一切。灵魂内的哲学部分对行动没有用处,而熟虑也不是其[170]功用的一部分(527d – 528e);它并没有深思。必须注意到 logismos 和 noŭs(理智, intelligence)之间的区别,然后才能意识到以上变化的意义。logismos 是为了行动;而 noŭs 则是为了自身。城邦统治者位达至尊,是他们对城邦及城邦的非哲学目的有用;灵魂中的思考至高无比,是因为它是个人的终极目的,也应该成为城邦的终极目的。只有将《理想国》当成一出戏剧来看,才会发现它有了个颠倒,有了个发现。《理想国》中有情节突变。柏拉图的书更接近于剧本而非论文。

三

我一直到拖到结尾要说的,在霍尔先生论文里只是次要部分,即他对柏拉图与阿里斯托芬之间关系的评论。但这对我来说却相当重要,这也是我和他的不同。柏拉图思想中的令人困惑的结构,和我们自己的是如此不同。我相信,只有意识到它有着两样东西的独特结合,才能领会之。这两样东西,我们视之为诗和哲学。或者,换句话说,柏拉图的哲学是诗性的,这诗性不仅仅是外在风格上的,而且内含在哲学思维之中。这不是因为柏拉图并不完全热衷于理性思考,而是因为诗直接指向要求思考的问题。这些问题早先是非诗性的,后来又是哲学没有看到的,还因为诗性的想象完全被认为是思考的一部分。《云》中的苏格拉底——对苏格拉底的这种早期描画,后来被柏拉图的苏格拉底所巩固(《斐多篇》,96ff.)——是非诗性的(unpoetic),这和他不能理解政治事物有关。从某种程度上,柏拉图的苏格拉底可以被理解成对阿里斯托芬的苏格拉底的一个回应,或者,说得更重一些,苏格拉底也许从阿里斯托芬那里学到了什么。《理想国》有多种乔扮,其中一个面目即证明了"哲人并不是非政治的(必须不要忘记,根据所有的谨慎指证,特别是亚里士多德和西塞罗的,在苏格拉底之前没有政治哲学)",哲人最了解政治,而且他们对政治最为重要。在《云》中,苏格拉底冷眼旁观,在正义和非正义的辩论中持中立态度;而在理想国中——跟阿里斯托芬相比就非常明显——却显示出他无条件地跨入了正义的阵营(《云》,896–897;《理想国》,368b–c)。在《会饮篇》中,阿里斯托芬是惟一真正能和苏格拉底匹敌的对手,他们争吞赞颂爱欲:只有这两个人对爱欲真正是什么略有所知。哲人苏格拉底显示出他真正有效的对话者是阿里斯托芬,一个喜剧诗人,[171]在政治学和爱欲学方面,他还比阿里斯托芬略高一筹。我们只有严肃地对待阿里斯托芬,又喜剧地对待柏拉图,才能真正理解两者。只是由于我们思想的僵化迂腐,让我们忽视了柏拉图对阿里斯托芬的无数暗示。因为对我们学院派人士来说,这些当然并不重要,柏拉图教授只能和他的教授同事交谈。我的结论是,我们必须去关注柏拉图要我们关注的地方,而不是我们自认为应该去关注的地方。

霍尔先生说,他在第五卷里看不到什么好玩的地方。我则认为,其中描述的男女两性都裸身进行训练有些荒诞,但霍尔先生仅仅涉及色诺芬书中并不存在的某个章节,便轻而易举地一笔带过了。霍尔先生真正援引的是普鲁塔克,他说只要稍微看一眼适当的章节,就可以证明在斯巴达,男童和女童并没有裸身训练。霍尔先生还是没有理解我的意思。我知道在古希腊存在着同性恋,但我的意思是,虽然一个立法者能坚持不懈地禁止同性恋关系,谴责将他们联系在一起的吸引力(雅典和斯巴达的立法者就是这么做的),但他不能对异性关系做同样的事情。苏格拉底很清楚地说,那些人赤身裸体共同训练,因为他们这么做了,自然的需要就把两性结合在一起(458c–d)。我意识到我的幽默感和霍尔先生的的确不同,但我的想象力还感觉出,训练场上那些吸引力的外在迹象也许会为那些没有鉴赏力的头脑提供一些灵感。

同样地,霍尔先生说,在第四卷中,苏格拉底对荒谬的前提假设并不感兴趣。我并不认为仅仅是我的种族优越感(ethnocentrism)给了我以下印象:对苏格拉底来说,将论点建立在下述断言上是很荒唐的,此断言认为两性之间的区别并不比秃发男人和有发男人之间的区别更值得重视。

不过，如果要对《理想国》如何借鉴《公民大会妇女》(Ecclesiazusae)说几句有意义的话，我们必须对那出戏剧的意思说上几句。我不需要用《理想国》中的对话来证明苏格拉底是否真的指的是阿里斯托芬的戏剧。这太明显了，只有缺乏注意或有意狡辩的人，才否认两者之间的关联。为了支持这种否认，只能不顾历史事实，无中生有创造出一些思想学派来；要么颠倒建立在辩论上的所有可能性，要么任性地忽视文本。苏格拉底将他的新计划称之为"妇女登台"(female drama, 451b-c)，就像阿里斯托芬最出色的戏剧是他的妇女登台表演。苏格拉底反复提及喜剧，嘲笑那些将他的提案当真的人(e.g.,452a-b;473c; 518a-b)。只要将普拉萨戈拉(Praxagora)提出的革命性计划的演说和苏格拉底自己的话作个比较，就可以看出不仅语调相似，内容也相仿[172]（《公民大会妇女》,583-709；《理想国》,458-466a）。在《理想国》中，引了一些《公民大会妇女》的文字，下面我会指出两条。我们必须遵循简单的方法来看清楚，在展现在我们面前的证据的基础上，它说的是什么；而不是就我们尚不理解也无法解释的东西编织一些古老信条。《公民大会妇女》和《理想国》都描写了女性统治者建立起的总体共产主义(total communism)，也就是说，财产、妇女、儿童共有的共产主义。这是曾经有过的关于这种奇怪组合的惟一表述。《公民大会妇女》的作者被视作当然是对《申辩篇》和《会饮篇》的回应，那为什么不是对《理想国》的回应呢？仅仅因为阿里斯托芬和柏拉图对苏格拉底的描述相左——阿里斯托芬提及的苏格拉底缺乏诗意，不涉政治，没有爱欲，而柏拉图的苏格拉底恰恰相反——就断言回应一定背道而驰，是不可信的。

所以，让我们来读一读《公民大会妇女》吧。霍尔先生告诉我们说，"因为阿里斯托芬对前文提及的那种建制提议极尽讽刺，那肯定是有人非常严肃地提出过那建议"。根据这种推理，我们就不得不说，一定有人曾经非常认真地建议，将鸟当作神，或者用蜣螂到天堂去带回和平女神，既然阿里斯托芬都创作出那些幻想了，为什么这些提议不可能是阿里斯托芬创作的引以为豪的诗性新奇事物之一呢？这些有趣的设想,使阿里斯托芬的每一出讽刺喜剧都生机盎然,或者显出其荒诞的一面,它们是非常重要的。但是对英雄的清晰描绘并没有透露出其有意的目的;必须将戏剧看作整体来理解和寻找。在《公民大会妇女》中,旨向很明显:阿里斯托芬将雅典民主的原则推至极致,然后显现出它的荒谬来,于是也展示了民主原则的局限,或者说雅典问题的所在。阿里斯托芬嘲笑的是雅典人,而非无名的政治设计者。雅典人希望得到平等,或者说废除贫富之间、有产者和无产者之间的差距。雅典处于困境之中,当时人们普遍认为,只有通过了解公众所需的改革才能拯救国家。女人——新的统治者,提出了绝对破坏私有财产的共产主义,以保证人们致力于公共利益,平等分享一切美物,也是为了让城邦归于一体。这样的城邦包纳一切,也满足人类的所有渴望。但普拉萨戈拉的改革在两大场景中易受指摘:(a)有着美好信仰的克莱米斯(Chremes)把他所有的财产都捐献给城邦,但其他人都没有这样做。他看来像个傻瓜君子,因为私产根基之深难以连根拔起。[173]因此,任何政治秩序中,不平等和自私都如影随形。(b)一个英俊男子被迫和一连串丑妇发生性关系。这是和共产主义共享相联的、改革的最根本、最必要的措施。本来是最私人的、自然最不平等的人事,必须进入公共区域。要不人们就会在最极端最重要的意义上一无所有;年轻人和漂亮人在承担市民社会的义务时也会有所保留。这富有冲击力并"相当卓越"的丑陋场景横陈,让尝试政权统一之荒诞性暴露无遗;让平等分配所有稀有的、特别的、美妙的事物的荒诞性丝缕毕现;让不让任何东西逃脱或超越政治秩序的荒诞性一览眼底。它揭示出自然(physis)和习俗(nomos)之间、自然存在和公民社会之间的张力。阿里斯托芬先假设存在着完美的社会整体,然后让他的观众亲眼看到那将会是个地狱,有些东西必须是私有的,人类必须接受社会共同体的不相容性,给私密留下空间。雅典人目标的实现不应是人们所欲之事。

苏格拉底采纳了《公民大会妇女》里的假设:要有一个社会共同体的话,一切都要公有化;而且,妇女和儿童必须首先公有。《理想国》中有一个章节几乎直接引自《公民大会妇女》(461c – d;《公民大会妇女》,634-639),格劳孔询问公民如何辨认他们的亲缘关系,而苏格拉底则回答道——正如普拉萨戈拉所言——他们不用去辨认。这两个伟大的改革家都不关心乱伦之行,不在意人类最神圣之处的禁区,而亲缘关系是家庭和城邦的主干。他们的改革事实上是难以实现的。

但是,柏拉图描绘的这种对传统的挑战,最后并没有显示出是丑陋的或者可笑的,我们因此可以得出结论,柏拉图认为阿里斯托芬把传统的不妥协一面、完美共产主义的不可能性和爱欲的超政治本质搞错了。阿里斯托芬对哲学的敌意让他忽略了最关键的部分:哲人,那些完美的撒谎者,能让所有一切可行。但阿里斯托芬不理解哲学,所以他认为政治问题是不能解决的。对普拉萨戈拉和苏格拉底来说,问题的重点都在性爱事件,苏格拉底表现得他能处理这些问题,而普拉萨戈拉无法做到。无用的哲学被证明是最有用的,苏格拉底替代了不能成功实现改革的普拉萨戈拉,这是柏拉图对阿里斯托芬妇女戏剧的改进。

必须指出,苏格拉底并没有倡导让一些严肃沉闷的学者当统治者。哲人作为一种类型,[174]仍然不为人所知,也难以让人尊重。哲人的公众典范是《云》里面那个坐在空中吊篮里为跳蚤做鞋量尺寸的傻乎乎的家伙。苏格拉底敢于说自己是最完美的统治者。《理想国》这出喜剧,部分是由苏格拉底将阿里斯托芬的两出喜剧《云》和《公民大会妇女》结合在一起而组成,他用其中一出的荒诞特点去解决另一出的荒诞问题。即哲人会来解决这些问题——为了公共利益,美少年与丑妇同房,没有不适和不满。

所以,一切功德圆满。然而苏格拉底又加了戏,就和阿里斯托芬的戏类似。我们得以窥见哲人与大众之间的关系。在此苏格拉底沿用了阿里斯托芬的方法。他自己提出建议,然后让观众看着它发展,让他们为自己而判断这结局。苏格拉底用一个年老丑妇对年轻美男所用的同样语言,来描述哲人与大众之间的关系:他们之间的关系是"迪俄墨得斯式的必须"(《公民大会妇女》,1028 – 1029;《理想国》,493c – 494a)。① 大众从来也不了解或者会正确使用美,但他们会将美当成自己的奴隶。阿里斯托芬的喜剧场景是在更高一个层面上再现了此点。难以做到和不受欢迎的事情是强迫城邦和哲人相联。城邦,曾经看起来就像个美男,已经变得丑陋,它强迫现在的模样被当作是真正的美来接受。丑妇面对男郎就像城邦面对哲人。有特权的爱欲是哲学的爱欲。阿里斯托芬和苏格拉底之间的区别,与哲学和诗之间那场旧战有关,而我们现在所能做的就是提及这一点,并且指出这是我们必须加以研究的地方。就至高至善来说,他们俩都同意城邦有局限之处。苏格拉底使用阿里斯托芬的疯狂想象来突出这些问题。研究《理想国》的政治结果,在《礼法》中显现出来了,柏拉图在其中讨论一个可以建立的政权。《礼法》做出了最基本的妥协:私人财产可以被接受。紧接着,它又说,出身高贵的人而非哲人统治着城邦,女人受到不同的教育,跟着男人过着不同的生活,这样家庭形式就保留下来了。

  普拉萨戈拉的改革和苏格拉底的改革相似的另一面,是他们都采用了建邦者的观点。"何为善"(cui bono)这个问题可以有效地放置在新秩序的创建上,也可以放置在罪行上。在普拉萨戈拉的政权中,很明显,整个建构是于她有利的精美设置。她是个年轻女人,嫁给了一位年长人士。为了满足她的自然欲望,她犯了旧秩序中的通奸之罪。她犯了法。但是在新的分配制度下,一个和老男人睡觉的女人——[175]普拉萨戈拉已然这么做了——有权和年轻男士上床。普拉萨戈拉的欲望由此合法了。同样地,在《申辩》中,苏格拉底说,他应该生活在城市公共会堂里,由公众花钱养他,就像花钱养着那些奥林匹克得胜者一样(《申辩》,36c – e,《理想国》,465c – d)。《理想国》勾勒出了一个惟一

---

① [译注]迪俄墨得斯式的必须,或迪俄墨得斯式的强迫,是一句俗语,暗指佛拉吉亚的比斯同人的国王迪俄墨得斯的故事。传说这位国王曾强迫自己的俘虏同自己的女儿们同居。引自《理想国》,第 242 – 243 页,商务印书馆,1996。

的政制，苏格拉底能在城市公共会堂享用晚餐、表达其对民主问题永恒关注；或者，说得稍微不那么诗性化，这是惟一一个哲学在其中能获得尊重的政制。哲学就像通奸一样，在雅典是不合法的，因为哲人不相信城邦的神，还毒害青年。而在加里波利，哲学不再被当作是罪行；农夫会种粮食给哲人吃，援军会保护他。普拉萨戈拉和苏格拉底都尝试使他们最深的欲望合法。为了做到这一点，他们不得不大刀阔斧地进行改革，否认政治生活的基本需求（比如说，禁止乱伦）。但没有一个政制能适合他们的要求，他们不得不继续像罪犯那样行事。

前文所说的不过是些提示。将苏格拉底和阿里斯托芬游戏般的争斗中的一些问题阐释清楚，是需要一生来完成的工作。只有全心投入文本，真正的问题才会展现，否则，如果我们不知道真正的问题是什么，更遑论答案了。柏拉图解答问题的方式，就是去关注那些普拉萨戈拉式的政策，虽然它们看起来微不足道或蛮横无耻。如果我们不仅想理解古代思想，也想关注人类永恒的问题——这些问题不再现身于我们面前——的话，我们也必须照此办法。

结　　论

我和霍尔先生的分歧最终归结于：我认为，哲人统治者是"复合配方"，它将两种完全不同的活动结合在一起，因此亵渎了正义原则，即一个人———一份工；霍尔先生则认为，哲人和统治者是描述同一事物的两个词。我坚信霍尔先生找不到任何证据能证明他的判断。他声称我将苏格拉底的反讽，引为"机械神迹"（deus ex machina），①但这种反讽可以在苏格拉底言行之间的关系中以及对待不同同伴的态度中找到。

---

① ［译注］机械神迹（deus exmachina），原拉丁文意指"由机械上下来的神"。最早用于希腊戏剧中，作家利用起重机等舞台特殊效果的器材，将神迹带入舞台上来解决剧中所面临的困境。如今这个词汇的意义已被扩大，泛指任何以牵强的安排来处理不合理的问题。

它展现在每个人的眼前,只有顾左右而言他,才会忽视和否认那些需要阐释的问题。因为我已经仔细回顾了是什么将我和霍尔先生引上不同的道路,所以我得出结论说,他误解了我。我认为苏格拉底非常政治,而且他给予个别(正和那些理式相反)以无限关注。换言之,他没有注意到我关于洞穴的观点或洞穴本身。哲学家当然与所有人一样,要从洞穴出发;但哲学家更胜霍尔一筹的是,他不仅严密注意特定和个别的事物,而且关注其影子。哲学家与其他人不同则是,他知道那些影子不过是影子,而影子可以使我们接近真实,但其他人却相信影子就是真实的事情并且充满热情地去把自己托付给这种信念。这就是所谓穴居的意思。洞穴必须永远是洞穴,所以哲学家乃是囚徒的敌人,因为他不可能把非哲学家最珍视的信念看得很重,同样,苏格拉底也不会把其他人当回事,而最多关心那些有能力进行哲学思考的少数人。这就是重要而本质的区别,无法弥合并导致根本不同的旨趣的差异。只有他们有能力有真正的德性(518b – 519b)。在一定程度上,哲学家将一些人带到亮光之中,他劫持了那些同盟的穴居者。并不是因为,他生活在太阳下,在洞穴之外,我才说哲学家与城邦具有紧张关系;他的问题恰恰是,事实上他就在其中,但以与别人不同的方式身处其中。然而,这应该是继续讨论的主题。这里我仅仅希望挑明的是,霍尔的批评并未找对问题。

(严蓓雯 译)

《爱弥尔》

[177]在《论人类不平等的起源和基础》(*Discourse on the Origins of Inequality*)一书中,卢梭召唤人们第一次倾听人类的真实历史。①

人生而自由、平等、自足、公正、完整;而现在,在历史的末端,他缚于枷锁(被他人和不是他自己制定的法律统治),陷于不平等的关系(富人和穷人,贵族和庶民,主人和奴隶),依赖他人,为错误的意见迷信充斥,并且被他的爱好和义务分裂。自然把人造成野蛮人,但他却幸福且善。历史——人类是惟一拥有历史的动物——通过人的才能的发展和心智的进步使人变得文明,但人却不幸而堕落。历史不是神义的证成,而是悲惨和腐败构成的故事。

然而,《爱弥尔》则有一个幸福的结局,卢梭说他不在意人们只把它看成小说,因为他认为事实上它应当是人类种族的历史(第416页)。以此他将《爱弥尔》的要津指点于人。如康德所言,②这部书试图调和历史与自然、人的自私天性与文明社会的要求,也因之是有关人的爱好与义务的著作。人需要能使其回到自我而获得诊治的教育。卢梭的悖论——他攻击艺术和科学而自己却把它们付诸实践,他赞扬野蛮

---

① 《卢梭全集》(*Oeuvres complete de Jean–Jacques Rousseau*, ed. Bernard Gagnebin and Marcel Raymond, 4 vols. Paris: Gallimard, 1959–1969, Bibliotheque de la Pleiade, Vol. 3),第133页;《论文一和论文二》(*The First and Second discourses*, ed. R. Masters New York: St. Martin's 1964),第103–104页。

② 《推测人类历史的起源》(Conjectural Beginning of Human History),见《论历史》(*On History*, ed. Lewis Beck Indianapolis, Ind: Bobbs–Merrill, 1963),第60–61页。

人和自然自由却也提倡古典[178]城邦、公意和美德,他令人困惑地将自己表现为公民、情人但却又是孤独者——并非一颗被困扰的心灵的表露,而是对这个世界结构中的不一致之处的准确反映;这个世界,我们都面对,但毋宁说,我们多半都没有面对。《爱弥尔》是通过重整人之欲求的出现次序将和谐复归到世界上的试验,其方式是既避免这些欲求所产生的不协调,又使人的潜力得以充分实现。卢梭相信他的努力带来一个得到恩赐的时刻,在这个时刻,人的所有才华都得以揭示,而且人将第一次获得关于人性原则的知识。《爱弥尔》是一块画布,在其上卢梭试图以一种与人的自然完整(natural wholeness)保持一致的方式描摹灵魂获得的所有激情与才学。如斯伯克博士(Dr. Spock)所言,这是一部"精神现象学"。

因此《爱弥尔》是那些罕有的整全或综观的著作之一,是一本人可在生活中相伴的书,而在他变得更深刻时,它也更为奥妙;并且它也是一本可以与柏拉图的《理想国》媲美的书,而事实上它旨在与《理想国》竞争并取而代之。① 但它没有得到这样的承认,尽管卢梭自己认为这是他写得最好的书,而康德则把它的出版看成可以与法国大革命相提并论的事件。在卢梭的著作中,这本书最少为人研究和评论。似乎这本书的力量完全耗尽在影响康德和席勒这样的人了,留下的只是一种多少有些怪异的残余,这残余使之闻名于经营学校的老师:反对将婴儿包裹在襁褓、提倡哺乳和学习做买卖的种种长篇大论。不管什么原因使它失去青睐(这倒会是某项有趣的研究话题),《爱弥尔》确实是一部伟大的书,这本书第一次以无与伦比的清晰和生动揭示了提出心理学问题的现代方式。

我的意思是卢梭处在这样一个传统的源头:这传统用坦诚和不坦诚、真实与非真实、内在的指引和他者的指引、真正的自我和异化的自我这样一些对立取代了美德和罪恶作为揭示人为善或行恶、幸福或悲

---

① 《爱弥尔》(*Emile*),布鲁姆(Allan Bloom)译(New York:Basic books,1979),第40页。

惨的原因。所有这一切都源自卢梭对"自爱"(amour de soi)与"自私"(amour-propre)的分析；对他人身体上和精神上的依赖破坏了他原初的统一或完整，导致了灵魂内部的分隔。自爱与自私的区分意在对人内在的紧张进行真实的揭示，这一紧张过去被理解为灵肉的对立、不可调和的要求造成的结果。[179]《爱弥尔》对自私的发生给予了全面的描述，展示了其丰富多样的面相(如孔雀开屏)，标明了人类从其在自然和社会中流浪的精神漂泊(人类历史)回归自身的路径，这一向自身的回归将他在途中积聚的所有羁累的财富整合到他的本质中。这一剖析取代了那种以灵肉之分为基础的学说，那一学说推动了对美德的探询，而这美德被理解为在灵魂的、理性的指导下对身体欲望的控制。此书开启了回归个体之自我的热切渴求和对异化的仇视，这两者概括了所有现代思想的特征。人的整全，统一和独一(singleness)——在《理想国》中被反讽地勾勒出来的设想——是《爱弥尔》及在其后出现的几乎所有作品的严肃主题。

《爱弥尔》的写作是为人类抵御一个巨大的威胁，这一威胁有可能导致人类永久的堕落，即某种低等人不可避免的普遍统治，而卢梭第一次将这低等人识别出来并加以命名：资产者(bourgeois)。卢梭的敌人不是旧制度及其王权、祭坛和贵族。他确信这一切都已寿终正寝，革命将很快把它们一扫而光，为一个建立在平等原则新哲学基础上的新世界开辟天地。真正的斗争将关涉要居住在这个世界上的那种人，因为彼时局势中引人注目之处是、现在仍然是：一种真实的理论洞察似乎已导致人类进入某种卑下的结局。我的意思是作为人类低等族类的资产阶级是霍布斯、洛克政治科学的化身，而这一科学的首要原则被卢梭接受。我们可以在托克维尔的《论美国的民主》中特别清晰地看到这一点，而《论美国的民主》的纲要即得之于卢梭。托克维尔告诉我们，现在平等几乎成为某种上天注定的事实；没有人再相信划分等级或阶级界限和作为旧制度基础的那些原则是正义的。剩下的惟一问题或者是自由将伴随平等，或者是普遍的极权从中产生。卢梭和托克维尔所致力于的正是塑造自由人及建立于平等原则基础上的自由社会。

那么在卢梭看来谁是资产者呢？最简单的是,如果依据黑格尔的公式,他是被对暴死的畏惧所支配的那种人,他首要的关切是自我保护,或者依据洛克对霍布斯的纠正,是舒适的自我保护。[180]或者,如描述他内心的思量,他是这种人:在与别人交往时只想着自己,而另一方面在理解自己时却只想到他人。他是角色的扮演者。资产者一方面被卢梭用以与完整的、只以自己为念的自然人作对比,另一方面则与公民比照;对公民而言,其生存在于他与城邦的关系,他明白他的利益与公益(common good)一致。资产者则把他自己的利益和公益区分开来。他的利益需要社会的存在,因此他剥削他人而同时又依赖他们。他必须通过与他们的关系界定自己。当人们不再相信公益的存在时,当祖国的观念败坏时,资产者就产生了。卢梭暗示他追随马基雅维里把这一败坏归罪于基督教,因为基督教向人们允诺天上的祖国并因此转移了人们对地上祖国的拥护,继而使得社会之人不再有理由为了公共的责任牺牲私人的欲求。

现代哲学对基督教所揭示的加以诠解:人并非生来是政治存在;他并不天然倾向于正义。他天性只关心如何保护自己,而他的所有能力都服务于这一目的。在关键性的方方面面人生来自由平等:没有明确的权威可以统治他们,他们都追求相同的、独立的目的。人有自然权利去做有利于保护自己的事情。卢梭认为所有这些都是对的。所不同的只是,他不相信可以从自我利益中产生遵守市民社会法则的义务。霍布斯和洛克让自我利益背负的超过了其所能承担的;在每个关键事例中损公肥私都自然而然。他们制造了许多伪君子。这些伪君子们慷慨许诺却无意践行,假意关心他人实则图谋一己之私;利用他人作为达到自己目的的手段,却也因此扭曲了自我。市民社会不过成为一个角斗场,人们在此角逐权力,争夺对财富尤其是对人的控制。由于启蒙,幻梦被驱散了,人们认识到他们关心自己的生活远胜于国家、家庭、友谊和荣誉。狂热尽管危险并使人扭曲,但至少能激发出忘我的卓越业绩。但是现在狂热让位于算计。骄傲尽管是竞取统治的动力,但也激励人们漠然于生命,而这种高贵的漠然似乎是自由和抵抗暴君的前提。但骄傲已被恐惧压垮,为沉溺小利的虚荣取代。人的堕落是其真实本性被启蒙昭彰后的明显后果。

[181]在回应这一新哲学的挑战时,卢梭致力于在与历史生成的社会需要的关系中,重新思考人类本性。他试图描画出一种在道德诉求上与柏拉图的政治媲美的平等主义政治,而不是为了一小撮人的意志(will-of-the-wisp)即安全,贬损人类的平等主义政治。在想象中,他找了一个普通的男孩进行试验,期待使之成为自律的人——道德心智独立,像柏拉图的哲学王一样,是一种公认为罕见因而也是高贵的人的类型。这一冒险事业的成功将证明人作为人(每一个普通人)与生俱来的尊严,并因而为选择民主奠定高层次的基础。自卢梭以降,取代资产者(overcoming of the bourgeois)被认为几乎等同于实现真正的民主和造就"真正的人格"。

前述的思考提示了《爱弥尔》的写作特征。被现代自然权利学说最终取代的两大道德-政治传统——即圣经的和古典的传统——与可被称之为诗的伟大著作并存。诗描绘那些伟大的人的类型,他们体现了对正当生活方式的洞察,使这一方式成为可能并激发人们的钦慕与仿效。《圣经》在其最高层次上给了我们先知和圣徒;在日常可能性的领域里给了我们虔敬者。荷马和普鲁塔克则在极致处给予我们英雄,而在日常生活中,则是绅士(gentlemen)。另一方面,现代哲学则不能激发出与之相应的诗。它炮制出来的模范人被高贵的缪斯不屑一顾,永远不能成为那些热爱美的人的榜样。他不能成为榜样的事实,正是平淡的、去除人的可能性的现代哲学症候。卢梭以《爱弥尔》回应这一挑战,并敢于与古老诗歌中最伟大的杰作分庭抗礼。他着手创造魅力可与圣徒和悲剧英雄匹敌的人的类型——自然人,并以此显示他的思想足以领会人类的美。

《爱弥尔》包括了一系列的故事,而只有当读者掌握了这些故事的复杂细节和巧妙统一时,其学说才能被理解。读解这一"小说",第一部教育小说(Bildungsroman),需要几何学精神(l'esprit de geometrie)和敏感性精神(l'esprit de finesse)的结合,而它典型地表现并传授了这一结合。这里只能简要说明此书的计划并尝试描绘其总体的意向,期待揭示出这一著作的性质;而研究此书[182]是理解人类可能性的迫切需要。

一

《爱弥尔》被分成两大部分。一至三卷集中探讨如何培养有教养的野蛮人,他只关心自己,独立自足,没有违背其意愿因而使其分裂的义务被强加给他,他的技艺和科学知识没有使其卷入公众舆论和劳动分工的系统。四到五卷则尝试凭借他的爱好和慷慨将这个单子式的个体引入人类社会并使其承担道德责任。

当教育者让-雅克给了他的学生第一本也是惟一一本他应当在刚刚成年前阅读的书时,卢梭在第一部分的意图最清晰、最充分地体现出来。在展示他的礼物前,让-雅克向读者表达了他仇视一切书的泛泛之情,含蓄但却特别地将书中之书(the book of books)(即作为信仰和行为指导的《圣经》)也包括在内。书作为人与事物之间的中介,使人依赖于他人的意见而不是迫使他们自己去理解或者索性让他们处于无知之中。它们刺激了想象力,因而使人们的欲求、希望和恐惧膨胀得越出了应当的范围。对爱弥尔的全部早年培养,都是深思熟虑地尝试使他避免产生想象力;而根据《论不平等的起源》,这种能力正是使人的心智发展成为其不幸的根源。尽管对书予以普遍的禁止,但与他刚刚说过的相反,卢梭确实引入了一本书,以探讨新学说和新教育的新方式。这本书是《鲁滨逊漂流记》,这不只是给爱弥尔一种无害的娱乐,而是给他提供一种观察整体的视野和判断人和事物的标准(Op. cit., p. 184ff)。

鲁滨逊是自然状态中的孤独者,处于文明社会之外,不受人们的行为或意见的左右。他惟一的挂念是他自己的安危舒适。他所有的力量和理性都用于这些目的,有用是其指导原则,这一原则构成了他的全部知识。他看到的世界[183]既没有神也没有英雄;那里也没有习俗。没有对伊甸园的追忆和对拯救的希望来影响他的判断。自然和自然行为是他关切的全部。《鲁滨逊漂流记》是关于自然的新科学的《圣经》,它揭示了人的原初状态。

此外,这部小说为想象力的初步发挥提供了某种新型的训练。首先,那男孩不会去想象不存在的事物和地方。他想象他处在各种境遇中,顺从那些属于他的经验的一部分的必然性。事实上,他的想象去除了在普通的社会中看起来如此真实而实际上是人为制造的想象物。他自己置身于民族宗教的种种差异之外,这些差异遮蔽自然却构成了平庸诗歌的主题。其次,他不会遇到他必须屈从或欲与之一争高下的英雄人物。每个人都能成为并且事实上就是鲁滨逊,只要他试图做个简单的人。鲁滨逊的示范不会像其他诗歌的虚构那样使其与自我分离;它帮助他成为自己。他完全理解他的角色的动机,不会去盲目模仿那些动机超出他想象的行为。

一个男孩想象他自己独处荒岛,全力以赴地思考他需要什么以维持生存并如何获取这些东西,他知道他为何要掌握这些知识技艺;它们与重要的事情息息相关,这一点须予以确保;支配俗常教育的恐惧、报酬和虚荣纯属多余。什么也不被视为权威;他的感觉的作用和他的欲望的召唤就是他的权威。爱弥尔在森林中迷路,饿着肚子,借助于他的天文学知识找到路回家吃午饭。在他看来,天文学不是他的老师强加于他的训练,也不因为可以借机炫耀自己而对他有吸引力,更不是他的迷信的表现。卢梭以这种方式指出在历史上使人们更加互相依赖的科学可以被用来帮助人们实现独立。这样,爱弥尔移居到文明社会后,会赋予事物和行为不同于他人认可的价值。制造剩余物使人分化——成为一个大机器上的零件的劳动分工,在他看来像一个监狱,一个不必要的监狱。他将知道与社会中人的虚荣赋予事物的价值完全相反的真正价值。而且他会尊敬真正价值的创造者而鄙视那些虚荣价值的炮制者。自然将总是与他相伴,不是作为教条而是他的感觉的一部分。因此,《鲁滨逊漂流记》被恰当地预备和使用,教会他科学的用处,使他免于社会桎梏而保持内在自由。

[184]这里我们看到了卢梭对柏拉图的回应。柏拉图说,所有人总是作为洞穴中的囚犯而开始人生。从文明社会对属于它的那些人的心灵的影响来看,洞穴就是文明社会。他们的行动、恐惧、希望和愤怒制造出一个意见和神话的网络,使得社会生活可能并具有意义。人们从没有直接体验自然,而是在他们的所见中混入他们的信念。从洞穴得到解放需要在习俗的重重遮蔽下发现自然,把自然从人造的事物中剥离出来。只有一个天才能够找到一个立足点,从那儿他可以看到洞穴确实是洞穴。这就是为什么惟有哲学家(人类中最罕见的类型),能够自律且不被偏见束缚的缘由。现在,卢梭同意当天才处在洞穴中时,他必须从里面走出来。他也同意启蒙是虚假的,不过是以一种偏见取代另一种偏见。他自己生在一个洞穴中,因此必须成为天才以洞察人类的境遇。他的一生是探求自然的英雄个性的见证。但是他否认洞穴是自然的。独立于社会的正确教育能使孩子直接接触自然而不触及意见的混合物。柏拉图纯洁了诗歌,使它的世界观不那么敌视理性,并用高贵的谎言取代普通的谎言。卢梭驱逐了所有的诗,废弃了所有谎言。他最多只是把《鲁滨逊漂流记》给了爱弥尔,而鲁滨逊不是"他人",只是他自己。总而言之,没有神。十五岁时,爱弥尔在文明社会之外找到了他的性情和理智所确立的立足点,从这里他看到了他的人类朋友是洞穴中的囚犯,而通过这个立足点,他完全脱离了畏惧惩罚或追逐名誉的一切引诱,这些名誉也是洞穴的一部分。

因此,卢梭对年轻的爱弥尔的教育限于扶持与保护与他自己直接相关的能力的发展。他对快乐的欲求和对痛苦的逃避出自天性。他的感觉是达到这些目的的自然手段。而自然科学如数学、物理学和天文学是人类发明,它们如果牢固地立足于感觉的纯粹体验,将能扩展感觉的范围,使他能抵御想象的错误。教育者的职责首先在于使感觉依循其适当的目标得到发展;其次,激励学生学习科学,这一学习几乎是运用感觉的自然结果。卢梭将这一教学(特别是就与感觉有关的部分)

[185]称为消极教育。所有的动物都经历了相似的学习期而开始生命。但对人而言,某些因素干预了这一学习期,从而阻碍或扭曲了自然的进程。因此,一种特别的消极教育、一种人为的努力是需要的。这新因素就是激情特别是惧死和自私的发展。这些激情在想象的滋养下,与欲望和感觉混杂在一起,改变了人们的判断并导向一种只是人为的或是神秘的对世界的解释。消极教育特别意味着教育者为了阻止这两种激情产生而发明出的技艺,这激情使人们彼此依赖又被束缚于意见。

就惧死而言,卢梭断然否认人天生怕死,因此否认了霍布斯政治哲学的前提(以及那些似乎是所有政治思想家的普遍意见)。虽然卢梭并非不同意现代自然权利思想家的观点,即人的惟一天然使命是自我保护或人试图逃避痛苦,但卢梭坚持认为人并非一开始就明白死亡的含义,人也不会改变他们的信念或生活方式以逃避死亡。他争辩说,霍布斯的人的死亡观念事实上是想象的产物;而只有根据这一想象,他才会为了不断角逐权力以预防死亡的攻击,放弃自然、闲适、追求快乐的生活。生命能被消灭的观念使作为生活的条件的生命成为目的自身。没有一种动物会形成这种观念,因此也没有一种动物会改变其生活。卢梭认为在死亡这个问题上,人可以处在动物般的无意识状态中度过一个足够长的时期,以使他建立一种稳固不变的积极生活方式,在这种生活方式下他将习惯于痛苦;这个时期也使他有足够的见识,因而在他完全理解死亡之后也不至于被死亡的事实压垮。通常惧死导致两种可能反应中的一种:迷信,或试图对抗死亡的不可避免。第一种反应给人以希望,即神会在此生中保护他或者给他来生。第二种反应即启蒙运动的反应,运用科学延长人的生命,建立稳固的政治秩序,推迟那不可阻挡之事并使人投身进来紧紧抓住生命。没有一种反应面对死亡这一事实,而两者都败坏了意识。

这使我们想起苏格拉底的格言:哲学是"学习死亡"的涵义。所有人都会死,许多人赴死时勇敢坚定;但是没有人这样做时不抱着幻想。这些幻想构成了洞穴的界域,而洞穴中的习俗被设计来支持人们的希望与恐惧。因此,知道如何[186]死意味着从洞穴中解放出来。而卢梭争辩说没有自然的洞穴,因此他得出结论认为人生来知道如何去死。"教士、医生、哲学家使我们忘记了如何去死。"(Op. cit., p. 55)他并不认为每个野蛮人或每个婴儿都像苏格拉底那样对死亡进行思考。他的意思是,很自然地,每个人对死亡都没有那些虚妄的观念,这些观念败坏了生命并使苏格拉底式的努力成为必要。教育者的职责是预防教士、医生和哲学家们的介入,他们的介入制造并强化了对死亡的恐惧。简单的教训是人必须依靠自己并承认和接受必然之事。卢梭说明了这一点如何实现而不需要践行那些最罕见的美德。

尽管惧死使人们难于接受必然性,但自私却使人们难于承认必然性。自私是解释人们彼此之间那种"有趣的"关系的阴暗激情,也是卢梭心理学学说的基石。消极教育的首要意图是阻止自爱变成自私,因为自私是人们分裂的真正渊源。卢梭对这一非常重要的主题的探讨,在其讨论婴儿眼泪的含义时被最恰切地引入(Op. cit., pp. 64 – 69)。

他告诉我们,眼泪是婴儿的语言,自然地表达了身体的不适,也是要求帮助的表示。父母或保姆予以回应并满足他真正的要求,如给他喂食,或者消除痛苦的根源。但某些时候,儿童可能认识到,他的眼泪具有让他通过成人的帮助使事物服务于他的效果。这个世界回应他的愿望。他的意志能使事物被调动起来满足他的愿望。这时,婴儿不再有兴趣为自己准备各种东西;变得足够强壮以使自己去获取别人现在供给他的东西这一内在动机,转变为对那些供给他这些东西的工具加以控制的欲望。他对自己身体行动的关切转变为控制成人意志的激情。他的眼泪变成了命令,经常不再与他的真实要求有关,而是为了试验他的权力。他不能通过眼泪停止下雨,但他能使一个成人改变主意。他开始对意志有了意识;而且他知道意志与必然性相反是屈从于命令的,意志是不断变化的。他很快认识到对他的生活而言,控制人比使自己顺应事物更为有用。[187]于是,使成人受他的支配取代了他的身体需求成为他首要的考虑。在他的想象中,如果成人希望那样,所有没有实现的愿望都能被实现。对他自己意志的体验教导他别人的意志是自私多变的。他于是追逐控制他人的权力而不是事物的用处。他成为一个熟练的心理学家,善于操纵他人。

随着改变意志的可能性出现的是责备,接着发怒变得顺理成章。自然没有意图;人有。发怒是有意的错误导致的,而儿童学会在那些于他不利的事情中看到故意做错事的意图,他成了报复者。大声哭闹的小孩多半是在检测自己的权力,如果他得到他想得到的,他就是主人;如果他失败了,他就发怒,充满仇恨,可能奴隶般丧失独立。在两种情形下,他进入了一种将占据他全部人生的主奴辩证法。他的自然健全的自爱和自尊(amour de soi)让位于一种被他人对他的评断左右的自爱;因此只有在别人尊敬他时他才尊敬自己。根本上他提出了一个不可能的要求,即别人应关照他甚于他们关照他们自己。心理现象中最有趣的就是这种自爱的双重化(doubling)或分裂(dividing);这是少数几个独特的人类现象之一(任何动物都不会受到侮辱);从此涌现出发怒、骄傲、虚荣、怨恨、报复、忌妒、愤怒、竞争、奴役、侮辱、乖戾、悖逆以及其他所有成为诗人题材的激情。在眼泪暴露的自私萌芽中,我们可以发现人类问题的根源。

自私几乎不可避免地导致人类的倾轧——利用彼此作为达到自己目的的手段以及对政府和法律的需要;卢梭对此的解决之道是像针对惧死一样,在至少很长一段时间里阻止自私的产生,并不需要自我克制。儿童必须依赖事物而非意志。教育者和它的助手们某种程度上必须离开,在那个孩子生活里发生的一切必须看起来是自然不可避免的结果。他不会对抗必然性;只有使必然性变得不可能(或者具有了一种观念:认为意志潜藏在必然性背后),才干扰了他和事物自然、明朗的关系。正是人类在需要得到满足后的闲思,导致了这个问题。

这一切的重要性比初看起来要大。因为卢梭提醒说,迷信,即认为无生命的事物或作为整体的世界都有意图,[188]就是意志的早期体验的结果。当父母在儿童的命令下移动东西时,他们给儿童的印象是所有的东西都能被意图移动,因此命令或祷告能使它们受人支配。而且,愤怒激发人。向违背他的愿望的东西发怒的儿童会向它施加自己的意志。如片刻的思考显示的那样,所有的愤怒都是这样。发怒与自私结盟,并且源于自私。一旦怒火点燃,它便处处伺机发泄。最后它使江河、暴风雨、天空和所有仁慈的、恶意的事物都有了生命。为了向自私效劳,它使宇宙也道德化了。

在童年的早期阶段有一个选择:儿童可以认为所有的事物或者没有任何事物像他一样有意志。或者任性或者必然性为他支配着世界,两者都是不对的,但对儿童而言,必然性统治世界的观念更为有益,因为自然就是必然性,基本的事物都是必需的。激情必须顺服必然,而必然不能被激情改变(Op. cit., p. 219)。在一个人与意志妥协之前,他必须理解并接受必然。否则他会在顺服畏惧神或企图成为神中度过一生。与近来的许多自由的鼓吹者不同,卢梭认识到没有必然,自由王国毫无意义。

卢梭关于自私的学说直入他与柏拉图的分歧核心。柏拉图论争说某种类似于卢梭称之为"自私"的东西是灵魂的一个独立部分。这是thymos,意气(spiritedness),或就是愤怒。这是《理想国》里他的战士们的动力,最好地体现在阿喀琉斯身上,他几乎完全就是thymos。柏拉图知道意气的危险,但他坚持认为它必须得到它应有之份,因为它是人性的一部分,它可以用作控制欲望的手段,并且它与一种高贵有用的人的类型相关。简单说来,是意气使人克服他们对死亡的天生恐惧。柏拉图试图驯服灵魂中的这头狮子,而不是使其得到发挥。《理想国》一至三卷中的教育提示了使其变得柔和并服从理性的方式。然而,这些战士确实需要神话和高贵的谎言。他们是洞穴中的居民。人类自然使宇宙成为生命,试图使其回应他们的要求,而如果被拒绝则对之予以责骂。柏拉图集中讨论了阿喀琉斯,他与一条被他认为是神的河较劲,正如卢梭着迷于薛西斯(Xerxes)的疯狂。薛西斯痛殴桀骜不驯的大海(《理想国》,391a–b)。这些是那些[189]支配人的激情的极端,但最有说服力的例子。柏拉图和卢梭在这关键点上的分歧,集中于发怒是先天的还是后天形成的。卢梭说一个没有败坏的孩子想要一块甜饼干时,绝不会因人们说"没有更多的了"而反对,但人们说"你不能得到一块"时,他却会发怒反抗。柏拉图坚持认为不是这么回事。人们自然地在没有意图的地方看到某种意图,人必须变得明智以把意志从自然的必然性中区分出来。然而他们都同意意气是精神治理的重要内容,因此当它出现时,必须对之予以最高的尊重。在这里他们都与霍布斯不同,他只是在扑灭灵魂的火焰时用一桶桶恐惧之水浇灭这伟大的战争事业。卢梭对骄傲及其使用和滥用进行了全面的解释,而其他现代心理学家或者忽视了这一点或者对之进行辩解。我们的教育没有重视骄傲,我们冒险的结果或者是制造出怯懦的灵魂,或者是那些灵魂的不节制的意气野蛮乖戾并寻找危险的发泄。

既然儿童必须从不遭遇别的意志,让-雅克告诉我们不能向他发号施令。他把对他的意志的哪怕是最合理的限制都会理解为是那个发布命令的人的自私表现。儿童必须总是做他愿意做的。我们发现这是现代渐进式教育的格言,而卢梭被准确地看成是其作者。然而被遗忘的是,卢梭的完整公式是虽然儿童必须总是做他愿意做的,他仍应当只想做教育者希望他做的(Op. cit., p120)。既然一个未败坏的灵魂不会违抗必然,而教育者能够操纵必然的表象,他就能够决定意志但不会播下仇恨的种子。他以可感知的形式向儿童呈现自然的必然性,那样,儿童就在理解自然之前已然依据它生活。

卢梭在一个说明他如何改进早期道德学说的故事里展示了这一方法(Op. cit., pp. 97—100)。他把爱弥尔放在一个没有"不",没有禁果,没有堕落的花园里,试图显示他的学生最后将健康完整,有比老亚当更单纯的道德。他让爱弥尔尊重别人的果实而没有诱惑他。

这男孩被引导种一些豆子,把它当成一种游戏。他的好奇、模仿力和儿童的能量被用来完成这个任务。他观察豆子成长,同时让-雅克教导他,在他看到自己劳作的成果感到快乐时支持他,[190]鼓励他明白这些豆子某种意义上是他的,让他明白这种意义的适当内涵。他的教导支持而不是反对他的喜好,因而不会像讲道那样让他厌倦。让-雅克教给他的实质上是洛克的财产学说。豆子属于爱弥尔,因为他付出了劳动。让-雅克以教育他明白他对豆子的所有权入手,而不是命令他尊重别人的成果。

一旦儿童对属于他的东西有了一个明白的概念,就让他第一次体会一下不公正。一天他发现他的豆子被犁在了地里。于是他第一次体验了愤怒,这是一种正义的愤怒。他追究应对此负责的人,试图惩罚他。他的自私的考虑与他对正义的关心是一致的。但让他很吃惊的是,爱弥尔发现那犯错的人认为他自己才是受伤害的一方,并且和他一样愤怒。那人是园丁,他种的是瓜种——而瓜是给爱弥尔吃的。这里我们看到了意志与意志冲突,愤怒对抗愤怒。尽管爱弥尔的愤怒失去了一些力量——因为园丁有更好的理由声称自己有权利这样做(他第一个占据了花园),而且依据的是爱弥尔自己使用的相同的权利概念,而这概念他是如此迫切地刚刚从让-雅克那里学到——这时的情形却可能导致一场争斗。但是让-雅克通过两种策略避免了这一后果。首先,爱弥尔想到他将要享受的难得的瓜,他对豆子的注意力就被转移了。其次,达成了一种社会契约:以后如果爱弥尔得到一小块土地种豆子,他将远离园丁的土地。这样,这男孩就被教导明白了他人的财产权并予以尊重,同时他没有失去自己的任何东西。如果发生利益冲突,爱弥尔自然地首先考虑自己的利益。但让-雅克没有让他处于这种情形。如果爱弥尔被命令远离他所欲望的,那命令他这样做的人就要对让他与自我冲突并鼓励他欺骗承担责任。花园中那甘美但被禁止靠近的水果只会使所有者自私的意志与爱弥尔的天性针锋相对。让-雅克至少使爱弥尔明白尊重别人财产的理由,并且从仅仅是天性允许的范围内让他尽可能地担当一种责任。在这个阶段,太高的要求没有效果而且会让他败坏。诱惑者是命令的发布者。这里卢梭追随霍布斯从权利推导出义务或与义务相近的东西。这样爱弥尔很少会侵犯他人的权利,他也无意伤害他们。

[191]正是这后者构成了自然人同时也是(聪明人)的道德。① 它取代了基督教的黄金律。卢梭在说人天性良善时,他指的是人只关心

---

① Op. cit., pp. 104-105;《理想国》c, 335a-e

自己的康乐,并不必然非要与人竞争(缺乏首先是欲望膨胀的结果),他也不关心别人的看法(因此他不需要试图强迫他们尊敬他)。人的善与其自然的自由(身体的和灵魂的)和平等同一。这一点上,与习俗的智慧不同,他同意说人都是坏人的马基雅维里。因为马基雅维里认为如果从公共利益,或者从人应当如何生活,或者从过去的作者笔下幻想中的城邦的角度来看,人都是恶的。这使得对人的要求与他们天然的兴趣相背,因而既是没有根据的也是没有效力的。如果这些标准被撤销,人的天性被接受而非被指责,最后在这些天性的协助下,良好的政制就会被建立起来。从虚幻的、完美的角度来看,人的激情是恶的;而从自我保护的自然欲望来看,则是好的。马基雅维里鼓吹接受后一种观点而将所有的超越和传统的二元论一道抛弃。通过辩护自我保护的整全(wholeness),证明旧道德的原则不只是无效的而且是败坏的根源(因为它们使人否定自己因而人都成为伪善之徒),学会掌握制造出虚幻城邦(这些城邦与真实的城邦对立,是人的分裂的表现)的想象,卢梭完成了这个与真实(what is)和解的计划。

那么,对年幼的爱弥尔的道德教育必须限制在有效地规定他不应当伤害任何人这个规则上。这一道德规则与他应当如何学会无知这一心智原则配合。后者的意思是,只有清晰明确的证据才能主导信仰。激情和依赖都不能使他必须相信,他的所有知识都应与他微小而容易满足的真正需要相关。在某种意义上,卢梭使他的年幼的爱弥尔成为启蒙运动的新科学方法的体现者。他断定的意志不应当越出他能证实的能力。对别人而言,这方法只是一种工具,易于被激情滥用并受制于许多强烈的需求。所有这些在《论科学与艺术》中得到描述。但[192]对于惟一的欲望是根据必然而求知生活的爱弥尔而言,这自然法则的新科学是完美的成就。以他信任的健康感觉构成的坚实地面和天文学所提供的天棚,爱弥尔现在已做好准备,把他的伙伴们接纳到一个他们的狂热激情不能撼动的堡垒中。这个十五岁的男孩,还没有去除怎样去死这一问题,没伤害任何人,懂得如何担当无知(knows how to be ignorant),已拥有了很多苏格拉底的智慧。

二

十五岁时,爱弥尔对他的父亲的关心不会超过对他的狗的关心。而一个那样做的孩子是出于畏惧或者对依赖带来的好处的欲望。卢梭通过使他自足让他摆脱了所有这些情感,因此他削弱了霍布斯和洛克确立的市民社会的经济基础。卢梭同意他们的观点即人没有组成社会履行义务的自然倾向,因此他必须找到其他一些自私、天然的激情,一定程度上把它们用作对他人真实的——对立于虚伪的、竞争的——关切的基础。为了在个人和对法律或他人权利的公正的尊重——这是真正的道德的内涵——之间建立桥梁,这一激情是必需的。

卢梭在性的激情里找到了解决的办法。它必然涉及别的个体,因之形成的交往与因恐惧或爱好利益而产生的关系非常不同。而且,卢梭发现,如果性欲的发展得到适当的引导会对心灵产生独特的影响。四到五卷是一篇性爱教育的论文,尽管实际上这两卷书也对上帝、爱和政治进行了清晰连贯的阐释。当文明被升华了的性爱推动引导,"文明"会变成"文化"。

作为灵魂更高表达的源泉的升华——对人类从仅仅追求肉体满足到为高贵的行为、艺术和思想奋斗的独特转变进行的解释——是卢梭引介给世人的。这一观念的历史可以追溯到他,然后经过康德、叔本华、尼采(他事实上提出了这个术语)到弗洛伊德(他使这个观念大众化)。卢梭在现代科学简约法(reductionism)的语境里对人的灵魂的丰富性的理解尝试,使他得出了一种解释。这一解释仍然是我们看待事物的方法,尽管我们已不再能清晰地理解其意图与内涵。卢梭知道存在着[193]高尚的事物;他对他们有内在的体验。他也知道在对人的现代科学解释里没有高尚事物的立足之地。因此高尚的事物必须从不高尚的事物中制造出来;这就是升华。这是把较低下者向较高处提升。颇为典型的是,自弗洛伊德以来谈论升华的人却是在降低较高的,把高尚的事物贬低到它们的初级成分,从而丧失了对高尚事物的独特尊严的把握。我们不再知道对高贵的事物而言什么是高贵的。

《爱弥尔》的最后两卷书详尽地处理了这个颇有争议的任务,即揭示较高者如何从较低者中导出而不被化简为后者,而同时也让我们大致领略卢梭的高尚或高贵意味着什么。卷四至卷五的一切都与性爱相关,这一点在过去没有得到足够的强调。但如果不做这一联系,部分不能得到揭示,整体也无法被理解。

性自然只是身体之事,这一点在卢梭看来理所当然。除了繁衍后代,性行为没有其他目的——没有对伙伴的关心,在男的一方没有对孩子的情感,也不会导致建立家庭。作为一个简单的自然现象,它不比吃饭更重要和有趣。事实上,因为自然人首先关心的是他自己的生存,性因其对个人的生存毫无裨益而只有第二位的重要性。但因为它与另外一个人相关,性很容易混入并推动自私的萌芽。被喜爱和比他人得到优待在性行为中变得重要。征服、控制和占有他人的意志因此也对性而言至关重要,于是原本只是身体的行为几乎完全陷入想象的虚构中。这半愚蠢的事(semifolly)导致了异化和掠取(exploitation)的极端情形。但恰恰因为文明人的性生活首先存在于想象中,对其可以进行某种无法作用于食欲和睡眠需求的操纵。混杂着幻想和掠取的性欲如果得不到满足会产生出极大的心理能量,用来创造丰功伟绩。想象中的目标会设立新的目的,而受人推崇的欲望能转变为对美德的热爱。但一切都取决于使这一欲望得到纯洁和提升,并使其与新目标密不可分。尽管卢梭可能被柏克谴责为学究式的淫荡(pedantic lewdness),他仍会令当代的性教育震惊;这一教育在性中把肉体与精神剥离,不能理解把社会人膨胀的激情视为自然时所产生的问题,忘记了使这未确定的冲动投身有益而高贵的目标时的困难,[194]也没有能欣赏到在身体孕育激情时延长无知的有益后果。在他看来被延期的满足是理想主义和爱的条件,而较早的满足则导致整个结构的崩塌夷平。

卢梭的意思被康德令人钦佩地表达出来,他追随卢梭并指出在可以被称之为自然的性成熟(natural puberty)与社会的性成熟(social puberty）之间的区分。① 当一个男性能够繁衍时就达到了自然的性成熟。而只有当一个男人可以忠诚地爱一个女人、培养教育孩子、尽职明智地参与到保护家庭的政治秩序中，他才达到社会的性成熟。但是文明的前进并没有改变自然的进程；自然的性成熟在大约十五岁时发生，而社会的性成熟，如果发生的话，很少在二十五岁前。这意味着在自然欲望与社会责任之间存在尖锐的紧张。事实上，这是人类历史制造出来的人的分裂的最好例子之一。在婚姻的责任里，自然的欲望几乎总是潜伏其中，没有被驯服。卢梭试图做的是使这两个成熟同时发生，把性交的欲望转变成对婚姻的欲望和对法律的自愿服从，而同时又不压抑和驯服那原初的欲望。康德称这样一个欲望和义务的结合为真正的文化。

卢梭通过让爱弥尔先后获得两种情感来建立这种结合，这两种情感是对性欲的升华，并且尽管有人会说它们不够自然，但却是以自然为基础：同情与爱。

同　　情

在这第一个阶段，这年轻人对他所经历的事情的意义一无所知。他有无休止的能量，并且很敏感。他需要其他人，但他不知道为什么。在敏感于别人的情感时和在对他人的需要里，他的想象被唤醒，他意识到他们都和他相像。他第一次感到他是人类的一员（在这之前他一直对别人只是漠不关心，尽管他知道他是人）。此刻自私的出现不可避免。他拿自己的处境与别人比较。如果这一比较对他不利，他会不满意［195］自己并嫉妒他人；他希望他会取代别人的位置。而如果这比较对别人不利，他就会沾沾自喜并不再与别人竞争。只有当一个人看到他认为比他自己幸福的人，这自私才是异化的。由此得出，如果有人

---

① 《推测人类历史的起源》，第 61 页注释。

愿意阻止一个人膨胀那种刺激他人伤害他人的卑下情感,就必须总是让他看到比他不幸的人。此外,如果他想到这些不幸可能发生在他身上,他会对受苦者表示同情。

这是卢梭关于同情的全部新学说的基础(Op. cit, pp. 221ff)。在生活的适当阶段审慎选择的比较会使爱弥尔对自己满意同时又关心他人,使他在其自然的、自私的基础上成为一个温和仁慈的人。这样同情就对他自己和别人都有益。卢梭将一种务实的宽厚引入了道德和政治思想。

无论我们说什么,他断言别人的好运会让我们心生不快。它把我们和他们分开;我们希望处在他们的位置上。但是他们的痛苦则让我们感到温暖并给我们一种共同的对人性的感受。同情的心理机制是这样的:(1)一旦某人想象中的感觉被唤醒了,它在别人受到的伤害面前退缩。在任何思考之前,他以一种弱化的方式也体验到这些伤害;他感到同情;一定程度上这些伤害也发生在他身上了。(2)他有片刻的思考;他意识到这是另一个人而不是他在受苦。这是让他满意的原因。(3)他可以通过帮助那身处困境的人显示自己的力量和优越性。(4)他高兴的是他有精神的自由来体验同情;他感受到他自己的善良。积极的人类同情(相对于《论人类不平等的起源和基础》中描述的动物的同情)需要自我保护本能之外的想象与自私。而且,它不足以抵抗一个人自我保护的要求。这是一株脆弱的植物,但如果栽培得当,它会结出甜蜜的果实。

爱弥尔对人的观察第一次被引向穷人、病人、被压迫的人和不幸的人。这让他感到自满,而他对别人最初的感情是温和的。他成了某种社会工作者。而当这一分析被清楚地说明后,可以看到卢梭主义的同情的动机与意图与基督教的同情鲜有共同之处。卢梭完全明白他教导的同情不是一种美德,因而会导致被滥用[196]而变得伪善。但他用这种自私的情感去替代和节制其他更危险的激情。这是他对霍布斯的部分纠正。卢梭找到一种包含了伙伴情感的自私的激情并使之成为社会性的基础,以此取代那些使人争斗的激情。他甚至可以声称,他在论辩激情而非理性是人类行为惟一有效的动机这个霍布斯所开辟的道路上走得更远。霍布斯的对他人的责任是从自我保护的激情出发的理性演绎。卢梭则在一种情感里,锚定了对他人的关心。他使这关心成为一种愉悦而不是一种令人不快的因而有效性颇成问题的结论。

卢梭的同情学说,在民主政治里酿成了一场我们今天仍身处其中的革命。每个政治家都把同情挂在嘴边,他们都吹嘘他们从政的首要资格是他们的同情心。卢梭独自提出了对弱势者的界定(the category of the disadvantaged)。在卢梭之前,人们相信对市民社会中权利的要求应以他们对其做的贡献为基础。在卢梭之后,不是因为具有积极的品质而是因为缺乏而提出的要求第一次获得了合法性。这样,他对建立在洛克学说之上的社会进行了某种平衡,而在洛克学说中,不幸者除了被化入游手好闲和惹是生非者之列无所归依。对我们的共同性和我们普遍的脆弱的承认,削弱了平等主义政治秩序中粗暴的竞争性和个人中心主义。卢梭抓住了平等导致的同情倾向,使用它(而不是自我利益)作为把人们结合在一起的黏合剂。因此我们的平等更多地是以我们的痛苦而不是惧死为基础;痛苦产生出一种与他人分担的情感,而惧死则不能。对霍布斯而言,恐惧的人们制造出一个人造的人(artificial man)来保护他们,而在卢梭看来,痛苦的人寻找同情他们的人。

当然,爱弥尔不总是能够把自己的关注局限在那些没有社会地位的穷人身上。有很多有权有势的富人,他们看起来比爱弥尔优裕很多。如果他被带到他们的府邸有机会看看他们的荣华享乐,他会头晕目眩,妒忌之虫开始咬啮他的心。让-雅克的解决办法是让他读历史,把他带回到在卷二中他被逐出的地方(Op. cit. , pp. 236-44; cf. pp. 110-12)。这就开始了爱弥尔与科学相对的人文艺术教育。只有他的情感得以充分发展能够理解心灵的内在活动时,[197]即当他确实有求知的欲望时,他才能学习前者。否则求知充其量也就是游手好闲、食而不化的多余之事。了解普鲁塔克的所有英雄的好奇,以及找到他自己的、不同于他们的生活的期待,点燃了爱弥尔学习的热情。卢梭期待他的学习会向他揭示这些英雄们的雄心的虚妄,使他因他们悲剧性的失败感到失落。爱弥尔坚实的自然的欲望、他可以廉价购得的斯多亚主义和自足与统治野性的缺乏,将使他鄙视英雄们对光荣的热望并怜悯他们悲惨的结局。同情教育的第二个层次使他蔑视世界上的伟大,这不是奴隶出于嫉妒、愤怒和怨恨的蔑视,而是出自于一种对自身优越感的确信,这优越感包含了真诚的伙伴感情并且是同情的前提。这性情是对人类社会政治分化进行判断的立足点,正如鲁滨逊的岛是判断劳动分工基础上的划分的立足点。这两个标准的结合,使爱弥尔能够审查僭主的生活。苏格拉底使格劳孔和阿德曼图托通过与哲学家生活的比较来审查僭主的生活;爱弥尔可以用自己的生活作为判断的基础,因为他自己的心灵里没有统治野心的病菌。用英雄进行教育的老方法会让学生对自己不满并试图与他的榜样们一争高下。卢梭却通过英雄让学生们对自己感到满意并对那些英雄感到怜悯。老方法使儿童疏离了自己,成为权威们的牺牲品,而他无法判断那些权威的头衔。卢梭试图激发的是追求平等者的自我满足。但他谨慎地确保这种满足为一个善或自然的自我所拥有。

读书再一次成为完成同情教育第三个也是最后一个部分的手段。① 这次的教材是包含道德学说的寓言。他们在第二卷中被废弃在外,因为孩子总会试图把自己等同为那只欺骗乌鸦的狐狸,而非那只失去奶酪的乌鸦。因为孩子对虚荣知之甚少,而对奶酪却知之甚多。在这稍晚的阶段,卢梭让爱弥尔体会了被一些骗子利用他的虚荣欺骗他的滋味,于是当他读了这个寓言后立刻把自己与那只乌鸦等同起来并有了自我意识。讽刺作品成为他看到自己的镜子。所有这些意在提醒他:他也是人,很容易受害于他人犯的错误。[198]卢梭似乎使用过亚里士多德论激情的论文作为教材,并赞同亚里士多德的劝诫,认为那些不能想象发生在别人身上的不幸也会发生在自己身上的人是傲慢的而

---

① Op. cit., pp. 244 – 249; cf. pp. 112 – 116;托克维尔(Aleix de Tocqueville),《论美国的民主》(*Democracy in America*),卷二第三部第 1 章。

不是有同情心的。① 爱弥尔进入人类境遇的第一阶段使他认识到大多数人都是受苦者;在第二阶段,伟大的人也一样是受苦者,因而与那些渺小者一样;第三阶段,他也是一个潜在的受苦者,只有他的教育能救他。平等在霍布斯那里是理性推导的结论,而这里在情感中却是显而易见的。爱弥尔行动的首要原则是快乐与痛苦;其次,在理性产生和学习科学后,是有用;现在同情则加入这两者,而对他人的关心成为他对自己的利益感受的一部分。卢梭研究了这些激情,找到一个使它们彼此平衡的办法,而不是发展出统治它们的美德。他对心灵做了孟德斯鸠对政府所做的:制造出权力的分立和均衡。

但尽管同情有属于其自己的重要后果,在爱弥尔的教育中,它只是通往他履行丈夫和父亲职责之途的一步。其首要的功能是让爱弥尔成为社会人,同时又保持健全。

爱

最后卢梭必须告诉爱弥尔他所渴求的意义。他向年轻的爱弥尔揭示了性爱的含义,正如那萨瓦省的牧师向年轻的让－雅克揭示了上帝(Op. cit., oo. 260－313, 316－334)。尽管在这里不能讨论萨瓦省牧师的信仰告白,但理解卢梭意图的关键之处是强调这两种揭示的深刻差异。那牧师的学说是针对已败坏了的、年轻的卢梭的,而从没有教导给爱弥尔。而且,牧师教导了身体灵魂的二元论,这与爱弥尔所体现的统一迥异并冲突。与此一致的是,牧师瞩目来世,对自己的性欲充满罪感和鄙薄,而爱弥尔则属于这个世界,赞美性的渴望,视之为上帝的祝福并把人引向那祝福的上帝。爱弥尔的报酬是在这个世界,而牧师的是在天国。教区牧师是传统的牧师中最好的,而他只是卢梭在到达他的新西奈之前穿越的沙漠中的一片绿洲。

---

① 亚里士多德,《修辞学》,II, 8 and 2。

[199]因此在新的一天的黎明,爱弥尔认识到性爱渴望的顶峰是通过爱一个女人达到对上帝的爱(Op. cit, p,420)。最终,升华实行了从身体(physical)到形而上(metaphysical)的过渡。但在对爱弥尔讲话前,卢梭向读者们解释在现代成为一个雄辩者是多么难。言词失去了其力量,因为它不能打动对一个人具有高度重要性的世界。在希腊和圣经的古典时代,世界充满了神和英雄宏伟可怕的事迹所赋予的意义。人们对公共和私人场合庄严肃穆上演的种种仪式充满敬畏。整个大地大声呼喊,使誓言变得神圣。但现在世界已经被启蒙除去了意义。大地不再居住着神灵,没有什么支持人们的渴望。人类只有诉诸武力或利诱影响彼此。人际关系的语言失去了根基。像我们说的那样,这是一个解神话的世界。而这些评论标明了卢梭的意图。它试图使用想象使自然重新读出意义。旧的意义也是想象的结果,但人们曾确信这想象是真实之事。它们是被赋予了宇宙意义的恐惧和愤怒的纪念碑。但他们确实创造了一个人类世界,不管它多么残酷和不合理。卢梭解释了被爱而不是那些更粗暴的激情激发的诗一般的想象,在这儿人们清晰地看到了他和浪漫主义的联系。

以此开始,他着手教导什么是人生最大的快乐。他向爱弥尔解释他欲求的是与女人的性交,但让他相信他的目标具有美德与美的观念,没有这些她就毫无魅力;不仅如此,她还令人厌恶。他的肉体的满足取决于他的爱人的精神品质;因此,爱弥尔渴求美丽的人。让-雅克通过描述的力量在爱弥尔的肉体欲望里植入了理想。这就是性如何变成爱,而这两者必须被塑造得不可分隔。这就是延迟性意识的原因。在他理解这些观念之前,爱弥尔必须学习很多东西,而他的性欲必须被提升到一个高的程度。早年的放纵会使欲望的紧张无视爱慕的对象。卢梭承认爱依赖于幻想,但是这些幻想导致的行为却是真实的。这是心灵和行为高贵的源泉,而除了狂热,什么也不能创造出这样的献身。

卢梭细致精微地阐述了这一切。[200]只有柏拉图以与之媲美的深刻对爱进行了思考。① 而正是柏拉图激发了卢梭创造爱的努力。卢梭以之为起始的现代哲学家的学说显然缺乏欲爱。他们的算计的、被恐惧支配的人是一些个体,他们不会倾向他人、追求婚配和其中隐含的忘我精神。这些人心灵平庸。他们以自然呈现的那样看待自然;而且因为他们是无欲爱的,也因而是无诗意的。卢梭,一个像柏拉图一样的哲学家诗人,试图在这个世界上复归诗。他知道柏拉图的《会饮篇》教导了爱欲(eros)是对永恒的渴求,终极上是与那不变的、可领会的理念的合一。现在,卢梭认为自然是现代科学的自然——运动中的物质——因此没有理念;没有爱欲,只有性。但这样一个灵魂,没有可以沉思的美的对象,没有神圣的迷狂,在卢梭看来是卑下的。他创造理想来取代理念,以此着手重构柏拉图式的灵魂,将性转变为爱欲。哲学家在卢梭眼里比在柏拉图看来更为诗性,因为沉思和渴求的目标都是诗而非自然的造物。人类关心的世界是理解了自然及其界限的诗人创造的。所以,曾被驱逐的想象又一次回来,登上王位。

从被洁净提升后的想象里,爱弥尔找到了与另外一个人第一次建立一种真正关系的可能,也就是说两个平等的人彼此以对方为目的自身,以相互的关爱与尊重为基础,自由地选择建立一种持久的结合。这完成了爱弥尔从自然向社会的迁移,那些异化的动机如恐惧、空虚和强制都不能破坏这种迁移。他既没有被斯巴达式的方式改造而失去本性,也没有背负上一种道德义务,这种义务像在资产者身上发生的那样,被完全简化为仅仅是自私的产物。他对他人有压倒一切的需要,但是对方必须是美的理想的化身。他对她的兴趣分享了对美的热爱的公正。而且,说他爱"另外一个人"并不完全准确,因为他不会使自己束缚于一个外在的意志而陷入争取主人地位的斗争。这个女人,如果用柏拉图主义的语言来说,将分参到他有的关于她的"理念"里。他会在她身上认出他自己的最高追求。她会使他完整而不异化他。如果爱弥

---

① 《新爱洛漪丝》(*La Nouvelle Heloise*), II, xi, 注释二。

尔和索菲结合并因此超越了个人主义,那么卢梭就将展示社会的组成部分应该如何形成。个体不能成为一个真实的社会的基础,但家庭可以。

[201]既然爱弥尔的主导动机是期待一个只存在于其想象中的对象,他的教育的其余部分就变成了整个故事中的一个爱情故事。这个浪漫主义小说的微观原型描述了三个阶段:寻找他的爱人;找到并追求她;他们分别,他的旅行,和他们的婚姻。

寻找。卢梭在爱弥尔激情澎湃的这段时期带领他进入社会,教给他社会上的人情世故,并不担心他会被败坏(Op. cit., pp. 327-355)。爱弥尔知道他想得到什么,但卢梭知道在巴黎他不会找到。爱弥尔的激情给他判断男人、女人以及他们的关系的标准,而同时他不会被那些庸常的妩媚和诱惑沾染。爱恋中的人看待世界不同于那些没有迷恋的人,他认为他们的挂虑琐屑乏味;同样他不会被他不爱的那些女人的魅力蛊惑。爱弥尔已经在爱恋之中,但他不知道是和谁。因此与大多数情人不同,他是全神贯注的观察者,试图发现他寻寻觅觅的那个人。这样,卢梭教给了他估量社会中的人的四项标准的第三项,这四项标准一起被用来替代置身洞穴之外的哲学家所处的有利位置。第一个是鲁滨逊的岛,它使得爱弥尔理解劳动分工和交换体现的人类的纯粹物质关系,在获益于科学和制造业体现的文明进步的同时,保持自己的独立。第二个是同情,这使得他意识到了人类的自然的完整,以及习俗形成的阶级划分。这一意识使他参加到伙伴中去,但又维持他自己的自足。卢梭把哲学家们的整体分成不同的层次,而爱弥尔在情感和想象中体验到人和社会的这些每一个层次(或方面)。这些体验替代了文明人失去的野蛮人的本能和普通人所不能达到的哲学家的理性洞察。它们建立在他自己的深切强烈的感觉之上,它们是属于他自己的,而不是依赖于他自己之外的任何权威。

第三个标准或立足点是关于爱人的,使他置身于与人和他们的激情的亲密接触中。而且他第一次感到需要。但是它并没有让他看到并鄙视社会的虚荣和那些与爱没有直接关联的交往。此外,在一个大贵族的富豪之士的上流社会中,爱弥尔第一次接触[202]到品味高贵、风度雅致的绅士明媛。这儿他第一次见识了培育来取悦这些人并成为他们首要娱乐的高雅艺术。这些艺术总是伴随着悠闲奢华,多为邪恶的产物和欺骗的工具,如同风度不过是美德的替代品。但在那些激情里,爱弥尔得到一种精致的感受和一种典雅的品位,足以与他思考的明智相匹配。他掌握了满足身体需要的科学,学习了激发爱恋迷醉的艺术。诗歌对他而言不是消遣,而恰是他的高洁的渴求于其中盘桓的意境。他的情感的深切在文明的这些伟大成就中得到了表达,而不是被败坏。他现在是一个有教养的人,他求知的动机使他保持了健康完整。卢梭回答了他自己在《论科学与艺术》中提出的对科学与艺术的反对。

发现和求爱。爱弥尔在乡村中找到了索菲,在这里卢梭论述了两性的差异及他们的适当关系(Op. cit. , pp. 357 – 363)。《爱弥尔》中没有哪个部分比这一部分更为"相关(relevant)",更可能激起愤慨,因为卢梭是个"男性至上主义者"(sexist)。卢梭的论述对我们而言,其独特的力度在于这一事实,即他从彻底的现代前提入手——不是源于圣经和希腊思想——而他得出的结论与那些女性主义的结论完全相反。而且,他的剖析在广度和准确性上没有人可以超过。他在托克维尔看来是如此有说服力,以至于托克维尔声称美国的"不同寻常的繁荣和增长的力量"的首要原因在于他们的妇女,他把她们描述成似乎受过卢梭的教导。① 由于一场运动的政治力量,这一剖析在今天看起来不会这么令人信服,这运动是卢梭预见到的世界的资产者化——他试图阻挡这一潮流——不可避免的后果。他看到理性主义和平等主义将企图破坏性别的界限,正如它们曾拉平阶级和民族的界限。男人和女人,丈夫和妻子,父母和孩子变成了角色,而不是有自然品质的人。惟一持留并因此居于支配地位的自然的、不变的碎片,是霍布斯主义的自私个体,他们追逐自我保护、舒适和无休无止的权力。婚姻和家庭将堕落,

---

① 《论美国的民主》,卷二第三部第 12 章。

性别也被同化。孩子成为负担，而不是收获。

[203]这里不能全面评述这一段至关重要的段落里卢梭的意图和论述。我必须只提出一些总体的评述。首先卢梭坚持认为，既然在现代性中斯巴达式的对社群的献身是不切实际和不受欢迎的，家庭则是一个健全社会的惟一基础。没有对他人的关心，没有舍己为人的志愿，社会不过是个体的集合，每个人在集体违背自己的利益时就置法律于不顾。家庭节制了建立在现代自然权利学说基础上的新政制释放出来的自私的个人主义。而卢梭进一步强调如果妇女不首先是妻子和母亲就不会有家庭的存在。其次，他论述说如果妇女本质上与男人一样，那就不会有自然的、也就是说健全的、社会性的男人。两个相似的存在物，像原子一样，出于彼此的需要而结合到一起，会彼此榨取对方，利用自己的伙伴作为达到他自己目的的手段，把他自己放在他或她之前。除非仅仅像野兽那样交配，他们将会有意志的冲突和控制权的争斗，之后便立刻分开（当然把照料那无意有的后代的任务留给了妇女）。人类会被他们对自己的执着和对他人的义务分裂。卢梭着手进行的这个计划是为了克服或避免这一紧张。

因此男人和女人的关系则是关键之处，是爱弥尔得以保持健全的要求与文明社会的要求相契合的地方。如果卢梭能克服这一关系中的困难（这困难在过去一直存在而在现代的理论和实践中变得尤为明显紧迫），他将能解决喜好与义务、自然与社会之间的紧张。他提出两性是不同而互补的，每一方都不完美，需要另一方以成为一个完整的存在，或者一起组成一个单一完整的存在。卢梭并未严肃地把国家当成有机体对待，但他确实这样对待夫妻。他试图说明男性和女性的身体与灵魂像拼图游戏中的零件那样彼此契合，而且他论述的方式使他的结论一方面与自然科学相容，另一方面又与自由平等一致。卢梭特别地指出，女人顺服男人的意志，并知道如何使他去希望她需要顺服的，以此女人支配了男人。这样，爱弥尔的意志自由得到了保障，而索菲的意志也没有被否定。而且，卢梭指出女人天生关心她的孩子；因此特别钟爱她的男人也会关心孩子。于是家庭就建立了。这一切在自然状态中都找不到,但却是与自然的潜在性一致并且使文明社会的后果与之协调。[204]不管卢梭在这个问题上的努力是否成功,他的论证的全面和力度以及他心理观察的精微使得这本书成为理解男人和女人的少数基本文献之一,也是严肃讨论这一问题的试金石。

爱弥尔和索菲的相爱,只是让他们发现真正的男人和真正的女人的诸多方面以及他们彼此是多么般配。他们彼此向对方展示各自的天性和所受的教育的方方面面。如果这些方面都是相同的,他们则并不真正需要对方或去了解爱,因为爱是对自己不足的承认。每个人就只是一台独立的机器,惟一的功能就是保护自己,利用周围的一切达到这一目标。文明社会中的男人和女人的教育的首要目标是让他们为彼此做准备。这一教育是卢梭独到的教育革新,也正是他尤其反对洛克和柏拉图的地方(Op. cit., pp. 357, 362 – 363, 415 – 416)。

旅行。爱弥尔做好了结婚的准备,将在渴盼良久之后最终享受欲望的满足(Op. cit., pp. 441 – 450)。但是让-雅克命令他离开索菲,于是重演了阿伽门农从阿喀琉斯那里带走布里塞伊斯(Briseis)以及上帝禁止亚当吃知识树上的果子的一幕。这也是《爱弥尔》中惟一一次命令的例子,也是惟一一次爱弥尔的意愿被别人的意志阻碍。但是爱弥尔尽管费尽周折,还是屈服了,因此既没有成为狂怒的阿喀琉斯也没有成为悖逆的亚当。这里没有堕落。爱弥尔第一次成为法律的臣民并深刻体验到意愿与义务的紧张。让-雅克的权威可以追溯到在他向爱弥尔解释性爱时爱弥尔做出的许诺。这是爱弥尔向他的老师做出的第一个也是惟一一个许诺。如果他的老师在爱情的问题上给他指导,他同意接受他的建议。他加入了可以被称之为性爱契约的协议,而这个契约是他在一生中所要做出的所有其他契约的开始;或更准确地说,这第一个契约包括了所有其他的。爱弥尔学习履行的对索菲的责任引向对家庭的责任,而这些又引向了那些社会的责任。

因此,让-雅克最后请求爱弥尔履行诺言这件事概括了道德的全部问题,正如他琢磨的那样:为什么要履行诺言?一个人做出承诺是因为他期待这样做会得到好处。但当他发现[205]破坏诺言更有利可图时,他为什么还要遵守它?践行信念自身到底有什么好处?如果责任没有充分的基础,人类社会也就没有基础。贯穿《爱弥尔》始终,卢梭说明以前所有的思想家都把某些报酬或惩罚——财富、荣誉、天堂或囚牢、羞辱、地狱——附加到信念上,于是就把信念简化为它带来的其他能看到的各种好处。义务似乎总是源自他人的意志,如体现在上帝的禁令和阿伽门农的命令中的那样,而社会因此一直要求对自然自由的废弃和向社会需要的不自然的服从。在卢梭看来,斯巴达的本性改造(denaturing)、基督教的虔诚和资产者的算计是这种改造适应的三种有力的方式。第一种是惟一没有分裂败坏的方式;但斯巴达榜样的索然寡味充分在"本性改造"一词中展露无遗。这就是为什么爱弥尔只服从于必然而不是法律,并自由不拘地追随自己天性的原因。到此刻为止,他的教育说明了要使人变得合群而不把法律强加于他,我们可以进行到什么程度。但在处理他和女性的关系时,天性之外的某些东西应被考虑进去。爱弥尔必须与索菲达成协议,而性欲并不足以作为他将来忠诚的保证。让-雅克与爱弥尔的戏剧性冲突关涉的是上帝和亚当、阿伽门农和阿喀琉斯的冲突遇到的同样问题。注意到这一点是给人启发的。而看起来卢梭以与他的先辈们相同的方式解决了这个冲突,使用权威把另外一个意志强行施加到他的学生的欲望上去。似乎卢梭仍守持道德他律——用康德的话来表达——的传统。爱弥尔不情愿服从让-雅克的命令,看起来证实了这一点。

但我们看到爱弥尔并未反抗而是顺从,并且他的顺从不是出于恐惧,这里爱弥尔与让-雅克冲突的不同之处就显著起来。首先,让-雅克施加命令的权威既非立足于强制、传统、年龄,也非源自妄称优等的智慧或神的权利。依据现代政治哲学,它以同意(consent)为基础。让-雅克发出命令只是因为爱弥尔曾恳求他这样做。这契约的合法性被这样一个事实支持:爱弥尔相信让-雅克充满仁爱并关心他的利益,并且这是他自己所理解的利益,而不是让-雅克或者社会可能愿意的。服从的诺言与能够想象到的最大幸福的揭示密切相关,[206]并且是为了获得惟一他尚未拥有的益处——爱——并避开包围它的危险。索菲将回到他身边,对性的欲望不会有原罪的诅咒。一切都赞成让-雅克的权威。

但它毕竟是权威。如果爱弥尔自己能看到命令他做的事情中的益处,那就不需要命令了。卢梭决定性的一步是把外在的权威——不管多么亲切——转化成内在的。让—雅克提醒爱弥尔他理想中的索菲,并试图让他明白他对真实的索菲的爱可能会破坏他的理想,因而破坏爱本身。例如,如果索菲不忠诚,他的爱恋却依然如故并把他拖垮。只有他能够听任索菲成为她应当成为的样子,他才能经受命运的诡异和人心的无常。与索菲分离是承担生活和建立家庭的前提。爱弥尔立即拥有索菲的欲望违背他自己的意志。他第一次不得不在喜好与意志之间做出区分。道德问题不再是喜好与义务而是喜好与理想之间的矛盾,这等同于个人意志与公意之间的矛盾。对理想的投身完成了全部教育,是爱弥尔的心灵和他的行为原则的归结。第一个命令发生在他能够看到不是让-雅克而是爱弥尔自己在发布命令时——他是在遵守事实上他自己制定的法律。在让-雅克与爱弥尔相处的这二十五年里,只有这一次他以掌权者的身份出现——只是为了消除权威对他的影响。这样,爱弥尔才能既自由又有德行。爱弥尔是个人意志与公共意志可能结合的一种体现。

与索菲的分离是为了学习政治(Op. cit., pp. 450–471)。现在他有了进行这一学习很好的理由。当他单身时,他四海为家,任意去留,哪里都可以生存,永远都是鲁滨逊岛上的居民,对人类的法律无所用心。但现在,有了妻小,他必须安家立业,成为某个政治制度的臣民。他必须懂得什么是最公正的和最安全的,而他也必须让希望面对现实。好在他已经明白遵守法律是怎么回事,因为政治就意味着法律。但是,这些法律却鲜有遵循公义的标准——如果它们确曾被遵循的话,因此爱弥尔必须思考他如何与这些不义的制度和它们的命令妥协。[207]他知道何为理想的义务,而它们将指导他处理文明社会强加于他的不够理想的义务。他对他未来的妻子的激情和对他们未出生的孩子的关心与他成熟的智识一起,向他抽象地呈示了他能得到的权利的原则。事实上,他被教导了《社会契约论》(以此卢梭表明他希望把这本书献给什么样的读者）。这给予了爱弥尔第四个标准，让他能够评断最整全的人类秩序：文明社会。以此为标准，他的旅行让他辨认出许多各种各样的洞穴，洞察出它们的优点与不足。

最终他成熟了，能够娶她的新娘，要求他的幸福。卢梭让他得到了心智道德上的自足。

（崇明　译）

卢　梭

——那转折的一幕*

[208]当制宪者们写下了"我们美国人民……"①之际，卢梭却已经使"人民"这个词变得有问题了。②何以从个人转到人民？也就是说，从那些只关心一己福祉的人们导向公民的团体，使一己的福祉服从

---

*　[译注]在此，将标题"the turning point"译为"那转折的一幕"，而非通常意义上的"那转折点"，希望更忠实此文作者的意图。文中，作者将人类的政治活动和智识活动统统视为"scene"，并往往饰以"play"一词。这当然也包含了一种奇特的注经思路，即，把经典当作一部"drama"来对待；而在确实遭遇一部drama的时候，则反其道而行，将之作为一部理智经典来读，比如对古人阿里斯托芬和今人莎士比亚即是如此；或者在遭遇一些史家的著作时也是如此，比如修昔底德。大可指出这样做的诸多缺陷，其一就是，无法在人类的智识活动中区分出具备一般意义的高下，比如说，史家是最高的，在这样的思路中，即使是像塔西佗或者李维这样的史家也是很难得到充分对待的；同时却存在一种危险，即，把比如柏拉图、斯宾诺莎等仅仅当作哲学家来对待，而这些人作为哲学家恰恰是卢梭所耿耿于怀的，卢梭甚至视这些人为广场上摆摊叫卖的"贩子"，比如作者在此文中不得不承认，"启蒙哲学的精神，或许也是所有哲学的精神，就是去贬斥对共同人性的单纯感情，这个感情使人遗忘了他们自己的利益"。这或许就像后来的托克维尔所不屑的那样："有人说，十八世纪哲学的特点是对人类理性的崇拜，是无限信赖理性的威力，凭此就可以随意改造法律、规章制度和风俗。应该切解释一下：真正说来，这些哲学家中有一些人并不崇拜人类理性，而是崇拜他们自己的理性。从未有人像他们那样对共同智慧缺乏信心。"（托克维尔，《旧制度与大革命》，商务印书馆，第176页，行15的注释）也正如作者所论证的那样，卢梭肯定不在此列。

①　[译注]此句为美国宪法的起首句。
②　《社会契约论》，卷二，第8-10章。

公共的善。宪法序言中的集体名词"我们"同样可能是少数强者和富人的声音,他们强制并且欺骗大众,使得来自大众的同意毫无分量。或者,大众之赞同"我们"这个用法是出于天真,未能意识到"我"将为此付出何等的代价;他们也可能滥用"我们",意图从社会契约中获利并规避这个契约所要求做出的牺牲。把依据自然而为自由和平等的人转变成遵守法律及其执行者的公民,这就如卢梭所教导的那样,是早期思想家的信念所难于接受的。卢梭见出:"人生而自由,却无往不在枷锁之中。"卢梭的工作并不是让人们返回原始状态,而是尝试将暴力和欺骗的结果正当化,并且劝服人们说:还是存在一套可能的社会秩序,这套秩序既是有益的,又是正义的。

有了上面这些基本的评论,下面一点就清楚了:在有关人的本性以及公民社会的起源和目的问题上,卢梭和制宪者及其老师们之间有着全面的一致,就是从这个一致出发,卢梭开始阐发自己的理论。人生而自由,也就是说,人能够跟从自己的倾向,能够做任何有助于自我保存和舒适的事情;人生而平等,这意味着,没有谁能够居于其上可以有权声称能对他发号施令。[209]他没有义务。因此,政府就并非出于自然,而是人为的造物,法律也全然是出自人之手。自然状态和政治状态是判然相分的,若要从自然状态过渡到政治状态,惟一可能的方式就是同意(consent)。任何另类的正当性资源,不管是人的还是神的,也不管是来自对祖先智慧还是对独占性智慧的诉求,都不会有约束力,也不可置信。在自然状态中,权利是原初的;义务则是衍生的,并且只有在自由地立下社会契约之后才具备约束力。

所有这一切以及多得多的其他东西,构成了现代性的共同天地,在这片天地,卢梭和他的自由派先驱及同代人携手相行。他并不反对那些新原则,但是他从尽可能广阔的角度思考这些原则,从而把这些原则彻底化。在他眼里,他的启蒙同道们所进行的这场针对王冠和圣坛的、持续两个世纪之久的史诗般的战斗,肯定已经取得了胜利。他正确地预言了君主政治和贵族政治在欧洲的穷途末路。大革命已经风雨压城,而卢梭所关注的是即将到来的政治秩序的面相。他甚至能够对落魄的贵族和国王们(尽管很少对神甫们)摆出一副宽宏的认可姿态,而那些命定要和这些落魄人士决一死战的人,几乎是不可能认可他们道德和政治上的伟大的。个人将成为新世界的居民,他们知晓自己赋有诸多权利、自由、平等。他们不再涉足那块由神灵立下权利和义务的迷乱之地,他们不承认任何高出自己意志之上的正当性,他们理性地追逐着自己的利益。他们是不是也可能在有意无意之际成为新专制主义的受害者呢?他们自己行事时,难道不会像那些他们将要取代的不动脑子的爱国者和狂热的信徒那样,受到道德质疑吗?而这些爱国者和信徒是现代批判的特别目标。

卢梭的反思具备了从左翼对制宪者发起攻击的效果,而在这方面他们认为自己是不容易受到伤害的。他们的敌人是古老欧洲的特权秩序,它得到教会的支持,垄断了财富和通达它的途径,而他们的革命就是从偏见到理性、从专制到自由、从不平等到平等的运动。这是一个进步,但并不是无限的,至少在原则上是这样。危险被认为来自各种形式的王冠和圣坛的复仇当中。很多人反对启蒙运动及其政治设计——以传统或祖先之名,以国王和贵族之名,甚至以古代城邦及其德性之名。但是,卢梭是第一个在我们所称谓的左派内部制造出裂缝的人。以此他建立起了一个舞台,[210]在这个舞台上,政治戏剧直到今天还在上演着。在法国革命中,一些因素要比美国革命来得极端得多,这些因素大可直接追溯到卢梭对它的主角所发挥的影响。正是依据卢梭的标准,法国革命被判为失败,或者只是就下一场革命、也许是最终革命的准备。激进的自由平等派阵营几乎没有取得过什么确定的政治上的成功可以引以为豪,但它却有不满和渴望,这些不满和渴望对凯旋的自由主义打上了问号。

卢梭为反现代性作了最现代的表达,并因此导引了极端的现代性。将卢梭只视为左派的天才是错误的。他关注的重心在乎人民,即单个人的集体生存,这在十九和二十世纪为民族的宗教奠定了基础。他对普世文明的攻击,为宣称来自独特并由个体成员构成的民族文化开通了道路。他对那失落的人的幸福的整全所表达的懊丧成了浪漫主义的源泉,这在右派理论中所起到的作用至少和在左派一样大。他坚持宗教对于人民生活的核心作用,这赋予了神学新的内容,并且激发了对宗教性的冲动,而这一冲动乃是十九和二十世纪的显著特征之一。卢梭明白表达了对自由社会下新人的蔑视,这个蔑视在政治谱系中两个极端进行的谋划中都得到利用,他的左派为新右派传递了信息,这个新右派是在老右派的破败的智识垃圾堆上构筑起来的。它声势迅猛,并且它是如此完美地溶入了西方的血脉,以至于在不知不觉间就对每个人都产生了作用。卢梭甚至影响到了自由民主制度的支柱人物,卢梭对作为现代国家特征的政治和经济关系之残酷性的批判,使他们印象深刻,并且他们尝试着根据卢梭的建议进行纠正。卢梭对托克维尔有着直接的影响,并且通过华滋华斯,对 J. S. 穆勒也产生了间接的影响。梭罗对美国而言体现了公民不服从,也表征了一种免除于现代社会诸多扭曲的生活方式,但他也只是重新上演了让－雅克的思想和生活的一部分罢了。

正是卢梭的这种无所不在——常常是在保守派和左派都很不情愿承认他的地方出现,使得他成为《遭遇宪法》(*Confronting the Constitution*)第二部分的恰当导言。他是所有那些派别和运动的温床,这些派别和运动一直在丰富、修改、捍卫或者诋毁着宪政自由主义。他的宽度和全面使得将他完全归入任何一个[211]单一的阵营都不可能。随他而起的派别是所有的那些主义和知识力量,它们给强有力的政治或者社会运动注入了或多或少的目的的单一性。卢梭反对这样的局限。对他来说,人的问题是不可能在政治的层面获得解决的。尽管他不像苏格拉底,还是建议了一些实际的解决办法,但这些办法都是尝试性的,并且有诸多其他的办法和诱惑加以平衡。在他身上,人们总能找到东西反对各个依托于他本身的派别。因此,卢梭并没有制造某种他自己的主义,但他确实提供了那真实的现代视角。他关心一种更高的、非金钱的道德,这是康德先验论的基础。他对现代经济学的批判和对私有财产制的疑问,是社会主义尤其是马克思主义的根基。他对人类起源而非人的目的的强调,使得人类学成了一个中心学科。从自然状态到公民社会发展的历史较之人的自然,对人来说逐渐来得更为本质了,并因此成就了历史主义。在社会化过程中,人性所遭受的诸多伤害成了一门新的心理学的主题,尤其是以弗洛伊德为代表的那种心理学。对美的罗曼蒂克式的爱以及对现代社会是否与崇高相容、是否在精神上纯净的怀疑,给"为艺术而艺术"的崇拜、给波希米亚式的生活提供了辩护。对"根"、对现代形式的共同体的渴望是卢梭式感性的一部分,对自然的爱和对自然的征服者的恨也在其列。所有这一切以及多得多的东西都流自这个永不枯竭的源泉。他拥有为激荡而诱人的修辞所支持的不可逾越的明晰心智。

布尔乔亚

"布尔乔亚"一词是卢梭的伟大发明,就这种类型的人是现代政治所造就的主导性类型而言,一个人对这种类型的人的看法决定了他与现代政治的关系。这个词蕴涵了强烈的负面的攻击性,实际上,没有人愿意仅仅成为一名布尔乔亚。艺术家们和知识分子们几乎一致地瞧不起他,并且很大程度上将自己界定在反对他的位置上。布尔乔亚无诗、无爱、无英雄气,既非贵族,也非人民;布尔乔亚不是公民,他的宗教是贫乏的、此世的。只需提一下他的名字就足以使左派和右派的革命行动正当化;并且在自由民主的框架内,所有的改革也一直在尝试纠正他的动机或者就是牵制他。

[212]这种现象,也即布尔乔亚,是卢梭考察现代性中人类状况的真正出发点,从这里出发,卢梭诊断了现代性的病原所在。布尔乔亚处在可资敬重的两个极端,好的自然人和道德公民之间的某个位置。前者独自生活,只关心自己,关心自己的保存和满足,不关心他人,也因此不会伤害他人。后者完全为国家而生存,独独关心公共的善,只作为其中的一分子而存在,爱自己的国家,恨国家的敌人。两者以其自己的方式都是整全的,也就是说,它们都避免了在禀性和义务之间的消耗性冲突,这种冲突会削弱布尔乔亚,使其软弱、不稳靠。布尔乔亚是社会中

的个人主义分子,他需要社会及其保护性的法律,但仅仅是将之作为达到私人目的的手段。这种方式无法提供足够的动力,可使之做出国家所需要的极端的牺牲。这同时也意味着布尔乔亚对自己的国民同胞撒谎,一方面给国民同胞许下有条件的诺言,另一方面却期望同胞无条件地遵守他们的诺言。布尔乔亚是伪善者,把自己的真实意图隐藏在公益精神的外表之下。因此,他需要所有的人,却不愿意做出牺牲,在他人处于困境时相应地帮助他们,他在心理上同所有的人交战。布尔乔亚的道德是金钱性质的,他的每一个社会行为都要求回报。无论是自然的诚实还是政治的高贵,他都无力担当。①

这种新的主导性品格有着诸多缺陷,造成这些缺陷的原因在于他在从自然状态到公民社会的过渡中,走了一条捷径。卢梭仔细思考了一种新的政治科学,这门政治科学教导说人并非依其自然就是政治的,这一仔细思考在自然和社会两个方向都远远超越了他的前辈们认为是必要的或者可能的程度,这个思想也同时向卢梭证明了自然的动机无法造就社会的人。一旦社会败坏了自然的激情,以此激情为基础来构造公民社会的努力就会失败。一个从来不说"我发誓"的人,肯定也用不着撒谎。一个人说"我发誓",却同时不具备足够的动力信守诺言,这个人就是撒谎者。这就是霍布斯和洛克所提倡的那种社会契约,这种契约要求参与者遵守诺言,而这些参与者仅仅关心他们自己的利益,因此,他们的契约乃是以自我利益的计算为依托的。这样的社会契约不是倾向于无政府就是倾向于僭政。

在本质上,卢梭心目中的布尔乔亚和洛克笔下理性和勤奋的人一样,是一种新类型的人,他们对财产的关心[213]为社会提供了一个更慎重、更牢固的基础。但卢梭以不同的眼光看待他,他是从道德、公民身份、平等、自由和同情的角度看问题的。理性、勤勉之人也许是稳定的工具,但是依托于这样的人可能要付出人类尊严的代价。这两种看待现代

---

① 《社会契约论》,卷一,第6章的注释,《爱弥尔》,阿兰·布鲁姆译本(New York, Basic Books, 1979),第39–41页。

性主角的方式之间的对比概括了过去两个世纪持续的政治争论。

卢梭是在《论科学与艺术》一书中最早提出对现代性的这种批判的,这个批判在当时欧洲舞台上所爆发出来的力量我们今天难以置信。在这个批判中,他发起了对启蒙的第一次攻击,而这个攻击所依托的原则恰恰也是激发启蒙运动的那些原则。简单地说,卢梭是这样认为的:科学和艺术的进步和传播,及其摆脱于政治与宗教的束缚,对正直的共同体以及作为其基础的美德是有害的。说到德性,卢梭的意思看起来是指共和派公民对公共的善的忘我式的奉献,这个公共的善是由自由人确立和保存的,它保证对所有公民的平等关心和对待。在对德性的这个定义中,卢梭追随孟德斯鸠,孟德斯鸠把德性称为一种激情,说它是古代民主政治的原则或者精神主流,就像恐惧之于专制、荣誉之于君政一样。德性,在任何的古代论述中,当然都不会是一种激情,它也并不一定要特别地和民主制相关。卢梭明显地接受了孟德斯鸠关于德性的看法,因为他像其他的现代人一样,相信激情是灵魂中惟一真实的力量,并且相信灵魂中没有其他力量能够控制激情。激情必须由激情来控制。德性必须被理解成为一种特殊的复合激情。不管怎样,卢梭奋然捍卫古代的民主制度,比如早期的罗马共和国尤其斯巴达。这和孟德斯鸠相反,孟德斯鸠和启蒙运动的一般倾向保持一致,赞同商业共和国或君主制(至于在这两者之间做何选择,孟德斯鸠并不太热心),因为孟德斯鸠认为为求古代德性而付出的代价太高了。卢梭选择了爱国主义,一种染有狂热色彩的动机,因为只有爱国主义可以制衡先己后人的自然禀性。这一禀性在人的社会状况下被大大加强和扭曲,在这种社会状况中,人互相倚靠,并且自爱也转化成为虚荣(amour‑propre),这种激情是第一个在人们中出现,得到人们尊重的,如同人们尊重自己那样。爱国主义是虚荣的升华形式,为国家寻求首要的位置。若没有这样一个制衡,社会将[214]沦落为个人之间或者那些联合起来以图操控全体的集团之间争夺领导地位的斗争。

如此,卢梭正是将启蒙运动看作是爱国主义的消解剂来加以反对的。共同体的织体是从某些直接的感情习惯而来的。它们容易受到理性的伤害,理性只是紧盯着私利的计算。它刺破了感情的纱幔,太过强有力地提出了保存和舒适的要求。理性使一切都个人化。在此,卢梭重又拾起了古典政治哲学的古老断言:在理论生活和实践生活之间存在着紧张,使得它们的共存无论如何也不得安定。换言之,在理智进步和道德或者政治进步之间,启蒙运动所提倡的乃是一种并行,而这个并行古人认为是可疑的,卢梭重述并且加强了古人的这个怀疑,在斯巴达和雅典的比较中,卢梭表达了他对启蒙思路的反对。当然,卢梭绝对要选择斯巴达。启蒙运动希望把人在自然状态中的自私转化成开明的自利(enlightened self-interest),这样的人能够依托于自然、稳靠的天然激情来理性地参与公民社会。正是这种转化,卢梭认为是有害的,并且是道德混乱和人类悲苦的原因所在。卢梭首先以古老道德秩序捍卫者的面目出现,以哲学家前所未有的热情对抗哲学精神,之所以这样做,可能是因为现代性比以往任何的思想都更为系统地攻击了古老的道德秩序。卢梭是第一个以道德捍卫者身份出现来对抗理性的哲学家。他坚持:从自然状态到社会状态的过渡,不能借启蒙运动所要求的直接的、几乎是自动的方式来进行。

更详细地来说,艺术和科学只能繁盛于大而发烧(luxurious)①的国度当中,这从一开始就意味着艺术科学所要求的条件和小的、严肃的、紧密凝聚在一起的共同体的要求是相反的,在这些共同体当中,盛行着道德上的健全,除了共同体的目标之外,个人没有更多的渴望。一些人的闲散,意味着其他人必须劳作,以为这些闲人提供必要的过剩。为了少数特权者,这些劳作者遭受剥削,而特权者从此也不再与劳作者同甘苦共患难了。多余欲望的满足,一开始是作为一种享乐,最后反倒成为一种必需品;真正的需要却遭到忽视,其供给者也被人轻蔑。解放的欲望变得没完没了,并召唤整个的经济供给于它。享乐成为排他性的,并且因为是排他的才成其为享乐。随科学和艺术的实践而来的是优越

---

① [译注]这个词可能是从《理想国》关于"猪的城邦"的讨论中转来的,所以不翻为"奢侈",而取柏拉图的意思,即"发烧"。

感,而优越感也是科学艺术被追求的部分原因。[215]在现代性的诸多一般原则之下,人们有理由怀疑,理智上的愉快是否还是自然的,而非虚荣的饰品了。总是有后者混入其中,这足以使得理智上的诸多愉悦变为反社会的。启蒙哲学的精神,或许也是所有哲学的精神,就是去贬斥对共同人性的单纯感情,这个感情使人遗忘了他们自己的利益。

总之,艺术和科学倾向于增加不平等,并且将自己的王位更牢靠地固定在社会中。它们使强者更强,使弱者更为依赖强者,同时却没有任何共同的善将二者维系于一体。在自然状态中,个人拥有有效的自由,能够选择于己为善的东西,现在,这个自由被加于其上的专断的权威取代,这个权威并不关心这个人的善好。在自然诸善中,自由是第一位的并且是最重要的,这意味着选择自己喜欢的生活,而自身就是目的本身。平等意味着,在权利上,没人可以命令他人,在事实上,也没人希望这样做,因为人都是独立的和自足的。公民状况,首先地,意味着相互依赖,身体上的和精神上的,但却没有秩序,每个人都力争保持自己原初的自由,而当力量或者权利关系取代自由的时候,人们也就无法保持原初的自由了。生命的目的变成了努力在这个人造的系统当中找到有利的位置。自由之失落不仅仅是因为主-奴方式的存在,主要还是因为自由已经消匿于命令与服从之中,消匿于驱使他人意志而非满足自己之中。自由的这种失落在不平等的事实当中得到最好的表达,有强,有弱,有富,有穷,一些人发布命令,一些人诺诺遵守。所有自然状态的教师们描写的自然状态的首要事实在于:人是自由和平等的。但是,那布尔乔亚状态,它在言词中确认了自然自由和平等的优先地位,而在实践中却未能反映出这个优先性。自然正当,①作为对纯然习俗正当的反对,要求延续或者恢复人的原初的自由。

---

① [译注]right 在此译为"正当",而非普通的法律术语"权利"。单从这句话来考虑,两种翻译似都可,但考虑到卢梭阐发的古今之争的大背景,则若译为"权利"就无法切合这大背景,众所周知,即使是作为对峙双方的斯巴达和雅典,都不存在所谓的"自然权利"这样的"主体性"观念。

在这个方面,所有的政制都是失败的,但卢梭还是判断说,古代城邦和真实的平等和集体的自由是走得最近的。尽管古代城邦有着所有那些拘限、传统、克制、严峻的义务等诸如此类的东西,看起来要比自由社会更加远离自然状态,在自由社会,人们显然有着多得多的跟随自己喜好的空间,但是,古代城邦却切近了人之为人的那些本质的东西。对自然状态的研究使卢梭得以窥见人的这种本质,但是这项研究却不能导引出构筑[216]公民社会的规划,以保护这个本质。这样的规划必定会是纯粹人为的创造,那些轻易的解决办法,看起来是要保存自然或者是最忠诚于自然的,其实却是假冒的。较之洛克或者孟德斯鸠,卢梭的分析导致了在公民社会内部对自由和平等的严格得多的坚持。与此二人的节制相对,卢梭给现代政治加进了些许极端的成分,现代政治却无法轻易从这种极端情绪中脱身出来。起初是要尝试简化政治,最终却以一项较之以往任何时代都更为复杂、更不容妥协的改革工程收场。

卢梭将那种对小的、德性共同体的趣味引入现代的自由平等运动之中。在此,自由少了各从所好的色彩,而多了每人平等分担为城邦制定法律的责任的色彩。古代政治把自由用作达至德性的手段;卢梭和他的追随者则使自由成为自然的善,成为目的本身,并且使德性成为达至自由的手段。但不管怎样,德性、道德和品质再一次成为政治学的核心,而不像现代人所希望的那样,对于统治机器、对于制度是边缘性的,这些制度只是导引激情,而不再教育、改正或者克服激情。

财　产

这一点在卢梭对经济学——确切地说是对财产,也即现代政治之柱石——的反思中得到了最有力的阐述。"古代政治作家一直在谈论道德、德性;我们只是谈论商业和钱财。"①

---

① 《论人类不平等的起源》,卷二。可参考《社会契约论》,卷一,第9章。

人们对自身财产的依附,总是遭受来自穷人和贪人两方面的威胁,洛克和他的追随者把这种依附用作那特殊的动力,以取得人们的同意而立下社会契约或重新建立统治。借此,可以通过有能力惩罚入侵者的共同体达成对彼此财产权的承认并使这些财产权得到保护。理智而勤劳的人通过劳动而非战争养活自己,这些人是公民社会的基础,公民社会的目的由他们的需要而得到了精当的界定和限制。他们舒适地保全自己,跟随他们自己最有力的禀性,为整体造就和平、繁荣。他们的意志同意他们的理性所认定的对他们的利益而言最好的安排,这样的[217]安排是如此明显地优越于契约之前的战争方式,以至于它得以完全吸引从中受益的人们的精神和心灵。

财产权利是社会的生命线(golden thread),这个权利乃是作为自由和平等的人们取得一致同意的基础而出现的。"工作得享劳动果实。"对霍布斯来说,公民社会仅仅是出于人们对死亡的恐惧而产生,而财产权则是有待主权者审慎裁量的部分,主权者可以以任何看起来最有助于和平的方式来安排财产权。但是对洛克来说,财产权是取得和平的真正手段,财产权更为绝对,主权者必须尽可能地尊重控制着财产增值的经济系统,也就是我们今天所说的市场。政府保护个人的最好方式就是保护他们的财产,给予人们尽可能大的自由去关心自己的财产。财产的自然性和政府对财产保护的特殊关心乃是洛克的发明,并且成为改善政府各种严肃计划的衡量标准。

尽管这项规划具备了所有表面上的合理性,甚至具备了实践上的有效性,卢梭还是洞察到,断言平等的人应当同意财产上的悬殊,这其中存在着直接让人感到震惊的地方。富人拥有自由得多、惬意得多的生活,并且拥有多得多的机会享受生活。他们也同样强有力得多。他们可以拿钱交换法律,购买人口。为什么穷人会自愿地接受这一切呢?不,穷人一定是被迫同意的,要么就是被欺骗了。这并不是自然正当。盛行于各个民族当中的那些财产关系竟是如此众多的欺负穷人的暴力行动的结果,而穷人则太过软弱,无法抵御。这里没有什么正当性可言。不妨用下面的事实来衡量洛克和卢梭之间的对峙:私有财产的确立对洛克来说是解决政治问题的开始,而对卢梭来说却是人类持久的悲惨处境的根源。①

这并不是说卢梭是个共产主义者,也不是说卢梭相信取消私有财产是可能的或者可欲的。卢梭要"现实"得多,他不会追随柏拉图的《理想国》,而抛弃热爱自己事物的真正动机。然而,这确实意味着他强烈反对解放物欲,并且也意味着他驳斥了自由放任。对卢梭来说,监督对财产的追求以限制财富的不平等,[218]削弱经济竞争的残酷性,缓和欲望在公民中间的增长,这些都是统治的分内之事。亚当·斯密的《国富论》在很大程度上遵循着洛克的精神,这本书也在很大程度上呈现了财富增长的铁律。卢梭的《论政治经济学》是一篇致力于道德教育的论文。一个现代读者,一旦抄起这本书就立刻觉得莫名其妙,他会感到奇怪,这东西究竟跟经济学有什么瓜葛? 我们所知的经济科学乃是在解放欲望的基础上成型的,而这个解放恰恰是卢梭所尽心反对的。在对自由和平等的意义所作的分析上,卢梭和洛克之间的不同最大程度地表现在两人对财产问题的看法上。自由宪政所遭受的最具实践意义的激进反对,正是来自这个方向。洛克希望牢固确立的财产权成了一切中最可疑的东西。

但是,两人的这个不同是以一个重要的一致开始的。财产在其原初的形式上是那些人将其劳动施于其中的东西。无论是上帝还是自然都没有直接给人所需要的东西。人必须供养自己,人对那些生存必需之物的获取,乃是每个人的身体都拥有的那原初所有物的扩展。那个种植豆子,希望食用它们的人,比那个并不种植却取走他人豆子的人,更有资格得到这些豆子。这是简单正义的原初形态,是所有明达之人所能获得的。洛克跟随这种正义,直至其在商业社会中获得最充分的发展和最复杂的表达。对劳动果实权利的相互承认即构成了财产,这个解决办法将自利和正义联为一体。在古人看来,财产乃是一个人劳

---

① 《论艺术与科学》,Roger 和 Judith Masters 编辑;《政府二论》(New York:St. Martin Press,1964),第 51 页。

动所得之物和适合此人能合理使用之物的联合,现在这种观点被简约成为一个单一的原则,古典的公式意味着,财产乃是以政治决断为基础的,而这个政治决断则被认为是主观的和任意的。

在有关匮乏的问题上,卢梭和洛克分道扬镳了。卢梭所关心的乃是那个没有豆子的人。经济学家的回答是:"这个人一点豆子都没种,所以他不配享用。"但是,这个人的饥饿使他拒绝承认他人的财产权,而权利的本质恰恰就在于这个承认当中。那些享有或者继承了豆子,并希望安全生活以免受没有豆子的人的攻击的人,就必须联合起来,钳制他们的不满。因此,必须有力量介入,以迫使闲散和心怀不满之辈远离他人财产,并使他们劳动以自养。公民的联合实际上是由两个 [219] 团体构成的:一个是那些自动地承认彼此财产权的人,另一个是那些被迫遵守财产拥有者统治的人。后者因前者团体的私利而被利用。在公民社会中,阶层是决定性的,而没有激进的变革就不会有共同的善。

因此,得重复一下,自由派的观点乃是,社会就在于两拨人之间的对立,一拨是理性和勤劳之人,另一方是闲散和惹是生非之人。前者为所有人造就和平繁荣,后者则带来贫困和战争。理性之人必须承认并且同意财产拥有者加以统治的秩序。然而,卢梭的经济学认为社会对立存在于自私贪婪的富人——他们剥削自然和人们以图增加自己的财富——和苦难的穷人之间。因为富人垄断了土地和其他生产手段,所以穷人无法养活自己。随着角度的转换,那些曾经是责罚的对象,现在变成了同情的对象。

在劳动对自然物的改造中,洛克找到了繁荣的源泉。这劳动是由需求、对舒适的欲望以及对未来的焦虑而激发起来的。就人可能的需要来说,绝不会有满足的时候。一旦想象力展开,并且超越了单单身体的需要,占有的欲望将永无止境。由此,卢梭得出结论说,那些最有能力得到土地和钱财的人,最终也将拥有所有的获取财富的手段。他们制造大量的财富,但他们不与人分享。对失败者来说,他们总会面临更大的匮乏,他们的生活不得不听任富人摆布。刚开始,他们简单的需要并不会要求太多的东西就能够被满足,但是,这些少量的东西也会消失,比如当所有的土地都被圈了,他们就不会再有地方种植豆子了。他们所能做的就是出卖劳动给地主,以求活命,他们的生存也将不再依托于自己的努力,而是寄托在富人的意志和非人化的市场上面。洛克所断言的存在于初始阶段的匮乏,在卢梭看来,乃是欲望极度扩张的结果,并且洛克的解决办法在财富内部增加了匮乏,这个匮乏本可以通过节制,使人们回归以真正的需要为目的的简单经济,来得到纠正。扩张的经济永远赶不上扩张的欲望以及对满足将来欲望所需的手段的渴望。被设立来服务生活的经济改变了生活的目标,社会的活动也屈从于这个经济。为了那个繁荣的将来,人们牺牲了当前,而那个将来却总是不可企及(beyond the horizon)。实际上,[220]自然并不像现代人认为的那样是个继母,依据自然而生活也并不像他们教导的那样会如此不合理。

一旦政治学变成了经济学,后者所要求的品质就开始来界定什么是出色的品质了。自私和算计优于慷慨和同情。人们之间的交往充其量也就是契约性的,总是对收益斤斤计较。赚钱天赋的差别确实存在,但是,卢梭问道,一个正当的社会是不是要以善和宽和方面的差别为代价,而崇尚赚钱能力方面的差别呢?关于财产的社会安排,卢梭断言说,这应当从对人的自然状况的研究中推导出来,这个社会安排并不是商业社会中的那种,而是农业共同体中的,在那里,生产只要求一些简单的技术,劳动分工也没有走向极端,交换是直接的,借贷只扮演微不足道的角色,贪婪几乎没什么活动空间,而劳作的动力乃是即刻的必需。人是抽象的而金钱却是真实的,这样一种尺度是不应该形成的。政治经济学的目标应当是物品适度的充足和一种节制的品性,而不是对财富以及它们不断累积的渴望。人之自然的平等只能容许社会造成微弱的不平等。

洛克断言说,自由经济将使所有的社会成员较之自然状态来得更富有,处境也好得多。卢梭反驳说,自由绝无可能和财富、舒适放在同一架天平上,加以恰当的衡量。也许一个英格兰的计日工要比一个印第安酋长穿、住和吃得更好。① 卢梭对洛克在英国计日工身上找到的道德品质无动于衷,他返诸一个酋长的自豪的尊严和独立。洛克认为他的论证足可说服理性的穷人宁愿接受现存于社会中的不平等,而不是自然状态下的匮乏。卢梭则运用同样的论证,让人们去反抗由文明社会的经济体带来的依附和焦虑状态。卢梭甚至走得更远。在描述作为新型统治者的布尔乔亚的败坏时(他贬抑了那新型的统治者,即布尔乔亚),卢梭将其和古代公民的伟大加以比照,他揭示出自由社会中权势者的生活值得蔑视,如同弱势者的生活值得怜悯。

卢梭思想中最有力和最具革命性的方面之一,就是他对财产之脱开政治也即所有人意志之控制的去合法化(delegitimization)。卢梭极尽辩才,以使对穷人的同情成为众人关系的核心,[221]并使义愤②成为政治行动的核心。挟这些创见所带来的新意,并且在此类分析没有成为陈词滥调之前,卢梭概括了对自我保存及其手段过分的关心所带来的所有负面结果。不过,即使如此,洛克在一个决定性的方面仍是完全正确的。每个人,而不单单是富人,在自由经济体系中都取得了更大的富足。巨大的贫富不均依然故我,或者得到了自由经济体系的鼓励,但是,个人绝对的物质福利则大大增进了。卢梭教导说,占有的内在逻辑将使财富越来越集中于少数人之手,并完全剥夺了穷人,使他们丧失致富的手段,马克思追随了卢梭的这个教诲。洛克的大卖点被证实是真实的。加入公民社会,以求保护和舒适,乃是一项优良的投资。长时间以来,这一事实已经为美国人所广为接受,并且只是在今天才逐渐得到欧洲人充分的认可。矢志于革命的那些知识分子乃是最后一批接受这些事实的人。那徒然折磨人的迫切感变得温和了,大部分的革命热情也随之削平了。人们大可以像一些清醒的批评家那样,坚持认为这

---

① [译注]这是一个著名的说法,出自洛克《政府论》下篇。
② [译注]"义愤"的原型乃是柏拉图所描述的灵魂的三个构成部分之一,即"义气"(spirit)。当它不受"理性"部分的节制和引导时,就容易转向"愤怒"(anger),或者"义愤"。

样一个社会的生活方式乃是令人厌恶的,那些激发人们联合起来的动力是不够的和腐朽的。但这不同于人类总体上不断加剧的贫困化和奴役。首要的是,那些穷人、多数人、大众,无论他们今天如何被界定,都成为这个"体系"的支持者,而这破坏了革命运动。

洛克教导说,通过同意建立政府,由政府来保护财产并促进财富的增值,这是有效的和正义的。这种正义乃是粗暴的自然正义,它捍卫致富能力上的天然不平等,使之不受懒人、衰人、猛人和红眼病人的侵害。对效率的辩护得到坚持;但是自从卢梭的全部威力刺入了西方思想的血脉之后,就很少有哪些经济学家,即便他是资本主义最忠实的倡导者,能去捍卫资本主义导致的不平等的正义性。资本主义充其量也只是积累个人或者团体财富的有效手段罢了。卢梭为自然平等的优先地位作的论证被证明是有说服力的。以致富能力的不平等为基础建构起来的公民社会与最基本的东西相冲突。事实上,任何方面的自然不平等,包括力量、容貌以及智力在内,不应当在公民社会内取得任何特权,因为它们在自然状态中没有特权。这反而恰恰是挣脱自然控制的一步,[222]卢梭第一个迈出了这一步。自然命令作出政治发明设计,以达到公民社会中的平等。粗陋的实用主义可以存在于一个能够"运转"的系统,只要它还在运转。但是,至少部分是卢梭的原因,我们却发现自己置身于一个有趣的处境中,我们并不完全相信我们政制的正义了。

公　意

既然人依据自然是自由的,那么对卢梭来说,依据自然而来的惟一解决办法就是人自己统治自己。① 这倒不是说人同意让其他人来统治自己。实际上,人不能接受他人的命令。他体验到这些命令是与他的

---

① 《社会契约论》,卷一,第6章。

意志对立的意志。他人可以迫使其违背自己的意愿而行动,但这只是强力,而不是权利。法律在本质上不是强力。法律之为法律意味着人们之遵守法律乃是出于自己的同意;如果缺乏一个足够智慧和公正的统治者,那就不能信任其他人。值得信守的人类的法律乃是人为自己制定的。只有这个规则才能将自由和义务联合在一起。自我立法乃是一个宽和①政体的真实之义。

卢梭将此规则与自由派的规则加以对照,自由派的规则说:放弃一点自由,以便享用剩下的那些自由,而不被打扰。自由派的这个规则什么都没解决。"一点"究竟是多少? 协调存在于个体需要和集体要求之间的对立有多大可能? 这一安排没有包含道德或义务这样的要素,只有对直接利益的应时算计。功利派的道德根本就不是道德。顶多也只可将之分析为长远的自我利益罢了。真正的义务,也就是那忘我的道德行为成了鬼说鬼话。禀性和义务之间顽固而无法调和的斗争乃是自由派社会契约所要付出的心理代价。若想祛除个性与社会、自由和义务之间的紧张,人就必须使自己的意志仅仅想望公共的善。

这个分析是卢梭公意学说的源泉,公意是卢梭最著名的创造,于此,卢梭尝试建立起一种道德政治,而同时不贬低人,也不剥夺人的自由。② 个体的意志,就定义来说,是个体的,因此也用不着关心[223]他人的善。但是人是能够普遍化的。人的理性就在于此。拿"我们要"来代替"我要",这么一个简单的操作乃是合理性的人的标志。如果人只是想望那些所有人都想望的东西,那么一个共同担当、意志和谐的共同体就是可能的。一个社会,若它的成员都想望那些普遍的东西,这个社会就能解除一切人对一切人的实际上的战争,而对于这个战争,自由

---

① [译注]此处的"宽和"并非洛克在《论宗教宽容》当中所表达的含义,很明显,作者是在孟德斯鸠的意义上使用这个词的。孟德斯鸠并未把单纯的政体分类原则进行得太远,他在背离亚里士多德的那个分类点上恰恰也遵循了亚里士多德关于政体好坏的根本原则,即,要"给城邦居民带来幸福"。

② 《社会契约论》,卷一,第8章。

社会还仅仅算是个停战中期罢了。公意就是公共的善。

公意并没有改变人的这种分裂性，但是这种分裂的特质发生了变革。它不再被感受为自我和他人之间、内在与外在的对峙。冲突和斗争现在发生的战场乃是在人的特殊欲望和人的公意之间，后者被承认是不任意的和善好的。自我克制是道德经验的本质所在。卢梭所自信发现的正是这种自我克制的能力，在古代政治中，只是朦胧地感受到了这种能力，而在现代，则完全丧失了。去普遍性地欲求，这构成了一种新型的人类自由，不是满足动物般的欲望，而是真实的选择。与个人的福利计算相对，它是理性的一种高贵的和深刻的形式。恰恰是这种对自然的改造，保存了自然本质的东西。遵从公意乃是自由的一个行动。这是人的尊严所在，一个善好的社会使得这种尊严成为可能，并鼓励这样的尊严。①

从个别的欲望的野蛮人到普遍的欲求的公民的过渡，这是文明的胜利，而人类的历史活动则是建造一座沟通二者的桥梁。鸿沟是巨大的。灵魂并不具备这样的自然秩序，它的发展也并不是生长，而是出自人的意志的制造，也就是在时间的进程中，将人的不和谐、不一致的物欲融入秩序当中。教育乃是一项建构性的活动，卢梭在其最伟大的著作《爱弥尔》中，提供了有关这个问题所有的复杂和宏富。将教育融入政治实践，这确实是立法者的工作，这个立法者必定是一个艺术家。从一个有限和自私生物的简单需要和欲望开始，经历诸多如何保存自己的经验之后，成为这样一个人，他认为自己只是通过他的意愿对所有人的可能性所体现出来的律令来克制自己的欲望。

所有这一切都是抽象的。如果真要有这么一个人实实在在地存在，就必须有一个共同体，将此人如此紧密地融进去，使之无法脱离共同体而单独考虑自己，他本人的存在乃是作为共同体的一个部分来塑造的。公家的事就是他的事，他朝思暮想的都是公家的事。[224]让

---

① 《社会契约论》，卷一，第8章。

他在祖宗治道之下成为传统社会无可置疑的一分子,这还不够。他必须理解自己,并且指导自己的命运,就像一个立法者为城邦因此也是为自己所做的那样。他必须把城邦的所有决定、行动或者法令都理解为出自他自己的意志。只有通过这种方式,他才是自主的,并且才得以保持不可让渡的天然自由。卢梭所理解的公民乃是两股令人倾慕的魅力的联合,即根植性(rootedness)和独立性。

可立即得出结论说,一个公民必须去履行最严格的自我控制的德性,因为若他的私人物质欲望仍然横行,他必然就太过操劳以满足这些欲望。为自由目的而行的节制是公民的原则所在。这可不是布尔乔亚们对满足的推迟,这样的推迟仍然留存着个人私利的动机,并且以私利的无限满足作为目的。公民的劳作乃是和当前的满足相关的,这些满足构成了对他的回报。在公民集会上对公共事务的关心是公民生活的核心。公民为自己的财产而劳作并付出关心,是为了保持适中的能力,而将私人性的沉迷和对将来的个体性焦虑放在一边。共同体生活的整个组织使公民根本上倾向于慷慨。在此,个体性的选择是很难做出的,而在商业社会中,具备公共精神的生活方式却得不到支持。卢梭的城邦并没有为私人消费提供多少机会,且对城邦课以限制消费的重税。

因此,一个健康政治体最基本的政治要求就是小块的领土和少量的人口。公民全体必须经常见面,并且相互熟悉。人类感情的扩展是有限的,互相关心需要彼此熟悉才能做到。对国家和同胞的热爱不能是抽象的;对此必须有持续的体验。在卢梭的政治和启蒙政治之间,最值得圈点的不同也许就体现在国家大小的问题上。商业共和国倾向于大块领土和大量人口。巨大的市场鼓励生产和交换,因此也鼓励财富的增值。而且只有大国才有可能牵制并制衡强大的敌人。大国为现代的统治机器提供了所有可能的优越之处,这样的统治机器更多的是依赖各种牵制的力量和制衡,而不是人的善的品质。在卢梭看来,为此而付出的代价就是人的自律和联系。对小范围共同体和责任的关注[225]是卢梭遗产的一部分,这种关注和现代商业共和国的所有主导倾向是相悖的。卢梭将大国同专制联系在一起。孟德斯鸠把大民族,比如英格兰,看作是以自由为皓的现代政制的典范,而卢梭则把像日内瓦这样的现代城邦以及斯巴达看作是展现了他所规定的构想的可能性。

小国也必须避免现代民主的代议制设计,在卢梭看来,代议制乃是现代政治对自由问题的半途而废的应对措施。① 没有将自然自由转化为公民自由,没有抛弃各从所好的习惯,也没有就成为一个主权体的成员而去做必要的事,人们却希望他人去施行统治,而同时却忠诚于自己的意志。定夺公意的工作留给了代表们,而同时却没有成就一个懂得普遍性意愿的公民体。这乃是利益政治的规定,或者只是一个特殊的、自私意志之间的妥协。公共善的理念消失了,取而代之的是派系斗争。最为糟糕的是,代议制将分裂的现代人制度化,他们不再是真实自由的,毫无希望地把自己寄托于他人的意志之上,他们相信自己做了主人,却没有能力做出努力,以成就道德上的自主。

这样,卢梭就总体上拒绝了现代宪政主义的大部分元素,包括那些构成今天美国宪政的元素在内。开明自利(the enlightened self-interest)的诸多原则以及有限代议制的统治机器,在卢梭看来只不过是加剧了个体和社会的对立,并导致了更大的自我中心的个人主义,同时伴随中央统治权力遭到滥用的危险。那制衡的观念鼓舞了派系利益的自私。在此意义上,一项好的制度却以人的朽坏为基础。无论这套制度的功能发挥如何,它肯定是给道德腐败让了路,并且也唆使了道德腐败。

卢梭希望鼓舞起来的统治的基础乃是这样的:使全体公民的德性对这些基础之功能的发挥成为不可或缺的东西,这些是高度繁杂的事务。在马基雅维里之后的大部分政治哲学中,几乎没有谈论什么有关立国者或立法者的事情。莱卡古士(Lycurgus)、梭仑(Solon)、摩西、特修斯(Theseus)、罗慕洛(Romulus)、努玛(Numa)和居鲁士(Cyrus)这些

---

① 《社会契约论》,卷三,第15章。

人在以往讨论政制的起源问题时,都有共通的话题。人们理所当然地认为,把各个层次的个人联合进一个拥有财富和目标的共同体,是最具难度的[226]政治行为,需要高绝伟大的人来加以成就。一种足以吸纳所有成员的生活方式必须被创制。但是,新的政治发现似乎在表明,公民秩序的基础更像是签订一桩生意合同,在此,所需要的仅仅是那些个人,他们清楚自己的利益所在,并且同他人的利益发生着纠葛。人们认为向公民状态的过渡差不多是自动的,绝对不要求就什么是善好的生活达成公共的一致。这样一种难以察觉的过渡表明了新政治学的自然性。要建立一套政治秩序,所必要的就是启蒙或者指导性的手册。霍布斯认为公民秩序的好处在其确立之前即可向人民摆明。古人认为,只有最富远见的政治家能够知道这些好处,公民个体只是在事后才知道。政制的基础需要劝说、欺骗、强力,并且需要细致计划出适合于那个特定民族的生活方式。正义的最终目标是一样的,但道路却是无穷多。立法者必须将特殊与普遍、趣味和原则联合起来。立法者的工具是审慎,而非抽象理性。这些是古代政治的看法,卢梭部分地回归了古代政治,虽然他也让立法者负担了现代合法性的抽象要求。所有这些观念支撑着卢梭对于自然状态和公民状态之间的距离的看法。①

以此种方式来对待立法者,也许在考虑美国制宪者的时候能有作用,在现代政治思想中,这些人的地位不同寻常。他们的角色至少是处在启蒙家们和卢梭之间。他们的立国活动并不以任何明白的教诲为基础,如在洛克或者孟德斯鸠的哲学里所宣扬的那样。在不存在权威的时候,他们像卢梭的立法者那样行动于立法确立权威的立法之先,并且他们的任务也是没有限制的。确实,他们不仅考虑抽象的契约,而且也考虑这些契约何以适合于他们要为之立国的人民。他们反思——在这方面,立国者集团的个体成员多少都是一样的——他们公民的道德性格和取得他们事业的成功所要求的民族生活。某些时候,他们在他们

---

① 《社会契约论》,卷二,第 7 章。

的事业中几乎就是君王,为施行平等的统治而立法,并准备好了他们自己的灭亡,他们之行动乃是出于宏大和无私的动力,而这样的宏大和无私远远超越了他们的公民。所有这一切[227]在卢梭那里都得到了讨论,在卢梭所归之于经典的自由派政治模式的那种琐碎的自我主义和卢梭所找寻并加以坚持的崇高道德之间,美国的制宪者们提供了一种联系。

结　论

卢梭对立法者的伟业所进行的描绘,可能会使现代读者认为他是在谈论文化,而非政治。"文化"这个词,首次由康德在其现代意义上加以使用,是从对卢梭的意图的阐释中得来的。卢梭是要在自然和文明之间寻求一种协调,文明所指的是人们在长久的历史进程中积得的需求和欲望,以及由人类加以发现的满足这些欲望和需要的手段。文明已经击碎了人类的同一。尽管公民社会的基础和科学艺术的发现显得是一种全然的进步,如果进步是由现实的福利而非追求幸福的手段来加以衡量的话,文明的好处就值得怀疑了。人类同一的恢复乃是加以宏大理解的政治的事业。政治在其狭窄的现代意义上关系到国家,是就人们之间进行的交往而施行的最低程度的统治,并不关系到人的幸福。文化是我们认为人们作为一个整体而生活的场所;它框定并塑造人们可能的生活方式,以及人们达到幸福的方式。它被认为是更深一层的现象。卢梭对我们来说,似乎是在将文化的关怀和政治的关怀联系起来。对卢梭来说,它们确实是不可分离的。十九世纪的文化观念则彻底和政治分离了。它不再被理解为一种人的建构能力所能及的有意识的奠基活动。人们开始把它理解为一种生长、一种神秘历史过程的结果。但是,无论这个词离开其在卢梭的根源处多远,它依然在表达着卢梭对人类团体"有机"性格的关切。习惯的方式是把"文化"当作可资敬重的东西来使用,而与单纯普世的、肤浅的"文明"相对,这种方式反映了并且依然在反映着卢梭对布尔乔亚社会以及现代自由宪政主义的瞧不起,同样也依然反映着由卢梭在《论艺术与科学》里对文明所发起的批判。

因此,我们将卢梭的立法者描绘成文化的奠基者,这也许会有所帮助,这将使我们更清晰分辨出卢梭所加于立法者的任务的分量。若要求取得成功,立法者必须至少得以神圣权威的面相吸引人们,借此来弥补他所欠缺的人的权威,并给人们以动力,让[228]他们服从法律,而那法律则并不是自然所提供的。立法者不仅需要神的权威;他必须确立一种公民宗教,能够支持并奖赏人们对公共善的向往。人们今天称之为神圣的东西以及人们所理解为文化的巅峰的东西,在卢梭的事业中有其位置,这个位置较之其在自由派立法事业中的那个模糊的位置,更为核心,在自由派的立法工程中,人们可以认为宗教是无关紧要的,甚至对公民秩序还是一个危险。一旦当人们看到立法者必须做的事情,就很难抵制住诱惑说这是不可能的①。

在西方意识当中,有那么一次高度直白的试验确证了这种印象,这就是罗伯斯庇尔的立法行动或者大恐怖。那场确立公民权的尝试乃是一桩血腥的事业,足可使大部分的观察者感到憎恶。正如洛克和孟德斯鸠是亚当斯、麦迪逊、汉密尔顿和杰斐逊在他们的立国活动中的主导天才一样,卢梭成了法国大革命走火入魔的主导天才。埃德蒙·柏克对此事气贯长虹的描述以及卢梭对此事所发生的影响,是令人难忘的。②

尽管卢梭有着危险的不可操作性,却不能把他当作又一场失败而置于一旁。卢梭清楚阐明了民主政治的问题所在,在这方面他是决然

---

① 《社会契约论》,卷二,第 8 章。可参考《爱弥尔》,"萨瓦神甫布道词",第 266－313 页。

② 柏克(Edmund Burke),"致一位国民议会议员的信"(Letter to a Member of the National Assembly),见斯坦利(Peter J. Stanley)编,《选集和演讲》(*Selected Writings and Speeches*)(Garden City, N.Y.: Doubleday&Co., 1963),第 511－513 页。

有力的。他的思想会对实际政治产生什么样的影响,他本人是如何看待这一问题是很难弄清楚的。洛克和孟德斯鸠一般来说定然会赞同自己伟大弟子们的作品,而卢梭也会是同样肯定地不赞同罗伯斯庇尔。尽管他的教诲充满了狂躁的渴望,他的作品也同样到处都在宣布着变革现代性趋势之可能性的悲观。他怎么看待他的城邦的现实可能性,这无法确定。但是,如果是可能的,也只能在少数具备特殊条件的小块土地上求得生存,比如科西嘉。作为现代政治科学之标志的那种普遍的现实的可能性和可操作性,在卢梭那里消失了。在这方面,卢梭再一次更类似柏拉图和亚里士多德,而不是现代人。但是柏拉图和亚里士多德在正义的城邦和可接受的城邦之间划出了一条界线,可接受的城邦允许人们在次好的境况中生存,而卢梭坚持只有纯然正义的政制才是正当的,从而使得几乎所有现实的政治生活变得无法接受了。他以某种方式将古人的高绝标准和今人对于好政制的现实化的要求结合在一起,[229] 由此而产生出一种超乎现代之外的政治品性。

　　此事的缘起在于马基雅维里,他从先哲们虚幻的城邦转向了人们实际的生活方式。他意图以有利于实然的方式,来减缓实然和应然之间的不成比例,以便创造出最适中的目标,这一目标是由人们的实际需要给出的。通过降低并且简化对人之自然的理解,就有可能满足人的这种自然。但在某种意义上,这种道德上的简约行为并不奏效。人对正义和尊严的渴望就不会接受它,在卢梭这里,那古老的紧张以真实和理想之对立的形式再次伸张了自己。自然状态理论详细展开了马基雅维里的意图,教导说人的天性是仅仅关心一己之保存的野兽。在这些教诲中,公民社会只是一条更显审慎的道路,以实现那最原始的目标。公民社会的确立仅仅在这个意义上算作是进步,而不是在从野蛮到人性的发展这个意义上。自然状态中的自由只是求得自我保存的手段,而平等也仅仅意味着没有人可以居于他人之上,阻止他人行使自由。公民社会也仅仅是把自由和平等,当作达到舒适的自我保存之基本目的的手段。因此,为服务此目的,他们是可以大加删减的。自由和平等可以让渡给公民社会,由公民社会承担责任,以更有效地实现目标,而对这个目标而言,自由和平等只不过是不怎么完美的自然工具罢了。事情看起来就是这样子的。但是经验和反思教导我们,一旦人知道自己自然是自由和平等的,就不可能避免人们在社会中也要求绝对意义上的自由和平等。自由被认可为人之本质所在,没有现实的平等,公民自由就不会可能。在实践上,除非法律被理解为是人们的自我立法,否则社会所有的法律都将是可疑的,任何不平等也都看起来不可忍受。对更大自由和平等的恒久要求终究要把仅仅满足基本需要这样轻易的解决办法摧毁。一旦人们获知了有关他们的自然权利的消息,这些要求就会在实践中变得迫切、恒久,并成为不断变革和革命的永恒刺激,后来被称之为辩证法的东西开始行动了,自然自由向公民自由过渡。只有当法律成为理性的普遍性表达,并且所有都作为道德主体和目的本身而得到所有人的平等承认,这个进程才最终完成。在《社会契约论》描述自然的动物性自由和道德自由之间的差别的那一章里,卢梭刻画了这个过程的两个阶段。①

无论终局如何,一旦这些原则成为自明的,对更大自由和平等的渴望就会接踵而来,去挑战所有那些审慎的阻滞环节,或者向任何从另类原则和传统而来的制衡力量发难。问题不妨用社会契约的观念加以标志。所有思想家都赞成,同意乃是法律确立的前提条件。但是当人们认为法律乃是违背自己利益的时候,也就是说,在一些极端的情况下,触犯了人们的生命、自由和财产的时候,卢梭争辩说,在这种情况下,在他之前还没有人能够确立依据同意的统治,来约束个人。只有卢梭确立了这样一个范式,将自利同道德义务区分开,在公意当中分辨出独立的道德旨趣。他在现代政治原则中见出了道德善好的源泉,并提供了一面旗帜,引领民主向前推进。事情至少可以这么来理解。单单以人的自我保存为旨归的政制并不具备那种博得道德尊重的尊严。

在法国大革命之后的年代,将一种道德的民主政制在现代民族中

---

① 《社会契约论》,卷一,第8章。

践行的举动,对那些明智通达的人们来说,比臆想更加糟糕,尽管如此,人们也都同意,卢梭是无法避开的,他的理论必须被整合进现代国家的理论和实践中。① 康德、黑格尔仅仅是其中最引人瞩目的例子,他们以卢梭为基础,阐述了自由中的道德尊严,并同时以之来重新阐释、升华布尔乔亚社会。他们希望在卢梭和现代性的事实之间作出协调,而不允许经过卢梭改造的冲动导向更大的极端,反抗势在中天的现代性。在自然和社会之间存在的显然难以调和的冲突打碎、撕裂了人性,卢梭对此进行了令人信服的描绘。若没有这种调和,卢梭的这种描述就有可能授权各色潮流去捡拾这些碎片:在左翼政治派系中,会出现新的革命和新的恐怖者,他们尝试去组装民主德性的政制;右翼派系则会沉迷于根深蒂固的地方文化当中,而不去理会理性的普遍性,这就产生了类似梭罗这样的人,他们逃离社会的腐朽,以求找回自然的自足。

但是对卢梭加以严肃对待,并不就是说去蔑视并拒绝美国的宪政制度,[231]正如受卢梭影响的那些富有思想的人们当中一位最严肃的所证实的那样。这个人就是阿历克谢·德·托克维尔。当代人的眼睛未能看到托克维尔身上明显的卢梭色彩,这是由于托克维尔的保守派追随者们所做的工作所致,这些追随者拒绝承认托克维尔和他们眼中的左翼极端分子卢梭会有什么牵连。托克维尔把目光从欧洲平等诉求的混乱场景移开,转向美国,在他看来,美国是秩序自由的典范。他毫不犹豫地确认了,平等的正义性乃是超越了过往时代不平等特权的非正义性。他将美国解释为一项恢宏的教育事业,指导公民就他们的权利进行政治运用。他将美国的立国者视为这样一些人,他们的品质表达了一种较高的道德,这种道德可能是他们提倡的那些原则所没有包括的。当然,托克维尔并不相信美国完全解决了政治问题。他对美

---

① 存在着诸多的乌托邦社会主义思潮,仍向往着建立卢梭所描绘的那种小共同体。其中最值得圈点的就是以色列的集体农场(kibbutzim),它是由一帮俄罗斯的犹太人受托尔斯泰的影响而建立的。托尔斯泰本人乃是卢梭最热情的朝圣者。

国民主的看法沾染了卢梭所引入的那种于人们观察实际政治操作之际所产生的哀婉情调。对美利坚野蛮人和那些伟大的贵族灵魂,托克维尔投注了敬重的目光。他承认这个政制有可能走向物质主义,其中的公民有可能走向单纯的自利,并将个人主义原子化。他关注地方自治的重要性,这种地方自治类似于参与一个独立的城邦,他将新英格兰看作是美国自由的真实体现,以之为核心,更大层面的统治聚集起来。他引进了同情,将之作为对商业社会中经济关系残酷性的纠正,这种感情对洛克和孟德斯鸠都是陌生的。同情,对托克维尔来说,乃是民主感情的核心,也是人们追求超越人们经济利益关系之外的那些东西的前提。他也关注男人、女人、孩子之间的密切关系,认为这构成了一个中间的共同体、一座联系个人与社会的桥梁,而这些是自由派所没有做的。他几乎简单地再造了卢梭在《爱弥尔》中对家庭的反思。他期望一个温和、民主的宗教,来缓和美国人对物质福利的激情。卢梭使托克维尔保持了对自由社会诸多危险的警觉,并使托克维尔重新阐释自由社会,以此鼓舞公民德性,这些德性乃是能够从正当理解的自由和平等原则中诞生的。

　　我举了托克维尔的例子,以表明拥有卢梭式敏感的人所进行的那种对政治的思考。卢梭的详细规划已经解体了。但是他给我们中大部分人的灵魂里种下了对自由和德性的渴望,这渴望却难以得到满足。卢梭乃是这样一位对民主进行思考的现代思想家,在观察人的时候他所达到的广度和深度可同样在柏拉图那里加以发现,[232]却明显是为那些鼓噪我们的原则的人所明显缺乏的。他并没有简化人,以求有所斩获。在充分揭示人的潜质的时候,他能够谈论爱、谈论上帝、谈论崇高。卢梭所关切的大部分内容都落在了那些使生命变得有价值的东西上面,而不是那些威胁到生命的东西,他从肯定的方面而非否定的方面取其方向。他从我们现代人所认为的那些于人为真的东西出发,却努力去描绘并恢复生存的根本的甘美,在这方面他超越了他的前辈们。这使事情变得复杂了,但对所有那些寻求善的人们来说,却是无法抵抗的。我们这代人都必须和他对我们的民主生活所作的理解达成和解,在卢梭进行写作之后的历代的人们都是这么做的。

  首要的是,必须拿自由主义原本的、真实的声音,来检验卢梭的批判,才能看清楚自由主义能够应对这些挑战。卢梭是不是也像马基雅维里那样的人物,巧妙地讽刺柏拉图,使柏拉图在后世眼里成为一个理想主义者呢?自由主义是不是像卢梭宣称的那样的物质主义呢?或者洛克、孟德斯鸠和联邦党人是否预见过卢梭的挑战呢?胜利了的自由主义是不是遗忘了自己深刻的道德源泉,而以过分简化的有利于己的辩护加以取代,从而给卢梭留下了攻击的余地呢?我们是不是从来都拒绝卢梭对我们的刻画,并因此而削弱了我们的自尊呢?卢梭和那些伟大的自由主义者们之间的对峙将增进我们的自我清醒,并使我们承认我们的对手的深刻。在很大程度上,这本书的这一部分是对卢梭所产生的宏富影响的贡献。卢梭的魔力或许有待克服。但是,若要克服,首先要求我们必须去体验他的魔力。

(林国荣 译 崇明 校)

老 师 们

纪念施特劳斯

[235]1973年10月18日,施特劳斯在马里兰的安纳波利斯(Annapolis)逝世。他属于那些为数极少的人,他们的思想在我们这个时代的政治理论中产生了启发性影响。施特劳斯发表了十五本书和八十多篇文章,在其身后,留下了几代异常忠实的弟子。对施特劳斯作评价尤其艰难,我自知无力公允地看待他。此外,我们当中了解他的人从他身上看到了一种心灵的力量,一种生命的和谐与坚毅,一种罕见的人性品质的混合,这一切构成了道德德性与智慧德性的和谐表达。从未接触过如此品格人物的人,可能会不信任或嘲笑我们对施特劳斯的描述。施特劳斯最终把自己的记忆留在了其作品中,在那里,被他看作为自己精华的东西仍然活着;总之,施特劳斯没有媚俗,而是献身给了毫不妥协的真诚。尽管各种有说服力的理由在阻止我,却有一种由衷的需求在驱迫我,赞美他、向他致以子女般的虔敬。

一

在某种生命里,思想就是惟一真实的事件,讲述这样一个生命是简单的。施特劳斯于1899年9月20日出生于德国黑森(Hessen)的基希海因(Kirchhain)。他成长为正统的犹太子弟,念了大学预科。施特劳斯在马堡和汉堡大学读过书,在弗赖堡大学做了一年博士后,在那里,胡塞尔任哲学教授,年轻的海德格尔是其助手。施特劳斯从那里去了柏林,在犹太研究学院(Academy of Jewish Research)任职。1932年,施特劳斯获得洛克菲勒(Rockefeller)[236]奖学金离开德国,除去二十多年后短短几日的逗留,就再没有回去。施特劳斯在巴黎和剑桥一直住到1938年,那一年他来到美国,在社会研究新学院(New School for Social Research)任职到1949年,也先后在芝加哥大学、克莱尔蒙特男子学院(Claremont Men's College)和安纳波里斯的圣约翰学院教书,1968年,他作为哈钦斯政治科学杰出贡献教授(Robert M. Hutchins Distinguished Service Professor of Political Science)从芝加哥大学退休。施特劳斯认识许多有趣的男男女女,用了很多时间和学生们交谈。不过,施特劳斯生活的核心,却是对他认为最为重要的问题进行严肃、持久和精心的研究。他的谈话是这种活动的结果或延续。施特劳斯对其工作的热情从不间断,严肃不苟但充满乐趣;在不思考的时候,他感到自己失去了生命,只有最沉重的不幸才能让他停止思考。虽然施特劳斯从未失过礼数,对自己的时间也很慷慨,但人们总知道他有更重要的事情要做。他在任何组织中都不活跃,不在任何权威机构中任职,除了理解和帮助那些也有可能像他这样行事的人之外,再没有野心。施特劳斯没有因遭到忽视或敌对而气馁和受伤。

在施特劳斯的生平里,没有什么可以解释他的思想,但值得注意的是,他在这样一个国家里生为犹太人——在这里,犹太人怀有最伟大的世俗梦想,遭受了最恐怖的迫害。他在这个国家里学习哲学,一百五十年来,这个国家的语言几乎已经等于哲学的语言,而这个国家在二十世纪里最为深刻的哲学形象是纳粹。因此,摆在施特劳斯面前的,是政治极端的图景及其与现代哲学的关联。在这个时代,忽视神学-政治问题或认为它已被解决,很时髦,而他却被迫应对这个问题。施特劳斯确凿地相信,任何想要过一种严肃生活的人,都必须面对这些问题;他倾其一生,不是去传布这些问题的答案,而是在它们的轮廓还模糊的时候澄清它们。施特劳斯的起点对接近那些永恒问题极有助益。

施特劳斯备受争议,他的作品还没有得到应有的认可。由于一并质疑现代学术的前提和结果,他侵犯了许多学者——他们都忠于现代学术方法,忠于对这种传统的时下解释。由于谈论自然正当和建立在城邦(polis)之上的共同体,施特劳斯惹怒了某种正统的捍卫者,这种正统坚持认为,由于对这些选择的思考,自由受到了威胁。由于批判事实

-价值的划分[237]及由这种划分而产生的行为科学,施特劳斯激起了许多社会科学家的愤慨,因为他看起来质疑了他们的科学前途及与其微妙相关的社会前景。哲学式的质疑,这种对貌似自明的视野进行的批判性反思,总会惹来道德上的义愤,施特劳斯明白这一点。但为了内心的自由,为了削减我们过多的、成问题的原则,需要有这样的质疑。施特劳斯的学术为提供这样一种立场做出了贡献,从这里,可以对我们的处境作出明智的评价。而要获得可以作为替换的评价标准并不容易,如果不去寻找它们,就只能对习俗(convention)进行"习俗性的"(conventionally)批评。

随着新的社会科学的某种结果日益明确起来,施特劳斯发起的对行为主义的责难变得颇具美名;一些对施特劳斯的这种批判攻击得最为激烈的人,虽然没有改变立场,也随着新的潮流发生了转变。施特劳斯对社会科学的研究是他的心灵和所走道路的杰出写照。他对美国的制度有着深深的感情。他研究了美国的历史,并沉醉于其独到的创造力。在实践上,施特劳斯感激美国为他提供的庇护,明白自由民主制是其人民最可靠的朋友。无论在经验还是在研究上,施特劳斯都知道,自由民主制是现代人仅有的体面、公正的选择,但他还知道,自由民主制在实践和理论上都面临种种威胁,甚至遭到围攻。现代哲学是这些威胁中的一个方面,它使人们不可能对美国制度的原则寄予合乎理性的信任,因此,这种制度的根由的正当性,也就不再那么有说服力。在施特劳斯的早期美国岁月,这种新的社会科学是一种强有力的形式,在其中,现代哲学尤其德国哲学正在美国北方自我表现。我不认为施特劳斯把新社会科学当作很重要的精神运动。无论过去还是现在,在这种运动的需求和成果之间,都存在着巨大差距,它对自己的精神根基没有严肃的理解。要为它花费时间,施特劳斯就得离开自己的主要关怀。但施特劳斯认为,对其进行一番细致的观察是他的责任,因为新社会科学就在这里,并且具有影响力;因为从一般的意见上升到对问题更为恰当的系统表述、严肃对待人们所说的并尽力发现其内涵,永远是施特劳斯的方式。这是一种客套,但却并非仅仅如此:他相信,在人们的意见中,能够发现关于事物真相知识的人口。只有[238]通过细致而辛苦的努力去理解我们自己的处境,才能超越它,并避免教条主义和抽象。施特劳斯走向社会科学的方式,并非热衷于不休的争论,也非进行具有颠覆动机的漫骂。这也并非是要夺去这个学科的普通成果、进行简单的言辞上的反驳,虽然严肃的道德责任使他阅读了几乎所有的新社会科学的著作。相反,施特劳斯寻找的是那些被公认具有最棒的头脑、其作品激发了这场运动的思想家。除此之外,正如他一贯所做的那样,他注意起源,因为在那里,为一种立场的辩护常常进行得比日后它们已经取得胜利,并在成功之上附加了自明性的时候更严肃,也因为在那里,我们可以找到已经被新的看法埋没的、可选择的看法。施特劳斯特别注意韦伯,对他作了透彻和充满敬意的研究。他与韦伯进行了一场对话。这场对话最为重要的结论之一就是,虽然非常年轻但却支配了道德话语的对事实与价值的区分,要想成为根本的精神范畴,就需要更强的哲学根基。施特劳斯意识到韦伯思想的严肃与高贵,但他指出,韦伯是一位派生的思想家,站立在现代科学与尼采之间的某个地方,并且无法解决它们之间的紧张。施特劳斯就这样开启了一个世界,去反思"价值"一词的意义以及用诸如善与恶这样的词语取代它的合理性,他为更深刻的反思指明了道路,而那需要反思的,正是我们这一代人最为切己的关怀。

这就是施特劳斯对学生有巨大吸引力的原因之一。施特劳斯从他们开始的地方开始,向他们指出,他们还没有反思过他们的科学和政治的前提,而这些前提已经被伟大的前人反思过,我们却已经因为种种实际的目的忘却了如何解读这些前人。研究这些思想家成为一种必须和快乐。这就是施特劳斯仅有的修辞。除此之外,对社会科学原则的批判还伴随着这样一种努力:像政治事物第一次进入我们视线时那样看待它们,重新发现那些被新方法改变和削弱了的现象。施特劳斯献身于恢复对政治现象丰富而具体的自然意识。很大程度上,施特劳斯在描述我们周围的事物时,真正令人惊异的清晰与新颖来自他运用古书把自己从束缚我们的范畴中解放出来的方式。

施特劳斯到美国的时候,最激进的政治科学家们断言,他们不需要政治哲学,[239]正如心理学不需要形而上学。现在可以有把握地说,人们对这个论断有了更多的怀疑。

二

施特劳斯是哲人,但他自己从来不愿意这样说,他太过谦逊,对这个头衔所代表的稀有的一类人及生活方式太过尊敬,以至于不愿强占它,在使用这个头衔如此廉价的年代,尤其如此。我的论断极为矛盾,因为施特劳斯确实只显得像个学者。《霍布斯的政治哲学》或《思索马基雅维里》是其著作的典型题目,那些题为《自然正当与历史》或《城邦与人》的书,证明了它们不过是对不止一位古代哲人进行的反思。施特劳斯与他所讨论的作者合而为一,可以只被看作他们的阐释者。除此以外,当今的哲学家只谈论存在与知识,施特劳斯却谈论城邦与绅士。

不过,表象可能是骗人的,如果我们的偏见对其负有部分的责任,就尤其如此。纵览施特劳斯的全部著作,我们会发现,那是对哲学的意义及可能性进行的统一而连续的不断深入的探索。在这样一个时代,哲学不再能自圆其说,绝大部分现代哲学家已经放弃了理性,并因此放弃了哲学,逢迎意志或忠诚,但这些著作却是那种献身于理解哲学生活的成果。这是一项由于反对意见及其拥护者的严峻而继续下去的探索。施特劳斯没有向现代运动让步,可是,不去面对这种运动,他也就不能献身于科学。施特劳斯"理性地"探讨了理性遭到离弃的因由,这意味着他必须面对当下的一些论断:关于哲学的地位、关于需要一种新型的哲学以对抗古老的哲学。对我们来说,古老的哲学已经不再触手可及,因为我们总是通过一种传统去看待它,这种传统的主张并不恪守真理。必须做出努力去恢复古老的哲学,这样的努力已经十分艰难,因为我们不再拥有这样的武备,有了它,我们就能用前辈哲人们的眼睛来观看我们自己,而非用我们的眼睛去看他们。我们的范畴是继承来的、是成问题的；它们限定了我们的视野。恢复意味着发现，在被人们看作我们熟悉的领域——哲学传统里，施特劳斯开始了发现的远航。[240]他必须扔掉那些地图与罗盘，它们的基础是一些与那个传统不同的原则，并且有可能引导他去走没有标明的航道，让他迷失方向。施特劳斯的写作是尝试性的，但却是以日益坚实的脚步达到像作者理解自己那样去理解他们，由此也再次为那些黔驴技穷的人们揭示出必要的选择。施特劳斯发现了一种阅读方法，以便能够再次看到哲学本来的意义。在施特劳斯最后的写作中，他终于自如地把握住了苏格拉底——这个哲人的原型、这个其教诲最为尼采和海德格尔试图抛弃的人——的道路。在对阿里斯托芬、色诺芬和柏拉图的解读中，苏格拉底复活了，这些作者了解苏格拉底并为他吸引。通过使苏格拉底的道路再次变得可信，通过毫不妥协地迎击随之而来的一切反对以及一切与之对立的道路，施特劳斯相信，他实现了理性主义的申辩，实现了献身于追问一切事物最初缘由的生活。

　　施特劳斯在这种精神中，而不是像改革家、道德家或某个运动的发起人那样，从事着政治哲学研究。他的政治学是哲学的政治学，而不是某种制度的政治学。他从沉思存在转移到沉思人，没有忘记存在问题，人既是一种能够渴望去理解存在的存在，也是最为有趣的存在、任何关于存在的教诲都最需要把握的存在。从人的事物出发、从人向非人的蜕变中拯救人，理解他们的独特性，就是苏格拉底的道路。如今，科学比以往更热衷于用非人的东西来解释人，理解这种科学的源泉和工具——灵魂——也因此不再可能，所以再次从自然的起点出发甚至就更为必要了。世界与人的心灵已经被科学变了形；因此，当科学变得成问题的时候，要找到自然的心灵就尤其艰难。科学栖身于前科学的基础，那是科学的前提，但科学却无法再看到它。一切思想的演进如果没有经过向前科学世界的回归，向那个我们不再触手可及的世界回归，就会成为现代信念的俘虏。在谈论僭主政治与绅士、谈论自然正确、政治家与哲人的时候，施特劳斯永远在思考着知识的问题。

　　为了按某种多少不同的形式来重述这一切，施特劳斯认为，柏拉图式的洞穴图景描述了人类的根本处境。人是其所处时代及场所中权威意见的囚徒,一切人由此开始,大多数人也在此结束。[241]教育就是从这种束缚中获得解放,就是上升到某种立场,从那里能够看到洞穴。苏格拉底断言,他只知道自己是无知的,这说明他获得了这样的立场,从这里他看到,被他人当作知识的,只不过是意见——被洞穴生活的必然性所规定的意见。任何形式的哲学都假定,通过无所凭借的理性,人总能够超越给定的东西,找到一种不武断的标准,以对抗那些用来衡量它的东西(against which to measure it),正是这种可能性构成了人之自由的本质。青年施特劳斯面对的,是有史以来对这种可能性最为激进的拒斥。这种否认不是那种在哲学传统中时时出现的、怀疑主义的否认,它是实证主义与教条主义的论断,认为理性不能发现永恒的、不武断的原则。一切最为有力的学说都或明或暗地接受了这种论断的真实性。新康德主义中破碎的康德主义不再具有说服力。余下的是实证主义,它认为自己的原则无从证明而依赖于其有用性;还有彻底的历史主义,它走得更远,断言理性由于根植于非理性,因此是一种表面现象。它总结说,那些公认为武断的实证主义者们的原则,只是来自无数可能的看法、视野或大众观念之中的一种。海德格尔这位对施特劳斯影响最深的现代思想家,着手颠覆西方理性主义传统,就旨在回溯那种理性主义由之产生却又为其遮蔽的丰沛源泉。

现在施特劳斯承认,现代理性主义确实走上了死路。他没有把握的是,是否理性自身的命运维系在现代哲学的命运上。他把阐明这个疑惑当作自己的使命。全面的哲学危机惟一的优点,就是允许对为人接受的哲学见解进行全面质疑,在过去,这被认为不可能。例如,那种认为康德一劳永逸地驳倒了古代形而上学论断的信念,变成了无稽之谈。一切都是敞开的,但那种信念却助长了人们忘却何谓古代形而上学。不论我们是否知道,我们都是通过康德的眼睛在观察,即使是我们用作阐释古代思想工具的语言学,也奠基于现代哲学。因此,当施特劳斯写那本名为《自然正当与历史》的书时,他主要探索的并非正义问题,他在注视着洞穴之外可供选择的两种伟大立场——自然与历史。

[242]自然及与其联系在一起的自然正当,已经作为一种迎合历史的标准而被拒斥。通过研究使这些标准为人所知的方法——即政治常识,施特劳斯敢于把这种被看作当然之事的拒斥变成问题。简言之,施特劳斯回到了洞穴。它的阴影已然消退;但在迷路之时,如果能够,人就必须回到起点。

三

我已说得太过学院化了,施特劳斯的思想绝不是学院式的。它来自一种严肃生活的真实问题。施特劳斯的精神远游始于其犹太主义。同化与犹太主义是所谓"犹太问题"的两种解决途径。犹太主义认为,同化不可能,也可鄙。建立犹太国家是惟一有价值而且值得骄傲的选择。这个选择的论述方式为一种假设所预定,这种假设认为,对善于思索的人来说,正统犹太主义——信仰摩西启示书信(the letter of Mosaic revelation),接受犹太人在离散(Diaspora)中的命运,把这命运看作神意的一部分,只有弥赛亚的到来才能改变它——不再可靠。实际上,只有从这样的假设出发,犹太人的处境才会被看作一个需要解决并且可以解决的问题。"犹太问题"是启蒙运动的儿子,它蔑视启示,并且确信,政治问题一旦如此提出,就能够解决。虽然接受了犹太主义对同化的看法,施特劳斯却怀疑,对犹太人在欧洲的处境仅仅作出政治的或世俗的回答是否已经足够,一个抛弃了圣经启示信仰的犹太国家是否还有意义。犹太人是否能够成为像其他民族国家那样的民族国家?如果能够,它是否不仅是一种更高形式的同化,一种更高形式的对那种不再渴望成为犹太人的态度的认可?除此之外,施特劳斯还看到,那些想要拯救犹太主义、回击对摩西律法教诲的哲学拒斥的虔诚犹太人,沉默地接受了他们论敌的许多前提,已经不再是真正的正统派。由于不能接受现有的那些简单而方便的解决途径,施特劳斯转而检审一位伟大的思想家,这位思想家提出了同化与犹太国家两种解决途径,开启了对圣经更高层次的批判——看来圣经使那种依附于书面文字而生的生活变得愚昧,但直到如今它却仍然盛行;施特劳斯转向这位犹太人的叛逆者——斯宾诺莎。[244]大约在二十五六岁时,伴随着这样一个最初的、严肃的学术使命,施特劳斯开始了自己一去不回的旅程。

在那时的施特劳斯看来,①斯宾诺莎对犹太传统的批评指向两种人——一是正统派:他们相信,律法(Torah)上的一言一词都有神启的品质,他们认为不需要有哲学,并且对哲学怀有显而易见的敌意。另一类是哲人,尤其迈蒙尼德(Maimonides),他试图证明,理性与启示是相容的,借助无所凭借的理性而得到的亚里士多德式哲学可以完全与弥赛亚式启示和谐一致,并且为其成全。简言之,施特劳斯总结说,只有认为考据学上的难点不能被解释为奇迹、不能被解释为来自那些超越自然和理性的原因,斯宾诺莎的考据学方法才有说服力,但斯宾诺莎却没有为这种看法提供足够的证据。因此,与帕斯卡尔一样,施特劳斯发现,仍旧可以保留那些拒绝对哲学做任何让步的、最严格的正统派。他还总结说,必须研究迈蒙尼德。施特劳斯一定要看看,使得这位哲人仍旧忠于犹太人及其圣书的理性,是否遭到了失败。因为与帕斯卡尔不同,迈蒙尼德不愿意抛弃哲学。

于是,施特劳斯转向了迈蒙尼德。他的第一印象是迷惑。不单单是无法弄懂其意义,施特劳斯感觉到,那种思想与言说方式完全是陌生的。不过,从那些给人第一印象琐碎而荒谬的事物中寻找重要的东西,始终是施特劳斯的天性,而恰恰是这种印象,使我们局限自己,不去挑战。这些作品与施特劳斯所理解的哲学相去甚远,但他不能接受那些基于对中世纪心灵的抽象而产生的既定解释。施特劳斯不断回到迈蒙尼德以及在其之前、启发过迈蒙尼德灵感的伊斯兰思想家。施特劳斯逐渐意识到,这些中世纪的思想家实践着一种被我们遗忘的书写艺术,他们用这种书写艺术向除少数精英以外的一切人隐瞒了自己的意图。

---

① 如果想通过施特劳斯的研究了解他思想的发展,可以把《斯宾诺莎的宗教批判》(*Spinoza's Critique of Religion*)(New York: Schocken, 1965)的"英文版第四版序言"和该书加以比较。

施特劳斯已经发现了隐微写作。通过最为悉心的阅读,文本变得可以为理性的人理解,并且前后一致。这种使施特劳斯成名、也使他为那些以传统解释起家的人们所轻蔑的发现,看起来最多只是一个有趣的历史事实,就像去研究如何阅读[244]象形文字。但隐微写作牵涉了哲学的意义,因为,这种不同的表达模式反映出一种对理性及其与文明世界关系的不同理解。意识到这一点,我们就可以研究陌生和卓越的事物,就可以意识到我们自认为别无选择的观点中成问题的品质。从这个发现中,诞生了主宰施特劳斯余生的伟大课题:古代人与现代人,雅典与耶路撒冷。真正的激进主义绝非来自激情的承诺,而是来自平静而严肃的反思。

施特劳斯发现,理性与启示的和谐是迈蒙尼德和法拉比(Alfarabi)的公开教诲,私下的教诲却是:二者之间有着激烈的不可消解的紧张;理性的教诲与启示的完全不同,不可调和,二者中的任何一方都不能完全驳倒另一方的论断,必须要在二者中做出选择。根据这些导师的教诲,就是人所面临的最重要的课题。结果是,在迈蒙尼德与斯宾诺莎的作品中,理性与启示的对立同样极端,迈蒙尼德并不比斯宾诺莎缺少理性。施特劳斯后来发现,斯宾诺莎也发现并运用了这种古典的写作艺术。那么,其中的差异何在?令人迷惑的是,斯宾诺莎不再认为这种写作艺术具有永久的必要性,他应用这种艺术只是为了超越它,因为他认为,把宗教及文明社会一并理性化是可能的。哲学能够成为改造社会的工具并且实现启蒙,而不是少数人秘密的财富,这些少数人认为,让大众成为哲学家,或真正容忍哲学,是不可能的。与其说迈蒙尼德对犹太民族的忠诚来自其对圣经的信仰,不如说他怀疑,剥夺他们的这种信仰是否可能和值得。相反,斯宾诺莎参与了一个阴谋,其设想是替换掉先前被认为是人类生活必要条件的东西,这种设想需要一种对事物本质完全不同的看法,这就是现代性的本质。它的起点与古代人相同,认为首要的课题是宗教问题。随着这种设想的胜利,它在这个问题中的起点也从人们的视野中消失。因此,为了理解我们自己,必须回到这个起点,使之面对被它取代的对事物的看法。施特劳斯发现,尼采错误地认为,起源于古代、在当代科学中达到巅峰的西方理性主义只有单一的线索。

在十六世纪的某个时候，必然发生了一次大断裂。尼采对理性主义的批判可能很适用于[245]现代理性主义，但古代理性主义的品质却不为我们所知。现代人已经作出了选择，但是否这种选择带来了更为高瞻远瞩的视野，还不清楚。

除此之外，施特劳斯在对迈蒙尼德和伊斯兰思想家的研究中发现，这些人并不像现代人那样把自己理解为革新者，而是把自己看作某种回溯到柏拉图传统的传言者，他们只是把柏拉图式的教诲应用到犹太及伊斯兰的启示中。他听到，柏拉图是传授预言的人。那究竟意味着什么，他不能预知。于是，施特劳斯转向柏拉图，沿着这条道路回到古代人那里。施特劳斯通过中世纪哲学接近古人们的思想。他当然曾经受过德国常规的古典教育，具有对古人的传统卓识。但这种教育恰恰使古代经典变成了学识或一般文化，使它们变得毫无生趣。施特劳斯本来可以像其同时代人那样，不会到古代哲人们那里去解决自己生活中的真实问题。人人都确信，一切重要的问题都以与古人不同的方式解决掉了。现在，施特劳斯的思想已经被自己充满活力的关怀牵引，在时间之中回溯，他发现了古代思想的入口，通过这个入口，这些关怀变得比他曾经想象的更丰满。从施特劳斯的最初需求中产生的对希腊哲人出人意料的看法，被证明是真实的，这是因为，那些在时间上更接近希腊人、仍为同样的问题困扰的中世纪思想家，比一些学者拥有更为确凿的关于希腊人的知识，这些学者无意中采纳了这样那样对宗教问题的现代解决途径（相对于那些直面无神论真实后果的无神论者而言），他们是最为马虎的无神论者。

施特劳斯发现，柏拉图、色诺芬、阿里斯托芬、修昔底德和许多其他人，他们的写作很像铆定于这一路向的中世纪思想家。苏格拉底因不虔敬而受到的处决，是柏拉图式世界的门槛，探索哲学在诸神面前的姿态，是那些作为古典写作艺术最高成就的对话的开端和终点。施特劳斯从这里发现了起点，从这里，我们可以"面对最重要的问题的全部冲击力，这是个与哲学相伴的问题，虽说哲学家们并不经常提起它——这就是何为神（quid sit deus）的问题"。①耶路撒冷与雅典之间深刻的对立，以及想要变更这种关系的现代企图［246］——现在施特劳斯知道，这就是现代哲学隐秘的起点——成了他持续不断沉思的惟一主题。因此，施特劳斯才能够得到永恒的人类选择的主要线索；他争辩说，它们的永恒构成了对历史主义的决定性驳斥。

　　基于这些反思，我们可以粗略分辨出施特劳斯思想发展的三个阶段。请让我重申一次，这是一个连续和不断深化的过程。第一阶段可以称作前施特劳斯的施特劳斯，代表作是《斯宾诺莎的宗教批判》《哲学与律法》和《霍布斯的政治哲学》。这些作品论及他直接的政治神学关怀，那是施特劳斯第一次展现这些关怀。这些书极富学识、论辩出色，具有与思想史上最好的现代作品类似的形式。通过进一步思考，我们发现这些书的内容穷尽了这种形式，导致施特劳斯日后脱离它。但是，这些论著遵循了现代学术的规范及其历史前提。这些书把施特劳斯自己的问题添加到了那些作者身上；他还没有学会像那些作者看待自己的问题那样去看待它们。施特劳斯发现，这些思想家更多是为时代所促成，而不是促成了他们的时代。施特劳斯以一种现实的标准去衡量他们，而不是从他们身上学到现实。施特劳斯赋予这些思想家他们自己都意识不到的影响力，他还没有看到他后来看到的发生在传统中的激烈断裂，因为他感染了当代思想的时代病。施特劳斯知道伊壁鸠鲁式的而非柏拉图式的宗教批判；他在寻找一种现代之外的立场，但没有找到。简言之，他还不知道古代。那本他最不喜欢的关于霍布斯的书，在学术圈内一直最为人认可和最少争辩，并非偶然。

　　第二阶段为施特劳斯所发现的隐微写作主导着，我已经说过，这个发现与他对古代、因此也与对一种真实选择的发现同步。施特劳斯用一种新的眼睛看世界。他的写作仍然近似其他学者，但结论已经开始显得骇人听闻；那些解释与常识相去甚远，而且看起来是基于一种对细

---

① 《城邦与人》（Chicago,1964）。

节的刚愎自用的关注。这个时期有三本书:《迫害与写作艺术》《论僭政》和《自然正当与历史》。第一本书详尽阐述了关于隐微对话的普遍论题,并对中世纪文本进行了详细阐释。第二本书是他第一次演绎一部希腊作品。他选择了色诺芬,因为在我们看来,色诺芬是个傻子,而实际上他比更古老的思想家要聪明。通过让色诺芬的智慧再次得以触知,一种衡量古代与现代思想之区别的尺度建立起来了。柏拉图一直拥有崇高的哲学[247]声誉,在他的著作里,我们能够发现与我们如今还在谈论的主题相似的东西。对于柏拉图,我们被迫忽视的远远超过我们所注意的。柏拉图离色诺芬比离我们更近,只有理解了色诺芬,我们才能理解柏拉图。色诺芬对我们更生疏、但更易理解。因为他确实更为简单,因为我们没有被一种误导人的熟悉引迷了方向。

《自然正当与历史》是施特劳斯关怀的一个综述,也是一本非历史的哲学史。在不断思索现代选择、把它们与古人加以比较的过程中,施特劳斯开始找到古代哲学的线索。现在他能够说出自然的古代意义,使把它用作一种标准变得令人信服。因此,施特劳斯能够看到第一批现代哲学家的意图,他们理解这种自然观并试图提供一种替代。后来的思想家试图解决新看法中固有的难题或想要改进它。透彻地说,那些难题并没有导致向古代观点的回归,而是拥戴历史、废弃自然,在其最初阶段,第一批现代哲学家貌似保留了理性并提出了另外一种标准,但到其顶峰时,则是对理性的抛弃和一切标准的消失。施特劳斯总在思考他后来所称的"现代性的三次浪潮":现代的自然权利。马基雅维里是其预备,培根、霍布斯、斯宾诺莎、笛卡儿和洛克发展了它;现代自然权利的危机及历史的出现,始于卢梭,为康德和黑格尔详细阐述;激进的历史主义始于尼采,到海德格尔那里达到顶峰。施特劳斯包罗万象又精细明确,他把握住了每一个阶段的根基,寻找其意图最为明确的表达。他试图表明,一切问题仍是敞开的,但不断递进的发展及这些发展所酿成的希望,以某种方式使那些选择变得模糊,最后使历史相对主义和文化相对主义的看法显得具有自然而毫无疑问的优越性。每一次伟大的浪潮都始自对希腊的热情,但这些回归都不完全,最终是现代性的激化。施特劳斯运用了每一位后来人自己的话,投身于整个的传统。

第三阶段的特点是,完全抛弃这种现代学术的形式及内涵。施特劳斯感到,不再有必要作出妥协、或通过学术方法和范畴构造的屏幕来解读(古代)文本。施特劳斯解放了自己,能够像作者理解自己那样理解他们。施特劳斯与古代作者展开了对话,就像我们与一位智慧、敏锐的同时代人探讨事物的本质那样。施特劳斯能够做到这样,其证据就是那些后期[248]作品,它们所进行的解读紧贴他所要写的那些作品的文本。虽然这些书的内容极难为我们掌握,其形式和表达却出奇简单,有些人甚至可能、实际上确实已经有人认为,施特劳斯是一个单纯的人,他拾起那些大书,像普通读者那样读。这样的读者意识不到,这些大书是大量互不相关的学科中的无数学者的储备,如果不具备他们拥有的信息,根本不可能理解这些书。天真读者的视野与学者视野之间的差距之大,就像对世界的普通认知相对于现代数学物理学对世界的认知;这差距是如此之大,以至于他们之间几乎没有联系。施特劳斯着手恢复这种天真的视野。这包括:相信真理是对一位思想家进行研究的重要因素,真理是永恒的,可以像研究一位同时代的作家那样研究古代作家,惟一需要关注的是作品写了什么,而非其历史、经济、心理学背景。施特劳斯宁愿享用单纯之名,因为,单纯意味着他已经在某种程度上成功地恢复了事物的表面。施特劳斯知道,单纯一旦失去,就几乎不可能恢复。那些坚持认为施特劳斯的所作所为不可能的谴责声,给了他某些希望。可是,回到对柏拉图以及其他大师的朴素思索,需要付出怎样的心灵努力!施特劳斯开始意识到一个问题;他不得不常年地通过传统的学术观点展开工作;他必须面对历史学派的伟大奠基者提出的挑战,并检审其出现的必然性;他必须找到一种方法,在废墟中用那些已经被弄得虚弱的眼睛看待作品;在某种程度上,他必须在开始就具有一些对哲学的古代理解,而只有在结束时才能把握住它。读书的方法(一种如此微小的关怀)是现代哲学的种种问题成为焦点的起点。心灵的自由在实践及理论意义上都取决于这个问题,在实践意义上,那些不知道如何读大书的人绝对无法探索人的潜能,在理论意义上,这个问题的答案规定了人类心灵的本质和局限。这些不为人喜爱的大书中的每一句话都充满了某种紧张,这种紧张来自理解如柏拉图和马基雅维里这样层次的人的困难,来自从与他们由之出发的洞穴如此不同的洞穴出发试图发现理性话语普遍根据的困难,来自声称在不同时代与文化中没有这样的普遍根据的雄辩所设定的困难。[249]我重申,施特劳斯对历史主义的反驳主要在于,要像古代哲人理解自己那样去理解他们,而不是像理性的历史主义那样主张要比他们自己理解得更好,或者像激进的历史主义那样,标榜一种具有优越性的视野。要想充分意识到对更为古老的思想的各种反对意见、再次创造出它们,就要去进行哲学思考(philosophize)。

施特劳斯的早期作品受到赞誉,它们被看作某位有些古怪兴趣的人的学术创造。第二阶段的作品被认为是荒谬的,它们激起了怨愤。第三阶段的作品被忽略了,它们看起来与我们看待事物、谈论事物的方式相差太远。但这些书是真实、伟大的施特劳斯,与它们相比,其余的只是序言。早期作品揭示出了施特劳斯的探索和转变,为他所要建造的大厦搭起了支架。只有在后期作品中,施特劳斯才对现象进行了具体分析,详细阐述了政治生活的丰富细节,发现了灵魂的可能表达。施特劳斯可以不借用最为抽象的东西,可以使那些愿意付出努力的读者注视周围的世界、重新看待事物;他表现事物而非关于它们的一般概念。虽然施特劳斯总在注视着同样的事物,却绝不自我重复,总是重新开始。要想明白这一点,只需细读他在《城邦与人》里解读《理想国》的章节,注意他对灵魂(thymos)、爱欲(eros)和技艺(techne)的研读——那肯定是施特劳斯对《理想国》的第五十次细读了。现在,施特劳斯的确是在对他主要的问题进行着攻坚。

施特劳斯的这一批作品始于《思索马基雅维里》。他发现马基雅维里是现代思想的源头,是马基雅维里发起了对柏拉图－亚里士多德式的政治哲学第一次真正激烈的改变。从这里,通过一位真正理解古代人的眼睛,施特劳斯几乎能够清楚地看到,现代计划的奠基者如何从政治和科学角度看待古人,确切地说,是马基雅维里如何反对古人;因此施特劳斯也能够看到马基雅维里的创新之处。然后是《城邦与人》，该书从亚里士多德走向柏拉图，再走向修昔底德，从发达的古典教诲走向这种教诲尚存疑问的表述，再走向哲学由之产生并为哲学所取代的前哲学的城邦。这使施特劳斯得以看到哲学的原初意义，看到城邦在其因哲学而被再解释之前是何物。《思索马基雅维里》是施特劳斯关于古代与现代争吵的最后陈述。在《城邦与人》中，施特劳斯企图重新建构的，确切地说不是启示与理性之间的争吵，而是神的城邦与自然的城邦之间的争吵，[250]其中最值得关注的事件就是苏格拉底的死刑。需要注意的是，在《城邦与人》中，这位年过六旬、已经醉心于柏拉图研究三十年的人，才第一次允许自己发表一篇对柏拉图对话的解释。

接下来的三本书取道阿里斯托芬和色诺芬研究，致力探讨苏格拉底。阿里斯托芬是理解苏格拉底的诗人，与那位为他辩护的学生相反，阿里斯托芬谴责了苏格拉底。这种途径多么新颖，在对旧苏格拉底的沉思中，施特劳斯为我们发现了怎样一个新的苏格拉底，就不需要我说了。施特劳斯寻找最明显和简单的方法，让具有敏锐知觉的人重新把握苏格拉底，看看他是否能吸引我们，一如他吸引阿尔喀比亚德（Alcibiades）和柏拉图。能这样做的，迄今未见其偶。与这样的再现相比，包括尼采在内的所有现代的苏格拉底研究，都统统是约定俗成的谬见（fables convenues）。

最后，施特劳斯七十多岁时写的最后一本书，是他的第一本关于柏拉图的作品，这本书解释的是柏拉图的最后一本书——《法律篇》。阿维森纳说，这篇对话是先知书的典范，施特劳斯说，它写的是真实城邦中的哲人，这最后的解读暗示着，二者其实是一回事。

施特劳斯在去世的前几周告诉我，如果他的健康没有垮掉，他还想做许多事情。施特劳斯带走的，诚然是一座最为有益的知识宝库。可是当我回想此事，我却看到，他完成了自己所开始的事业。

四

　　我为施特劳斯的写作方式进最后一言。对于那些崇尚收获、想要影响世界大事的人来说,施特劳斯的事业是令人失望的。只有极少数没有被他个人魅力吸引而拜倒的人受到其著作的深刻影响。施特劳斯遭到一些朋友和崇拜者指责,因为他没有用当下话语的语言和腔调;因为他所知如此之多,拥有如此多不同寻常的看法,这本可以让他成为那个时代的显赫人物,让那些令他感兴趣的道路深入下去。相反,施特劳斯所写的东西,一上来就令人不喜欢、让人讨厌。施特劳斯既不遵循时代的品位,也不试图创造新的品位;他疏远文字上的辉煌,这既不能归因于学术性的枯燥、归因于对诗缺乏理解,也不能归因于无力进行精彩和有力的写作。[251]施特劳斯的激情与文学天赋无可否认。歌德是他的导师之一,他对阿里斯托芬的理解超过了公认的阿里斯托芬专家,这也并非偶然。施特劳斯的书里,有许许多多惊人出彩和有力的句子与段落,比如在他对科耶夫的回复里,我们就能看到一种罕见的、对其修辞技巧毫不掩饰的沉迷。施特劳斯不受欢迎,是意志所为而非命运的判罚。

　　就我所能参透的而论,施特劳斯作出这样的决断理由有三个。第一个、也最重要的理由是,施特劳斯是个哲人,仅仅这一简单的事实就可以解释他对文学形式的选择,何况还有哲人这种非同寻常的存在给人留下的复杂印象的其他方方面面。施特劳斯经常重复黑格尔的话,哲学必须尽量避免教化。施特劳斯首先关注的是为自己发现什么,其次才是与人交流自己的发现,以免交流的需要规定了追问的结论。在这一点上,施特劳斯显而易见的自私正是他行善的方式,因为,没有比毫不妥协地献身于真理更为伟大和难得的天赋。施特劳斯相信,能够从事某种事业的男子,定会找到自己的美人。语言必须表现思想内在的美,而非文学市场上的外在品味,在一个极其缺乏理论的时代尤其如此。为了某一类听众而将哲学转化为非哲学,也就丢失了最需要的东西,无论收到其他什么样的利益。施特劳斯曾极为睿智地说到某知识人每写一句,均须反复推敲。而对于施特劳斯来说,可以说如此状况下,从不落笔。但他并不想要为此得到特别的称颂,因为对他而言,这从来不是一个诱惑。

第二个理由是,施特劳斯敏锐地意识到哲学的公开表达所遭到的滥用。哲学是危险的,因为它必须不断质疑一切,而在政治中,并非一切都可以质疑,现代暴政所独具的恐怖与扭曲了的哲学息息相关。施特劳斯与其他人一样,甚至更多地受到了卢梭与尼采修辞魅力的感染,但他还看到,他们所唤起的激情和他们所造就的虚假的自作聪明,在何种程度上会毁掉高贵的和哲学的道路。亚里士多德和迈蒙尼德绝不会去激励僭主,不会去证明他们合法。他们并非不那么激进,但他们的论调更为柔和,抛弃过度的希望,较少引发危险的激情。卢梭不是大恐怖的诱因,尼采也非纳粹的诱因,但他们[252]所说的话和他们的言说方式里有某种东西,可以以某些政治上相关的方式被曲解。尊重话语及其力量的施特劳斯相信,人要为他所说的负责。海德格尔这位在同时代的所有人中以无畏言论掀起最大狂澜的人,不仅为希特勒营造了氛围,还热切地在希特勒的路线中为其言辞寻找支持,这绝非全然是一个个人事件。

这就把我们引向第三个理由。必须要处理的,是施特劳斯对古代与现代哲学之差异的观察。现代哲学希望能确保哲学与城邦的联盟或将政治理性化。现代哲学家也是文学上的统治者和改革者,因此更多地卷入并依赖政治。现代哲学家最早是启蒙者,然后才成了革命领袖;最终,整个人类的命运甚至本性也成了现代哲学家的责任。现代著作是公开的教诲,甚至是宣言和党派纲领。古代的作品具有更为谦逊的意图,这根植于如下信念:政治永远低于理性,理性必须保护自己,只有极少数人具有被塑造成哲人的潜力,因而能理解哲学的教诲。哲人必须要捍卫的是对哲学的爱好,不能把它等同于对任何可能制度的爱好。古代哲学也有一种修辞,但限于三种意图:为那些能了解的人保全他们所了解的,抵制那些要按时代需求应用它的人;吸引那些能够了解它的少数人,引领他们去过追求知识的生活,喝退其他的人;为哲学赢得美名,确保它在变幻不定的各种制度下都能够被容忍。施特劳斯相信,古代的看法是正确的,他学着像他所阅读的书那样去写作。我们所处的特殊环境,使得我们需要一个人来提醒我们哲学训练的严峻及其与大众品味的距离。施特劳斯没有什么宏大的愿望。有些人可能会体验到学习这种传统的必要,对他们来说,施特劳斯留下来的作品是一笔资源,这不需要乞求谁,也不需要屈就谁。施特劳斯认为,哲学可能完全从这个世界上消失,虽然他认为自然支持着它。施特劳斯发现了何谓哲学,并力图告诉其他人,竭尽全力。施特劳斯至多希望,将来某一天,在继意大利与德意志之后,会有第三次人文主义或文艺复兴运动。但激发这场运动的,既非希腊雕塑、绘画及建筑在视觉上的美感,也非其诗歌的辉煌,而是其哲学的真理。施特劳斯搭造了古代与现代之间的桥梁,以促动这个开始;但他从不相信自己能够改造人类。

[253]施特劳斯的品位总使他去观看朴素、普通和表面的东西。他说只有最为仔细地观察表面,才能达到核心;他还说表面即是核心。施特劳斯喜欢简·奥斯汀胜过陀思妥耶夫斯基,这部分地是出自绅士的节制,更多是因为,奥斯汀保留、明智,明显只关注美好的事物,这使得更深刻和更危险的东西能以恰当的比例浮现出来。施特劳斯憎恶深奥的姿态,憎恶那种塑造了当代品味的感伤与粗暴的结合;这并非出于任何道德主义,而是因为它们庸俗并且令人厌倦。施特劳斯最憎恶道德谴责,因为那是自我沉溺的一种形式,扭曲心灵。这一切导致了施特劳斯对色诺芬的喜爱。看起来,色诺芬不过一位坦诚的退役军人,他有数不尽的故事——关于他参加过的事件、关于他所知道却从未能达到其高度的人,但他却以优雅的嘲弄实实在在地主宰着在那些年代里自以为聪敏的人。正是这位作家呈现给我们一个自由的居鲁士,他让我们告诉自己马基雅维里说了什么:自由有两种,一种要靠自己的财产去实现,另一种则靠别人的,居鲁士属于后一种。发现这样一位诱惑人的、谜一般的作家,是进入陌生思想世界的一种方式,施特劳斯宁愿选择这样的方式,而非那些很可能是我们建构的易行道路。施特劳斯更喜欢普通和被人忽视的东西,因为在这些东西里,他可以坚实地把握住事物而非言辞。在研究柏拉图之前,施特劳斯先研究色诺芬,在想要理

解柏拉图的时候,他研究《米诺斯》(*Minos*)或《申辩》(*Apology*),而非《巴门尼德》(*Parmenides*)或《斐莱布》(*Philebus*),这并非因为他对思想不感兴趣,倒恰恰是因为他对思想太感兴趣。

因此,对我们来说,施特劳斯成熟期的作品与他所探索的书一样陌生。最近,我重读了《思索马基雅维里》。我意识到,这根本不是一本按我们一般意义理解的书,安坐下来像读一篇论文那样去读它,其内涵就像被七重封印封禁着;他只给我们一些乏味的概括,就像沙漠中的绿洲。但这本书却实实在在是一种生活方式、一种哲学工具。我们首先要很好地了解马基雅维里的文本,随时把它们放在手头。一旦熟悉了马基雅维里,我们就会明白,没有很好地了解李维的文本,就不能理解马基雅维里。我们必须按作品本身去理解作品,尽力建立一种李维式的李维解释,然后让马基雅维里引导我们,完成马基雅维里式的李维解释。意识到了两种解释的不同,[254]我们就能对马基雅维里略有所知。在中途我们被迫卷入那些需要时间和反思的具体细节。例如,马基雅维里曾惊人机敏地评价汉尼拔具有"非人的残酷和其他德性",这种评价基于李维的一段话,在那段话里,他讨论了汉尼拔身上德性与邪恶的奇怪混合。按李维的说法,汉尼拔主要的邪恶是其"非人的残酷",有了这个事实,马基雅维里的评价才获得完整的意义。这只是无数如此引人入胜、发人深省的细节中的一个,这些细节组织起来,就构成了对政治现象具体而非抽象的意识。然后我们意识到,施特劳斯著作与马基雅维里著作的关系,与马基雅维里著作和李维著作的关系是一样的。施特劳斯的这项工作复杂得惊人。这种复杂并非出于想要制造迷惑;它是现实的一面镜子。我们必须了解马基雅维里庞大的演员阵容——布鲁图斯(Brutus)、法比乌斯(Fabius)、大卫(David)、恺撒·波吉亚(Cesare Borgia)、阿拉贡的费迪南(Ferdinand of Aragon)等等,对他们的行动感兴趣,看到他们所展现的问题。必须要像关心小说中的人物那样去关心他们。然后开始进行严肃的归纳。马基雅维里和李维还不够,因为马基雅维里把我们引向色诺芬、塔西佗、西塞罗、圣经和其他作家。我们必须时时止步,参阅另一个文本,力图参透另一个角色,在房间里徘徊、思索。必须要用笔和纸列出清单来计算。这是一件永无止境的工作,它不断在先前貌似普通的地方发现奇迹,那些地方正是亚里士多德所说的哲学的起点。我们懂得了与书本一同生活的含义;必须使他们成为我们的经验和生活的一部分。我们接受施特劳斯的引领,离开了他的书,等我们再次回来的时候,它突然变得像一部戏剧的结局一般扣人心弦。我们被激情牵引着掠过文本,想要弄清牵绊我们良久的东西,突然间出现一种奇妙的规则,它像太阳般穿透层云,照亮了宜人的风景。这本书的表象和真实面目之间的差距,令人吃惊。它是人生的一笔财富。

我不知道施特劳斯的这些书命运如何。但就像格劳孔和阿得曼托斯在与苏格拉底共度一个夜晚后所经历的那样,那些常年与这些书相伴而生的人们已经发生了转变。他们懂得了一种灵魂的辉煌,懂得了一种他们的经验无法揭示给自己的生活方式。他们回到政治生活中以后,仍旧是普通的人——因为自然不能改变。不过,因为政治有其自己的目的,那就是鼓励最好的、可能的生活,他们回归时带着一种完全不同的看法,[255]带着新的期待与祈祷。至于其余的人,我不禁相信,即使施特劳斯作品更为广博的内涵没有得到把握,它们也会对未来产生有力的影响。这些作品是对仍被关怀的作品进行解释的丰厚矿藏,因为缺乏竞争者,它们将吸引年轻人。那些政治科学家、明智的历史学家、中世纪学者、古典主义者、文学批评家,最后,哲学教授,无论是否愿意,他们都会发现,必须运用施特劳斯的词语和解释,他们将多少带着善意,不断对自己的习惯之外的问题作出回应,必须面对自己最优秀的学生的背叛。让我援引一段《申辩篇》中的话,我相信,下一代对我们这代人的评价,将很可能取决于我们如何评价施特劳斯。这对某些人是一种威胁,对其他人则是一种福音。

(朱振宇 译)

雷蒙·阿隆

——最后一个自由主义者

[256]几星期前,我还在巴黎的时候,去我的朋友让-克劳德·卡萨诺瓦(Jean-Claude Casanova)家赴宴。当我步入圣米歇尔大街(Boulevard St. Michel)上那幢建筑的大门时,忽然有一种体验,那是对法国风物有业余爱好的美国人所谓的普鲁斯特式的体验。我感到突然的震动,一种对某种缺失的意识,这一缺失关联到我成年生活的全部实质。我认识到这就是雷蒙·阿隆生活过的地方,而我,再也不能在那里找到他了。

我不能假装是他的学生或他的朋友,但他是我所有朋友的老师和朋友,他被大西洋两岸我崇敬的每一个人所崇敬。他是我们生活在其下的保护伞,是理性、自由和正派(decency)——当这些东西正经受着前所未有的危机的时候——的文雅(urbane)而善意的保卫者。他是那被视为自由民主首要特征的健康常识(bon sens)的化身,他担负了介绍和阐发这一政治可能性的重任。他解释了自由民主的目的,勾勒出了对它的威胁,并持续地讨论了保护我们不受威胁所需要的战略。他拥有最宽广的眼界,并用它们指导他研究政策所需的各种细节。他的离去就等于失去了一个框架,这个框架我们曾经生活在其中,并信以为它会永恒。

阿隆(1905—1983)是有着良好名望的法国作家的最后一代人中的一员,这些作家凭借传承下来的、可以追溯到三百多年前的公正,就能令全世界瞩目。但是他身处边缘,让自己疏远世界,也被世界所疏远。他更像个观察者,而非宣传鼓动者。他热情地献身于自由民主,[257]而其时,所有的魅力几乎都归于它的左翼和右翼敌人。他也和他的同时代人一样啜饮德国思想的甘泉,但是他思考它,而那些人则更关切它的情绪力量。因而他比他们更是个学者,也更是个新闻工作者,并且总是分清他活动的这两个方面,而非混淆它们。

阿隆起初担任教授,在二次世界大战期间成为一个政治评论家,其时他是伦敦《自由法国》(*La France Libre*)的编辑之一。之后,他的学术事业使他成为国立政治科学学院(the Ecole Nationale des Sciences Politiques)、索邦大学(the Sorbonne)、高等研究实验学校(the Ecole Pratique des Hautes Etudes)和法兰西学院的教授。同时,他成为《费加罗报》(*le Figaro*)的固定政治专栏作家,在那里他一待就是三十多年。在那些著名巴黎知识分子中,他是惟一真正的教师,他对他的学生很负责,也很平易。他著作等身,其中 26 本翻译成了英文。比较知名的有《和平与战争》《国际关系理论》《知识分子的鸦片》《克劳塞维茨——战争的哲学家》《帝国式的共和国:美国与世界,1945—1973 年》。

由于阿隆不赶时髦,他作为社会学家、政治学家和哲学家,在国外学术圈中比在法国更具影响力,他对政治情况的见解在美国、英国和德国比在祖国更被同行们关注。在法国,他是个孤独的声音,直到晚年,法国知识分子才开始从他们长期的左翼情结里恢复过来,进而发现他们中有个伟大思想家依然健在,能够给他们以领导和鼓励。1981 年一系列超乎寻常的电视访谈(在美国已经以《担当的旁观者》[*The Committed Observer*]为名出版)使他突然以巴黎特有的宏大风格风靡了起来。这个地位他从不曾追求过,但它证明了他此前为他所看到的真理孤身奋斗是正确的。他的教学为塑造出献身于自由与理性——他所代表的老派自由主义的精髓——的崇高理想的一代学生做出了贡献。

对我个人而言,五十年来——也即我整个一生,他在我们可能有的政治选择方面总是正确的。他看到了各种真实的可能性,并能毫不妥协地直面它们,抵抗一切流行的诱惑。很简单,这意味着他在希特勒的问题上是正确的,在斯大林的问题上也是正确的。同样正确的是,他相信我们西方的政制,尽管有许多缺点,但还是人类最好的,也是惟一的希望。在重大问题上,他总是对的,[259]而在细节或紧急问题上,他也能像一般人一样做得合适。① 他试图担负由那些敌视自由民主的思想潮流所提出的智识挑战。在一个这种切实的联系已几乎不存在的世界上,我仍然可以向他寻求支持并获得澄清。他在所有这一切问题上都抵制时髦,而且这么做时丝毫不带教条主义和义愤。他是个理解且真正理解美国的法国绅士。而且,尽管他在性情上习惯于法国思想中普遍的、启蒙的流派,但他知道自由民主所致力于捍卫的智识世界不只是笛卡尔式的理性主义。因而,假如美国还没有变得眼光短浅,那么他就是美国人与对美国人来说有着本质意义但已更难体认的那个古老文化之间的完美纽带。②

在我还是康奈尔大学的年轻教授时,阿隆正好来发表一个重要演讲。当时我的研究方向——政治哲学,被这个学校的权威和名人们都视为过时的和不科学的。而阿隆这位著名的欧洲社会科学家、韦伯的诠释者,则是热烈崇拜的对象。但他的演讲一大部分都着力于告诫美国的社会科学家们放松他们"价值自由"的架势,而明智地去研究终极问题。他警示他们,如果他们不这么做,他们会有失去最必要东西的危险。阿隆在那个场合,因为我的缘故,说了这些话,也因为它们本来就

---

① 我了解的第一个他的名言(他在 1949 年所说的)就是他所给予我们的那种指引的一个很好的例子:"战争的概率不大;和平则不可能(War improbable; peace impossible)。"

② 在美国,雷蒙·阿隆常常被称作法国的瓦尔特·李普曼(Walter Lippmann)。尽管这种比较其实是很可笑的,但它意在表达出对某种独一无二的人的尊重,这种人对于民主是必要的,但在民主中又是几乎不可能的;他是那种既培养公众意见、又确实智慧和博学的人。这确乎是阿隆趋近的理想。但这两个人之间的区别也是最有启发性的。李普曼在最重大的问题上(比如,希特勒和斯大林的问题)几乎总是错的。他的直觉不可靠。他是个假内行。他对人的判断也常常不准。(他瞧不起杜鲁门。)他耻于身为犹太人。他的学问肤浅,而且不是为真正的对知识的热爱所驱动,这是由于他从事新闻工作的缘故。他总以为权力比知识重要。阿隆的品质则正好相反。李普曼只是装得像个启迪性的角色,而阿隆则是货真价实的。在判断现代世界的各种事件方面,他是个值得信赖的同行者。

是正确的。我怎么能不爱他呢？他是个好人,也是我的恩人。

所有这一切,在我穿过那幢建筑的入口时,都回现在我脑海里。我所说的我受到的教育的幸运,很大一部分都可以聚焦到阿隆身上。因而当它展现出来时,便混杂着一种苍凉和一种喜悦。我相信,一个人赞誉比他优秀的人的最好方式,就是对他们保持沉默,但是记忆却还是令我想说些关于这位先生的话。

*　　　　　*　　　　　*

[259]当我想起阿隆,有两个明显的事实会立时浮现:他是讲政治的(He was political),而且他是个真正的自由派。

阿隆之作为政治的体现,在很久以前当我去经济部定期拜访科耶夫时,就给了我很深的印象。黑格尔的那位伟大信徒,那位破译了历史的象形文字从而成为历史终结论代言者的人,那天异常兴奋,因为第四共和国又度过了一个危机。最后他宣布,"我必须给阿隆打电话"。这是我第一次听到他表达了从别人那里获得启迪的需要。我忽然发觉,他正在承认历史在前进,他的科学(science)不得不让位于审慎(prudence)——这种在现代思想中几乎已没有了位置的才能。也许,对俄国革命而言,列宁的性格是与各种各样的物质或精神的决定作用(这些决定作用迷住了当代人的心智,从而以其巨大的永恒必然性淹没了人的自由以及不受决定的可能)同样重要的。阿隆,出于他对哲学天真而大度的崇敬,将科耶夫看作高他一等(科耶夫也的确是个智识极高的人)。但是阿隆拥有他同时代几乎所有人都缺乏的一种天赋和品味。统治者的实际活动和他们的决定,是他眼中逃不脱的焦点。权力中的人们做些什么和这么做时他们考虑些什么,是他无法不去关心的问题。对于他,我们时代的要害是西方自由与苏联僭政的对立。任何人试图逃避这一尖锐对立,躲入超政治或亚政治(trans‐ or sub‐political)的庇护,都是在逃避现实。现实本质上就是政治的。政治是全面性的秩序,人类对善好和高贵的热望在其中得以体现。正是行动中的人的实践决定,乃是最有趣、对人性最有启发意义的。

长期以来,人们都被教导说:政治是表面的现象,其中的角色(可能除了革命的绝对领导者之外）都是次一等的人。而那些远离政治家的处境和视角的艺术家和知识分子，却已经被视作政治的适当解释者。这一点在法国尤其真切，阿隆的朋友——比如萨特和马尔罗——就是这一观点的代表。他一直努力去理解他们，甚至效仿他们。但是他做不到。这并不是因为，从他的观点看，意识形态政治是意识形态化的，而是因为它们不是政治。套用托马斯·曼的自我刻画，它们是非政治性的政治（unpolitical politics）。政治意味着人的治理，而这只有从合法性权力的位置才能做到。思想家[260]如果想有所作为或者能理解政治动物的自然，就必须真正是国王们的顾问或投票公众的启蒙者，他必须采用这些人的视角。现实主义者与理想主义者的区别在这里不适用。真实的政治生活中充满了兴奋和道德义愤。阿隆不是个现实主义者，他从来没有采用诸如强权政治之类的抽象姿态。道德性内含于政治之中，但是人们必须以政治角色们的真实处境和目标为起点——即一个人怎样从此处达至彼处。因此，他的许多著述都致力于描写政治推断的过程以及在我们的时代妨碍这种推断的是什么。他不是那种用异化、支配、自我主张或任何诸如此类语言的人。在才具上，他就没能力像这样以诱劝的方式谈论问题，而他真正所谈论的，则时常令那些人——那些并非真正讲政治、没有认识到政治生活的特性、不能为"谁入阁、谁出局（who's in and who's out）"和日复一日对政治细节的观察而激发出热情的人——感到枯燥。

我相信，阿隆肯定常常为他的语言不能像萨特之流那样有反响而烦恼。但事实证明，他是对他们真正负责任的，他所指向的是一个比他们所寄居的世界更深刻、也更令人兴奋的世界。阿隆之所以能孤独地坚守他的政治洞识，的确得归功于他那罕有的性格。因为在当时，成功和尊敬都在别处，他所认识的其他人俘获了一代人的想象力。他行其所必须行之事，但并不总确信那就是他所需做的最深刻的事情，也经常怀疑现代的作家或哲学家是否不如他天分高。但从长远来看，最重要的是，他比他们中的任何人都更有助于理解我们自身的处境。

然而，我的意思不是说他只在国内和国际政治实践的日常指导这一意义上有所作为。恰恰是在理论领域,政治被最为成功地抹去了。政治作为人类生活中的一个特殊维度——更不用说是最重要维度——已经变得极端可疑了。它已经被那些想解释掉它的其他学科削除了、吞噬了。经济学、人类学、社会学和心理学等等,都要求优越于政治学。现代的抽象概念,如市场、文化、社会、无意识取代了政制,成了人类最要紧事情的首要动因了。而古代的观念则要么否认文化之类的事物的真实存在,或者主张政治其实是它们的核心动因而非它们的后果。阿隆这样忠厚的人,[261]总是严肃地看待任何一个学术主张,但是当人类学家们陈述他们对事物的解释时,他显然要打哈欠了,因为这些解释太远离生活常识了,因为当自由与和平才是我们真正应该关切的东西时,他们却要我们去关注艺术风格之类的东西。经济学家能吸引他的关注,但仅在他们的理论与国家的真实生活相关且能帮助解释自由及其对立物的程度之内。他永远不会相信经济学上人的模型已经穷尽了人的全部意涵,不会相信经济利益是人的惟一利益。他身处于政治经济学的传统之中,比那些将他们的科学与其政治的关联相割裂的经济学家们更理解亚当·斯密。他热爱历史,但只爱实在的历史,也即政治史,而且,他身不由己地对经济史、社会史和思想史打哈欠,如同他对文化人类学打哈欠一样。他称自己为社会学家,但如果是,那是对政治社会学而言。

正如我已经说过的,阿隆直觉很强。他力排学术上所有强势的东西而去跟随自己的直觉,而且有时候他对那种直觉的正确无误的目标并不完全自觉。他在年轻的时候访问了德国。他很快就爱上了那里所展开的宏大事业,同时他也是最早受到过艾德蒙·胡塞尔和马克斯·韦伯的影响或者说认识到他们的地位的法国人之一。他对局势的走向总是很敏感。但是他很明确地将自己的经历服务于他自己的目标。他在德国政治中的见闻,使他意识到现代政治的风险是多么高,从而为他终生的志业——从那些新的僭政所引发的灾难中挽救理性和自由——提供了原动力。这些智识上的影响使得他摆脱了法国的学究气和某些决定主义的抽象概念。现象学使人得以以其本来面目看待世界,而没有过度的简化,它给了阿隆的天生倾向以支撑。韦伯则为他提供了一种看到行动者的方式——即人们可能是自决的、而不能简单地化约成人们经常引证的那些决定因素——和在非理性主义的哲学基础日渐巩固的背景下为科学的尊严和可能性所做的辩护。但我从未见过任何迹象表明阿隆分享有韦伯的悲怆感(pathos),以及对非理性担当(the irrationally committed)的同情和为诸神之争而感到的极度痛苦。阿隆坚守于政治上既定的界限之内,并鼓励人们运用政治家那样的审慎——这种德性既不是官僚主义的理性又不是准宗教式的担当。他,悲哀地认识到即便好的[262]政制也会失策,但认为人们必须恪尽己任,做上帝之国的好公民,而不必为自己太过苦恼。

我要称雷蒙·阿隆为政治学家,尽管我相信他从未拥有过这个学科的教席。我所指的政治科学,就是亚里士多德所谓的建筑型的科学(architectonic science),其他社会科学只是这种科学的辅助或助理。这种说法基于一个前提:即人就其自然而言就是政治动物,政治是他存在的维度,而非那些亚政治力量(sub-political forces)的衍生。按照这种政治科学,对正义和荣耀的热爱与饥饿、性欲一样(或顺应最近的潮流,如同敬畏神圣者一样)是原初的东西。政治先于伦理和心理学,它可以仅仅因其自身而被考虑。人类最特殊的事情在于他们会建立那些要求正义的政制,并依据它们制定法律。这些法律所确立的权威视野乃是人们的意图或意愿、而非其他任何事物的衍生。最古老的哲学流派就曾论辩说,这不仅是政治哲学的起点,也是一般意义上的哲学(philosophy tout court)的起点。这就是现今已然衰落的政治研究和实践的基础。我并不是要力争说,是阿隆重新建立了这个基础。然而由于某种原因,他坚定地立足于其上,而他的一生就是这一政治可能性的体现。他鼓励那些与他有着相似直觉的人勇敢站出来,并向他们展现该如何培养和运用这些直觉。正是这种难于捉摸的东西——政治直觉,将聚集在他这个具有保护性的榜样周围的各色人等团结在一起,并给予他们健康的直觉。

雷蒙·阿隆是个自由派，而且正如我的题目所隐隐暗示的，我担心他可能是这一类型人的最后一个伟大代表人物。我的意思是，他深信自由主义理论的真理，对他而言，它的实践不仅是最可行的好选择，而且也是本身最好的选择，他的人格也与他的自由派信念完全协调。他活出了（而且也许也是为其牺牲的）那种奇特的精神禁欲主义（禁欲主义中最为艰辛的一种）——相信别人有按其自由去思考的权利。一个人为了保护别人的那些他不同意的意见而死，和为了自己的神或国家而死是完全不同的两码事。权利的相互尊重，一种古怪的派生性的尊重，是自由信念的本质。这种尊重，作为文明社会独有的一种东西，在现实中非常罕见，而且愈来愈罕见。而阿隆则的确拥有它。他从来不是个保守主义者——在这个词的任何可能意义上，即无论用柏克、黑格尔、德·梅斯特还是用［263］弗里德曼（Milton Friedman）来定义它，他都不是。他身上在形形色色的激进派看来任何像保守主义的东西，都是与他捍卫那些基本权利、捍卫以这些权利为基础并保护它们的政府，从而对抗来自左右派的、前所未见的理论和实践威胁有关系的。

阿隆的自由主义是洛克、孟德斯鸠、穆勒的自由主义。一定程度上，也是托克维尔的自由主义。我之所以在最后提到的思想家前加了限定语，是因为我从未见过阿隆有过这样的意思，即任何真正重要的东西都可能随贵族制的逝去而逝去了。他当然了解所有这些论说。他毕竟是个受过良好教育的法国绅士。但是他相信，构建良好的民主政制也可以达到那种高度。

自由主义的信念在于，相信所有人的天赋自由与平等；随之而来的，他们有着自然的不可剥夺的生命、自由和追求财富的权利；他们拥有认识到那些权利和组建政府的理性；政府只有经过被统治者的同意才是合法的。与此相联系的是这样一种信念：即存在着科学的进步。科学可以驱散滋生盲信、纵容教士统治的那些幻觉，科学将"弱化人的社会等级（ease one's estate）"。简言之，启蒙既是可能的，也是美好的。阿隆确实将人当作人来尊重。在他看来，种族、国家或宗教对于一个人的价值从来不是决定性的；第一项对于他实质上根本不相干，而其他两项,原则上是选择的而非命定的。他是世界主义的,而非民族主义的,他持守科学的普遍性原则,而非任何一种文化或宗教。这一切,都不是因为他头脑简单。他知道国家间的区别和根(roots)的重要。他认识到自由民主乃是一个罕见的成就,一个要求有严肃道德前提的成就。但他从不怀疑它是个绝对的成就,也不把它看作归属于某个特殊的种族或传统。他总是能在历史与文化的差异(对此他有着充足的意识)中辨认出人性同一的优先性和对和平、繁荣及一个正义的政治秩序的普遍渴望。所有这些都有助于在他身上形成清醒与仁爱的高度结合以及他那恒久不变的彬彬有礼和他对所有意见以及秉持此种意见的人(只要他们自己也很礼貌)表现出的豁达。他身上几乎完全没有那些侵蚀性的激情,尽管这种激情支配着他所生活的时代。尽管他是一个有党派的人,但不是个仇恨者。

他知道民主来源于自私的关切,但他也知道,那些关切可以升华[264]为以我们共同的创伤为基础的普遍关切感。他从来没有向那些流行于社会科学家们之间的对自由社会的卑劣解释让步,这不仅是因为它们很下流,而且也是因为它们是错的。自由民主是高与低的微妙混合,正如只认高者不过是教训人一样,只认低者也是一种歪曲。他看到,人们追求共同利益,但又经常被他们的私人利益所妨碍。他完全清楚,在民主政体中有时候会有彻头彻尾的愚蠢,但是他从未怀疑过它们愚蠢的权利,也从未考虑过那些更有诱惑力但不是基于公众同意的政府形式。

总之,雷蒙·阿隆是个完美的资产阶级——我用自由民主的批判者和敌人所发明的这个词汇来形容这种人的典型。他通情达理,对强烈的浪漫派渴望(依据这一渴望,社会现状备遭诟病,对未来合理的盘算被说成是心胸狭窄)有免疫力。这样的一个人,与其说是激昂的不如说是有反思性的爱国者,他是个好丈夫和好父亲,他之归属于小的共同体使他更牢固地归属于更大的共同体,而且,最首要的,他相信教育的有益力量。

这最后一点在雷蒙·阿隆身上最为明显。他笃信一种永远没有止境的教育,笃信由朋友陪伴着在哲学、科学、历史、文学之光照亮之下审视生活和事件的机会。民主之于他就是心灵能自由地去学习一个人自己的权利和责任,就是推翻老权威、发现独立的真理。令人吃惊的是,终其一生,他都保持着一个高师人(Normalian)的本色。他非常感激高等师范学校提供给他的机会。"才子们的自由思想历程(La carrière ouverte aux talents)"似乎正符合他:一种免费提供给任何能够从中获益的人(不论其种族、阶级、宗教甚至国籍)的高水准教育。他深信,这种教育有益于共同体,有益于受教育者。在高师的岁月里,他学习最优秀,而他的朋友们也是那里最优秀的。终其一生,他都为他的学友萨特和尼赞(Nisan)所深深吸引,认为他与他们的相遇是一种恩惠和永恒的鼓舞。高师是对平等的要求和对发展不平等的天赋的要求这两个表面上互相冲突的要求的完美统一。阿隆十分清楚他的智力和教育都是优越的,但是他确信这应该服务于公共利益。确信这方面的优越性并不会有损所有人因为基于其自由道德选择之能力而拥有同等的价值。[265]正是这一套信念间的微妙平衡造就了他的自由意识。

由于大学对于他个人来说是如此可贵,更由于他知道大学是民主社会中的中心机构,所以他采取了强硬姿态,反对六十年代席卷西方大学的破坏性浪潮。大学是(或者毋宁说曾经是)自由民主所赖以立足的理性所栖居的真正场所。假如不依赖于它,对冷静的理性的培养或尊重和现代民主中头等重要的那些合理权利就会消亡。在大学的礼堂装置檐槽的行为使他感到厌恶。传统——作为生命力的源泉——的丢失使他很伤心。这惟一致力于客观性的机构里所出现的那些煽动性的歪曲令他感到惊骇。如果民主不能容忍学问的至高准则的存在,那么民主自身也变得可疑了。他对大学危机的反应,正折射出他是思想自由以及能鼓励此种自由的社会的热爱者。自由主义衰落的最大标志就是多数自称为自由派的人们默认了大学的野蛮化。

阿隆是一种精神代表,这一精神长久以来支配了政治的景观,鼓舞了我们生活在其中且我们多数人愿意去捍卫的那些政制。它们由那些信仰其原则的人们所创立,并维持在巅峰状态。我们时代的政治,也即阿隆作为其"担当的旁观者"的政治,则完全被来自纯粹是出于极度憎恨自由民主的那些运动和政制对自由民主的威胁所支配。共产主义阵营中的专制派别和那些法西斯主义,在它们的敌人——"资产阶级社会"的问题上意见是一致的。它们也都认为所谓"权利"就是"资产阶级权利"。两者都把"资本主义"等同于"资产阶级社会",并将后者刻画为自私、个人主义和庸俗唯物主义的王国。前者否认在资产阶级社会中理性可以自由;法西斯主义则坚持认为,理性正是资产阶级社会的错误之处并欲代之以激情。因此两者都要取消自由民主的理性合法性。而且两者都摒弃了朴素的道德——即要求对人的权利相互认可,强调说这只是高明的自私自利。

在这些运动的背后,潜伏着晚近两个世纪中最强势的思想。直到康德那里,自由主义才有了哲学上的支持,然而,自由主义的敌人们则可以从马克思和尼采等人那里得到鼓舞。所有这些已经以这样或那样的方式虏走了我们中的多数人。在今天,几乎已经没有人愿意去捍卫洛克和孟德斯鸠完整意义上的教诲了,也几乎没有人[266]能在情绪上对自由主义的批判者们所召唤的魔力(不论它们是传统、同情、根(roots)、自然、宗教、文化,还是共同体)无动于衷。自由主义健康的良知已经被玷污,多数的西方人顶多只是(自由主义的)半个信徒,如果说他们还不是完全没脑子和伪君子的话。现在有一个根深蒂固的问题死死纠缠着自由派的正义,即这种正义被说成仅是剥削的另一种形式。一种致人虚弱的相对主义已经从自由主义健康的怀疑论中滋长出来。

但这一切对阿隆而言都是错误的。他对自由主义批判者们的研究几乎比任何人都好。但最后他们都没有打动他。我并不是说他已经成功地驳倒了他们,但是他的性情的确使他能对他们的魅力有免疫力。他熟识萨特和科耶夫,并仔细读过海德格尔。他谈起他们显得很睿智,但是不会像其他这么多人那样被他们所鼓动。他是个不合时宜的人,正如丘吉尔被称为英国的不合时宜者一样。他们是从旧世界来、而今在贫瘠的土壤里神秘地茂盛成长并对保护其后代非常必要的健康植物。

我总是怀疑,自由派最终不得不相信进步或者某些类似的东西,即便现在智识上的谦恭使他们否认这一点。他们对人之自由的尊重,和他们愿意依靠自由的效力所冒的风险,都表明了一种信念:正派,在这个世界上并非孤苦无助。穆勒对"野蛮时代已经过去"的确信,只是这一信念特别幼稚的一种表达。阿隆身上的某种东西——不仅是他良好的品位——使他不致沉溺于漫不经心地谈论虚无之物,而这样的谈论在他的时代和他周围是如此普遍。对于他,基本的体验也不是善的孤苦无助。正因此,希特勒一直是生命中困扰他的一个难题。这一切是如何可能的?在我们最后一次会面中,他还再一次向我表达了他对这个问题的困惑。一个诉诸最黑暗的过去和最残酷的未来的杀人凶徒,怎么会被世界上受过最好教育的民族选为领袖呢?这是他的重大困惑,但这从没有让他相信善比恶更缺乏支撑。相反,不知何故,他天性中的这个命定(fatum),在他与那些极端丑陋的东西日夜斗争的一生中,在他面对所有的信念都濒临崩溃边缘的一生中,帮助维持了他的悦人性格。他永不疲倦地工作,精力充沛,他的人格是浑然一体的整体。对他的评判,不应从他的作品中任何单个部分而应从他的[267]整个一生、他的学问、他的教学、他的新闻工作和他的风度自身来看。人们不会在其中看到任何引人注目的转变,然而这样的转变对知识分子本来是很典型的。他就是他,也就是这样,他获得了别人一直只是在讨论的东西:真实可靠。他是民主人格之为可能的活榜样。最终,所有关心自由的人,都不得不俯饮他的甘泉。他活出了最出色、最全面的自由民主,仰赖他就意味着踏实。

我说过,我不能声称是他的学生。但他,实际上是我的老师。他所教给我的,足以让我感激他这样一个人。

1990年1月。这是雷蒙·阿隆的历史性时刻。共产主义的终结和自由民主的胜利正是他贯穿一生所致力的事业。他是取得这一胜利的联盟的最雄辩的代言人。他本应是我们现在可以期望的事物的最好分析家,和我们所应该做的事情的最好引路人。

与他相对立的法国人的精神仍旧还活跃着。拉巴尔特(Philippe Lacoue - Labarthe),德里达的一位爱徒,在一篇讨论海德格尔与希特勒合作事件的论文(它的题目正好概括了它的内容:"既非失误又非错误[Neither an Accident nor a Mistake]"[*Critical Inquiry*,1989年冬,15期,第481-484页])中声称,二十世纪所有的伟人,尤其是海德格尔和萨特,要么被希特勒、要么被斯大林欺骗了。被欺骗的可能,是他们之为伟大的一个实质性方面,因为他们正在等待一个新世界的喷薄而出。被"民主"所欺骗是怎样的呢?"把这留给雷蒙·阿隆,也即留给资本主义的官方思想家吧(一个彻底虚无主义的系统……)。"

我们不应把这种言论仅仅看作是法国人内讧的修辞。现在它正是美国人文学科的官方道德视角。

(徐晓宏 译)

亚历山大·科耶夫

[268]由格诺(Raymond Queneau)①收集的科耶夫关于黑格尔的思考,构成了二十世纪少数的重要哲学书之一,那是一本蕴藏着对于透彻理解我们的处境、把握讨论哲学永恒问题的最新视角所必备知识的书。一位敌对的批评者对科耶夫的影响力给出了准确的估计:

> 科耶夫是一个不为人知的长老,他的学说往往被当代世界里"动物的精神王国"的那个重要分支——进步主义知识分子们不自觉地崇敬。在法国二战前的那几年里,它是通过口头传播教授给一小批人,而这些人接着又负责教导别人这样连续不断的方式发生作用的。只是到 1947 年,经过雷蒙·格诺的努力,科耶夫(Alexandre Kojève)从 1933 年到 1939 年在高等研究实验学校教授

---

① 格诺,诗人和小说家,战后法国文学界的一位重要人物。他的许多作品都是科耶夫思想的解说,尤其是小说《生命中的礼拜日》(*Le Dimanche de la Vie*)和《地铁姑娘扎姬》(*Zazie dans le Metro*)。他和雷蒙·阿隆、梅洛-庞蒂及其他一些人,一起上了科耶夫 1933 年至 1939 年在巴黎高等研究实验学校(the Ecole Pratique des Hautes Etudes in Paris)开的讲解《精神现象学》的课。格诺在那门课上的笔记构成了《黑格尔导读》(*Introduction to Reading Hegel*)一书的核心部分。(1990 年补)科耶夫,一位鄙视巴黎知识分子和大学的俄国移民,从未在大学里有过教职。战后,他成了法国经济部的一个幕僚,在那里忙于共同体市场(Common Market)和关贸总协定的相关事宜,主持他所谓的历史的终结。从 1953 年直到他去世,我正是在他的办公室里跟着他问学的。他总是乐意关上门讨论哲学。或者,像施特劳斯送我去见他时说的那样,"他就像《浮士德》里的靡非斯特,总是渴望败坏年轻人"。他是我所见过最为才华横溢的人。阿隆和施特劳斯也都这样说他。

的研读《精神现象学》的课堂内容,[269]才以《黑格尔导读》(*Introduction to Reading Hegel*)为书名出版了。这次教学早于萨特和梅洛-庞蒂的哲学-政治思考,早于《现代》(*Les Temps Modernes*)杂志的出版,早于《精神》(*Esprit*)杂志的新转向——早于这些在法国解放后进步主义意识形态的散布中最为重要的几个环节。人们知道,知识分子的进步主义承认自身内部也有分歧,因为人们应该考虑它的两种形态,一种是基督教的(《精神》),另一种是无神论的(《现代》);但是,由于最初的学说促使人们去澄清的缘故,这个区分还没有重要到会导致分裂的地步……就我们所知,科耶夫是第一个……曾试图构建出黑格尔、马克思和海德格尔的智识和道德三而合一(ménage à trois)的人,而且从那个时候起就取得了巨大的成功(帕特里[Aimé Patri],"主人与奴隶的辩证法[Dialectique du Maı̂tre et de l'Esclave]",*Le Contrat Social*, V, No. 4 [1961年7—8月],第234页)。

在那些因为马克思有关人类的说法和他教诲的形而上学基础太过单薄而不满,转而将黑格尔作为这一教诲真正哲学资源的马克思主义者中,科耶夫是最有思想性、最博学、最深刻的一个。尽管他没有努力将他那些反思公之于众,但不管人们愿不愿意,它们强大的力量却影响了那些来听讲的人。正因此,任何人如果想要理解当代激进主义的典型做法——即将马克思主义与存在主义两者相混合——的意义,就必须转向科耶夫。人们可以从他那里学到的,不仅有历史哲学的论述推演,还有其必需的前提预设。他详尽阐述了,假如像自由、工作、创造性之类的术语有了合理内涵并被透彻理解,这个世界将必然变成怎样。因此,任何要追随新左派的人,如果想透彻思考自己行动的意义,都必须研究这个作为开山者的思想家。

然而,科耶夫首先是个哲学家,这至少意味着,他最有兴趣的是真理,全面性的真理。他对厘清真理的激情,远胜于他改变世界的激情。政治解决方案的魅力不会使他忘记为那些解决方案的合理基础提出一个充分的说法,这一点使他摆脱了积极参与往往会导致的扭曲气氛。他瞧不起那些披着哲学般的严肃外衣去迎合当代听众的需要、[270]却不敢提出一些可能会让听众感到烦闷或厌恶的问题的知识分子。也许,正是对此类滥用——变哲学为意识形态——的无法避免有着某种体会,使他从根本上讨厌出书。他的工作都是私下开展的,而且很大程度上只与朋友们进行沟通。他的工作核心,就是对黑格尔进行仔细而精深的研究。

由于他是个严肃的人,科耶夫从来不追求原创,他的原创性就内含于他对过去时代那些智慧者思想中的真理的追寻。他的阐释已使黑格尔再次成为一个重要的替代选项(alternative),并表明在一个似乎他已不再有鲜活意义的时代里,我们是多么需要从他那里获得教益。科耶夫能够让人们复燃对黑格尔的兴趣,并不是通过修改他而使他显得似乎恰当,而是通过表明这一点来达到的——即在黑格尔教诲的永恒之光下当代人的关切能被最好地理解。科耶夫的书是文本阐释的典范;此书贯穿着一种意识:最迫切的事情是弄清楚这样一个思想家所说的到底是什么意思,因为对于我们所需要知道的东西,他可能比我们了解的多得多。在这里,学术的方法乃服务于哲学。科耶夫让我们瞥见了伟大心灵的力量,也让我们对姿态谦恭、不趋时务的皓首穷经肃然起敬。他自己的教学结晶就是用六年多时间完全致力于逐行逐行地阅读一本书而产生。《黑格尔导读》构成了对黑格尔最为权威的阐释。

这样一项仔细而全面地厘清了黑格尔那些佶屈聱牙的文本的研究,在美国(这里依然很少人读,更不用说理解他,尽管他的影响力越来越大)将会有重大的价值。他常常被那些学术实证主义者们所忽视。这些人被他的语言吓退了,却没有意识到他们对科学以及对科学与人类关怀之间关系的理解所可能存在的问题。黑格尔现在在文学和艺术圈子里变得很流行,但却是以一种肤浅的形式,只为了投合那些浅薄的猎奇者和追求某种有深度感觉的人们。这些人只想利用他,而不想理解他。科耶夫有力而严格地呈现了黑格尔的教诲,它应该能与这两种趋势相抗衡。

科耶夫之处理黑格尔的出众之处在于他认识到：对于黑格尔，首要的关怀不是关于他自身之外任何其他事物——不管是自然还是历史——的知识，而是关于他自身的知识，即，关于哲人是什么和他如何能知道[271]他所知道的东西的知识。哲人必须能够解释他自己的所为；一个对天堂或动物或非哲人的解释，如果没有留给哲人空间或者没有谈到哲人，就是极不全面的，因为它不能说明它自身作为知识是否可能存在。哲学所认识的世界，必须是这样的一个世界：它支持哲学，并将哲人奉为人类中最高或者最完全的人。

科耶夫从黑格尔那里学到：哲人寻求认识他自己，或者说寻求拥有完全的自觉，因此真正的哲学努力是要对终结于对哲学进行解释的所有东西给出一个连贯的解释。追求其他形式的知识的人，那不能解释他自己所为的人，不能被称作哲人。关于理性国家的讨论，只是"世界能被认识，是合理的"这个证明的推论而已。科耶夫坚持说黑格尔是惟一成功地完成这个证明的人，他对《精神现象学》的解释扩展和澄清了黑格尔"现实的是合理的"的宣称，因而证成了关于它的其他合理说法。在科耶夫看来，黑格尔实现了柏拉图和亚里士多德只能祈望的东西；他是现代的亚里士多德，他回应了——或者说是吸纳了——现代自然和人文科学对亚里士多德哲学所提出的那些异议。科耶夫不屈不挠，努力试图证明黑格尔的声称（即他已经取得了绝对的智慧）是对的。他论辩说，如果绝对智慧不可能，所有知识、科学或哲学都不可能。

人们的确会怀疑，科耶夫对于现代人的意识是否有完全的说服力，尤其因为他发现自己被迫放弃黑格尔的自然哲学（认为已无法捍卫它）并暗示说海德格尔关于存在的沉思或许可以提供它的替代物。但是，被放弃的自然哲学也许就是黑格尔的人文、历史教诲所必需的宇宙论支持。人们也许会怀疑科耶夫是否并不是真的介于黑格尔和海德格尔之间，但是应该说，是科耶夫自己把读者引到这个问题的，而它也是哲学反思的一个恰切主题。科耶夫描绘了智慧的特征，即便他没有证明它已然实现。

科耶夫思想最显著的特点就是他坚持认为，对于黑格尔和所有黑格尔的追随者而言,历史已经完整了,再也没有真正新颖的事情会在这个世界上发生了。对于我们多数人,这样的一个立场似乎是完全悖谬和极不合理的。但是科耶夫轻松地向任何认为人类生活是被历史地决定的人[272]、任何相信思想乃相对于时代的人,也即多数的现代人,表明了这一结果无法逃脱的必然性。因为如果思想是有历史性的话,那就只有在历史的终结处这一事实才能被认识到;如果历史在某一点停止的话,那就只有知识了。科耶夫通过整个这本书详细阐述了这一逻辑必然性的意义,而且试图指出一个明智的人可以怎样去接受这个必然性并根据它解释这个世界。正是因为马克思没能透彻思考他自己的历史思想的意义,由此表明他在哲学上的不充分,从而使我们转向更为深刻的黑格尔。

如果具体的历史现实是人类心智所能认识的全部,如果没有超验的可理解的世界,那么因为有哲学或科学,现实必定已经变得合理了。科耶夫所接受的黑格尔的解决办法就是:这一点的确已经发生,而且,法国大革命阐明了有关人的权利的那些普遍的、理性的原则,也就标志了历史终结的开始。从此,这些原则将是惟一可接受和可行的国家原则。人的尊严已经被认识到,所有的人都要参与国家;余下所需要做的,至多就是在全世界实现基于这些原则的国家;没有对立物能颠覆这一大杂烩,它自身已经包含了所有有效的可能性。科耶夫以此视角解释了我们的处境;他刻画了一幅饱满的画面,在其中,我们的问题就是成了一种"后历史"的人,没有任何古典的历史任务需要去履行,我们生活在一个普遍的、同质性的状态,那里已经就科学、政治和宗教的所有基本原则达成了实质性共识。他描绘了那种自由的、没有工作要做、没有世界需要去征服、没有国家需要去建立、没有神需要去敬畏、没有真理需要去发现的人的生活。如此,科耶夫给我们树立了一个示范——勇敢地、哲学地透彻思考你的立场必然意味着什么。如果科耶夫是错误的,如果他的世界与现实世界不相对应了,我们至少可以学到:我们要么放弃理性——这包括所有的科学——要么放弃历史主义。那些更为庸常、更不透彻的作家,却不能教给我们这么多。科耶夫展示了历史思想实质性的轮廓,而历史思想,我再说一遍,正是几乎所有现代人文科学的根源。

正是涉及他对历史终结时的人的刻画,科耶夫教诲中最引人注目的一个困难出现了。正如人们期望的,他的诚实和明晰使他自个儿挑明了这个困难。如果黑格尔所说的"历史会实现理性提出的要求"是对的,那么终结状态的公民应该会[273]由于一切合理的人类渴望都已得到满足而感到享受,它应该是个自由的、理性的存在,他满足于他的处境,行使他一切的力量,解脱了偏见和压迫的束缚。然而,环顾我们四周,科耶夫如同任何一个睿智的观察者一样,看到了人类任务的完成可能与人性的败坏、人的重新野蛮化甚至重新动物化恰好同时发生。他在第二版附加上的关于日本的注释(第 159 – 162 页)里谈了这个问题。读完那个注释,人们会纳闷,普遍同质性状态的公民难道就不是尼采说的"末人"?黑格尔历史主义难道就不会通过一个无法逃避的辩证法把我们推向一种更清醒也更彻底地拒斥理性的历史主义?我们也就被引向黑格尔与尼采的对立,或许甚至更进一步,引向重新考虑黑格尔相信自己已经超越的柏拉图和亚里士多德(而他们在此之前就拒绝了历史主义)的古典哲学。这正是科耶夫——作为沉思这些根本问题为数不多的引路者之一——的特殊价值。

(这篇文章刚刚写成,我得到消息,科耶夫于 1968 年 5 月在布鲁塞尔逝世。)

(徐晓宏　译)

我们时代书籍的命运

商业与"文化"

[277] 我们都比较确切地知道什么是商业,而我——至少是我——却完全不知"文化"之所谓,并且我也从不使用"文化"这个词。"文化"不知怎的就指向"更高等的"东西,指向"精神性",它与这些词儿一样模糊、空洞。它同属于"天才""个性""知性"以及"创造性"这一类虚无概念——这些概念也都是出于一个高贵的、尽管有缺点的意图而编造出来的,因而在其流通的两个世纪之内不可避免地折价了。"文化"这个抽象概念,现在被用来取代对国家的本能关切,散发出一种虚构的忠诚,加强了对现实政治的不敏感。在专制国家,有"文化"委员为那些应该产出高级"文化"的僭政编织锦绣的虚饰。在自由民主国家,有社会学家们描绘毒品和摇滚"文化"来娱乐我们,除此之外,我们尚有一个"文化"机构,其学识或能力愈加浅薄,其一大部分所履行的功能即是说服我们:马克思主义对唯利是图(crass commercialism)的批判与斯大林主义没有任何关系,我们尚可期待辩证唯物主义在自由的领域以及个性的充分发展上最终实现。

"文化"这个概念是应商业化社会的出现而生。就我所知道的,康德是第一个在现代意义上使用这个词的人。(当然,语言上的每个重要改变都要追溯到思想上的深刻改变。)康德使用"文化"一词的语境,是在讨论卢梭对阐明根本(the)人类问题的贡献之时。据康德看来,卢梭的早期作品《艺术与科学》(Arts and Sciences)和《论人类不平等的起源》,揭示了使人类不完整、不幸福的真正矛盾,[278] 即自然与文明的对立:一方面是人的动物需求和满足,另一方面是人的社会职责以及所获得的技艺和科学。但是,据康德之见,卢梭在后期作品《爱弥尔》(E-mile)、《社会契约论》(Social Contract)和《新爱洛漪丝》(Nouvelle

Héloïse)中提出了一种可能的统一,使低下的自然需求与道德和艺术的高尚责任和谐一致。这种统一,康德即称之为"文化"。康德的三大《批判》(Critiques)就试图将"文化"系统化。第一批判发现自然的局限,正如科学所揭示的,自然是一个运动物质的领域,其中所有的因果关系均为机械的。第二批判树立起一个自由领域的可能性,在这个自由领域当中,意志——从而责任——就是可能的。第三批判建立一个全新的领域,即审美的领域,在审美的领域中,想象力可以恣意狂欢,人对美的渴望和目的性(purposiveness)可以具有实质。合而观之,三大批判为"文化"提供了哲学根基,经过三大批判洗礼的生活会着实有文化(cultured)。这一体系考虑到了灵魂在丰富和深度方面的所有可能性。这无异于宣称,我们已能更清楚地将人类潜能真正说明白,这预示着以往不曾企及的成就。

然而,这个光明的前程遮蔽了它出现的阴暗背景。现代科学似乎早已表明,自然是没有灵魂的,美术所模仿的美丽宇宙不过是毫无根基的想象力的产物。相应的,关于人的现代科学否认人是自然趋向美德和知识的存在,相反,它宣称人与一切其他存在类似,自我保存就是他的根本关切。因此,自然——一切事物永恒的根基、存在的源泉——为人的人性提供了支持。卢梭有力的修辞直指这一理论思想的实践后果,即商业社会及其典型原子——市民阶级(bourgeois)。商业社会中,政治被剥去了假想的目标,这样一个社会不知羞耻地致力于追求福利(well-being)。这个社会的成功得到保障,恰是由于它涤净了爱国情绪、自由精神、高贵,以及其他崇高的优点,反倒赞扬私人利益和功利性。文化运动正是应经济人(economic man)而出现,要么作为对自由社会的修正,要么作为对金钱至上道德和市侩习气(philistinism)的激烈反对。

令人惊叹的要求

这一运动从未严肃地拷问过自然科学这一自由社会的根基。几乎无人试图回到[279]对自然的旧有认识,即对心灵所调教的自然的认识。人们寻求现实的一个新层面,它作为自然的补充,能够对精神性作出解释。二元论——诸如自然与自由、自然与艺术,以及自然与历史——成了这个时代的秩序,每一对的后一个概念都有占主导之意。但是自然的重要性,或说重量,压垮了或打翻了平衡。一方面,没有人能怀疑物质的存在,或者否定牛顿科学的力量;另一方面,康德的推论或黑格尔的精神,无论怎么令人震撼,都不能完全压倒信仰。相似的,新经济在整个世界的昂首阔步人皆见之,而对人类的美学教育的进步却还——保守地说——并不完全明朗。一丝隐约的无所依托之感,在那些寻找纯粹自然主义之外的可能的人心头弥漫开来。理想主义、历史主义、浪漫主义、马克思主义,以及最终的虚无主义,这些熟悉的流派名称皆体现了寻找精神过程中的新生热情以及随之而来的失望。对"创造力"一词的使用——以前从不应用于上帝以外的任何人——透露出对当前问题的一些管窥之意。自然没有任何正式的或最终的目标(causes),没有任何存在(is)之物能解释艺术家及其产品。他必须被比作上帝,从无中造出有。但是在尘世当中(sublunar world),"无中生无"(ex nihilo nihil fit)似乎适用,各种伟大的结构倾向于坍塌、重归自然。我们只需看看"崇高"一词的发展脉络——从康德到弗洛伊德——以及与之相伴,从作为教化者、道德说教者以及卢梭和歌德的完美渴望之目标的女人,到二十世纪科学与文学中的女人。

"文化"的虚假或抽象性质暴露出来,因为人们认识到,没有一个严肃的人为"文化"的缘故而做点什么——或者只是到了最近,人们才开始为之有所行动,因为他们显然首次愿意为了体现知识分子的自负而这么生活。男男女女们为他们的祖国、神明,甚或真理而死,独独不会为文化而死。科学家寻求领会自然的各种现象,政治家力图建立并维系正义的政制,艺术家则希求体现美的形体,而哲学家则追求知道万物的原动力(first causes)。各种动机各不相同,不一定能谐和。我们总能找到一个合乎常识的原因,支撑我们选择这些生活方式中的任何一种,并且总有与其中每一种方式相宜的机能。用"文化"统一这些生活方式，是一个规模巨大的任务，这个任务至今也未成功完成。等到这个任务成功完成的那一天，"文化"作为一个总体范畴将可能会扭曲它的各组成部分。"文化"不知怎的总是意味着，人的更高层次的活动植根于人的自然生发性或创造性；这种解释[280]应用于诗歌或绘画时，或多或少有合理性，但是一旦应用于科学或哲学，就会遭到事实的驳斥。科学和哲学的主张被"文化"解释毫无商量余地予以推翻。这些主张变成文化表述，与确切的文化相关，依赖于文化，为文化而存在，而非为了超越文化、抵达自然。诗与哲学之争——之前被看成根本议题——就这样被诗性视角的胜利掩盖起来了。最终，上帝成了人的造物，而非反过来。这是对宗教或任何一种信仰致命的视角。我们赋予"文化"的意味可能就是宗教的结果，但是，教会的美轮美奂只能被理解为对人性美的贬低，以及对自行显现的上帝的忠诚。只有当社会的真正目标与崇高无涉之时，"文化"作为掩盖虚无的虚饰才变得必要。文化最多能鉴赏以往的信仰的丰碑，却万不能制造这样的丰碑。

最有揭示性的是，没有一个希腊词能够翻译"文化"一词，哪怕是稍稍挨着边儿，而希腊或许正是所谓"文化"的最高典范。在我们拥有的关于雅典的最充分的陈述中，伯利克勒斯（Pericles）把雅典的伟大——顶峰中的顶峰——归给雅典政制，归给人们全身心效力的那一政治秩序。在向我们提起构成雅典"文化"的卓绝之美时，伯利克勒斯只说"我们爱美却有节制，爱智慧却不软弱"。对于他，所有雕像和神殿以及盛况仅是那一内核——爱国——的副现象。他敦请公民们要对城邦怀有一种爱欲；其他一切都从这一点源源而来，这也许是对爱国主义所提出过的最令人惊叹的要求。关于何为核心、何为边缘的问题，伯利克勒斯很权威，堪比我们的"文化"批评家们。我们的政制并没有这么高的要求，我们也不能为政制付出这么多。政制崇高的时刻，只在它们的建立和存续。私人与公共之分削弱了精神力量的统一，沥干了公共领域中的超验能量，把这些能量变得琐屑，因为单纯的私人生活没有为这些能量的发挥提供合适的平台。在修昔底德笔下，我刚刚归给伯利克勒斯的那一切，通过佩里克勒斯之口讲了出来。修昔底德以反讽的方式,把自己隐藏在对雅典和整个希腊的叙述当中,同时向我们显示,我们没有理由希望,人类有力量达成完美的统一——实际上这个统一是佩里克勒斯所希望,但却为柏拉图所戏仿的。修昔底德的书,作为绝世瑰宝,并不以文化为圭臬(culture-bound)。他从希腊吸取教训,留给永世之后人,以备不时之需。

[281]我们对"文化"的观念,以及对实践"文化"的知识分子的观念,对于伯利克勒斯式的爱国热情而言过于宏大,但是我们的宏大观念却拒绝孤独的、修昔底德式的对永恒的遵循。知识分子既不直面政治领域的严酷要求,也不直面超政治领域的更严峻要求。他们宣扬自己高于政治实践,但却绝对处于政治实践的奴役当中。他们大多是马克思主义者,因为马克思主义结合了政治行动和哲学的魅力。绝非偶然的是,马克思主义理论和实践把知识分子当作工具来利用,并无情地使他们处于从属地位。唯物主义和唯心主义在马克思主义(例如辩证唯物主义)之中的统一是绝对讲不通的。成熟的马克思似乎已认识到这一点,因为他从未严肃讨论过艺术或教育——也就是,"文化"。马克思的后期作品显示,经过诸如康德、黑格尔和席勒这样的巨人们的超乎寻常的努力,"文化"何以有再次被商业吞食的倾向。再则,种瓜得瓜,高的东西可以被降低为低的,但却万万不能来自低的。商业世界与"文化"世界的区分很快变成了基础结构与上层建筑之间的区分,而基础结构显然决定着上层建筑。这比商业旧有的低俗恶劣得多,因为旧有的低俗至少没有许下伟大的承诺——理想主义的成就。知识分子是新的阶层——既非政治家也非哲人,他们散播着这个虚伪的承诺,最深地体现了精神的无所依托。福楼拜(Flaubert)精妙地把捉到了这一点,将其注入自己的人物霍梅(Homais)身上,霍梅是个爱"文化"的粗人,最终却想变成一个波西米亚人。人文主义(Geisteswissenschaften)毕竟不过是市民阶级(bourgeoisie)的娱乐罢了。这使得福楼拜初露端倪的虚无主义合法化。

最勇敢的大计

所以,"文化"运动是一个新东西,是对现代社会的一个回应,或更准确说是对自由民主、商业共和国的回应,也就是对一个新鲜的政治状况的回应。这一政治状况本身是理性选择的一个产物,也是一个哲学大计的产物。政制形式首次建基于理性之上,这是人类崭新的黎明,一个摆脱了可怕的偏见——以往各民族就是以这些偏见为基础——的世界。这些政制形式一得到实现,受教化的那部分人中就出现了对这些政制形式的反对。

为了判断这种反对的合理性,我们必须再次考察现代政治的知识根源(因为现代政治曾经有知识根源),以便明白这一反对的肇端者们深刻而广博的心灵[282]如何理解这些知识根源。不应该以为,诸如马基雅维利、培根、霍布斯、笛卡尔、斯宾诺莎和洛克这样的人,完全不知灵魂的完满;应该是,他们分析了利弊,他们完全明白,为了有所得就必须承受某些损失,于是便做好了承受损失的准备。相反,我们总是放不下鱼与熊掌兼得的欲望,或者说得坏一点儿,我们已看不清楚必要的和可能的。

我必须对人曾经构想过的最勇敢、影响最深远的大计做出肤浅流俗的解释。这一大计就是达朗贝尔(d'Alembert)所谓的启蒙之"谋"。它一方面企图彻底改变政治生活的性质,另一方面企图改变智识生活(intellectual life)的性质。但是,它最首要的企图是改变政治生活与智识生活之间的关系,这一关系正是爱思考的人的特殊视角。这一转变的意象已被马基雅维利设计好了,他几乎像一个乞丐、一个乞怜者一样走上台,低声下气地请求一位显赫的君主降恩垂顾自己。这是远古的哲人们所理解的智慧与权力之间的永恒关系。但是突转之下,马基雅维利自己变成了君主,虽然仍是暗地里,但是有着有朝一日完全公开的预期。他为有智慧的人谋划了抓住权力杠杆的方法,使哲人成王的梦想变成现实,这个梦想如政治哲学本身一样古老。但正是对于柏拉图来说,这仅是一个梦想,一个必须在现实面前低头的梦想。梦想毕竟是梦想,这一事实意味着,现实世界的哲人们不得不相应地制订计划,降低期待,与各种权力保持距离。当初,马基雅维利及其跟随者们颠倒了这一切,而今我们依然生活在马基雅维利的新教规(dispensation)之下。

从政治这方面出发,新的政治科学可以理解为伟大的改善人类状况的(humanitarian)努力。虽然古代政治科学具有一切高贵性,但它并没有提供实现自身高远目标的途径,而人类一如既往地承受着许多弊病的折磨。实际上,古代政治科学只提供了忍受和顺从。人需要的是和平、稳定、法律、秩序以及摆脱贫穷和疾病。古代人却只谈美德,不谈福利。这本身并非有害的,但是现代人却声称,专注于美德与关注幸福相矛盾。亚里士多德承认,对于幸福,"才能"(equipment)和美德一样是必要的,但是怎么获得这一才能,他却什么也没有说。仔细考察才能的获得之后表明,美德阻碍才能的获得。例如,慷慨的前提是有钱[283]以及不过分在乎钱。但是人们要有钱就必须在乎钱。并且,花钱就会耗尽钱,所以,与没有慷慨这一美德相比,有这一美德使获得欲的必要性增大。于是,慷慨既不鼓励获得欲,又鼓励获得欲,置人于自相矛盾的境地。这一美德太软弱,克服不了自私,但却足以阻止自私可能造成的某些好的影响。比如,一个守财奴不太可能有偷盗的必要,他对利益的追求,如果善加引导,则可能对他人产生益处。在旧体制下,他被冠以恶心肠和恶名。但是,如果幸福的两大因素——美德和才能——相互矛盾的话,似乎就是自然对人不善。才能确实是必要的,那么干吗不试试撇开美德? 如果能找到美德的替代物,那么让人的生活备受煎熬的内在矛盾也就迎刃而解。

以上即是马基雅维利说下面这些话时的意思。他说,人不应该按照自己应该做的,而应该按照事实上已经一直在做的行事。这就意味着,人实际上并没有按照自己实际做的在行事,而是至少部分地在按照他们应该的行事,而这是他们不应该做的。马基雅维利以令人发指的显白表达了这个意思。他说,人绝非尽善或尽恶,言下之意,既然他们不可能是尽善(因为自我之爱[self-love]是我们不可分割的一部分),

他们就应该做尽恶之人。只需以此方式,人就能克服自己的分裂。但是,人身上的善恶区别如果被隐藏住了,那么,恶——这一判别恶人的标准,也就给隐藏了。简而言之,若是激情保留着,而统治激情的美德已失,那么激情就有无限制的权利,这是激情的自然。评判激情只能按其社会影响的可取与不可取。这就是令人不齿的高利贷者如何神奇地转变成受人尊敬的银行家。新的政治科学家决定放弃迂腐而白费力气的对激情的抨击,相反,他们决定为了有效性而成为激情的共犯。他们不再呼吁人考虑公共利益——这是人不太可能做的,而是告诉人们考虑自己——这是人倾向于做的,告诉人们把忠诚、爱国热情以及正义转变成追求利益的算计。《君主论》第十六章之后,商业社会的理论基础已经奠定,正如在第九章时,对民主的新论已经开始。在那里,马基雅维利认为,贵族的利欲熏心比起寡头来一点儿不逊色,以此将贵族统治的道德基础抽掉。平等在现代思想中萌芽,它宣称,与政治相关的公共血气并不存在。人都一样,都是自私的。人对自我保存和安逸(comfort)的关心——[284]如果外在因素不来搅浑水的话——可以是生产繁荣的发动机。激情若是由哲人们教导,以达其真正的意义和目标,那么激情就足够了;哲人与激情的合作,产生商业社会的公式,即个人利益被启蒙。生命、自由和对财产的追求恰是亚里士多德没有讲过的。它们是幸福的条件,但是幸福的本质——依据亚里士多德——却是美德。所以,现代人决定只管这些条件,让幸福自己理会自己,他们最多只谈谈对幸福的追求。人的完美这一稀有之物再也不受关切,而我们共同的脆弱与受苦则变成了关注焦点。政治开始成为对身体的关爱,而灵魂则悄悄走开。

新的人类观和政治观,在其建立者的眼中从来就不是壮丽的。衣不蔽体的人,为恐惧所震慑、为提供生存所必需之财力而辛勤劳作,这样一个人通常不是诗的适当主题。这样的人自觉选择低的但却坚实的根基。文明社会致力于自我保存,我们不可能期望它为英雄主义或启示提供肥沃的土壤。这样的社会不要求或不鼓励高贵。何为值得尊敬和模仿的,主宰并设定其标准的并非美德或智慧。认识到生活单调平淡的性质,是为了保证现实政治的成功。使得整个大计可行的那种对人性的理解——如果受到信任——显然产生一个高尚动机全无用武之地的世界。一个人若是抱着"经济人"的观点,那么他就不可能再相信人的尊严,或者相信艺术和科学的特殊地位。冒险事业的成功,恰好依赖于对人的这种简化。如果人的诸多问题有解决之道,那就没有悲剧。在身体需要被关注之后,我们就不再期望,人会迎来精神复兴,原因有二:其一,人总是有死的,这就意味着,对不死的欲望不可能终结,对达到不死之途的追寻也不可能终结;其二,整个事业的前提是,人的首要关切是自我保存和富足;建立在自然之上的各种政制,自然地按人本来的样子对待人,并且将使人愈加自然。如果人的动机要改变,那么使现代政府正常运作的机制就会坍塌。

以启蒙为根基的历史主义、浪漫主义和理想主义——如果从现代政治哲学开创者的观点来看——是在建造空中楼阁,是在梦想着古典的善和高贵从实用性和自私当中出现,[285]梦想着柏拉图的理式(ideas)从笛卡尔的广延(extension)中显露。现代性的开创者们加于己身的第一条原则就是自我节制——学着忍受庸俗。他们对有效性的过高期待之所以可能,是因为他们对实存抱着低的期待。

于是,科学变得积极,它的口号是"把你们疲惫的和可怜的交给我们……"但是,施恩者们也有一个动机。他们希望凭借自己对人的大体益处得到感恩,从而得到他们并不享有的一种自由。根据马基雅维利的分析,感恩是一个有效的动机,因为将来有希望得到恩惠,而不是因为过去的恩惠记在心间。换句话说,感恩最终是恐惧的一种功能。权力——现在和将来——及其意见,是人的善意的唯一保证。人们过去并不认为科学是强大的,它的确也不是强大的。科学要在文明社会占据一个牢固的位置,就必须能产生权力,还要显得能产生权力。政治和医药的改进,显然对人有用,并且标志着科学作为强大的施恩者的特殊地位,他抗击着人对死亡和穷困的最黑暗的恐惧。

启　蒙

也许有益的是,先描述一下柏拉图对哲人与文明社会的关系的说法,再看看现代人如何努力去改变柏拉图的说法。这一关系的形象,贯穿于柏拉图的对话,体现在苏格拉底身上,以及苏格拉底所置身的处境当中,最鲜明的体现当然就是这一事实:城邦因为苏格拉底是一位哲人而将其处死。《王制》对哲人-王的讨论——这是与我们的思考最相关的一段——以洞穴之喻臻于完善。在洞穴之喻中,文明社会被视为一个黑暗的洞穴,人就是其中的囚徒。逃出洞穴就是哲人最关心的。阿德曼图斯(Adeimantus)在一段算得上对苏格拉底的指控的话中声称,哲人显得要么无用要么邪恶。如我指出的,柏拉图教导说,根本上这是一个无法逆转的表象,它奠定了哲人永远的边缘地位。他们显得无用,因为他们确实无用。他们既非手艺人,也非治邦者,抑或演说家。他们不过是闲人,对安全和繁荣无丝毫贡献。他们独特的沉思之乐是大多数人无法获得的,他们也不像诗人那样为大众提供快乐。他们对身体需要的感知比较迟钝,[286]最重要的是,对于吓坏了许多人的死亡,他们竟凛然正视。哲人与文明社会之间实在没有共同点。柏拉图对待大众和哲人的关系,始终如他对待无知与知识的关系那样。他说,多数人绝不可能进行哲学思考,所以绝不可能认识到哲学的严肃性或谁在真正进行哲学思考。试图影响多数人,势必导致逼良为娼。哲人天然的同盟是贤人(gentlemen):贤人的身体需要已受到照料,因他们有钱,并且不迫于赚钱;贤人对死亡抱着骄傲的蔑视;贤人展示了自己的自由,因他们爱美而无用之物——其中可能就包括哲学,倒不是因为他们本身是哲人,而是因为他们对哲人的高贵略知一二。因此,哲人们支持贤人的统治,连带着他们所有的偏见,他们的仅来自习俗的优越性,以及他们在高贵和理性之间对高贵的偏爱。

现代哲人——他们的教诲,我已经勾勒出来——利用自己对多数人的有用性,把这一切都扭转了。现代哲人认可大众可能具有的合理性。大众并非真会为了真理本身,产生去追求真理的欲望或能力。但是,大众能够或通常会很好地算计自我保存和收获。一旦谁接受了自己的这一非理性前提,即死亡可以避免,那么他就从此开始极好地运用理性,只不过他运用理性的方式是贤人所不为的,因为贤人把对自我保存和收获的算计看作低劣的东西。这是亚当·斯密充分证实的一个判断。

庸俗与哲学之间有一个亲缘关系是古代哲人也认可的;但是,话说回来,克服对死亡的恐惧对哲人来虽然是紧要的,但他们并不设想哲学成为这一激情的慰藉。但是,如果大众学着理智地追求权力,如果科学家——作为他们这种活动的副产品——提供最大的权力,那么科学家就被大众的理性接受、鼓励并听从。大众和哲人之间就有一片理智的交汇区域。贵族再也不为所需。两种大权相遇了。哲人需要钱和自由,钱和自由就是他们得到的。当然,关于理性是什么意思,还存在着某种含混性,这种含混性必须在可能出现全面的功利主义之前就被忘掉。(这种伙伴关系的反讽特点,通过笛卡尔《方法论》的第一句话美妙地表达出来。)对那些过去居住在黑暗之中的洞穴居民的启蒙,现在已成为可能,因为他们只需学着遵循自己的个人利益而非超越个人利益。[287]大众与其训导师们之间的交流,必须总是就大众能够算计的、最平庸的事物而论,主要是健康和财产。

至于哲人的邪恶,这一埋怨的意思简明地表达在如下控诉当中:哲人不"敬奉城邦所敬奉的神"。这一控诉太准确了。对智慧的追求正是从怀疑有关最高之物的传统智慧开始的。共同体最珍视的信仰——集体的愿望与惧怕,都集中在共同体的诸神身上。不可原谅的事情就是,超越那些愿望与惧怕,超越诸神所加诸的敬畏与羞耻。这就是哲人,他们望着自然,望着自然的不变的一致性,最终否认诸神保护城邦。这些人激起了恐怖,一时人心惶惶,怕招来报复,灾祸会降到庇佑人的城邦头上。从哲学的最源头起,哲人的真正(the)敌人就一直是祭司们;宗教和智慧的相互交战,至少从泰瑞西阿斯(Teiresias)与俄狄浦斯(Oedipus)争夺试拜人的信任的时候就已经开始了。正是对不虔敬的控诉，致使苏格拉底被处死。这就是"文化"这一范畴变得费解迷乱之处。鉴于洞穴的视野，艺术——尤其是诗——与诸神关系甚密。无论诗人信什么，他们的诗必定要迎合大众的需求和品味。最伟大的情况是，诗人向大众教授诸神之事。莎士比亚所谈的哲学与诗之战，与宗教问题有很大关系，尤其是诗与狂热主义根源处的激情有特殊亲缘关系。"文化"领域的这一紧张在一切艺术中都存在。

柏拉图和亚里士多德的反应是试图对诗进行改革。他们主张，既然始终需要诗，那就让诗冷静，将其中的怜悯和害怕涤净。这会使人不理性，但却使人更愿意接受理性，使人少受制于宗教性的恐怖，而更能忍受。这是对他们的依赖于贤人的政治的补充。音乐教育（Music education）是要形塑贤人的品位。

相反，现代人认为这一办法不够，并向祭司以及辅助祭司的艺术宣战。他们着手去斩断他们所理解的宗教狂热的根源——想象。从马基雅维利攻击古代人建造想象的共和国的时候开始，一直有人不遗余力地要摧毁想象之于政治和科学的影响。笛卡尔的极端怀疑，不过是企图让世界不受想象的产物危害。霍布斯试图说服人：害怕[288]死于非命，这种经验就是最根本的经验。这种经验赶走了恐惧的所有想象的原因。在对想象的批评上，现代人比古代人极端得多。柏拉图和亚里士多德对想象的看法更微妙。一部分是因为，他们认为想象在灵魂中的力量如此大，以致必须向它妥协；一部分则是因为他们与现代人的纯理论性差别，即关于科学必须以何种程度严肃对待前科学世界。无论古代思想家与现代思想家有多少共同之处，艺术与科学这两方面的关系在根本上已经被现代人的政治大计改变了。

文明社会的人总是受到功利、个人利益的驱动——这种说法正如现代人表面上会说的，但这种说法是不正确的。人可能会这样，但实际上，想象中的共和国影响着他们的意识和良心。他们经常按照自己应行的行事，唯有当"实然"受到偏爱，"应然"的影子被赶走时，这种情形才可能被改变，正如现代人会改变它那样。然后，受科学调教，个人利益才可能变成启蒙了的个人利益，容商业社会取其为依靠。科学不仅要提供有用之物,它还必须与旧的宗教在所有战线上展开激烈的战斗。从人的身上摘除热忱,与某种反-艺术的偏见如影随形,这种偏见就存在于给社会动此手术的大人物身上。这不是说,他们不具有深邃的智识和高雅的品位。而是说,艺术是次要的,它更像是装饰或娱乐,而不是实质。他们宏伟的风格似乎更多是对旧世界的记忆,而不是他们思想的内在必然。诗人目睹所发生的事之后,对此大计所作的反应,可见于斯威夫特的《拉普塔之旅》(*Voyage to Laputa*)和《书的战争》(*Battle of the Books*)。

所以,商业社会对"文化"是否不利,对这个问题我们必须回答"是"。但在很大程度上,这是因为"文化"是发明出来修正或反对商业社会的。这差不多是个定义问题。"文化"暗示了艺术与科学的一种对立,以及对艺术的偏爱。在文化革命的时候,科学正欣欣向荣。文化革命最深刻的元素,是它对作为商业社会基础的自我本位行动冲动的批判。这样一个社会,由于本身的原则而容不下道德、政治和宗教的伟大,而这些伟大正是伟大艺术的基础。

授庸俗以权利

问题是,商业社会的批判者们是否好好检省过自己的启蒙先驱们的伟大和深刻。[289]培根、洛克、笛卡尔、休谟,以及所有其他人,他们知道自己在授庸俗以权利。但是,他们这么做,不只是在关心人的福利,也是在给自己以权利。商业社会为饱学之士提供的真正需要——对狂热主义的阻止,对贸易所需的宽容的鼓励,对习俗的润饰效果——都为一种自由的氛围提供了保障。财富的生产有益于所有人——高雅的以及平凡的,同时推倒了偏见的高墙,这些偏见支配着过去的所有社会。因此,生意人将是哲人的同盟。我们只需读亚当·斯密(就怕现代经济学家们不读)就会发现,关于生意人的品性,没有任何假象,他们的品位和道德是被看成不宜掌管社会的。但是,哲人与生意人的结盟是基于双方的个人利益,相比哲人过去与祭司、僧主,甚或贤人所结成的不可靠的同盟关系,这种同盟关系更加稳当。贤人总是想要伟大的东西,但他们从未真正跟从理性,他们也不太受科学所照料的需求的压迫,所以他们绝不会真正被哲人统治。洛克显然蔑视制造业主,但他把这一蔑视藏了起来。这是安排的一部分。从一个洛克或一个修昔底德的高度看来,我们通常称为"文化"的东西与生意的粗俗之间的差别也就不那么重要了。真正的高度在文明社会鲜有一席之地。

在新的秩序中,像洛克这样的人能自由地——几乎无被干涉之虞——思考他的崇高的想法,追寻一切事物的本源(first causes),理解事物的本质。他能够与友人畅谈,教导年轻人,而且全无阿堵物之忧。苏格拉底曾要求,自己应该享受公共会堂的宴饷,但是落空,诸多学院和大学现在满足了这一要求。准确地说,哲学和科学的免费午餐是商业社会的发明。这一好极了的情形至今已盛行两百又五十年。在商业社会的所有许诺中,思想(mind)的自由是被履行得最好的。这或许不是思想繁荣的最佳条件,但它存在着,这是理性不可否认的。这段时间内出现的任何一种(every other kind of)政制形式都威胁了这一自由。

现在,培根、洛克及其他人,希望对社会有所影响——最重要的影响很可能就是他们为自己赢得的体面——但是他们知道,所产生的影响不会与成因相当。他们的思维之美不能化身在身体或城邦的行动之中。他们并不是[290]在努力重建雅典或佛罗伦萨。他们不是文化决定论者。人类智识的潜能不用依赖这样一个基础就能实现。最高的行为在根本上总是孤独和私人的,这些人对自己的独立和思维的终极自足有着强健的意识。在这一方面,他们恰如苏格拉底。他们所做的唯一改变,就是把哲学从密室中公开出来,而不是如疾风暴雨中的人一样,在一面小小的墙壁之后寻求保护。当然,他们这么做,一方面使哲学在公众面前更加脆弱——如果没有实现控制公众的愿望;另一方面,他们使内在的不妥协态度、对公众意见的轻视——这是追求真理的必要条件——濒于危境。不仅回报,就连新的责任都可能提供不可抵抗的诱惑,使人妥协。但是话说回来,在根本上,他们懂得,自己的才智就是对永恒自然的认识。

后来的批评家——正如我已经说过的——或许没有足够的对前人深刻性的认识,对自己的大计的本质也没有足够的认识。费了极大的力气,才把权利从充满敌意的人类手中夺过来,但是对权利的认可却被视为理所当然。到了十九世纪,知识分子的特权地位是一个独立的想当然;他们开始公开地撤销对合伙人的认可,他们的合伙人也就是财富的生产者们。非利士人式的粗野(philistinism),作为知识分子繁荣昌盛的条件,在知识分子过度高雅的品位下变得不可容忍。商业社会可能最终对艺术和哲学是致命的,那么我们也就必须放弃使得繁荣和更长寿变得可能的现代平等主义和有用的科学。有的人准备好这么做了,但是大多数人并没有。那些怀着对中世纪的浪漫渴望的人,并不总是完全意识到了这样一种回归所需的条件。

另外,这个新运动接受启蒙关于自然的教诲,以及启蒙所具有的强劲的社会政治行动主义,所以它失去了独立的立足点,而独立的立足点是过去的所有伟大心灵的首要品质。思想、艺术、宗教都成了文化现象,以某种方式服务于一种"文化"。虽然极力主张优越性,但仍存在着一种默然的(有时却又显白的)认识,即受文之化者(cultured)属于这一个此时此地——这个文明、这个文化、这个洞穴。他们扎根在这个文化的过去、现在或将来。他们的自我意识只可能来源于这个文化。以往思想家心目中的骄傲,在他们却变成了虚空。苏格拉底批评雅典人,[291]但却不埋怨他们。他从未期望得到雅典人的认可,最主要的是,他不需要这一认可。但是,在没有永恒的情况下,知识分子被历史囚禁,对于他们就不是这么回事了。对商业社会的批评自然有许多,但问题似乎被极端化了。唯具有歌德这样分量的人,为追求真正的独立树立了典范,这首先意味着,要与实然达成妥协,要找到通向伟大的途径,这样的途径不依赖于首先改革世界。正如歌德认识到的,关于这一点,古老的希腊哲人们依然是最好的向导,他们懂得,乱局始终存在。

商业——或自由——社会得过且过,多少算是健康的、自信的,但是多少有点受自己的"文化"批评者们胁迫(不幸的是,这一点如今更甚)。差不多两百年来,这些批评者们不外乎两种,右派人士和左派人士。左派一直更强大,如今已近于大获全胜。左派更强大,因为它实际只是把物质主义和平等主义极端化——事实证明这两样在现代大计中极为成功。左派把加在庸俗和自私身上的限制除去,大计的开创者们曾细心地把这些限制装置到大计之中,尤其是对政制当中的美德至关重要的隐私,但政制的公共目标不是美德。这种做法是借口之下的平民主义。它指明了市民主义(bourgeoisie)的文化贫瘠,并以某种方式得以证明,市民主义的失败将恢复并提高"文化"。但是,如果像尼采和常识所主张的那样,正是一种低下的、与平等主义相联系的自我中心主义才真正威胁高的东西,那么市民主义就只是从贵族制到社会主义的下降过程中的中间阶段。无论如何,确定无疑的是,无论右派人士(包括大多数伟大的小说家和诗人)可能有多么愚蠢、傲慢甚或危险,他们中的有些人是真正关心"文化",不管在"文化"的何种严肃意义之上;相反,左派人士(尤其是马克思主义一派)却只倾注于经济,用抽象概念搪塞我们,削弱可能存在的任何严肃艺术,布莱希特(Brecht)或许是唯一的例外。右派用各种方式反对那一现代大计,因为右派追随者们拥有一种对美的体验,在现代理论和实践中这种体验找不到立足之地。马克思主义者们根本没有这样的体验,他们的运动只想包含所有据说是好的东西,而实际上他们能够严肃谈论的东西只是身体和身体的需要。虽然艾略特的批评和社会理论微不足道,但毕竟出于他作为诗人的切身需要。在马克思主义之内,堪与此相比的例子即便有也是寥寥无几。

遥远的光和迫近之炬

[292]但是,在这一问题上,右派/左派的取舍未必是个穷尽。托克维尔(Tocqueville)的默默之声能教给我们许多东西。他是古代政制的杰出的贵族制花丛中最后一朵奇葩。他的灵魂因最优秀珍稀的事物而震颤,比起许多抱怨我们灵魂庸俗的人的灵魂,他的灵魂当然更加高尚。他对帕斯卡尔(Pascal)以及帕斯卡尔这类人在新秩序下的不可能

性的描述灼人心魂。他的口味是少见之物。但是,看看他看待现代民主时的健康心智吧,尽管现代民主容不下他这一类人。他从未怀疑过民主所具有的更优越的正义。在反对左派时,他表明,极端的平等可能毁灭正义。在反对右派时,他说,依然为右派所珍视的那种秩序存在着严重的智识缺陷,并且他在变动不居的世界当中提供了一种品味典范,那是右派所不能匹敌的。他是在努力于变动不居和不完美中,保存一种对永恒和完美的意识。所有的现实政制都是流变的、不完美的。活于短暂之中,但却要一瞥永恒,这是思想家们最严肃的一种责任。把永恒托付给短暂,这是一个巨大而致命的错误。需要的是距离,但是我们得从自己的所在开始。托克维尔论美国知识分子的生活的章节,是有史以来关于我们独特的知识缺点和危险写得最好的东西,但他没有给任何人一种印象,好像事情实际上要好得多,他也没有制造感伤或怨艾。他勾勒出追寻永恒的人们在这一政制的特殊视域之内所面临的任务。人类在精神上的尝试,每一个方面托克维尔都分别看待,而不是将其合起来堆砌成"文化"。在民主之下,这些尝试中的一些更有希望,另一些则不然。但是,对人类永远渴望真和美,始终存在着敬意。阅读这些章节不免造成些愉快的伤感,但或许这对我们正好。若是谁严肃地读过这些章节,他就不可能不受到些许教育,这至少在某种程度上意味着,拿自己与永恒的人类抉择相比照,使人变得自知。唯有当我们不再知道这些永恒之时,我们才将是野蛮人。

而且,我们面临的正是失去这种对永恒的认识,而对于这一点商业并不是原因,或者最多只是部分的原因。面对我们这样的病症,托克维尔开出的药方是这样的:大学若干,并致力于学习古希腊和拉丁经典——他认为这些作品[293]尤适于平衡我们的倾向,给予我们在自己身处的周围难于发现之物的体验。在商业社会中,正是大学必须存蓄最高的东西,因为出于各种各样的原因,政府、职场或教会都不可能关心它们。而且,自由民主大方地支持着这些颠覆并长期指责其生命的中心。在大学,基本上可以想任何事、说任何话。

至于"文化",我们称之为"人文学科"的东西是关键领域。人文学科正在衰落,不是因为缺乏支持,而是缺乏可以说的东西。学习那些古书,为了它们本身的缘故,为了它们给我们的智慧和品味,已不再至关重要,显然不像《圣经》在过去——某种程度上现在依然——之于宗教的重要性,也不像亚里士多德之于哲学的重要性。"文化"已沦为陈列馆中关于过去的一集幻象,我们只是先当管理人。真理不会在里边。关于这一点,我们知道得太多,知道得太多,所以无法崭新地开始。至于为什么会发生这一切,这是个复杂的问题。我要说的是,在某种程度上,"文化"本身对发生在自己身上的一切负有责任。但最后,我想说一说,我们的自由和灵感之源最近以来受到的威胁——或者最后的威胁。

各种新运动(所有这些运动都同意,现代性之中的生命堕落了)从未置疑过的东西之一便是,旧的哲学已被驳倒,我们知道得更多,我们有更高层次的意识——但愿我们也知道,一切都与"文化"相关。阿伦特(Arendt)或许偏爱佩里克勒斯式的雅典,但她从未怀疑过海德格尔比柏拉图更智慧。但是,柏拉图或任何以往的作家若要能够得到严肃对待,只能是因为我们相信,我们所不知道的那个真理可以在他们那里找到。否则,学习经典就不足取。经典——作为我们传统的小小一部分或者无论什么,悄悄枯萎在藤蔓之间。正是如此,才可能把它们放进陈列馆。但是即便在陈列馆中,它们依然客观地存在着。如果我们愿意,我们依然可以近前,受其引教。

我们可能被经典解放,不在历史中扮演自己恰当的角色,这一危险现在正为所谓的"解构主义"所精明地面对着。解构主义是左派的教条式的、学术性的虚无主义,它提出要像隆恩(Huey Long)在政治中的承诺那样为文学出力——"每个人都是批评家"。没有什么文本(text),有的只是不同的解释(interpretations);没有外(outside),首要的是没有更高的东西。这也是所谓的马克思人文主义的最后一步。马克思人文主义承认,"庸俗的"马克思主义对文学解释做了滑稽的扭曲。[294]当然,"庸俗的"马克思主义是真正的马克思主义。对真正的马克思来说,每一种意识都依赖于与所有物(possessions)的客观联系。

这一新的流派从马克思的束缚下解放了意识。但是它真正来自哪里？它正是来自被说滥掉了的尼采和海德格尔，此二公正是右派人士，他们的全部斗争都是在反对马克思所代表的一切。

解构主义就是某种马戏表演：尼采被切成许多小块，然后再由魔术师神奇地拼接回去。噢，看吧！尼采居然是个马克思主义者，尽管不是个"庸俗的"马克思主义者。以"文化"的名义而作的最深邃、最认真的努力——尼采的努力——被最后的人(the Last Man)吞噬了。尼采懊悔地放弃了客观性，以便从马克思主义的客观性中拯救艺术。他的努力被断章取义地利用来发展马克思主义的客观性，方法即是把其他种类的客观性变得相对化。尼采呼告左派就等同于斯大林呼告上帝——其中没有知识意味，但却有助于蠢民。所以，尼采引起的兴奋能被用来掩饰我们的选择，我们的选择，既不是西方的也不是苏联的智识生活。当再也没有真正的柏拉图或洛克之时，当伟大之书的柔光永远被胡诌乱解(whimsical interpretations)的灼人的炬焰障蔽之时，我们通向世界的窗口也就被关闭起来了。

（马涛红 译）

文本的研习[*]

[295]我们总是说,"应该怎样教育下一代的政治哲学家?"在我看来,这话的意思其实是,"应该怎样教育下一代政治哲学的教授"。你不可能为天才把一切规定好;一般说来,他们总是可以自我照看。哲学不是一种类似于医药或制鞋的职业。不过,政治哲学的教授毕竟是可以被教育的,他们的作用是发现天才的卓异之处,并让这些天才为其他人所理解。同时,通过保存一个哲学家教育的传统,他们也同样有益于哲学家——因此,政治哲学的教授既服务于公共的善,也为潜在的哲学家提供了他们必须得到的精神食粮。

不过,我们的问题仍旧是一个好问题,因为它包含了"应然"的成分;如果我们成功地回答这个问题,我们就会证明政治哲学是可能的,它有能力创造"规范有效命题"。我们的主张是否能得到认可取决于创造"规范有效命题"的能力。这个问题的好处还在于,它迫使我们从学生的角度——这也是最为有益的角度——对我们自己做出评判。从这一视角出发,我们就再也不能拒绝越出我们的专业限制,我们必须关注整个人类的何去何从,这当然也是我们乐意见到的;同样,我们也必须关注我们的学科中最为普泛的问题。我们的追问也许是不合时宜的,因为政治哲学作为社会科学或者说人性研究的国王,同时也作为政治家的指导,已经不再具有它的荣耀。政治哲学正处于它的危机中;当代最为有力的思想运动怀疑甚至否认政治哲学的可能性。当然,这一危机也是西方的危机,因为西方的危机其实正是我们对自身原则的正

---

[*] 本文收入 Melvin Richten 主编《政治理论与政治教育》(*Political Theory and Political Education*, Princeton UP;1980)一书。

义性的信任危机。

[296]为了进行政治哲学的教育,必须对政治哲学是什么达成某些一致。我们也许会认为,政治哲学就是寻求关于最好的生活方式、最广泛的善或正义以及最佳政体的知识。这意味着存在着某种可知的善。但是,作为我们这个时代最为有力的两种理智力量,实证主义和历史主义既否认善的存在,也否认我们通过理性而认识善的能力。当代思想的一个重要的倾向甚至是拒绝这些知识的可欲性。

政治哲学确实是对此类知识的寻求,但它没有必要也不可能寻求这些知识的现实化。事实上,哲学的词源就已经指明了智慧的追寻是无止境的追求,其中任何的确定性都会遭遇更为有力的怀疑——因此,最好的政治哲学能够提供的只是澄清那些解决人类问题的最为基本的选择。当然,前提是:存在着一般认为是不变的选择。

什么样的教育有助于向这些基本选择开放?我这里仅仅想指出,政治哲学的教育需要从中形成某种品格。它必定是存在的;要尽可能地激励它;不要去刻意制造它。它的首要成分是对正义的爱和对真理的爱。不过,二者往往有某种对立之处,二者的结合极为少见;因为,对正义的爱近于或者说通常包含着某种义愤,而义愤往往会压倒科学所必需的冷静和非党性,另一方面,对真理的爱也会打消正义所需要的对特殊事物的关心。亚里士多德说过,政治科学处于数学和修辞学之间。将政治科学数学化会毁掉政治现象。而仅仅诉诸趣味又等于在最为重要的问题上放弃对理性的运用。政治科学既包含理论也包含实践、既包含理性也包含激情,采取任何一个极端的视角看起来都或是置身事外或是非科学。因此,任何极端的诱惑——假充科学或不理智地投入——都是有害的。(这么看来,近来对政治哲学的纷繁态度完全可以看作某个永恒问题的特殊表达——只不过新科学和新宗教加剧了这个永恒的问题。)从事政治哲学的学者必须把帕斯卡尔认为几何心灵(l'esprit de geometrie)与敏感心灵(l'esprit de finesse)之间不可能的统一变为可能,并坦然面对由此造成的所谓冷漠或缺乏科学性的指责。他必须同时抵抗公众的意见和自己的良知。

[297]有了这样的性情,又需要什么样的正确教养?答案就是仔细地研习文本、传统的经典文本——这就足够了。这永远是最必要的——尤其在我们这个时代。这一判断既不会对那些行为主义者的科学家也不会对那些认为我们的目的不是理解现实而是试图去改变现实的人起作用。看上去它至多只是一种学院的主张,即否认现代的知识胜过以前的知识,否认我们今天的问题是特殊的或者说本质上是独特的。反对研习文本的主张总是有的,政治哲学就其本质而言总是会一面引出它们,一面拒斥它们。但是,今天它们似乎尤其强大,传统的知识则尤其弱小。因此,必须就此说上两句。

保持对文本持续的关注,其理由首先在于——这并非源自我们的特殊需求——我们很难想象一种严肃的思考会完全推倒重来,很难想象它不能从成熟丰沛的文艺-哲学传统得到升华,并转化到写作中去。无论怎样一种与传统激进的断裂,一个思想者也应当具备问题意识,他应该注意到,这些问题以及对此的回答都来自传统、浸润在传统之中。这并不是否认这些问题是永恒的、一以贯之的,或者说人类在任何时代都有可能对此有所把握。这也不是认定,知识的特性本质上就来自于传统,或者说心灵本质上隶属于一个特定的文化。但是,心灵的活动有其前提;它必定首先凭借这些实体来运作。纯粹的、未经加工的经验是不充分的。经验总是以意见的形式出现,对意见的审查和阐明会扩展和加深我们的经验。只有深刻和细致的观察者才能发现事物的复杂关联。没有巴门尼德和赫拉克利特的教诲,苏格拉底无法阐发他的观点,同样,如果没有这一级别的人物,苏格拉底的伟大也就无法得到检验。我甚至认为,伟大的哲学家总是伟大的学者。他们是前人学说的研习者,但是,他们之所以研究前人,和学者的原因有所不同,因为在他们看来,以前的思想家或许拥有了最为重要的真理,而他们的救赎只能来自于此。

现在,伟大的自然科学家已经无需成为伟大的学者。他们至多需要向前一辈学者和他们的同辈们说明自己的观点。[298]现代自然科学是进步的科学,它的成功为所有其他的学识提供了一个范本。自然科学的例子看上去像是证明了某些重要的问题可以一劳永逸地加以解决,以某一解决方案为界,之前的思想低于之后的思想。

亚里士多德关于天体运动的知识无疑低于几乎所有大学生的知识。因此,自然科学的范本很大程度上导致了对哲学传统的蔑视。学者相对于哲学的等级关系类似于科学与科学史的关系。科学史明显低于科学,而且,科学并不需要科学史。

问题是,现代科学是否可以算作现代哲学的分支——这当然是可疑的。现代科学的成功也许恰恰归因于它的偏执。当代对自然科学的价值以及它和现实世界的关系的怀疑,在某种程度上可以支持这一论点。不过,即使不借助于这些棘手的问题,自然科学也并不当然就是一个优先的范本。从整全的视角来看,亚里士多德的学说并没有寿终正寝。罗素这样的科学家也许会轻视亚里士多德,但黑格尔这样的哲学家会指出,亚里士多德在某种意义上高于牛顿。为此,黑格尔当然需要更好地理解亚里士多德。如果黑格尔停留在他同时代人科学化的眼光的范围之内,他也许就不会发现其中的困境。亚里士多德是黑格尔的解放的前提。同样,马基雅维里、卢梭、尼采如果没能很好地理解柏拉图,相反,接受了柏拉图已经过时或者说已经被驳倒了的观念,他们也就不会享受到如此令人艳羡的理智自由。确实,每一个新的起点——例如笛卡尔——都隐含了对过去某种程度的拒绝。但它的意义同样也只有从它所拒绝的东西出发才能得到理解。新的起点反过来也会成为传统,那些新传统的追随者遗忘了他们的起点仅仅在于与另一类思想的对抗。他们同样是为传统所限制,一旦新传统遭遇自身的困境,他们也就不能发现另一种选择。尽管他们的视角有很多问题,但是看上去却像是自然的,高于以前仅仅在传统才能得到理解的思想。

如果我们不能拥有终极的智慧,那么我们最为重要的任务就是贯通所有基本的选择。要达到这一点,只有真正理解那些早先的最为卓越的思想,用他们自己的术语思考,排除那些替代概念的干扰。笛卡尔[299]所给出的完整表象并不只是来自前科学世界,它也来自他之前的哲学对此的解释。那些笛卡尔的追随者认同他对他之前思想的拒斥,却并没有亲身经历他对此所做的分析。这些思想对笛卡尔而言仍然是一个重要的选项,对其追随者却并非如此,无论如何,与此相关的知识消失了。因而,传统哲学的知识对哲学是必要的,我们需要从传统中获得摆脱传统的哲学自由。最高的哲学很大程度就是与那些为时代所隔绝的伟大者对话。没有那些洞穴外——也就是说,在我们的视野之外——的声音,我们就会更加为之所限。在某种观点看来,哲学就是摆脱洞穴的束缚而获得解放。

在我们这个时代,尤其需要文本的研习。对政治哲学的挑战从没有如此强大。历史主义、文化相对主义和实证主义共同的认识是,善的古老概念以及对它的认知方式都错了,传统政治哲学仅仅是一场梦,因为它不具备历史的洞见或者没有注意到价值判断的任意性。现代性的运动虽然怀疑了很多事情,对此却深信不疑。但是他们并没有发现一个指导人类生活的替代者,我们今天的处境已接近虚无主义的边缘。这就促使我们对这一处境加以反思——是否某种关于事物的理解方式导致了今天的局面。我们很难做出判断,我们的思想是否来自一种特殊的提出问题的方式,还是它独立地创建了自身的原则。

例如,事实和价值的区分已经被我们今天大多数人所接受,无论他是一个行为主义的科学家还是一个献身于革命的革命家。是否可以证明事实无法推导出价值,事实和价值的区分是否存在现象的基础——虽然事实与价值的区分往往被用来拒斥某种由对现象的可疑哲学解释而产生的幻象——却很少被讨论。这一区分已经脱离了它最初的语境,成为一种独立的真理。但关于这一区分的语境以及什么是它所要反对的,这些知识几乎已经消失。

寻找一个新的开始需要清除所有的成见以及一切从当代哲学或近代哲学的思想和话语中衍生出的范畴。这一任务需要我们回到思想的起点,回到前科学的、前哲学的或者说自然的世界。否则,我们只能透过[300]这种或那种联结现象的屏幕观看世界,只能被一个人所愿意提出的解释所限。我们生活的这个世界已经被科学以及充斥着意识形态的理智氛围所变形,很难找到一条回到起点的道路。我们的时代实际上是一个哲学和科学——或者说某种哲学和科学——胜利的时代。

哲学和科学已经卷入了生活,改变了这个世界。它们不再是观察者或指令者。眼前的局面是独特的:从前的科学从没有试图取而代之、替代洞穴的错误。一旦它如此行动,那么它就有可能自身成为一个错误,而且再也没有可能纠正自己的错误。以前,世界的多样性并不由科学所决定,科学从世界的多样性中收集它自己的解释;现在的世界则有可能成为一种特殊解释方式的后果,成为它的见证。例如,经济学家假定人是被利益所驱动的,现在这一假定已经成为一种政策:国家鼓励人的这一冲动,最终也会制造可以证明这一假说的人。只有超出这类国家的限制,才能够重新赢得让人成为人之所是的基础,并由此质疑经济学家的假说。总的说来,我们的心灵和世界几乎已经和我举出的例子完全一样。这个世界的科学原则已经是一致的,政治原则也在接近一致。关于后者,我们只要比较一下二十世纪三十年代所提出的理智选择就会发现,与过去相比,选项已经差不多被穷尽了。现在事实上只存在自由主义和共产主义,而它们在某些目标上是一致的,而且事实上也并不存在任何其他不由这两种思想之一支持的有活力的政体。平等原则——虽然并不是自明的——应当是启蒙的后果之一,应当捍卫敌人对这一原则的严厉攻击,但是现在平等却堕落成了一种偏见。最为严重的是,我们不仅丧失了那些挑战我们所钟爱的信念的对手,而且,我们也失去了能给予我们的信念以最好的支持的人。现代人的自我意识依赖于对我们的理智根基的知识,依赖于一种重新发现世界的要求——现代性所创造的人为世界或多或少建立在这个世界之上。

对我们的自我意识的威胁令人惊奇地体现在一本这些年来在盎格鲁－撒克逊世界最具盛名的政治思想的著作中——这就是约翰·罗尔斯的《正义论》。这本书为自由民主制提供了新的理论基础。[301]但是,对其平等主义前提却从一开始就没有加以讨论。此书仅仅分析了一个平等主义的社会应该是怎样的,可是,平等就是正义吗?罗尔斯从一开始就假定政治哲学一向将此作为其证明或考察的对象。我们不再能严肃地对待其他的选择;我们直觉到的只是平等的正义而已。因而,对这些问题的真理性的认知渴望就是教条地拒绝其实现的可能,屈从于我们这个时代主流的偏见。罗尔斯几乎没有证明这些知识是不可能的。从一开始最重要的问题——虽然这些问题曾经促进了哲学本身、激发了对它们的回答、提升了对此加以思考的人——就被排除在外。可这还不是最令人惊奇的;最令人惊奇的是,罗尔斯对我们今天的处境采取了极其随便的态度,他对我们的无力缺乏痛感,却对其理论后果充满确信。

这本书的另一个显著特征是——这也和第一个特征相关——对政治哲学传统的极端无知。虽然罗尔斯使用了来自这个传统的观念,但是他却片面地甚至经常是混乱地使用这些概念以支持他那些已经预先确定的立场。没有任何迹象表明,他会因为一种外部的力量,而对自身的框架产生疑问。

罗尔斯的书试图更新传统自然状态的契约理论,但是他却放弃了他们对自然立场的坚持,因此他的理论也就缺乏对契约的审查以及正义的约束力。许多学者已经向他指出,建构一个有意义的契约至少需要哪些基本的纲领。他应该看到,契约理论牺牲了一些与之相对的可能性,比如人的本性是政治的动物;至少,他应该感到有义务去掌握那些他其实并不了解的问题。

比如,罗尔斯提出了一个"基本利益"(primary goods)的理论,这一理论最初来自霍布斯。所谓"基本利益"对任何可能的目的而言都是善的,因为它对所有人来说都是可欲的,无论他们的目的是怎样的。罗尔斯说道,金钱如果不是最重要的善,那么至少也是最重要的善之一。他没有认识到,只有在贫穷不被任何人视作一种善时,财富的最大化才会毫无疑问地是善的。但是,基督教赞美贫穷;霍布斯清晰地意识到这一点,因此他不得不诋毁基督教。他的自然状态理论是对圣经中人的原初状态的替代。在承认任何一种工具性的善之前,人必须在这两种立场中做出抉择。[302]罗尔斯却认为,如果对某种目的而言,基本利益是恶的,那么这一目的就是不存在的或不真实的。因此,他不可能提出根本性的政治问题,这些问题来自各自可能目的之间的根本歧异。他所能提供给我们的只是一个狭窄的视域和不那么牢靠的、人类之间有可能达成一致的希望。他实际上接受了霍布斯对宗教或宗教的生活世界的改造,因此,他才会从一个对他来说不具问题的世界开始他的推理论证,而这又是因为他已经生活在一个霍布斯的世界里。他完全有理由指责卢梭和洛克的不宽容,因为他们将某些宗教排除在市民社会之外,而与洛克和卢梭相对,他认为宗教可以和平共处。但是他并没有看到,他所观察的宗教已经经过启蒙思想家的改造,仅仅是宗教的某个温顺的亚种。他完完全全曲解了霍布斯、洛克、卢梭所做的工作。宗教对他来说不是一个严肃的问题。对他来说,宗教仅仅是这个自由社会中许许多多的目标中的一个。他也没有看到,自由社会建立于对宗教的某种排他性的理解之上。对一个严肃的人来说,宗教也许是最为严肃的问题,但对罗尔斯而言,却不是这样。

我在罗尔斯那里选择了财富和宗教两个相关的话题,因为对此我们今天看上去已经有了基本一致的看法,但在我看来,这些看法恰恰需要最为严格的审查和怀疑。现在的哲学家已经不是在唤醒我们,恰恰相反,他们是在给我们催眠。罗尔斯已经完完全全落入了流行意见的漩涡,因为他已经彻底拒绝任何来自外部的东西。他可以完全不考虑康德的自由理论,说普遍性不是康德道德哲学的教诲;他可以把尼采称为一个目的论者——实际上,如果我们把达尔文称为目的论者,那么尼采就是这个世界上最为极端的反目的论者;他可以援引亚里士多德的话"简单的就是最好的"来证明最大程度的复杂性是最可欲的。如果这就是哲学所提供的精神养料,那么我们的下一代肯定会死于饥馑。在我们接近于一个新的回答之前,至少我们应该发现问题所在!

我们必须回到伟大的传统中;但是,如果说他们还不为我们所熟知,如果说他们是传递未知世界消息的先知,那么我们就必须克服自我去聆听他们,而不是强迫他们接受我们的质询。[303]因而,我们必须将我们的问题放在一边,去试图发现什么是他们所提出的问题。我们必须避免采取诸如编辑著名的主题索引大全(syntopicon)那样的方式——虽然它可以列出所有政治哲学家那里的"正义"概念。一个刚刚入门的研究者也许不能在洛克的《政府论》中发现关于正义的讨论,他发现洛克从来也没有使用过这个词。可是这个编辑者会说,也许有相关的讨论。怎么能想象一个正义概念的目录里缺少了洛克的名字?于是,他们不得不建立一个相关的主题索引。但,因此他们也就错过了一处伟大的发现。

不过,哪些人物必须被严肃对待?如果我认为,我们对我们需要了解的东西很大程度上是无知的,那么我们又该列上哪些人物呢?可以从基本达成一致的伟大哲学家那里开始,尤其是时间上最遥远的、最为时下所忽视的那些。这不是教条!布丁好坏,一尝便知。① 不过,这还只是开始。第二重评判的标准是思想家之间的相互评价。斯宾诺沙对马基雅维里的赞扬不仅为我们提供了一种关于马基雅维里的思考,同时也告诉我们斯宾诺沙自己的某些要旨。霍布斯对亚里士多德的攻击也证明了,亚里士多德是一个值得去攻击的人。大人物总是需有一个大对手,这样才能摧毁其根基。同样,我们也会发现一些作者被我们忽略了,这是因为在我们狭隘的观点看来,他们是不重要的。马基雅维里和卢梭对色诺芬有很高的评价,但是对我们来说,他几乎是无足轻重的。无论趣味发生怎样的转变和差异,它指向的还是那些基本的问题,比如甚至表面上不自制的马基雅维里和卢梭也会赋予自制以不同的价值。因此,最终可供选择的是一些范围相对狭窄的经典作品,这些书目不是根据眼下的主观标准而拟定的,它所依据的是作者自己那里所产生的内在标准。我认为,在那些值得严肃对待的作者那里存在着某种更高的一致。因为有分量的人才能理解有分量的人。甚而,这些作品

---

① [译注]此句系英谚,"The taste of the pudding is in the eating",意即,不用多说,试试就知道了。

之间的内部对话也同样会产生对于一些永恒问题的某种更高的一致,而这些永恒的问题与我们当下的问题正相反。

我开出的处方就是细读作品。不过,细读作品尤其是把细读作为我们的教育的核心,还存在着许多障碍。首先,从托克维尔对美国的智性倾向的分析来看,我们其实并不是理论人。我们表面上的无用走向了我们对功利的关注的反面。[304]为思辨而思辨的观念不符合我们这个政体的主要内在经验,对某种与触动激情相关的某种政治事务来说,它甚至有某种不道德的成分。在过去三十年的政治科学中,政治哲学有两种表面上不同但实际上来源共同的倾向。政治哲学或者被当作是无效力的,或者是当作与作为整体的政治科学遵从习俗的倾向相对的、某种革命性变化的根源。如帕斯卡尔那样认为唯一有意义的就是不懈地追寻关于上帝的知识,对我们的灵魂来说那是陌生的。我们也不是阿基米德那样的人,他仅仅因为其必然等级过低就销毁了他的所有关于机械的卓越发明。而我们认为,我们的事业不允许我们放纵我们自己。"有效"(relevance)是我们深层本能的另一种表达。与这一非理论的自然倾向相关的是我们对传统的轻视和不信任。就像托克维尔所指出的那样,传统对我们没有权威性可言。不过,这只是事情的一面。权威无疑与哲学精神相对,但是对传统的尊敬却有助于保存那些值得严肃对待的东西。经院哲学家视亚里士多德为权威,完全是基于对亚里士多德的误解。不过因此他的思想保存了下来,为那些有理解力者所用。与之不同,我们摆脱了青睐于权威的偏见,却有可能忽视那些可以给我们以教诲的东西。民主的原则倾向于让每个人成为价值的法官,因而特殊的才智并不比金钱、出身更值得尊重,甚至更不易得到承认。书籍本可以给人们带来共同意见和共同的精神实体,但书籍的影响逐渐微弱。家庭成员不再聚集在圣经、莎士比亚或其他书籍的周围。这些经典的书籍会培养一种对书籍的敬意,提供一个话语的共同世界,并使共同体中的思想群体与其他群体联系在一起。我有一个习惯,在课堂上我会问我的学生,哪一本书感动过你,又有哪一本书永远影响了你的生活。几乎每年最常见的回答都是——从没有过。这已经不是阅读的一代;阅读不是闲暇的活动,学生不再希望从书籍中学到生活的教益。这就是托克维尔所着力描述的嗜好问题的顶点。我们从欧洲那里得到理智教益可以控制这些嗜好,在欧洲,哲学和文学的传统扮演了一个极为重要的角色,他们是国家现实生活的一个重要组成部分,但自从我们脱离他们并吸收了他们的政体和教育之后,这些也就随之而消失。

除了不爱书籍之外,我们的学生还有两种相反的倾向,足以摧毁他们对真理的追求、妨碍他们对书籍的研究。他们接受了这样的信念:价值是相对的,他们的信念部分出于理智,部分是因为这样的信念有益于民主和宽容。因此,他们早早地形成了这样的看法,由书籍来确定好坏善恶是错误的。[305]同时,对平等原则的真理,他们从未有过怀疑,他们对此有着近乎宗教般的信念,平等是不可以怀疑的。而既然在这个传统中有许多老派的作者对平等持有异议,那么这些作家就似乎应被视作邪恶的教师而不是思想者。

克服对书籍的偏见,还只是我们重新发现它们的第一步。除了盛行的历史主义和实证主义会认为这些是蛊惑人心的作品之外,还会有另一种理论掩盖我们和书籍之间的关系,它给我们以这样的印象——在我们阅读书籍之前,我们已经能够知道这本书的要旨。他们共同的看法是,经济、心理以及历史的因素已经决定了哲学家的思想过程,他们认为,哲学家误以为思想可以摆脱非真理的束缚,同样,一个人必定可以认识到,意见并不能真实地解释任何非真理的起源。所谓的"知识社会学"完全名不副实,它应该叫作"谬误社会学"才对。如果说哲学家必然会犯错,那么他们的所谓研究就只能算作浪荡子的把戏。对他们来说,重要的是——柏拉图是贵族、霍布斯是资产阶级、马基雅维里是文艺复兴中人、孟德斯鸠是启蒙中人、尼采和卢梭是疯子,很明显,没有这些作为支撑,他们的研究几乎不可能展开。但是,一旦接受了这些老生常谈,就必定不会去研习书籍了,因为它们已经告诉我们该去找什么、什么是应该被证实的事实。同样,他们预先假定,这些观念都来自一个真实的、或者说形而上学的中性框架。几乎所有的现代学术都以古典语文学为开端,他们认为基本理念高于那些需要去研读的作者,以此为出发点,他们将作者置于一个外在的语境中加以研究。实际上,即便是实在论与观念论、自由主义与保守主义等对我们来说如白天黑夜一般自然的范畴,也是被误导的产物。

　　走出主观主义的唯一方法在于——所谓的主观主义在某种意义上也承认,他们自己也是被历史地决定的,这是一个客观的事实,因此他们也就不得不承认,下一代会有完全不同的解释,不同时代学者会对哲学家有完全相反的解释——像哲学家理解自己那样理解他们的著作,[306]了解他的意图,承认他们有可能实现他们的意图、有可能接近真理。虽然这只是朴素的一步,但重新恢复素朴本身就是有益的一步。这隐含着与现代学术的前提和结论彻底决裂。一旦排除眼下横亘在我们和文本之间的庞大体制,我们就会不无激动地发现,托马斯·阿奎那才是亚里士多德的优秀阐释者、卢梭才是柏拉图的优秀阐释者。

　　像作者的自我理解那样理解他们,究竟意味着什么?比如,马基雅维里说道,他所做的是全新的工作。可是,这并没有得到普遍的认可。他越来越混同于此前的思想家以及他所身处的那个时代的流行思想。我曾经提过,马基雅维里是文艺复兴中人。顾名思义,所谓的文艺复兴意味着希腊罗马古典传统的重生。而马基雅维里则完全拒斥古典传统的思想和实践。他认为,他为政治结构奠定了一个全新的、卓越的基础。一旦接受文艺复兴时期人物的神话,我们就只能假定我们无法理解马基雅维里的文本,只能将他混同于我们已经熟知的想象的标准——也就是说,不知道文艺复兴究竟是怎么一回事,在那个时代是否存在典型的人物、思想家。我们仅仅注意到马基雅维里和他的同代人之间的相似,对他们之间的差异却视而不见。这其实也就是我们的第二重准则:在相似中寻找差异,在差异中寻找相似;尤其需要关注的是差异。我们姑且承认,马基雅维里完全坦诚地采用了他的那个时代的语言和语调,可一旦涉及马基雅维里的特殊性时,他被扭曲了,甚至可以说他毫无特殊之处。《君主论》在某些方面确实与传统的君主之鉴类似,但此书第十五卷和第二十五卷的教诲却与之迥异。通常我们会将马基雅维里与色拉叙马霍斯相提并论,色拉叙马霍斯会同意,每个人都各自追求私利;他的确是个实际的人,但他从不会认为,私人的利益可以作为治术(policy)的基础而有益于公共的利益。

普泛化(generalization)其实只是一种障碍。不妨将《君主论》当作某个当代人的著作阅读,就好像它是一次关于公共话题的私人交流。这样我们才会把习见的范畴抛在一边,因为我们不会再有阅读的紧迫感。马基雅维里是个艰涩的作者,而我们并没有细读的习惯,所以更必须逐字逐句地加以分析。[307]最艰难的其实是那些最直白的叙述:其中的每个字都必须要理解。这之所以是艰难的,是因为这需要我们略过那些惊人的语句以及在我们看来有问题的地方。所谓哲学家,一个简单的定义就是,他可以具体地思考,无需借助抽象的规定——当然,同时他也隐藏了它们。对伟大哲学著作的研习是具体意识的教育,虽然它往往会败坏为一种抽象。因此,小说家和诗人对我们理解哲学的智慧极为有益。他们中的最优秀者总是离个别最近;他们对个别的丰富理解,与明智的普泛相结合,就是哲学原则形成的方法。这也是柏拉图等人以近于诗歌的形式写作的原因所在——在他们的著作中所有表面的普泛都是错误的,真正的普泛留给了读者自己从书本中得到的经验。因此,这些书籍不仅是具体性的教育,它们还提供了许多轻率的普泛化的教训,通过适当的学习,就可以得到克服。在某种意义上,这也是我刚刚提到的"敏感精神"和"几何精神"的统一。亚里士多德和黑格尔的书往往表现结论胜于表现过程,阅读这样的书,很有可能被普泛的结论所迷惑,误解他们以之为前提的常识经验的深度和广度。他们是为那些已经成为哲学家的人写作的。因此,对我们来说,阅读柏拉图、马基雅维里、卢梭这样的思想家可能更为合适。他们在提出结论的同时也展现了过程。而在托克维尔看来,一种特殊对普泛理念的迷恋存在于民主制中。这种由我们的政体所培养出的倾向极为需要一种平衡。对文本的研习,虽然看上去与现象学运动相距甚远,但他们的动机是类似的,它们都是对普泛理念所导致的经验世界枯竭化的反动,同时对经验世界的再发现最终也还是导向一个更为完善的普泛理念。前面我已经提到,对文本的研习,其过程的意义高于它所要达到的目的,这正如,一个新的起点固然需要一种新的自我意识,但如果没有独立的自我审查,同样不可能达到这个新的自我意识。

无论如何,我们对马基雅维里的阅读总是倾向于忽略那些表面的东西。那些看似无关的、微不足道的甚至乏味的论证和举例很有可能被当作文本的问题框架之外的东西。除非我们拿起纸笔、留心每一处的细节、在每一处都细加斟酌,否则我们就会忽略这些。我们之所以缺乏这样的注意力,并不是因为我们的懒惰或者说还不够勤奋,其原因还是在于我们不愿承认[308]马基雅维里确实会这样写作。而之所以缺乏理解的意愿,或者是因为我们的道德主义立场或者是受到某种关于文艺复兴中人的观念的影响。我总是听到有些极为智慧、有很高教养的、善良的人拒绝承认马基雅维里文本中明白表述了的观点,他们会说:"一个十六世纪的人决不会这么思考!"再举一个与柏拉图的研习相关的例子,目前的研究往往会认为,苏格拉底的审判是出于某种政治动机,对苏格拉底不虔敬的控诉只是一个借口。此类解释与《申辩篇》以及其他对话中的内容截然相反。为何如此轻易地对待文本?这是因为,在现代学者看来,雅典人并没有严肃对待苏格拉底审判。但现代学术的观点是由十七、十八世纪培尔、①吉本、孟德斯鸠等人所奠定的,他们认为基督教才是不宽容的起源。他们刻意将希腊、罗马的政治理性化,以与现代世界的宗教国家相对比,而现代宗教国家又是以圣经的启示为基础的。因此,由于受到早先的思想家的影响,对苏格拉底的现实指控就这么被忽视了——而这些思想家其实是知道他们的所作所为的。但是,我们却认为我们对希腊的理解建立于科学的语文学之上。我们一面对自己的思维方式视而不见,一面又对柏拉图的文本视而不见,这导致了一系列后果。宗教的重要性以及柏拉图对其的批评被忽视了。也许只有在对宗教问题极为随便的当下才是这样。我们已经遗

---

① [译注]此处作者提及的应是法国历史哲学家、胡格诺派教士、百科全书派的先驱之一培尔(Pierre Bayle)。

忘了柏拉图对这些问题的阐发，它的价值也因此遗失了。当代思想导向了这样一种奇怪的对立的观点：一方面，雅典人并不把宗教当作头等大事，另一方面，苏格拉底却被习俗当作虔敬。而《申辩》的文本已经告诉我们，苏格拉底确实像指控所说的那样是有罪的：他并不信仰城邦的神。对柏拉图来说，这并不只是一种学术的观点，苏格拉底事件有其典型意义。所有的城邦都会有神，所有的哲学家都会怀疑它们的存在。果真如此，政治的理性化就绝不可能。而现代世界的大多数思想家都承认政治理性化的可能性。（唯有卢梭——柏拉图在现代世界最伟大的读者——拒绝政治理性化的可能性，这在他的教诲中占据了很重要的位置。但恰恰因此卢梭被视作偏执者。）这一信念在当代政治中有极其广泛重要的影响。由于一种表面的科学，其他的选择几乎是不可能的。唯有开放地对待柏拉图才会让我们摆脱我们的偏见。

[309]对文本的研习而言，开放性是一个普泛的原则。但这种开放性与当代世界所褒扬的开放性完全不同。当代的开放性，其基础是封闭了以前的思想真理性的可能性，而我们所需要的开放性则怀疑当代的这种开放性以及建立于其上的现代思想。要达到我们所需要的开放性，首先需要的是非意识形态化以及对真理的热爱。并不存在一种普遍适用的解释原则，因为每一个作者的意图和修辞都是不同的。对他们的理解必须来自其作品内部。他就像我们观察世界所戴上的眼镜。我们几乎不可能这样阅读很多书，但是与草草读完许许多多的书相比，深入地阅读一本书的经验会教给我们更多的东西，因为最重要的经验不是一连串眼花缭乱的错误理念，而是发现一本书的重要意义。好好读一本书，也就可以以此为基点阅读任何一本书，而把书当作流通货币的人则根本不可能完完全全进入一本书。

上面说到的这些，其中看上去最为邪恶的是对学术尤其是历史学术的诋毁。书籍确实和其作者所处的时代以及他所使用的语言有关，他们往往需要大量的注释，只有博学者才能读懂。完全不需要对过去时代的研究的帮助，是不可想象的。我也同意，如果不是为了博学而博学，如果学识服务于对书籍的理解，而不是将书籍当作学者体系的原我已经提到,对文本的研习,其过程的意义高于它所要达到的目的,这正如,一个新的起点固然需要一种新的自我意识,但如果没有独立的自我审查,同样不可能达到这个新的自我意识。

无论如何,我们对马基雅维里的阅读总是倾向于忽略那些表面的东西。那些看似无关的、微不足道的甚至乏味的论证和举例很有可能被当作文本的问题框架之外的东西。除非我们拿起纸笔、留心每一处的细节、在每一处都细加斟酌,否则我们就会忽略这些。我们之所以缺乏这样的注意力,并不是因为我们的懒惰或者说还不够勤奋,其原因还是在于我们不愿承认[308]马基雅维里确实会这样写作。而之所以缺乏理解的意愿,或者是因为我们的道德主义立场或者是受到某种关于文艺复兴中人的观念的影响。我总是听到有些极为智慧、有很高教养的、善良的人拒绝承认马基雅维里文本中明白表述了的观点,他们会说:"一个十六世纪的人决不会这么思考!"再举一个与柏拉图的研习相关的例子,目前的研究往往会认为,苏格拉底的审判是出于某种政治动机,对苏格拉底不虔敬的控诉只是一个借口。此类解释与《申辩篇》以及其他对话中的内容截然相反。为何如此轻易地对待文本?这是因为,在现代学者看来,雅典人并没有严肃对待苏格拉底审判。但现代学术的观点是由十七、十八世纪培尔、①吉本、孟德斯鸠等人所奠定的,他们认为基督教才是不宽容的起源。他们刻意将希腊、罗马的政治理性化,以与现代世界的宗教国家相对比,而现代宗教国家又是以圣经的启示为基础的。因此,由于受到早先的思想家的影响,对苏格拉底的现实指控就这么被忽视了——而这些思想家其实是知道他们的所作所为的。但是,我们却认为我们对希腊的理解建立于科学的语文学之上。我们一面对自己的思维方式视而不见,一面又对柏拉图的文本视而不见,这导致了一系列后果。宗教的重要性以及柏拉图对其的批评被忽视了。也许只有在对宗教问题极为随便的当下才是这样。我们已经遗

---

① [译注]此处作者提及的应是法国历史哲学家、胡格诺派教士、百科全书派的先驱之一培尔(Pierre Bayle)。

忘了柏拉图对这些问题的阐发，它的价值也因此遗失了。当代思想导向了这样一种奇怪的对立的观点：一方面，雅典人并不把宗教当作头等大事，另一方面，苏格拉底却被习俗当作虔敬。而《申辩》的文本已经告诉我们，苏格拉底确实像指控所说的那样是有罪的：他并不信仰城邦的神。对柏拉图来说，这并不只是一种学术的观点，苏格拉底事件有其典型意义。所有的城邦都会有神，所有的哲学家都会怀疑它们的存在。果真如此，政治的理性化就绝不可能。而现代世界的大多数思想家都承认政治理性化的可能性。（唯有卢梭——柏拉图在现代世界最伟大的读者——拒绝政治理性化的可能性，这在他的教诲中占据了很重要的位置。但恰恰因此卢梭被视作偏执者。）这一信念在当代政治中有极其广泛重要的影响。由于一种表面的科学，其他的选择几乎是不可能的。唯有开放地对待柏拉图才会让我们摆脱我们的偏见。

[309]对文本的研习而言，开放性是一个普泛的原则。但这种开放性与当代世界所褒扬的开放性完全不同。当代的开放性，其基础是封闭了以前的思想真理性的可能性，而我们所需要的开放性则怀疑当代的这种开放性以及建立于其上的现代思想。要达到我们所需要的开放性，首先需要的是非意识形态化以及对真理的热爱。并不存在一种普遍适用的解释原则，因为每一个作者的意图和修辞都是不同的。对他们的理解必须来自其作品内部。他就像我们观察世界所戴上的眼镜。我们几乎不可能这样阅读很多书，但是与草草读完许许多多的书相比，深入地阅读一本书的经验会教给我们更多的东西，因为最重要的经验不是一连串眼花缭乱的错误理念，而是发现一本书的重要意义。好好读一本书，也就可以以此为基点阅读任何一本书，而把书当作流通货币的人则根本不可能完完全全进入一本书。

上面说到的这些，其中看上去最为邪恶的是对学术尤其是历史学术的诋毁。书籍确实和其作者所处的时代以及他所使用的语言有关，他们往往需要大量的注释，只有博学者才能读懂。完全不需要对过去时代的研究的帮助，是不可想象的。我也同意，如果不是为了博学而博学，如果学识服务于对书籍的理解，而不是将书籍当作学者体系的原料,那么博学当然是件好事情。因而,我们的另一重要原则就是,一切学识必须严格依据作者自己的理解。我们应该从马基雅维里那里学习历史;关注那些与马基雅维里相关的作者;他所严肃对待的作品我们也应该严肃对待。他就是我们的导师,我们选修了他的课程。

作为学生,首先注意到的就是,马基雅维里用意大利语写作。如果你不懂意大利语,你必须去学。即使有英译本,也是几乎无法信任的。不过,如果你的意大利语学成了翻译家的意大利语,你还是不必去学意大利语了。比如,至少在正式场合,没有一个译者会将 virtu 译为美德(virtue)。① 他们认为,在马基雅维里那里或者说在文艺复兴时代,它 virtu 并不意味着美德。只有一个译者认为 virtu 所指的就是美德时,他才将其译为美德。[310]如果不符合这个标准,他就将其译为能力(ability)或才识(ingenuity)等等。但马基雅维里所用的却是同一个词,他借助这个词的传统用法以表明他对价值的重估。某处他甚至在两句话里使用了三次 virtu、分别指向完全不同的东西,所以我们说马基雅维里语出惊人。但是,由于翻译家们使用了两个甚至三个词翻译 virtu,马基雅维里的教诲当然也就被毁掉了。这并不是一个语文学的问题,而是译者思维中的约定主义问题。他们会认为,马基雅维里并不知道他所说为何。翻译的不正确其实反映的是理解的不正确,学者的偏见所造成的专制禁锢了思维。为了像翻译家理解马基雅维里那样去理解马基雅维里而学习意大利语纯粹是浪费时间。马基雅维里所使用的重要词语,可以从他对这些词的用法去理解,这并不需要复杂的科学,而是大量的工作。谁要是去研究卢梭对"人民"(le peuple)一词的用法,他会发现,这位伟大的人民之友笔下的"人民",和柏拉图笔下的"平民"(demos)一词几乎是一个意思:即充满成见的大众。有人可能会这样反驳:只有了解柏拉图才能做出这样的判断。但卢梭自己已经用最为明确的方式将读者引向了柏拉图。这也可以证明卢梭的时代对理解卢

---

① 现在终于有曼斯菲尔德(Harvey C. Mansfield Jr.)的译本(University of chicago Press, 1985)。然而,他也同意,这并不意味着可以不学意大利语了。

梭来说并不是最重要的。解释卢梭、柏拉图远比伏尔泰重要得多。我们可以从卢梭自己那里了解到,研读卢梭所需要的教育。同样,以卢梭而不是以博学的语文学家衡准,也能让我们更好地理解柏拉图。这也向我们表明,对一个作者的研读怎样导向从内部来整体把握传统。

因而,我们的学生必须学习语言,当然,这与他们的口味不符。不过,对语言的学习必须为哲学关怀所指引,而非迷失在无望的语文学迷宫中。更为重要的是,他们必须时刻思考着世界这本大书,时刻把哲人书籍中的文字同世上的事物联结起来。

同样,马基雅维里也讨论了历史事件与历史人物。我们是否一定要充分明了所发生的事情,以检验马基雅维里及其解释方式正确与否?这需要预先假定我们有一种正确的描述,以此衡量马基雅维里的描述。随之而来,我们需要接受一些与马基雅维里相反的现代历史学家所持有的观点。进而,我们还要假定,马基雅维里的意图是提供一种确切的历史描述,而不是采取一种刻意扭曲事实的观点。在《君主论》第二章,马基雅维里提到两位费拉拉公爵,好像[311]二者所指为一人。但稍加思考,就会发现他这是有意为之,他是要暗示,在一个坚实的传统国家中,是谁来统治并没有多少差别。在第三章中他提到了路易十二对意大利的入侵。在第七章与第十一章他对这些入侵做了非常不同的描述。将这三处描述放在一起,我们就会发现,马基雅维里是要表明,意大利的政治控制在罗马天主教会手中,也在他们的手中被败坏了。他起先把路易描绘为一个独立的角色,然后逐渐向那些有心的读者表明,他不过是亚历山大六世的傀儡。这是一种被内在地建构起来的历史,学院的历史会阻碍我们去认识它。

最后,在《君主论》中,马基雅维里提到了其他著作,特别是《圣经》与色诺芬的书。他期待我们去认识这些著作的含义。不消说,马基雅维里期望的是比今天远为有教养的读者,我们必须努力达到他的要求,才能获得他的教诲。然而,要理解《圣经》或色诺芬,我们就必须首先恢复马基雅维里眼中对这些著作的传统理解与使用。他的《圣经》不是批评家眼中的《圣经》,而是信徒与教会的《圣经》。要认识《圣经》,

我们就必须按照其文本书写的样子来掌握和熟悉文本,至少也要大体了解信仰意味着什么。马基雅维里所继承的就是这些。当代的《圣经》学识,对我们了解马基雅维里饶有兴味的运用毫无助益——比如,他重写了大卫与哥利亚的故事,他对摩西创建民族的亵渎等等。与之类似,古典研究的成果告诉我们,色诺芬是简单的、令人厌倦的,因而马基雅维里从他那里学到的两种自由形式(正当的自由是使用他人的财产;不正当的自由是使用自己的财产)的确毫无意义。马基雅维里的这段文字,对我们理解他和希腊政治哲学之间的异同,是一个关键点。马基雅维里要告诉我们的是色诺芬的惊人之处,而古典学的成就教给马基雅维里的却是色诺芬的缺点。

以这种方式研习文本,是一个永无止境的工作;对自然的研习也是如此,两种研习需要结伴而行并融为一体。这是真正自由的研习。当然,通过这样的研习,一个人最终会学有所成。但此种学养需要一种坚持不懈的、真正的品格,一种与生命的最高目标相关的品格。伟大的著作总是充满隐秘的指引与涵义,只有进入其中的人才能够理解。不过,入门没有捷径可走,唯一的道路只是,结合世界的问题,深入思考伟大的著作。

[312]我们可以托克维尔为例,以便了解不可以从表面进入作品,而必须借助于作品内在表述的历史。托克维尔通常被称为保守主义者,与之相比,卢梭则被称为激进主义者和革命者。这些已经成为常识的简单范畴,无论在学术话语还是在流俗话语中还一直在使用。在"历史"的协助下,这些范畴解释了托克维尔反思法国大革命的立场,他的贵族主义的起源等等,这也就是说,托克维尔的立场与卢梭的立场正相反,后者是一个启蒙运动的乐观主义者,一个心怀怨恨的可怜男孩。所有这些看似合情合理,对现代精神来说,此类解释有一种令人振奋的后果。但人们真正知道的越多,此类解释就越无所助益。我曾经一直接受这种对托克维尔的解释,只是最近,一个事实让我的想法发生了转变。托克维尔极少提到卢梭,他攻击的只是启蒙哲学家(philosophes)。但是,当我研究《爱弥尔》时,我同时也要教授《美国的民主》。

当讲到同情在民主制中的作用那一段时,我才认识到,托克维尔的论述是建立在《爱弥尔》中对同情的讨论基础上。二者不仅在论证上相同,而且,他们都引用了拉·封丹的同一文本。后者绝非一种偶然的关联,这是典型的卢梭式气质。这绝不是一个小问题。"同情"是卢梭对"自利"的补充,以起到联结社会的作用。这是他对霍布斯与洛克的自然权利学说的修正。卢梭认为平等主义的社会产生了同情,而同情缓和了权利的民主原则中的自私,对此,托克维尔都予以肯定。由此,我回头重新考察托克维尔用以分析美国民主制的整体框架,发现他受益于卢梭的是如此之多。在托克维尔看来,现代人面临的选择,要么是平等主义的民主制,要么是平等主义的僭主制。而这恰恰是卢梭的教诲。对这两位思想家来说,贵族制已经消亡了;贵族制是不正义的,但却包含着某种真正的高贵,这样的高贵在民主制中似乎正渐趋消失。因而,托克维尔的政治规划就是要在平等中保有自由,在民主制中保有一种高贵的色调。而这也同样是卢梭的企图。如何在平等中获得自由?建立在宗教基础上的小共同体,这就是卢梭的回答。对共同体规模的思考,是卢梭在现代政治思想的背景下重新提出的一个古典话题,一个被现代政治思想所抛弃的话题。而《社会契约论》中所描述的公民宗教,与托克维尔[313]对民主制宗教的描述、为民主制宗教所开的处方相呼应。托克维尔对家庭的论述,对妇女角色的论述,对艺术、心灵的习惯甚至修辞术的论述,都来源于卢梭。他对某个印第安人的描述甚至也呼应于卢梭对公民社会是否拥有更高幸福的怀疑,而这一点又与霍布斯、洛克正相反。洛克认为美洲的国王吃、穿、住不及英格兰的一个日常劳作者,但托克维尔注视着美洲的国王,他像卢梭一样问道,现代思想所提出的关键问题难道不就是:这是个不幸的国王吗?

关于卢梭与托克维尔之间的这种亲密关系,我们还可以说得更多。但我仅限于指出他们的观点之间的亲和。那么,为什么托克维尔没有向他的伟大导师致谢,为什么他表现得如此温和?对此,我们必须考虑到他所面对的读者,以及他的著作的明确意图。他的写作是为了使出身良好并得到良好教育的人,适应民主制的原则与生活,使民主制度免于被那些天才的敌对者毁灭,使民主制的危机因为精英的参与而有所缓解。但对这些人来说,卢梭却是个挥舞红旗的家伙。托克维尔隐藏起对卢梭的借鉴,不是因为虚荣,而是基于明智。愈加温和的调子其实是虚幻的,因为卢梭其实要比通常所认为的远为温和。同样,人权的原则虽然对古典政体是革命的,但随着革命的结束它的革命性也就消失了。争论已经完结了。托克维尔要做的是让他们参与到政治的工作中来。我并不是说,托克维尔就等于卢梭;但我越思考这个问题,越发现困难的不是同化此二者,而是如何区分他们。

最后,我要谈谈卢梭本人,如何阅读卢梭。经常有人说,卢梭是攻击哲学的哲学家。这是一种哗众取宠的矛盾说法,这样的说法似乎不过是由于一种对悖论的虚荣的偏好。然而,若是体会一下卢梭的生活,我们就会发现,他攻击哲学,但却赞扬苏格拉底。这似乎是那同一种悖论的继续,因为,苏格拉底,作为政治哲学的创立者,一生做的不过就是为哲学做辩护,尽其所能使其显得神圣。然而,卢梭表明,苏格拉底所生活的世界中,哲学是一个新生事物,被视为一个危险的东西,在公共生活中没有地位。为了使哲学保存下来,就必须为它做辩护,必须使它显得像是对政治生活有好处。但在卢梭的时代,情形变化了。哲学是一种时尚;它成为被启蒙了的专制君主的顾问,成为人民的安慰者和助手。哲学成为成见的工具,[314]成为自私情欲的仆从。为了政治美德之故,为了保有真正的哲学,就必须攻击公众哲学。苏格拉底与卢梭在言辞上的对立,其实意味着二者思想上的深层一致。只有通过这样的思考,卢梭对现代性——也就是我们——的批判,其含义才昭然若揭。

很明显,我所建议的教育之路有许多障碍。我所勾勒的只是一些最为显著的障碍。这种教育的实现看上去几乎是不可能的,除非它是如此简单,如此可用,如此魅力无穷。不过,我已经注意到,在一个充斥着书籍的社会中,年轻的美国人喜欢那些没有外在装饰的书籍。他们热切地追求明晰,追求灵感,现在他们找到这些并不困难。这正是我所希望看到的,因为所有制度性的东西都阻碍着对作品的研习。无论怎样,我们的教育至少会给学生带来一种经历人性伟大的可能经验以及一个分享思想的共同体,这个共同体或许会改变他们对政治的期望。

(韩潮　译)

正 义

——罗尔斯与政治哲学传统

承诺和问题

[315]约翰·罗尔斯以其《正义论》在盎格鲁－撒克逊世界风靡一时,无可匹及。其风行来自两个事实:它是诸主流学院哲学所承担的最有抱负(amibitious)的政治方案,不只回护了自由主义,而且为其民主政治提供了新的基础。这是一种激进的平等主义的解释,在方法和内容上都投合了时代口味。罗尔斯教授相信,他能为正义提供令人服膺的原则而不失既往的契约论所具有的简明和锋芒。这一原则可满足功利主义对最大多数人的关注,却又不忽视个体;它包含康德所有道德原理的高贵性,又不乏亚里士多德所主张的人生的丰富性;它诸善兼备,而又不陷入传统哲学之泥沼。这一皇皇巨著,不仅卷帙浩繁,而且观点众多,非以严苛的标准衡量不足以配其高见(proportions)。

自由民主倘想生存,不是有赖于辩护,就得求之于再生。近四十年来支持这一政制的思想对于生活于其中的大多数人已经变得不可信,现实的挑战到了极限。历史主义、文化相对主义和事实－价值区分侵蚀了如下确信的根基,即这个政制是善好或正义的,理性可以为我们所忠诚的主张提供支持。比如,几乎没有人愿意像为马克思辩护那样,把自由民主的奠基人或其哲学大师的自然权利[316]教诲当作真理来辩护。从其中衍生出的自然状态和自然权利也被当作神话或者统治者的意识形态,扫进历史的墓地,与国王的神圣权利比邻而居。只要回想一下自由民主思想的伟大对手马克思和尼采的活力,并反思其无可匹敌之处,就能意识到危机的深重。因此,首要的事就是重提那些来自理论和实践的挑战。

但令人失望的是,《正义论》甚至对此不动声色,更不用说有所回应。尽管这是一部激进的平等主义的著作,但却并不是一部彻底的书。其视域甚至没有超出日常生活经验的深度。罗尔斯甚至没有向希特勒式的恐怖提出独特抑或新颖的问题,他的著作毋宁是对功利主义的一个修正。他的意识是美国式的,至多是盎格鲁－撒克逊式的。他致力的问题是已经取得自由的民族的公民自由,是已经臻至繁荣的国家财富的再分配。他的讨论充满着对民主未来的希望与憧憬,带有十九世纪末二十世纪初的特征,但却忘记了先于它的种种残酷行径,也没有预期促成它的野蛮。

罗尔斯对政治关切的动机似乎空洞而狭隘。他对理论问题的观点也同样如此,这是任何期望实现他的设想的人所要面对的。且不说罗尔斯所承诺的东西是否可能,不管马克思、尼采还是存在主义的历史主义,就都能使罗尔斯面临难题。他并不对这些思想者发言。他想当然地认为他们全错,他们应当亲自到他的法庭接受审判,而不是相反。他不处理马克思的问题,而尼采则被草率地、不恰当地编排为目的论者。我知道罗尔斯无意于著述政治哲学史,他的确没有批判马克思和尼采的义务。但是如果罗尔斯要令人信服,就必须回答马克思和尼采提出的问题。如果自由民主仅仅是通向另一类社会的一个阶段,罗尔斯就只是一个短命的思想家。如果对价值的理性决断注定不可能,罗尔斯就只是一个蛊惑人心的神话制造者。他设想他的方法是绕过障碍的捷径,没有必要讨论自然和历史。通读全书你却不能不怀疑罗尔斯的学说身份(status)。这本书是对政治事务的自然所作的永久宣言,抑或不过是愉人悦己的意见集合(collection of opinions)?〔317〕对罗尔斯怎么能挣脱他所接受的历史或文化决定论的束缚的、在此限度内哲学又是如何可能的、哲学家意味着什么等问题,人们没有反思。他是真理的追求者,抑或只是某种历史意识的发言人?

罗尔斯开诚布公,他承诺为前道德意识提供原则,以阐明制度和信念的含义,他告诉我们所谓正义是什么,并在当代发现一致性的基础。他确信主体间存在简单纯粹的中间之道,能指明世界真相。但是问题一再呈现,并且永远如此提出,道德意识是否仅仅是一种有时空条件的偏好?罗尔斯想当然地认为我们都是平等主义者。亚里士多德的学说无人问津,但不清楚这是因为其学说建立在不真实的理解力之上,还是因为我们不再喜好这些学说;相应地,我们也不清楚,我们的平等主义是由于人的平等这一事实的启示,还是仅仅因为我们当下的偶然所好。

罗尔斯认为他的程序是苏格拉底式的,然而苏格拉底的起点不是情感或直觉,而是意见。按照苏格拉底理解,所有的意见都是对存在的不充分感知,经检核证明是自相矛盾的,而对存在而言充分又不自相矛盾的观点可称为知识。如果意见不能转换成知识,对关于正义的意见的检核,就无益于建立我们赖以生活的原则,更不用说正义感了。甚至,这种检核有用与否都是成问题的。罗尔斯始于道德意识,进而发展成与此相应的道德原则,然后看对此结果是否满意;道德原则依赖于道德意识,道德意识又依赖于道德原则。我们既没有被强制也没有被迫离开传统生活,我们借助存在的力量奔赴真正的自然生活。既然我们之外一无所有,我们现在从哪里起步,就得在哪里结束。如果这也能算作一种有利条件,罗尔斯至多使我们更始终如一。曾使哲学得以可能和必需的意见和知识、现象与实在的区分消失了。罗尔斯只向被说服的人讲话,既将怀有不同情感的人,也将那些不满足于情感的人排除在外。

[318]因此,那些求助于罗尔斯,期望发现自由民主优于其他可能性之理性陈述的人,或者为政治哲学的理性主义传统提供辩护的人将会一无所获。他们尽可放心追随情感足矣,不必进入哲学家的论争;他们被弄得掩门闭户,不再期望走遍天涯;他们会对更多改革和宽容的趋向有所触动,以适应政制的普遍趋势;他们被给予的平台,诉诸盎格鲁-撒克逊国家的那种典型自由:民主政治加福利国家——向最为有效的经济形式开放,不管是资本主义还是社会主义(因此不需冷战);个体自由最大化结合共同体(正如新左派所向往的);维护公民不服从和

异议的良心(公民权利和反战运动可在罗尔斯信条中获得满足);甚至只要经济条件不允许实行自由主义民主政治,也不妨废除遗嘱附录中的自由条款(维护第三世界国家的不公正)。如果不怀疑罗尔斯从当下需求出发进而寻求对之理性化的原则的话,那么这种现代政治实践之所求和抽象而严格的政治哲学结论之契合,在政治哲学史中真是独树一帜。

正义和原初状态

正义论必须表明什么是一个合宜(decent)的政制以及公民对之承担的义务是什么。罗尔斯的问题是传统的:一个理性的人会选择一个什么样的公民社会生活,而且为什么即使于己不利他也得遵守社会命令?罗尔斯假定一种公私利益和谐一致的公民社会形式,政治哲学因之得以可能。他论证说,功利主义原理——最大多数人的最大利益——今天被普遍接受,但是论说并不充分。对此批评多矣,罗尔斯选取其一,即它不满足少数人的需要,特别是经济不利的少数人的需要。他接受了功利主义的立场,即每一个个体的善好就是他所认为的善好,社会的事务是尽可能满足个体的需要,以不损害他人、不将关于善好的观点(强)加于个人、[319]不设定集体目的为限。他对功利主义的反对之处则在于,功利主义尽管以个人主义为基础,但是并不保证为每一个个体着想,对个体的不利条件成为集体圣坛上的牺牲品。罗尔斯预制了一个契约,每个人根据契约效忠于共同体,条件是保障某种最小化的也许可称为权利的东西。这一契约为公民社会设定目标和限制,为统治者颁行义务,为公民的效忠提供动机,为合法主张提供说明。

尽管罗尔斯顺时回溯,为其正义理论探求模式,但是就契约论而言,他带来了新鲜的东西。从某种意义上说,它改变并适应了历史地生发于功利主义(以及对功利主义普遍不满)的感受。人人不只是对"生命、自由和追求幸福",必然享有平等权利,而且在幸福的达成上也是如此。不平等就是冒犯,不论是根于出身、运气还是自然。因之,在自由民主政治耳熟能详的自由原则——对于最广泛的基本自由,只要与他人的类似自由互相兼容,每个人就享有平等的权利——之上,罗尔斯增加了第二原则:平等分配所有的东西,假如要进行不平等分配,这不平等分配必须被承认对所有人有益,益处要以最少得利的社会成员的意欲衡量。罗尔斯寻求一种新道德,强迫获利者接受,他们运用或拥有利益有赖于一个平等主义社会的同意;说服少得利者,社会不平等是他们的利益所在。罗尔斯的创新之处在于,将最大化的当代社会福利包含进政治正义的根本原则。不只是把物质提供给每个公民,而且自尊的平等感觉也要为人所知;因为人不只是靠面包活着。

必须听从得利少的人,也就是罗尔斯意下所谓的穷人,而不是穷人屈尊动驾求教如何生活。对穷人的关心,必须以他们先于制度的最根本权利为基础,制度的设置必须与之相适应。如柏拉图所云,人对他可以很好使用的东西;或如洛克所言,人对混在劳动里的东西;甚或如马克思所说,人对所需要的东西,都没有权利可言;人的权利在于为了"生活计划"(不管它是什么)而认为需要的东西。罗尔斯以为,政府对于目的必须自由放任,对于实现目的的手段必须颇多公平。

罗尔斯主意一定,就探求用有说服力的方法[320]推理论证正义两原则,即有说服力和避免冲突原则。只要未来的新社会成员遵守此原则,事情就算成了。但是为什么强者会同意一个契约,为少得利的人的利益作奉献?必须寻找一个比任何特殊利益更为根本的普遍利益基础,以期获取一致同意。对普遍基础的需要,这就是精心构建"原初状态"的渊源。"原初状态"是这部异常复杂之巨著的特色。

明智之士必须有见识从纷繁琐事中脱身,察觉真正有价值的最为根本性的需要,严肃的人由此导引生活。如果你问我们,由何取得意义,闪念之间,柏拉图和亚里士多德的最好政体,奥古斯丁的上帝之城,霍布斯、洛克和卢梭的自然状态是最为有力的选择。现在罗尔斯的"原初状态"来了,如果我们愿意接受它,我们就不得不接受正义两原则和他的社会观。

"原初状态"是这么一回事:假定一个人,无论是谁,想生活在一个社会里,如果问他所希望生活的社会的样子,他就会描述一个社会,符合他善好的理念以使他幸福。但是他知道他人的善好理念别有洞天,两相掣肘,自己的理念不可能占了上风,就算占了上风,他人未免不悦。如果可以设想他不晓得什么是幸福观、什么是"生活计划",但是难道他不知道会有一个"生活计划"、不知道他会选择何种社会吗?在这种情形下,他就是在罗尔斯所谓的"无知之幕"下进行选择。因为众多可能的"生活计划",并不属于这类人;因此,假定人们在原初状态下不知有什么目标,但是只知道必须有一个目标就并非不合理。最终的目的不可能指望调和一致,也不能期望如此。根据罗尔斯的看法,人们在这种情形下不可避免地会选择自由社会,因为只要不损害他人,他至少被允许追求目标,而在其他情形下,他就会冒丧失幸福的风险。聊胜于无——斤斤计较于此可知矣。这为同气相求的人们达成一致提供了基础,他们会接受罗尔斯的正义第一原则。

[321]而且,尽管这个人不知道作为善好的最终目的,但是他的确知道有某些东西,不管它的内容是什么,有益于实现生活计划。这些东西可称为基本善,诸如权利、自由、出生、天资、地位、财富和自尊感等。基本善之为善,是因为无论怎样善是其最终目的。普通人都希望它越多越好。这些基本善,尽管有的自然就是,有的是社会安排的结果,但是拥有它却都得靠运气。他会希望社会鼓励利用自然之所赐,确保最大化社会之赋予。但是,如果无知之幕再次落下,既然基本善相对稀缺是一个既定事实,他就会选择平等——宁可少得一点,也不要不平等地分配更多。他所选择利用和发展的自然的基本善必须有益于共同幸福,并受为此目的而设立的制度的制约。他同意不平等分配社会的基本善,诸如财富之类,但以此为限,即最少得利的社会成员(他或许就是)也能从中得益,以改善处境。

在这种无知情状下,算计的人会同意罗尔斯的第二原则。在平等基础上为了相互利益签订契约。这个契约落实游戏规则;如言履约是人心中的正义。作为公平的正义,意思是说,只要游戏规则是合理和正义的,只有服从游戏结果才公平,即使你可能会希望另一个结果,希望为了自己的利益改变规则。罗尔斯的处方包括了在原初状态中平等尺度下的自私算计,和真正的社会生活开始后在公平游戏形式下的公共精神。人怎么可能期望加入一个不能平等地与他人一起增进幸福的组织?给予了平等对待的社会才值得忠诚。而一旦明了原初状态就不会僭越:他意识到主张特权是不合法的,不平等地拥有基本善以行使特权这种权力也被劝阻。

"原初状态"是罗尔斯为给民主社会辩护,而置于其现实大厦下的拟想的基石。那是发明而不是发现,我们不妨问一问,支持如许结构,基础足够坚实否?

"原初状态"与自然状态

[322]为了看清"原初状态"的内在困境,就必须把它和霍布斯、洛克和卢梭契约论中的"自然状态"相对照,因为罗尔斯指望他发明的对正义的表达,可以发挥与他们所说的自然状态相同的作用。名分之变暗示了决定性的实在的不同。罗尔斯从人和政治事务中消除了自然。自然状态是对万事万物之道全面反思的结果。霍布斯、洛克和卢梭不会满足于将道德判断建立在主观臆断基础之上。自然是永恒的标准;好人和好社会都有赖于人的自然。自然状态是建立在对旧式自然及其道德和政治结果的批判基础上的对自然的特定理解。因此自然状态思想家们与柏拉图、亚里士多德一致认为,决定性的问题是自然,分歧仅在于何谓自然。形而上学在所难免。他们相信,只要有政治哲学,人就必须有其自然,而且必须可知。罗尔斯不想参与这种讨论,他的学派驳斥这种讨论无可置疑的有效性。他势在必行的方法加强了他的政治目标,因为他不想在改善人类条件的种种可能性面前,接受自然的铁的限制。虽然他有时候自称论证仰仗人的自然,但是他的思想方针不只是克服违逆自然的不正义,而且在于克服自然本身。他想要自然状态学说的有利之处,却摒弃(对他来说)不令人满意的理论和实践后果。

自然状态展示了一幅人之为人的画面,不染习俗、意外和幻想,它以新兴自然科学为基础并与之契合。按照真正的契约思想家们的观点,人之存在,他的第一自然是自保,之所以进入社会契约,是因为生命受到威胁,怕失去生命。怕并不是抽象、假设、臆想,而是毕生伴随着人的一种经验和强有力的激情。激情足以为人们提供一个靠得住的自私理由,忠诚于一个致力于保护他们的公民社会。私利和公共善的冲突就消失了。激情通常不足以[323]保证合法行为的原因是公民社会的人们忘记了这种保护的本质。他们有了自足的观念,他们追逐名誉,违法以求欢娱。更重要的是,宗教说服他们生命并非最重要的事情,或者另有一种生命,以安抚丧失此生的恐惧,鼓励不服从公共权威。自然状态意在揭露那些激情的软弱无力或者其派生性,它们不过是希望消除人类本质上永恒的弱点而已。死亡是破坏契约的自然制裁,自然状态就是把如此这般的情形揭示出来,并且表明与人生欲望冲突的任何好处都是脆弱的。实在法仅仅是从这种制裁中推演出来,并从自然中取得力量。自然状态证明了死亡恐怖无可消除的惨景,明智之士必定同意,相对于此负面的事实,变幻的积极人生目标不值一提。公民社会的集结就是相互保护,政府的惟一目的就是和平的达成和维护。霍布斯、洛克和卢梭的契约理论尽管不同,但在公民社会的起源和目的上却同出一辙。不管自然状态存在与否,其意图都在描述公民社会的真实基础。人的非社会自然和激情的自私品格是人效忠于公民社会的动机,它限制了公民社会的可能性和合法性。

而罗尔斯的"原初状态"不及自然状态学说。事实上,除了原初状态没有任何地方与真实的人生经验相对应,对死的畏惧消失,也使进入公民社会及接受其规则的动机消失了。罗尔斯对于进入公民社会的理由非常模糊,他没有致力于任何人性的观点,因此在服从法律的意义上归附于一个社会,对于人的自我实现是否真的重要就是悬而未决的。伴随着畏死的第一动机的泯灭,破坏契约的制裁也消失了。在公民社会,契约受实在法及其执罚的保护,而先于公民社会,自然惩罚要么没有要么就是绝对必要的。欲望和幸福观督促着人们破坏契约,没有制裁,没有权威,傻子才不去做。无论如何,人生不是游戏,人自然而然,公民社会却不过是习俗。公与私要么和谐,要么根本上不和谐。[324] 如果不和谐,在两者之间何以裁决?罗尔斯并未为此提供一个基础,他只是为高贵而神圣的公共善布道而已,此外还论证了什么?

　　罗尔斯给予我们的,是以公平取代恐惧。但那仅仅是发明一条原则补给迷失的环扣。为什么公平就比自我实现的欲望更为原始呢?一旦离开"原初状态","无知之幕"垂下,顺从的动机就荡然无存。当我们离开自然状态时,看来激情还伴随着我们,早期状态余韵犹在,从而为公民社会的偏爱提供强有力的理由。而原初状态只是一个苍白的抽象,不足以给予我们永恒的原因。只有在原初状态下,公平才是对被启发的自我利益的合理选择。多于此的公平,出于自身原因值得选择,不可能从原初状态推演出来。人天然是政治动物,正义实践使人幸福,这些论调不过是早期传统之褴褛残片。而自然状态以人的孤立开篇,并教诲说,社会和其正义只有作为实现目的的手段才是善的。人的自然的社会性同个人主义以及诸如罗尔斯所试图维护的自由选择等目的、人与社会任何方式上的契约观念是不协调的。它需要个性严格地服从共同体和所有更为苛刻的自律德性,而罗尔斯对此缄口不言。他是一个个人主义者,却不想接受个人主义严峻的实践和理论后果。为了将这一问题提得更清楚,他不得不面对人是天然的政治动物这种人性观念,以为契约学说提供基础。很简单,公平和原初状态下精明的算计者不相契合。

　　罗尔斯的平等主义同样缺乏根基,因为他就不想接受与真正的自然状态理论哪怕一点点的瓜葛。他想把平等从生命权拓展到社会人所关注的所有事物。所有的人,不管心身禀赋如何,无论美德与贡献怎样,对所有的社会和自然事物都有合法的主张,社会第一关注的是称颂这一主张。他必须从所有人显然的天资和成就的不平等中做出抽象,但是,他除了他想要的,除了他的"原始状态"所需要的东西,没有为这种抽象找到任何坚实的根基。自然权利和原初状态的权利差之远矣。后一种权利几乎不能激起自高自大的人任何敬畏之心。而契约论思想家不约而同地有意拘囿人的视野,调低论调,以使平等似是而非并寻求共同的利益。不是在中性的"反思平衡"中人们选择了公民社会,而是强有力的自然激情的钳制制约着理性,不容分辩地将众人扯平。罗尔斯在此不想步这等学说之后尘,尽管他愿坐收其中之利。自然状态学说的作者们意识到,他们否定高贵的人,因而也否定道德的高贵性——如果不是其功利性的话。但罗尔斯并不想屈尊以取坚实之利,而他从中所采纳的,又阻碍了他像所热望的那样在道德上天马行空。

契约论思想家们的教诲是,避免死亡是人心中最强烈的欲望,从消极一端取其意义,罗尔斯却坚持幸福的积极目标。契约论思想家们方针坚定,因为他们不认为有最高善继而会有幸福的知识这回事,只有明显的善,幸福随着欲望转。人们对于善常常众口不一,特别在宗教问题上,这确实是争吵之源。契约论思想家试图表明,事实上的抵牾反映了理论上一致的不可能性。这幅惨淡的场景,使政治哲学几不可能,但他们却从中汲取了希望。即使诸种关于善的观点均被轻视,只要人们在恶上取得一致,并且有除恶的倾向,也能达成坚实的基础。但是必须强调指出,这一结果的前提是减小对幸福的留恋幻想,仅仅是为了生命,追求维持生命的手段。当罗尔斯加入现代自然权利思想家的行列,他放弃了建立对所有人有效的、惟一而客观的善的标准;而是接受了纷繁多样的人生计划或幸福观念价值平等却具有潜在冲突的观点,但是他仍然像前现代的自然权利思想家一样,主张社会的目标就是促进幸福。因此他既不能像古人那样在关于善的知识上发现一致,也不能像现代人一样在恶上达成共识。他所能告诉我们的只是没有共识的社会不可能存在,但是他没有给出任何动因,使那些愿意[325]冒现实社会崩溃之险以实现理想社会的人遵守这种共识——而那是任何一个热爱善的人都必须做的。只有"原初状态"下的"无知之幕"才能使这种共识得以可能。但是一旦人心失衡,他就会充分意识到他的生活计划与自由民主政治的不协调。罗尔斯只接受那些可以为了和平共生共存的生活计划,但是他没有意识到,这一要求走得有多远,以此为基础有多少生活计划必须被抛弃,而和平的价值还未经证实。

"基本善"之善

因为罗尔斯没有严肃地对待重要价值的可能冲突,因为他确实预设了他所相信并且付诸实施的共识,因为他宁愿简化人类问题、限制我们选择的可能也不愿面对需要哲学反思的根本冲突,所以,罗尔斯没有看到,契约论思想家不满足于抛弃某些善观念,并不仅仅是因为它们同契约不相宜,而是他们必须寻找这些不真实的善观念的基础。他们对自然的理解是他们政治学说的必要条件,因为人们所热情致力于其中的相反的学说,否认了民法的权威以及源自民法的契约的权威性,同时也否认了契约所试图保护的生命价值。罗尔斯谦卑地提及卢梭的断言:诅咒邻人者不可能与之和平共处。而我们更胜卢梭一筹;我们的经验表明宗教信仰多元主义运行良好。我们不用担心,只要限制少数几个招摇滋事的狂热者就够了。但是罗尔斯不知信仰为何物。对于信徒他茫然四顾,不知道宗教部分地作为契约思想家批判的后果,部分地作为自由社会的前身和后事已经全然改观。圣战者不可能为了可鄙的和平而放弃拯救的诉求。他们必须被消灭。要么他们的信仰错了,要么就得为其行为辩护。

自然状态意在取代人与社会起源的圣经解说,以理性取代启示。这些理论家们并不反对温和的信仰,只要人们不至于挑战公共权威。[327]但是为了达此目标就得彻底修正信仰的意义。罗尔斯看到今日美国信徒的宗教观点秉承了启蒙思想的硕果,就断定信仰对社会契约没有威胁而洛克和卢梭也不免褊狭。因此,他从他们的劳动获益,而不承担他们的分歧之责。霍布斯、洛克和卢梭知道他们的学说与圣经启示水火难容,针锋相对。而罗尔斯,指望人们有的只是微弱的信仰,简直忽视了宗教主张对他的学说的挑战。

这在罗尔斯对他所谓基本善的讨论中清晰可见。"基本善"的观念在罗尔斯的学说中与霍布斯的"权力"同等重要,罗尔斯对基本善的罗列亦与霍布斯对权力的罗列等同。但是霍布斯的权力并非仅仅是中性的。它们依赖于目的,而对于某些目的或生活计划来说所有的基本善都不过是一派邪恶。人们既然相信骆驼穿过针孔比富人进入天堂更容易,那什么是财富呢?既然人们与帕斯卡尔一样相信病态是基督徒的真正状态,那什么是健康呢?自尊感而不是谦卑,如何与那些相信自己有罪的人调和呢?把这些事物当作善(goods)发落等于在自相否定。

霍布斯的确拒绝与他所罗列的权力不相容的意见的有效性,而罗尔斯却以不置可否对此等意见避而不谈。他只重视那些符合他所提议的社会的那些观点。例如,对启示的可能性问题,霍布斯、洛克、卢梭和康德是殚精竭虑,但罗尔斯却对之显然无动于衷。霍布斯至少要论证今世生活的卓越性,以及没有权力今世幸福就无以达成和维护。对自然的全面反思蕴含于对权力的罗列之中。霍布斯论证说,我们不会知道什么能给我们带来幸福(虽然我们必须知道什么不会也不可能使我们幸福),但是我们可以知道满足欲望的方法。因此,应当寻求这些方法,追求权力。顺理成章,目的贬值的结果,是权力自身从某种意义上成为目的。低调、庸俗化与专注于保存和财富,[328]对霍布斯的学说来说是权力优先的结果。对资本主义的流行批评实际上是对霍布斯等人的批评。但是既然健康和财富是存在的质料,如果伟大高尚的目的只是没有实在性的意见,这种论调就应运而生。更何况,要建立公共政策,你就不可避免地全神贯注于何谓真以及公民共有等问题。正是通过霍布斯和洛克的方法,经济学才进入政治学的核心,并在罗尔斯中保留下来,而在这方面洛克不过追随了霍布斯。

罗尔斯对从目的论方法中脱身的默许,使他成为霍布斯道德革命不情愿的合作者。他毫无疑问会断言其兴趣在于人的幸福,但对此他言之甚少。而之于基本善他却口若悬河。他的政治主张只是基本善的分配方法而已。这意味着他的社会促进了依托于基本善的种种幸福。换言之,他的政府目的与传统政治哲学和圣经启示的重点背道而驰。政府不是如亚里士多德所认为的那样要使人民成为好人和高尚的人,其目标是提供亚里士多德所谓的设施和外在善。政府的目的不可避免地决定了人们的品性。罗尔斯的或毋宁说是霍布斯 - 洛克的出发点,固定了这一结果。他的民主的人与传统敬仰的对象几乎好不相像：苏格拉底出身贫寒，潦倒一生，却是当时最幸福的人。甚至罗尔斯对霍布斯之谋划的续笔，自尊感，也参与了这一模式。他不厌其烦地重申，自尊感依赖于他人的评价。苏格拉底只需要自我见证，而罗尔斯的人难以忍受令人不快的公共意见。罗尔斯的人在方方面面依赖于他者的引导(other-directed)，不管他的生活计划会是什么，罗尔斯都试图给予尊重。霍布斯在他人因素的基础上决定人的价值，如他直率而严峻地指出的那样，人的价值是他的价格。罗尔斯的不同处只在于，他浸淫于固定价格。

品 性 与 平 等

因为罗尔斯以幸福的平等权利取代了生命的平等，所以他不但必须把惯例中的基本善如金钱平等化，[329]而且也要把自然善平等化。后者更难以正视(尽管罗尔斯相信遗传学家的有益工作能改良后裔)。试想一想希罗多德记录的巴比伦律法：拍卖所有达适婚年龄的女孩，美女高价沽售给富有的酒色之徒，城邦以这笔金钱来为丑女筹办嫁妆，使自然上并不出色者变得楚楚动人。自然对天赋不佳之人的不公正正是十足的平等主义者必须予以矫正的。但是众所周知，只做财富的再分配是不够的，因为最重要的东西往往是无价之宝。丑女当然心满意足，而美女不得不为了大多数姿色平庸而又同样充满梦想的姑娘的满足做出牺牲，但她之所以不会失意，是因为无知之幕遮蔽了她们原初状态中的胴体，她们对自己的美一无所知。罗尔斯不会赞同阿里斯托芬在《妇女公民大会》中的暗示：法律迫使美女置于大多数人的命令之下，暴政横行，欲望造反。原初状态在严格的意义上施行奇迹，停顿了自然的进程。

这导致了进一步的品性和平等的关系问题，罗尔斯对此只是闪烁其词。尽管最少得利的人的欲望仍是决定性的，罗尔斯仍断言，不幸的人在政策中的无利益会减少幸运者的天才。他不但没能为我们提供证明,甚至似乎没有意识到这种可能性,即大多数人就算揣有天下所有的善良意愿,也无法欣赏才俊猗行,从而不会心甘情愿地将稀缺资源分配给他们,建立必要的激励"结构"。夷平化似乎对他构不成严重危险。你也许会怀疑他不着力于伟人的问题,是怕降低他的观点的说服力,即所谓他的公民社会可以与所有的合法利益调和云云。例如,亚里士多德的确致力于这个问题,并得出结论说,共和城邦要么不得不放逐伟人,要么就恢复君主政体立他为王。两个选择都不令人满意,但是政治迫使亚里士多德一并提出。罗尔斯压制了这种冲突。但怀疑他避免于此是为了加强论证,对他却是不公平的。毋宁说,他对之视而不见。如果"生活计划"只是一种偏好,[330]原则上是平等的,那么伟人和普通人的区别就消失了。如果自尊对每个人具有一种平等意义,就不存在优越性。既然这种区分被看作是不正义和势利的结果,恐怕这种信仰习惯就会造成一种使人不能区分伟大和平庸的效果。

你会发现罗尔斯一点儿不关注托克维尔的先见之明,虽然托克维尔也是坚信平等原则正义性的民主主义者,但是他论证了智力和道德优越性不可能在现代社会发现肥沃土壤。根据托克维尔的观点你必须做出艰难的抉择。为了试图减少损失,意识到这一事实对民主主义者来说是根本性的。类似的,尽管罗尔斯崇敬穆勒(John Stuart Mill),但从罗尔斯的有关说明中,你永远不会知道,《论自由》的初衷是保护少数人免受多数人的暴政,穆勒确信人类受到了平庸化的威胁。对于罗尔斯来说,正如对于多数美国人一样,多数人的暴政只是对不利的人才是威胁。人们只能希望托克维尔和穆勒所勾勒的问题,依靠丧失对伟大和美的认知能力——甚至靠伟大和美本身的湮灭——来得到解决。

但是罗尔斯对尼采的应对没有为这希望立定根基。他认为尼采像歌德和苏格拉底一样有主观"价值"偏好,并把这种偏好强加给那些并非歌德和苏格拉底的大多数。罗尔斯的阅读似乎浮光掠影,不得要领。他没有看到尼采提出了罗尔斯从自己的观点不能不着力的问题:没有客观善,"生活计划"抑或视域如何创造出来?换言之,价值如何被创造出来(尼采是最早在现代意义上使用"价值"的;罗尔斯不知不觉地采纳了尼采的发明)？如果像罗尔斯一样相信有一个"自我"，它产生价值而不为价值所决定，那么，自我是什么？如果人类思想是历史性的，哲学又如何可能？罗尔斯讨论的仅仅是生活计划制定和价值创造的条件，而不是通过何种方式真正实现之。尼采的教诲是：只有创造人类赖以生活的价值成果的人，才是真正有创造性的，创造不仅仅只是写诗和画画罢了。他所想要的正是罗尔斯宣称想要的——丰满多样的、令人满意的"生活计划"——但是，他已经对如何取得它们做了通盘思考，并且对于它们是什么有了一些内在经验。

[331]且让我假定罗尔斯是对的，尼采仅仅对于"文化"（在当今浮泛的意义上使用这个词）有所偏好。世无歌德和苏格拉底，这当然令人感伤。人们不得不反思一下他们的存在条件，以决断究竟是否符合罗尔斯的社会条件。虽然罗尔斯似乎想当然地认为有此等人在，但是他的教导说明这并不重要，因为图钉与诗一样好——除非向最少得利的人要求过多。所有才智之士不过是所有人最大幸福的资源，并从当日幸福市场上取得价格。无论如何，罗尔斯有所解矣！他建立了政府公共利益资源分配交换部，尼采不妨来申请学习资格。给这一民主社会的伟大问题的解决方案定性，不得不需要一个伟大的讽刺作家的天才。

误用康德

为了完善对契约论学说的再生，罗尔斯试图借康德的道德高贵性为"原初状态"生发光辉。一如既往，他解读古哲不过是支持自己的一偏之见。他挑三拣四，不得要领，夜郎自大，目中无人。《纯粹理性批判》和《实践理性批判》是康德建立自由领域可能性的前提条件，预设了康德道德著作的前提，罗尔斯不仅不接受它们，更有甚者，他不知道康德之道德为何物。道德必须出于自身，道德必定是善，甚至是最高的善；善良意志是惟一无条件的善。道德如金钱食物一样自有其利益，但这种利益原在其他一切利益之上。罗尔斯对建立此等利益无所作为。

的确,不是道德利益激励处于原初状态中、以尽情享乐为目标的人们。如果幸福是目的,不管如何作想,道德就是实现目的的手段,是工具善而不是自身善。用康德的话说,幸福是服从道德律的他律动机而不是自律动机。

康德的道德并非社会契约,因为社会契约学说都是他律的。社会契约中的道德,[332]只是人们用来建构满足先在的、非道德的自然目的的工具。康德的部分政治学说的确是假定为契约论的,但是他的政治学说和道德学说联系上有问题。道德和公民社会由历史哲学联系起来,而历史哲学本身对康德来说就是成问题的。三个公设——上帝、自由和不朽——是道德的必要补充,没有它们道德就会被政治和历史所压倒。道德不看后果,因为那会使道德成为偶然。社会利益是罗尔斯的目标,康德的道德观对于建立正义社会和使人快乐并无帮助。康德说,一个道德的人必然不破坏法律,这符合他的原则。而罗尔斯鼓吹公民不服从和良心抗拒的合法性。对于康德来说,道德的人决不能为维护生命着想,也不会为实事情状所影响。而罗尔斯指出,英勇牺牲对于他的社会人并不是必须因素,对原则的审慎修正是合情合法的。

对康德来说,一般性或普遍性是首要的,对此进行诋毁正可归结为罗尔斯的失真之处。对他来说,康德道德学说的本质要素是自律,也就是自由和理性化的结合。但是罗尔斯没能看到康德之所谓自由和理性化是普遍性的。如果能够根据取之于普遍原理的法令行动,人就是自律的。人如果能够如此普遍化,它就既是自由又是理性的。为了自由地行动,人就必须服从给自己厘定的律法,不受他人、特定环境或自然的强制。根据自己的欲望行动则不自由,因为欲望不是自为的而是给定的。人可能有撒谎的欲望,但是他马上就能看到撒谎不可能作为所有人的行为准则被接受。如果他能够服从对所有人都是可能的准则反对自己的特定欲望,如果他能够不计得失、宠辱不惊,只尊重普遍准则,他就可以说是独立于偶然性和条件性的、自由行动的人了;否则,他就是他人、制度和自然的奴隶。他是自由的,是因为通过检核欲望的意义达成了原则。在更高的意义上,为了普遍的、建立在欲望之上的原则,他具有运用自己的能力克服欲望的自由。这证实了他只为道德而行动的能力。

[333]罗尔斯所说的原初状态下的人,根据个体欲望行动;不管他们究竟拥有什么样的欲望,他们仅仅被剥夺了特定环境下的知识,以选择那些对于满足欲望最有用的规则。对于康德来说,道德人对于特定环境有充分认识,尽管如此,他们选择根据普遍规则行动。特定欲望和普遍法则仅仅是出于巧合而和谐一致,因而那些总是依法行事的人能表明自己是自由的。自由行为也就是理性行为,因为普遍化是无条件的理性行为,是理性形式与(政治的、道德的和自然的)理性法则。精于算计的人寻求满足其激情(在"原初状态"设立原则),只是为达到某种目的而把理性作为工具来运用,理性对建立上述目的并不发挥作用。但是如果某人的目的并不是行为的实在意图,而是对支配其行为的准则的可普遍化,那才是献身于理性,才不矛盾。康德的绝对命令是普遍化的命令,由自由和理性构成。因此,对于罗尔斯原初状态下的人的一个真正的康德主义解释是:他既不自由又不理性。

罗尔斯对普遍化关键意义的拒绝,极大暴露了他的事业特征。卢梭虽然接受了包含在自然状态学说中的自然观念,但是坚持自然倾向只是一种唯利是图的道德,绝不可能为一个合宜的社会提供基础。自然为自保和卑下自私提供了普遍根据。自然的自由是根据人的倾向行动而不必关注他人。如果关注他人就必须发现另外的更高的普遍根据。卢梭发现这一根据在于普遍化的个人愿望,把自己当作一个公民而不是人(虽然这么做的动机仍然是自保的自然欲望)。当人们普遍化地思考,就不再仅仅是个人。霍布斯和洛克把人们当作一起上船的乘客,他们的利益是私人化的,但是他们都平等地拥有保持舟行水上的欲望。卢梭通过给予人们同样利益把他们聚拢来,康德亦步亦趋。这是一个更为深刻和确定的和谐,但是违背自然;道德自由需要卢梭所说的人的去自然化(denaturing)。去自然化是严苛道德的结果,它在自由名义下建立起来但需要克服自然倾向。自然人和公民有天壤之别。普遍化自身并不困难,[334]但是普遍化的意志却难以取得,因为这需要对自身幸福漠不关心。

与罗尔斯恰恰相反,康德是一个严厉的道德家,因为他认识到需要道德。必须在自然满足和道德行为、私与公、特殊和普遍化之间做出选择。这种张力使人类不可能成为简单整体。正义情操与自私情感的倾向性势均力敌,难分上下。罗尔斯不喜欢做这种选择,他不喜欢约束倾向性。自我克服的斗争在他懒散的社会里无家可归。总而言之,他的思想与康德的思想毫无干系,对康德来说,道德人最多会渴望幸福,渴望一个公正社会的来临,但是不可能改变品行以实现这些目的。重复一次,罗尔斯的学说只是当代的功利主义,而功利主义在顺序上不过是霍布斯和洛克学说的修正和简化。这一传统没有受到卢梭和康德道德批评的影响。其焦点过去是,现在仍然是放在特定欲望的满足上。其社会目标不可能被异想天开地纳入卢梭的公民和康德的道德人身上。他拒绝思考自然,就很容易混淆自然自由和道德自由,以及现代思想中两种可供选择的相反的社会根据。在霍布斯和康德之间没有歇脚处。罗尔斯对"原初状态"的康德式解释仅仅介入了伪造的道德尊严。

理 性 和 善

篇幅所限,不可能讨论罗尔斯在原初状态沙漠上建立的制度城堡。那就等于重申美国宪法所做的安排,并加以重新解释,以把福利国家的律令包含进来。但更具体更实际的结果是否真正合乎罗尔斯的前提也令人疑窦丛生。他连续不断地回到我们的普遍希望和熟悉的经验,以使其未曾证明的结论似乎令人信服。但他的说服力在于他为当代熟知的信仰提供了支持,而不是因为他提供了理性根据。

无论如何,我们必须回到这部书最后并且最有迷惑力的部分。罗尔斯在这里许诺说,他将表明一种理性方式,[335]以决定对我们而言何谓善,并且表明正义实践使我们幸福。《正义论》第一部分使尽全身解数,真正告诉我们的不过是一些显而易见的东西:社会需要统治,只有社会中大多数人服从统治才能维持统治。罗尔斯到此为止没有以任何令人信服的方式成功地向我们表明个人利益和公共利益是同一的。结果,他被迫回溯到政治哲学史最古老的问题,它由格劳孔和阿德曼图斯在《理想国》中向苏格拉底提出来:"正义的人是幸福的人吗?"如果法律就是要强迫人追求幸福,那么答案就是肯定的。只有抛弃把幸福作为目标,康德才能避免回答这个问题。罗尔斯,尽管以康德为借口,运用康德式语言,但他是一个幸福主义者,试图以新的模式接近这一老的主题。但是困难很大,他的自由主义使他不能排除任何偏好;他的平等主义使他不能说出任何更为合理的善和任何更为高级的秩序来;他的方法使他不能谈论任何真正的自然。但是如果他要避免相对主义和虚无主义,他就必须做出努力。

理性如果不能指导我们的根本政治行为,就不会有政治哲学。如今霍布斯、洛克和卢梭都论证了自保欲望是人类的根本事实。理性不能为这种愿望寻找理由或说服他人,也不能达成目的,但是可以为目的发现方法。它是至关重要的,却只是工具性的。共同体的建立基于这样的事实:对所有人来说,自保的激情可以为之提供最重要的动机。理性不可能达成自身的合理性,但是可以论说与此相矛盾的善的不合理性。这对于政治哲学的可能性足矣。但是以此哲学为基础的社会,只限于自保的激情为其提供目的。罗尔斯想让社会做多于契约学说认为合法化的事情,想让理性给出激情拒绝的东西。在这一部分他努力从事于勾画古代哲学的特征,更多说明的是理性既能达成目的又能达成手段。所以无需惊讶,他在这里调用亚里士多德的名义而不是康德。

在冠以"目的"的最后一部分,包含三小部分:作为合理性的善,正义感和作为正义的善。罗尔斯的策略是首先表明理性足以决定目的,然后描画我们心中的正义感,最后表明体现正义感的隐含原则,并且允许按照正义感行动的社会,[336]会被作为善的理性选中。他所声称的目标是说明集体行为是善的;但实际上试图表明集体行为是最高的、无条件的善。

罗尔斯对作为合理性的善的讨论直接挑翻了题目所激起的希望。他甚至没有表明理性是善的。这最终留给每个个体来决定。他认为他说明了理性有益于建立"生活计划"——如果你想有一个理性的生活计划。而且，一个理性生活计划并不仅仅因其终极目标由理性达成因而是理性的，而且理性在计划的形成中也要发挥作用。欲望、品味、偏好、价值等等人所拥有的东西，是生活计划中的决定因素，而罗尔斯却没有告诉我们它们从何而来。他显然相信，不用理性决定欲望，他就可以发展出一些规则以限制、制约欲望的不确定性，并足以使共同体成为可能。接受这些规则的诱饵是一个允诺：只要遵循之，就将更加幸福。

根据罗尔斯的观点，幸福是伴随着生活计划的实现而来的纯粹的主观满足和对继续成功的期望。工具理性当然可以有助于保证实现某种东西的方法，但是，在罗尔斯的陈述中，理性给生活计划提出问题的惟一途径是表明生活计划不可能成功。成功成为真正的标准。如果幸福只是满足，那么只要有一个可靠的生活计划，你就可能幸福。

罗尔斯告诉我们说，"一个叫罗尔斯的人，他通过描述目的和动机、此生意欲何为，来说明自己是谁，如果这一计划是理性的，我就会说，这个人的善的概念也同样是理性的"（《正义论》，第408页）。他继续前进，通过曲折的论证，为决定计划的合理性设定规则。方法必须是有用的。成功同样如此。生活计划必须相互对照，也必须考虑到欲望的强度，必须尽可能包含可欲的目的，必须考虑与他人生活计划的兼容性，提高连贯的可能性，然后……我们必须决断。决断是一个飞跃，然而没有理由相信须飞跃而过的深渊通过罗尔斯提供的"审慎合理性"的机制就给缩短了。他谈及了生活决断的合理性，但是他的讨论却突出了其本质上的不合理性。［337］一个理性人将会被还原为虚无绝望或无理性的承诺。只有无理性地归附于安全和满足的人，才能够满意于这一解决方案，因为安全和满足像别的东西一样，只是些"价值"。希望推进理性动机是一件受欢迎的事情，但是只有对世界有所了解以使理性能够从中发挥重要作用才能做成此事。虽然是无意识的，罗尔斯对于浮现出来的最为重要的幸福因素——目的和价值的非理性构成——还是未做任何讨论。

然而让我们听一听罗尔斯就此做的最后陈述吧："但是总体而言，如何可能合理选择生活计划呢？面对这种决断个体可能遵循什么程序呢？我现在想回到这一问题。先前我说过，一个合理的生活计划，就是那些通过审慎的合理性，而从那些满足理性选择原则并且经受得住某种形式的批判反思的一系列计划中选择出来的一个。然而，我们最终到达了关键之处，不得不决定我们最喜欢哪一个计划，而不需要进一步的原则上的指导（前揭，第64页）。不过，还有一种我尚没有提及的深思策略，也就是分析我们的目标。这就是说，我们不妨试试发现一个更为细致明了的对欲望客体的描述，以期我们所思所想的更为丰富深邃的特征可以揭示，更具包容性的计划毕竟存在。"所得出的惟一理性的方法就是糅合众家之长，并常常兼而得之。

罗尔斯继续说，"让我们重新考虑一下度假计划的例子（前揭，第63页）……不过，通常，一个好一点的描述不能是决定性的。如果既想看基督教最有名的大教堂[在罗马]又想看最著名的博物馆[在巴黎]，我们就会进退维谷……"（前揭，第551页）。情况确实如此。对人类境况的这一雄辩总结也概括了罗尔斯的思想。荒谬之极，使人出离愤慨！一个人要告诉我们如何生活，讨论最为重要的问题的时候，他怎么会求诸度假的例证呢？为什么不是理性与启示，爱与对邦国的义务，生命与献身真理？如果这就是人中骄子的水准，如果这就是从中得到的殷殷指教，焉能不令人怀疑这一代出离理性耶？罗尔斯在向旅行者心态的人讲话呢！

罗尔斯之所以如此行为的原因是目的的不合理性对他不成问题。他确信，如那沉甸甸的书所证明的，我们知道最重要的是什么——社会，即保存。他不怕为这些问题挠头：它们无关紧要。[338]只要不挡住自由民主，不妨信其所信，为所欲为。他的理性规则，如可能性和综合性，只适用于一小撮在原初状态中扭曲而畏惧风险的人。他们还没有考虑某些目的，就决定了某几种目的是可能的。专一现在变成了非理性，致力于一件最重要的事情，面对的却是并不可能的概率。罗尔斯指望的就是这样一些视野狭窄、对重要决断的重大危险视而不见的人。他并不关注那些丰富多姿的个体自然，尽管他许诺这一切将在他的社会中开花结果。为了做成此事，他不得不给在他的制度中可以长出价值的那些非理性的根苗浇浇水。但是它们虽然得到理性的喂养却萎靡色衰,因为那只不过是功利的理性。他认为,这种多样性可以在不知名但也无害的宗教团体中或者在性实践中得以发现。产生伟大行为、伟大艺术或伟大的新文明的多样性超出了他的范围。他提供的土壤无益于生长配得上称为多样性的东西。活命是最实在的事情;在一个伟大价值决断近于巴黎或罗马休假选择的世界里,在一个伟大价值决断不可能改变公民社会的根本特征的世界里,也没有理由做什么区分。人之同异仅在于他们无关紧要的偏好和无关紧要的反常上。

罗尔斯反击说,"人的善好是异质的,虽然严格来说,将我们的目标服从于一个目的并没有破坏理性选择原则……它依然以非理性或者不如说疯狂打动我们。为了一系列目的中的一个,自我被改变了"(前揭,第554页)。追求矛盾的目的,也无关紧要。这正是我们自由的证明。矛盾原则,理性根基,作为无理性也即发疯,打动了我们的哲学家。这一个公式为我们不思要务提供了动听的借口。理性主义者将合于其目的的非理性做成了美德。他苦心建造的船在欢呼声中滑出了河道,沉没了,他却认为船在飘行。

他补充说,"自我先于目的,目的确认自我"(前揭,第560页),这意味着个体创造了目的,而不是被目的所决定。他六神无主,不知理性,也不可为理性所把握。罗尔斯教授亏欠我们和他自己一个关于"自我"的详细解说。一点点研究就能教会他,这一观念根源于那些既非理性也非自由民主政治的朋友的思想家,[339]而且同他的方案不相一致。

误用亚里士多德

一旦建立了合理性的善好,罗尔斯顺水推舟,给予理性一个新的工具——"亚里士多德原则"——以判断生活计划的合理性。发明这一原则,是为了说明人们想运用必要的、为罗尔斯的社会所需要和激励的能力,而且因此应当理性地选择社会及其正义形式。

康德被引进来是为给基于自私的社会带来福祉。现在,亚里士多德被限于为一种幸福观赐福,即信什么都行,都表达了价值。而亚里士多德把所谓有一个最高善作为其道德和政治学说所关心的中心问题,在罗尔斯看来,他简直是疯了。"亚里士多德原则"称"如果其他条件相同,人类乐于运用他们认识到的(先天或习得的)能力,能力越被认识到,复杂性就越大,人们也越乐在其中"(前揭,第426页)。罗尔斯承认,亚里士多德并未阐明这一原则,但据称它合乎亚里士多德的意图。罗尔斯引述了亚里士多德的《尼哥马可伦理学》第七卷11–14节,第五卷1–5节,他显然没有意识到亚里士多德在这些章节里表明,有一个最高的行为适合于人的天性,它能产生幸福。亚里士多德远没有赞扬包容性和复杂性,他将我们所需要拥有的这些东西归之于天性的不足,而这正是我们应当克服的。亚里士多德在第七章14节的结论是:"上帝总是享用单一和简单的快乐。"亚里士多德也远没有褒扬社会生活的相互依赖性,他教导说,惟一真正的快乐是那些自足的快乐,与永恒的事情相关,而且原则上可以在孤独中享有。简言之,亚里士多德教诲说哲学是惟一可以恰当地称为快乐的生活方式。他检讨了所有的幸福主张,表明哲学以外的生活方式是无根基的和自相矛盾的,而后得出了这一结论。哲学家并不是社会人。亚里士多德从没有说道德德性,包括正义,对于哲学家的哲学思考来说是必要的。

亚里士多德确实教导说运用才具,会使人幸福。但是他所说的才具并不是罗尔斯意义上[340]的能力——"先天的或习得的"。亚里士多德之才具是我们体质的自然因素,如视力和智力。它们适当地发展并运用于适宜的客体。人们拥有或运用那些才具程度各有大小,但因而再怎么说是人。而按照对幸福的贡献才具有其结构和等级。亚里士多德可以精确地以细致入微的术语告诉我们幸福由什么构成。对罗尔斯而言,在所有或许要用"自然"这个词的地方,这个词都毫无意义。人无论如何表现自己的能力,无论他相信自己是什么,那都是他所是。罗尔斯相信人有一个自我,亚里士多德相信人有灵魂。两者相互排斥。自我决定,最多是神秘莫测之源,表现为不确定性。灵魂则有一个自然,因为有一个目的决定着它,而灵魂并不是目的的动因;但是自我没有自然,它变化无常。罗尔斯为了避免对于从自我中生发出的目的无言以对,就坚持人必须首先深思熟虑,然后建议,任何方式的行为,行为越复杂,也必然越受到偏好(例如国际象棋胜过西洋跳棋)。罗尔斯称这一建议是来自亚里士多德的激励,天知道怎么会!罗尔斯关于能力现实化标准是纯粹形式化的和外在的,无助于决断那究竟是人的自然的真实表达还是赝品,无助于区分妙手空空的窃贼和美妙绝伦的雕塑。而且,别忘了,罗尔斯还告诉我们,乐于计量草刀片的人也正在实现他的自然。亚里士多德也许非常同意他的观点,但是他会坚持,如果其他情况相同,这是一个小人。罗尔斯决不会同意,他只是想找一批愿意支持这种自尊感的人。

正义感:自然还是思想灌输

"亚里士多德原则"使我们的旅行到达通往所应许社会的倒数第二个阶段。这就是苦心经营的正义感。它是人们乐于运用的"能力(后天的或习得的)"之一。正义感是我们作为好社会成员并维持好社会的条件,又是一个心理学的原则,罗尔斯为其发展引入了历史三阶段。一旦正义感产生了,我们对社会就有了不可毁坏[341]的心理学需要和依附感。它就像其他情感一样成为我们心理素质的一部分。我们之所以是社会的是因为我们有正义感。罗尔斯所谓"后天或习得的才能"的模糊性使我们强烈怀疑,正义感是自然的抑或只是习惯的产物。无论如何,罗尔斯告诉我们如果正义感存在,社会满足了它的需要,社会就是稳固的。这留下了进一步的怀疑,社会是否真是正义的,抑或只是满足了正义感。

三阶段大致如下:孩提时代,我们出于爱、信任和对父母的尊重有所服从;这是权威性的道德。这种孩子气的道德保存在如阿奎那或任何诸如此类的信仰者之中。第二阶段是青年时代,我们依附于我们的团体,善在其中,荣辱与共。这虽然有用,但是也有其鲜明的局限。这是乔治·华盛顿和爱国者的道德。最后,基于对原则的理性的忠诚,认识到社会的合理和公平,有一种服从"原初状态"绝对命令的道德。这是成年人的道德,为罗尔斯以及类似的哲学家和那些在应许社会的所有成员所实践。罗尔斯并没有表明三种道德和谐融洽或者第三种道德包容了前两者。要这样做,你就不得不研究建立在尊重或虔敬基础之上的政制和建立在忠诚、荣誉或爱国主义基础上的道德,与那些建立在理性基础之上的政制相比较,以决定不同政制的好处。为了展示建构在理性基础上的社会包含了对神圣的敬畏或对朋友肝胆相照、对敌人不共戴天的政治和道德利益,需要可与黑格尔相媲美的成就。这里却并没有反思是什么建构了这种根基。只有这种承担功德圆满,你才可能像成年人看待孩童一样居高临下地看待那些古老原则。表面看来,似乎理性以自私、卑下和可靠的动机取代了高尚动机。难道理性真的察觉了利益算计之外的伟大目标了吗?罗尔斯一如既往对这种选择的检核毫无兴趣。

而更为重要的是,罗尔斯没有证明:对在原初状态发展起来的原则的忠诚是合理的;或者理性可以论证对依照这些原则建立的社会法律的严格服从是善好的。缺少这种证明,只能说原则道德不像另两类道德那样依赖于冲动、感情抑或直觉,[342]它包括了理性的运用——虽然在理性化或意识形态中而不是在理性中才达到顶点。这种道德发展三阶段理论看起来可疑得像是今日所谓的政治社会化,就是说,一种不分好歹或自然与否将人分门别类的方法。罗尔斯必须证明,如同人的器官形成一样,这些阶段也是人的发展的一部分,或者冒险地默许它们正在为了社会目的而被灌输。他对自然的弃置并没有为人的自由打开新的领域,却甚至于为无限制地操纵人开辟道路。

社 会 万 能

而今我们最终到达了目的地,"社会联合的理念",即整合公私利益、理性,选中使我们幸福的共同体。社会不但是必然的,不但给予我们非它不可得的满足,它还将我们结合成它的一部分。罗尔斯从自然状态的原子中建成一个社会有机体,我们在其中同甘共苦。苏格拉底石破天惊而具讽刺意味的悖论,在这里成为一潭死水。没有社会之外的善,没有超越社会的善。我们整个儿就是社会的,而我们甚至不知道社会何所似。这很"亚里士多德式"——也就是说非常复杂——以至于人心所著无不在其中有所表现,我们从而乐在其中。它建立在道德和智力的劳动分工基础之上,增加了人所共乐的产品的数量和种类,而不忌讳冒狭隘的专业化和劳动异化所成的异化的风险。我们从社会中得其所有,而必以忠诚相报。如果人有自然,那必然是社会的。我们是局部,而社会尽善尽美,我们通过社会臻至完善。我们既然认识到每个人对集体成果平等地做出贡献,就不能试图变得自足,而必须承认我们的弱点,参加团队,公平游戏。非社会的人根本上是不完美的,人生是缺欠的。这是罗尔斯惟一不愿平等相待的人。对亚里士多德来说,不属于公民社会的人非兽即神,而对罗尔斯来说他只能是野兽。对卢梭来说,孤独的人是惟一的好人,而对罗尔斯来说他是惟一的坏人。社会生活的所有含混性一并取消。

罗尔斯从最脆弱、最易受攻击的个体着手,[343] 正视对他们的社会安排,以保护弱小、保证生存。同时允诺他们追求和实现自己的意愿和计划,并给他们和富有、成功而荣耀的人士同样的尊荣,从而完成人的完全社会化。罗尔斯主张使人的成就、幸福成为社会的目的,接受每个人所相信的幸福为幸福。同时,为每个人提供罗尔斯认为是幸福的普遍因素,而不论其形式怎样。既然上帝和自然都不能提供这种计划,甚至被认为是背道而驰的,社会就必须承担起提供和分配幸福因素的整个负担。少得利的人认识到只有社会才考量他的利益,与敌对的自然斗争,并为他提供机遇。社会为他而在,而他在最为决定性的意义上是社会生物。

这很容易赢得少得利的人忠诚参与这一计划,让穷人参与分享财富的计划也不困难。真正困难的问题在于强者或者得利多的人,他们也许愿意在稍微不同样的情形中冒险,甚至图谋实质上的自足。罗尔斯的书在很大程度上是针对他们的争讼。他通过劝说他们也很弱、通过混同自然和社会不平等、通过否决自足、通过熏习和教导仁义廉耻、通过消除选择的可能性——首先通过无休止的训诫,来使他们社会化。得利与不利的人之间的和谐不是自然的,而是通过自然的压制带来的。在早先的实践和理论中表现出来的棘手问题和根本冲突,罗尔斯理解为只不过是反常结果。既然人性无常,社会计划甚或遗传学的运用最终能够平复一切。罗尔斯从不利者着眼的原初视角,使其他考究消失了。结果是洞穴出口关闭。无路可走,无处可藏,"在作为公平的正义之中,人们同意分担命运"(前揭,第102页)。

罗尔斯创造了一个非常活跃的政府,其目标是提供包括自尊感在内的基本善,因而鼓励支持产生基本善并且平等分配基本善的态度。这一谋划中的自由的前程如何?自由当然是罗尔斯的第一正义原则,但是不能不受"与他人雷同的自由相协调"的限制。[344]罗尔斯没有详细阐述限制的程度。再说一遍,罗尔斯没有自然权利学说,也没有任何绝对限制。所有自由选择的生活计划必须受社会整体根本需要的约束。冲突在实践和理论上的解决必须有益于社会。罗尔斯只是向我们保证说,没有什么重要东西不能在原初状态所设置的名目下不被接受。自然的缺席和限制,使人的可塑性更大了,甚至允许人的所有微调,以使社会联合的理念成为可能。社会,是罗尔斯思想中惟一具有绝对性的东西,尽管它毫无根基。

所有这一切的目的何在?虚假的人的伪造的幸福。罗尔斯应许的社会是一片沙漠。它为虚假的故事添油加醋——那些故事宣称它是演化和历史的最后成果,使不平等看似平等。那要从扭曲自然的神话中解放我们的民主政治,成为一种刺目宣传的样板,这种宣传为了平等而否斥自然,正如习俗贵族政体为了不平等而否弃自然。所期望的共同体无张力,无罪恶(除了那些不支持的人),无期望,无大奉献或无大风险。它为了那些无价值的意愿所建,人也为了它而被重塑。最大化自由、多样性和能力的实现不过是空谈,其惟一的功能不过是支持不严肃的自我满足。

结　论

　　《正义论》的最大弱点不在于它主张的原则,或者它所正视的那种社会,或者它所鼓励的政治趋向,而在于它所暴露的缺乏教养。罗尔斯的"原初状态"建立在对霍布斯、洛克和卢梭的自然状态学说的误解上。他的"康德解释"是建立在对康德道德学说的误解上。他的"亚里士多德原则"是以对亚里士多德关于幸福学说的误解为基础的。这三个误解构成了整部书的核心。对这些思想家的一个可信的理解会使他认识到面对的问题和哲学自然的伟大。我们无以推进对问题的新的解答,因为如书所示范的,我们已经忘记了问题所在。

　　[345]作为人、作为自由民主论者,我们最根本的自由,心灵自由,在于我们意识到了什么是根本抉择。对这种意识的保护与任何新社会方案一样重要。这些抉择,包含在哲学传统中最伟大的人的著作中。这并不是宣称话语已终结,而是说任何严肃的新说法必须基于与旧说法的深刻对质。这种对质具有更多有益效果,他摧毁人的自以为是并给予我们更高的渴望。罗尔斯是那种认为哲学是创造出来的学派的产物。他所依托的东西,从不是为了研究真理而忠实地接近亚里士多德和康德,或者保持其开放性,过去的思想家也许比他们知道得更多;由于他们对哲学教育事实上形成垄断,因而也就造成学识惨重的也许无可挽回的损失,曾经明灭闪烁多少世纪的光就此熄灭。他的书就是这一损失的结果,转而也就是对这损失的贡献。他的方法以及他所造就的人迫使我们想到尼采——他被罗尔斯歪曲了,倒不是疏忽而是因为无知——也许会为这部书提供一个更为恰当的题目:《末人的第一哲学》。

(梁晓杰　译)

以下两篇二十世纪六十年代关于大学的文章,相隔三年,第一篇写于 1966 年,第二篇写于 1969 年。虽然它们处理的是永恒的问题,但评论的却是变化着的事件。我按原稿发表在这里,以此反应我的想法如何浮现,而事件又如何呈现在我面前。第一篇所透露的是我年轻时候的天真与善良,充满着滋养幻觉与希望的激情。写第二篇时,我则放弃了希望而代之以清明,而清明乃是距离感和超然感之子。那标志了我开始成熟。我对美国人阅读大书的命运的关切是始终如一的。我早先所提出的改革与我依然会提出的最温和的改革很相似,那就是,一小部分具有相似想法的教授联合起来反对时代的潮流。文中所提到的"希腊文明项目"变成了现实,但仅持续了一年,其后其始作俑者离开了康奈尔大学。但在那差不多一大新生中,至少还有六个人已成为学者,我与他们在二十年后依然保持着联系。

第二篇文章中,我并没预测到极端改革的情形会由社会科学转向人文科学,也没预测到六十年代的学生会变成八十年代的教授。小盖茨(Henry Louis Gates, Jr.)暗示说,他那一代人的进步在于从占领建筑物到了占领课程表。如今,教授们在学生面前摆脱了难题。伟大的斯坦福改革,正是教授们在与欧洲中心主义的战斗中利用学生推进了他们的"后现代议程"。

自由教育的危机

[348]对战后美国的学术生活产生最大影响的可说是两起事件：苏联人造地球卫星的发射成功；最近我们校园已出现的骚乱或产生骚乱的威胁。我们可从中看到美国自由教育的危机性。

俄罗斯人在空间领域的成功使人们产生了一种可能并无根据却是普遍流传的信念，即美国在科学能力上已经落后于苏联了。现代科学只能繁荣在民主制中这个神话已被打破。我们得承认，这两国一定存在着对科学的一致支持，一定都可以推动某些教育规划的实施；市场的自由运转本身并不能产生具备各种必要训练的人才。

上面出现的这个警告启动了我们教育制度的变革。由个人的"自我实现"及学术上的平等主义这些概念所主导的自在时代结束了。我们不得不树立起才能标准并从人们一进中学起就挖掘他们的自然才能。这样做的结果是建立了对出众者的巨大奖励，这种奖励既有精神上的，又有物质上的；它注重给予科学上的那些出众者，尽管这种关注也会逐渐扩至所有的学科。可怕的竞争成了现今的法则。学术天资测试(Scholastic Aptitude Tests)在划分学生等级上变得越来越重要，而显然很客观的才能尺度也越来越流行。一些二三十年历史的学院和大学变成了精英机构，形成了一种等级制文化。这种制度开始与法国的制度相近，它有着全国一体的标准，人自12岁起职业生涯就被确定下来了。美国古老的学术世界和它为人在任何时候开始做任何事所提供的机会——尽管很少进行什么鼓励，[349]但也不存在什么障碍——都逐渐消失了。在大学里，才智和成就的声誉相应地提高了。如今最受尊敬的学生不是社交明星，也不是运动健将，而是那些在大学所主要致力的目标上的成功者。

没有人会怀疑这种压力所造成的一些效果是有利的。我们在更好地利用我们的资源,对才智的普遍尊重有所增强。大学已经处在美国生活最重要的位置上,有越来越多最优秀的年轻人想要献身于这个领域。所有行业都要求受过大学教育的人,这些行业都在大学的研究成果中寻求其发展的新方向。大学在应对社会需求上成了全能的和敏感的。不过,就其本身而言,大学却未怎么成为对那些永恒的问题——它们常常在日常事务的忙乱中被人们遗忘——进行安静的沉思的禁脔,也未怎么成为那些以理智地阐明最重要的事情为惟一目标的学科探究的禁脔,而是更多成了培训高品质的专家的中心。这种变化被一个名称的变化弄得神圣化了:过去的大学(university)现在变成了巨型大学(multiversity)①。

正是在这里出现了问题。巨型大学对那些渴望理解最严肃的问题——特别是人为了过一种善好(good)的生活而对自己因循的道路产生的怀疑以及正义的自然这些问题——的学生来说并无吸引力。这些问题不是技术性的问题。技术教育认为这些问题总的说来已经通过接受现状被解决了。对于大多数满足于求职、而未感受到要从总体上对自身或整个社会进行反思的呼唤的年轻人来说,这不算一种特别令人困扰的情况。但对那些最值得关注的少数人——他们可以成为领导者、开拓者和革命者——来说,这就是一种令人不满的重要根源。他们在其最关心的问题上无法找到受教之地。各不相同的专家加起来并不构成整全,那些最优秀的学生必须到别的地方去进行自我教育,满足他们的渴求。

我冒昧地认为,1965年的校园骚乱很大程度上是我们的学校在品位、情感和思想上对年轻人中的精英教育失败的结果。他们对什么是重要的东西的感受——它只能被称作一种感受,因为他们的自我教育还不足以让他们获得什么是重要的东西的知识——只能通过非政治的

---

① [译注]巨型大学,由多所学院、系科组成,并同时从事教学和科研等活动,由美国前加利福尼利亚大学校长 Clark Kerr(1911—)所开创。

政治来获得满足。一方面,他们在粗浅的[350]存在主义基础上,在他们随便捡起的一种时髦、但未经深思的世界观的基础上,反抗资产阶级社会;另一方面,他们反抗大学的冷漠。他们的那些抱怨是缺乏教养的,但它们恰恰反映出对某种缺失或匮乏的意识。他们想引起更多的注意,而很少去顾及等级之分;他们想要更多的自由,而不想承担改变景况的道德责任。

这并不对;但这是他们在为自己所未曾经历过的目标寻找手段时所尽到的最大努力。我相信这种骚乱不会发生在学生在他们之所学与他们所希望过的生活之间感受不到巨大脱节的学校中,不会发生在哲学和神学的那些亘古问题被诚实而认真地对待并在课程中占有中心位置的学校中。当学生相信自己正在准备那些他们知道必须去面对的问题时,他们就不会莽撞行事了。我们教育机构的形势是被它们所要求的高标准的效率所确定的,被响应某些专业化、技术性的挑战而出现的要求——这种要求在某种程度上与自由教育的要求是相反的——所确定的。对这个天平的校正则是自由教育在未来的巨大责任和机会。

现在这一代学生是独特的,他们的观点与其教师大不相同。我这里指的是在最好的学院和大学里的优秀学生,自由教育主要是面向他们,他们是以最可能的优秀素质为前提的教育对象。这些年轻人从未曾经历他们的父母在大萧条时期经历过的对简单的物质满足的焦虑。他们是在舒适中长大的,他们还期望不断增长的舒适。因此,他们在很大程度上对此是没有感觉的;他们并不以获得了这些东西而骄傲,他们不会让自己陷入为获取这些东西所必需的那种琐碎的、有时是畸形的关心中去。因为他们并不特别在乎它们,所以,他们更愿意以宏大理想的名义放弃它们;事实上,他们渴望这样做,希望以此证明他们并不附属于这些东西,而是面向更高的召唤的。简言之,这些学生是一种民主版本的贵族。近二十年未曾中断的繁荣赋予了他们这样的信心:他们要谋生总是可以的。所以,他们准备承担任何事业或冒险——如果能够让它显得是严肃的话。传统、家庭和挣钱的责任这些束缚是很弱的。伴随着所有这一切的是一种开放的、大度的性格。他们想要成为杰出的学生并对他们所能学到的任何东西都极其欢迎。关注一下这个特殊群体,[351]会有助于对这个国家道德的和知识的健康作出充满希望的预测。

不过,很难想象一代人在根基或真正的教育上处于如此不利的地位。他们的口味全然还未塑造出来,灌输给他们的东西使他们具备了能力却无法让他们感动。学生们对世界的解释来自报纸和传说;无论是教会和家庭,还是学校,都提供不了更多的东西。比如,学生们懂得数学,但那被当作一种技能,它并不能激发起他们的理论生活。他们也无法将它当作理解自然进而理解他们自己的一种工具。

过去的初级教育不完全是知识教育,它致力于将信念的标准和深度教给年轻人。如果进一步的学习改变了信念的内容,那是基于这样一个出发点,即它提供了兼具包容性和严肃性的模式。而今天,宗教、哲学和政治在人们性格形成的年龄所发挥的作用已很小了。我们确有着开放性,但那种开放性是为后来的漠不关心准备的,因为年轻人对深刻的东西很少有深切认识的经验——我们尚未准备好这种土壤。简言之,西方遗产的大部分通过充满生气的学校及支撑它们的书本从一代传到另一代,但传到我们这代的年轻人这里却已经不再知晓或觉得无意义了。多数人来学校是准备学会这样那样的专长,而余下的生活就被放任自流了。他们并不期望改变他们的口味、乐趣或生活方式。他们打算惟一要变得不同的是他们要掌握一门专业,使他们在社会上有一席之地,并允许他们享受其好处。只有少数人来学校是为了培养一种对"意义"模糊的渴求。

这代年轻人在大学所发现的是在眼花缭乱、各为其主的领域中令人昏眩的一批课程。他们的教授是典型的职业群体成员,这些教授投身其中的是被他们的职业认为重要的专业研究。教授们对那些领域相互的关系几乎没有什么反思,他们各不相同的研究前提很可能是相互矛盾的。

大学教育的这种状况反映在研究生院中。研究生院是现在大学最受尊重并被假定处在知识前沿的地方。年轻人在此成为被专业学科所捕获的战利品。他们在什么是真正重要的东西、为了做一个人和一个公民应该知道些什么的问题上得不到真正的引导。在多数学校,学生被迫在头两年期间在好几个学科修课。但这只是将他们引导到作为一门专长的学科那里去,[352]帮助他们决定其想从事的专业,并将一些很快会被忘记的东西塞进他们头脑里——那是业已堆得满满当当的储物间。他们也上选修课,但这些课程通常是在仓促之间被选择的,仅仅是补充一点表面的一般教养而已。一门科学专业的学生也许会研究一些中世纪的诗歌,一个学哲学的人也许会学一些原子物理学,但这只会引起一时的激动,绝不会有助于对其专业学科的理解。

自由教育的问题是专业化飞速发展的结果,这是老生常谈。专业化是如此众所周知,以至于一些不落俗套的人开始在否定它。不过,说专业化是对的,因为它是对一个人学生时期所作的要求。但更重要的是,说它之所以对,是因为为了让所有这些专业进入课堂并给予它们所要求的平等地位,所有让人感到统一和等级的东西都不得不被废除。在这一体系中惟一可见的原则就是宽容原则,每个领域都尊重其他领域的权利和尊严。应该被大学所承认还是应该从大学中清除出去的惟一标准是传统,而公众要求和机构支持的压力却能够很容易地克服传统。

一个大学的管理者——他不得不不偏不倚地领导一批学科——杜撰了"巨型大学"这个词,这并非偶然。这个词以否认这个问题的存在的方式来解决它。一个高等院校是一系列部件构成的,这些部件并不构成整体,或者说这些部件的整体超越了任何单个人的视野,而且是被一系列偶然因素所决定的。哲学和神学,古代被冒称为科学之王,它们如今已经被废弃了,或者民主化了,接受了与它以前的臣民处于同一等级的位置。这不是说大学代表了多种相互竞争的生活方式,而是说它什么也提供不了。每个人都一样,都在追求这个体系所安排的某个目标,每个人只是在他代表机器的不同零件上有所不同而已。

大学曾经代表的是一种对生活目的的看法,大学所从事的研究指向的就是那些目的。它们是鼓励进行更高的人生选择的禁脔。成为虔敬、聪明或审慎的人就是目的。在不同的时代中，或是这个或是那个目的占据着主导，或是它们相互开展竞争。纯粹技术性的东西不关大学的事。而今对这些目的的一致认同消失了。但那还不是问题的严重所在。毕竟，大学还可以是讨论这些问题的地方，是人们明白要以有教养的方式参与到那种讨论中所必需的东西是什么的地方。

严重的问题在于，我们的研究甚至不再能提出这些问题。事实上，许多教授也会谈到[353]重大问题，但很少人是把它们作为研究的结果来讲的。他们是以私人身份说起的；他们的学科在那些被承认为如此重要的问题上很少有什么教益。细枝末节被众所周知，而重大问题却被留给了激情和私人的口味。大学比以前掌握了更好的达到目的的手段，但大学从未像现在这样对这些目的视而不见。

问题的根源在于现代自然科学。从表面上说，它会产生这种影响是因为它需要如此多受过很高教育的从业者来满足重要的社会需求和政治需求，这些需求是从属于理论的。科学研究使大学充满了显然从属于理论研究的那些专业人士和学科，尽管它们对于实践目标是重要的。极少有人具有真正适合科学的禀性，从事自然科学的新成员的多数因此仅仅是技师而已。但他们作为多数却使大学的氛围得以奠定。那种研究大多在理论上没什么重要性。是这一切产生了这种影响；如果在这个领域没有政府巨大的努力，如果大学不愿意承担几乎所有的负担，那毋庸置疑，在大学一体性上的努力就会大大地被降低。

但从更深的方面来说，使大学产生了几乎不可填补的鸿沟的，还不是自然科学的运用，而是它本身的变化。两种文化这种粗略的说法表达了这种困难。用当前流行的话来说，在科学家和人文学者之间的差别是相对晚近产生的现象。事实上，始终会有人对政治和诗的兴趣比对宇宙的兴趣大，反过来也一样。但人们始终也可以理解一点：这种人是不完整的。这不仅仅是在他们不懂得他们作为一个人可以知道的一切的意义上说的，而且是在这个意义上说的：一个人如果没有被放在他作为一部分的自然的背景中去看，就不可能懂得人；上天也不可能被不理解上天的观察者的人所懂得。并不存在从不同的前提出发、采用不同的方法、到达不同的"真理"的两个世界。学科按照各个主题被划分开,而这些主题是可以作为整全来把握的东西的内在组成部分。

但在最近这个世纪前后,自然科学不知怎么就变成在形而上学上中立的了,并将它们从哲学统一的掌握中解脱了出来。它们的结论是如此远离日常生活的常识感,以至于这两者似乎是绝望地互不相干的。科学显然很少告诉我们,世界对我们意味着什么,尽管它对我们去掌握世界是至关重要的。而人文科学则不可能在不扭曲它们自身的情况下达到自然科学所要求的严格性,[354]故而,它们就失去了科学可给予的信心和权威。在科学与人文科学之间的这种区分是人文主义者做无望取胜的斗争之举,他们企图通过给科学推理设置限度来保护自己不受科学毁灭性的攻击。这条马其诺防线(Maginot Line)仅仅是在切断了人文科学惟一的解救根源——自然的支持上取得了成功。

科学研究以前是通向对最具广含性的原则的理性讨论的最确信之路,现在却几乎不再能在那个方向上起引导作用了,一个自然科学博士本身几乎不再等于是一个聪明人。人文科学还努力作这样的声称,但它们在没有自然的理性基础的情况下几乎无法证明这点。对人的任何人文解释始终受到来自某种心理学的相反解释的威胁,这种心理学是根基于现代理论科学的;人文科学并没有独立的地位。在我们对世界的理解中存在着裂缝,这必然表现在大学及其成员中。这两个世界各自独立地展开。这种情形不会因为科学家应该读诗而人文学者应该学热力学第二原理这个建议而得到缓解。这两边看来在他们按照现在所构想的学科研究中并不相互需要。一个人成为科学家不需要人文科学的训练,而一个人文学者也不需要成为具有科学训练的人文学者。这对科学来说尤其是如此,在科学辉煌的分离中,它们继续按自己的标准不断进步。这两种学识和两类人都存在于大学里,但他们没有重要的关联,他们的关系更像是紧张的行政关系。

学术界的这种裂缝是我们时代最具决定性的知识现象,而且没有轻松弥合这种裂缝的办法。它是自由教育危机真正的根源所在,而对那种危机的认真研究就是自由教育本身。我在这里只能讨论当它面对研究生时对大学产生的影响。一般而言,研究生的导师不会感到大学缺乏一体性是一个问题,因为他们已经就他们的生活做出了选择并确信他们的领域是重要的。他们希望在这些方面领先,而他们研究的特性——特别表现在科学上,也在人文学科某些盲目地、无必要地模仿自然科学的方面表现出来——将他们导向越来越小的研究题目,远离了学生的取向和问题。学生真正被要求相信导师对领域的选择并学会研究方法,但他从一开始就得明白他所期望的未来成就只可能是片面的。[355]他的老师们很大一部分主要是作研究,教学只是其次。这些老师的研究建立在别人的研究基础之上,以至于他们从不曾或在很长时间内提不出首创性的问题来。

但与这种潮流不同的是,一些教育者和公民还坚持认为存在着对人作为人的教育——一个人不可能被铸造成一小枚硬币后还仍会是人。他们意识到,惟一活生生的知识统一在人的头脑中,而三十个人即使每人具有牛顿或卢梭知识的一部分,加起来也并不等于是牛顿或卢梭。学生骚乱给了这些教育者以鼓励;大家的注意力又回到了研究生的问题中来,这些问题在专业主义明显占上风的时期似乎已经被遗忘了。

资金和大学管理者的时间现在都投在了研究生教育的改进上。无论是否愿意,这本身就是在承诺:将注意力放在研究生的问题上,这是在相当程度上要求考虑对一个人总体的塑造以及超越专家的出发点。当然,目前提出来的改革多半回避了这个问题,而仅仅是屈从于学生不合理的、不恰当的要求,比如撤销大学对学生行为的所有控制,或承认学生有权参与本身属于教员责任的问题的决策。在某些情况下,我们可以推想,教员和行政人员在不承担对学生政治和道德行为的责任上形成了默契的同盟,只要那不会太严重地影响校园生活。他们给学生生活提供的这种补充是他们在教育上思想贫乏的必然结果。在这方面对年轻人的培养不再成为大学的责任。学校常常努力提供更多的教室、更小的班级和更多的师生接触,所有这一切都是可取的,但也是无关紧要的。

每当实际讨论到自由教育的课程应该是什么样的时候,就存在着严重的观念贫困。似乎整全性的学习内容在专家的包围之中已经枯竭了。对逐渐消失的通才有种种说法,人们认为我们至少应该努力模仿通才的广博性,但这种人是什么样的人却被普遍误解。他被看成是一个博学者,是有好奇心想知道每个领域的事的人;而在他以前所处的时代中,对于一个特别有能力的人来说,没有哪个领域会大到要求他终身投入的程度。现在各个领域都变得特别复杂,充满了各种细节,以至于我们都面临着在掌握一个领域周详的知识与对许多领域表面的熟悉之间做选择。[356]如果真是这样的话,那要做的事就很清楚了,自由教育已成明日黄花。

但这个所谓的通才并不是一个在诸多学科中自在的浏览者。像亚里士多德、笛卡尔和莱布尼茨这样的人自始至终的独特兴趣都在于某些基本的问题,这些问题并不属于任何单一的领域,它们以什么是知识、什么是善好这样的问题为前提。他们并不必成为所有技艺的实践者,就像一个建筑师为建一幢房屋不必成为一个木匠和砖瓦工一样。建筑师必须知道每个从属性的技艺可以做些什么,它们如何才能适合整体的规划,但专门的技艺依赖建筑师对整体规划知识的程度要远超过建筑师对他们的技艺的依赖。建筑师不是专家,却对专家有着关键的助益。

类似地,让通才感兴趣的那些问题,就它们使人了解到整全性的问题而言,它们是贯通各个专门学科的。它们对那些专门学科的帮助是它们更宏大视野的结果。这种可能性在今天就像过去一样存在着,要将它变成现实比起盲目发展许多新领域来说更为必要。我们得承认,那种现实化在今天更困难了,但它可以这样来实现:认真地研究一两个与整全性问题相关的领域,经常详细讨论其他领域,坚决地去除无关的东西,其目标是使其结论有助于我们理解整全及从整全角度来理解那些结论的合法性。

我所说的是,那些关乎所有事物的基本原则和善好生活的自然的问题如今像过去一样真实,这些问题构成了一种不包含在专门学科中的研究,尽管那些学科也预设了这种反思。通才擅长的就是这种建筑性的学科,他对各个领域的助益是他更宏大的知识的结果。他是惟一通过他的研究的特性面向整全的人,是一个具有想达至完满的人本身的知识关怀的典型。无论我们特定的问题使得他的探究是多么困难,这些问题总是存在着,而我们只有通过思考一下这些问题才会自知。

这就是当我们反叛的学生想仅仅凭感觉这条轻松途径来理解整全时所直感到的东西,这就是当专业化占据主导时所失去的东西。每个专业都愿意随着当下的事态而推进,而避免停留在一开始的难题上。它们都喜欢作出自足的样子并把哲学兴趣视为对各学科的浅薄涉猎。世界被各个学科切割开来,[357]没有什么东西能幸免。被遗忘的是切割本身这个问题,被遗忘的是每个学科除了其学科开拓者合乎正当地证明的对学科领地的占有之外,还存在着更多的东西。如果说我们现在已经脱离了提出这种问题的思考方式,那在这种传统的文献中还存在着它的模型。故而,我们第一步就是要研究那种文献,弄清以前的努力是否足够,如果不够的话,再判断为什么不够。如果不这样做的话,我们就仍是建立在大学中的学科划分的那种传统的囚徒。这真正是事关自由教育的主题,只是被我们眼前的事态弄模糊了。

现今人们普遍同意,应该给整全性研究的课程留出时间,但究竟什么时候来填补这些研究,却很少被谈及。整全性笼罩在特殊性的阴云之下,这给人们留下的印象是,除了专家外别无他物。有人建议要包容异乎寻常的专家,但异乎寻常的专家仍是专家。最有特色的解决方法是索性放手,假借自由的名义让学生做任何他们想做的事,构筑他们喜欢的任何计划。在最近两三年,在常春藤名牌大学中最令人注目的改革是让所有学校不得不解决为学生提供更多自由的问题。分类的要求正在被放松或被完全放弃;一个学校让它一些最好的学生将他们最后一年的时间花在做他们感兴趣的事上;还有人建议这些学生可以在校园外待一年,也有人想要允许出色的学生如其所愿地尽早毕业。

所有这些计划都是大学失责的表示,是大学对教育学生的功能的放弃,是在有关学生应该学些什么东西的决定上的逃避。当然,没有哪个专家会产生任何这样的问题,结果,那个固定的中心仍在支配着学生的学习课程。所谓这种自由使学生更自主的说法是有待证明的;肯定还存在着使他们负起责任的其他方式。

没有人会反对自由,但人们疑惑它是否真的能带来自由。学生可以随心所欲地去做,但如果存在着的只是天性会在我们时代中繁殖的东西,那他们就会远离那些稀罕的替代方案。怎么能期望学生知道几乎未在他们周围看到过的重要的研究领域呢?除非大学鼓励和重视那些重要却被忽视的东西,否则,这些东西就不会被保存下来,就不会引起学生们的注意。大学要对塑造学生的气氛负责,[358]在什么应该或不应该是那种气氛的组成部分这个问题上不做决定,实际上是决定让社会上的流行东西在很大程度上来支配大学。大学不应该强加给学生某种单一的研究课程或生活方式,但它必须保证不同的、严肃的替代方案可以在其中找到位置。现在那些有权力设立课程的人所做的几乎所有建议完全缺乏实质内容,而仅仅是组织的技巧。

通向自由教育的另一个有特色的新路向以贝尔(Daniel Bell)为代表,他企图通过在所有学科中找到共同的因素来斩断由整全性的关怀与专业化之间的紧张所产生的戈尔迪之结(Gordian knot)①。这问题被看成是方法问题,因而恰当的教育就是讲求研究的技巧。这个路向的问题是,它太远离学生或其他人最初的自然问题。方法是次要的东西,是研究让人感兴趣的问题的工具;人们所采用的方法取决于问题的特性。在贝尔先生的文章②结尾对黑格尔的漂亮引用似乎与贝尔的论题相违。黑格尔认为最大的危险在于我们所说的概念化,因为具有现代思想特色的抽象概念抽空和扭曲了现象。黑格尔心中的模型是希腊人,他们有着对方法论出名的不讲究,以及直接的具体性,并最具丰富

---

① [译注]戈尔迪之结,希腊神话中弗利基国王戈尔迪打的难解的结,按神谕,能入主亚洲者才能解开,后马其顿国王亚历山大挥剑把它斩开。

② 载 Robert A. Goldwin 所编《高等教育与现代民主》(*Higher Education and Modern Democracy*)(Chicago:Rand McNally,1967),页 121 – 39。

的自然意识。这才是恰当的出发点。理论和概念则可以按照这种意识来被考察。

在我们开始研究科学心理学的方法之前,应该在见识形形色色的人上有丰富的经验;否则,就只可能在人那里看到我们的心理学所允许我们看到的东西。通常而言,对方法的关注意味着接受现代自然科学的技术及其在社会科学中的应用,因为方法的中心性是与新的数理科学的发展联系在一起的现代现象。方法本身实际上是将先在于它的各种主题用新的方式贯通起来的产物。方法的中心性是否适用于对人的研究,还是个问题,这个问题应该先于任何方法论的研究。各学科在方法论上的共同之处只能被化约为相当单薄的东西。若将注意力集中在方法上,在相当程度上就不再会接受各个学科所做的事,不再会研究它们是如何去做的了。

[359]更为重要的是这样的问题:心理学的前提和结论是否与物理学或法学的前提和结论相合,如果不合的话又该怎么办。可以肯定的是,国家是什么,个人对国家的责任是什么,什么构成善好,这类问题优先于社会科学家对发展中国家的研究方式。这些问题不可能被很快地解决,而需要时间、关注和持续的研究。他们是一直被预设了答案却很少被找到的问题。

容易看到,这些问题在今天与在苏格拉底时代是同样的。就是这些问题是永恒的,对它们的思考塑造出了严肃的人。在学生那里保持这些问题是大学的作用。思考这些问题的课程不应该以对这些问题的隐含答案——它排斥其他可能的替代方案——为基础。这么说也许是有道理的:"方法"或"概念的更新"是这些高深的学科的核心;或者说,虽然"价值充斥在所有探究中",但如贝尔先生所说的,一门课程不应该认定这些断言的真理性。这些断言只是一种特定视角的产物,而对这种视角应该与其他视角一视同仁,因为在这些不同的视角中,知识的这些领域会看上去非常不同;柏拉图也许只是反映和表达了古希腊的"价值"。但是,这种情况同样是可能的:即柏拉图明白了永恒的真理,而我们对"方法"的兴趣及"价值判断"的概念却只是反映了我们时代某些一时之需而已。

用贝尔先生的框架来看问题并不比用其他人的框架来看问题更合理。那个框架看似开放，但它实际上是以非常狭隘和教条的假设为基础的。惟一真正的开放性在于用思想最深刻的视角来看这个世界，即试图将那些视角理解成它们的创造者所理解的那样，而不是使它们去适合一个预定的框架，不是强迫它们对我们也许被误导的关怀作出反应。恰当的课程学习应该从抛开贝尔先生那样的假设开始。在必须去做的事情上没有什么奇迹或新鲜之物。老问题应该被弄懂，它们与我们特定的处境的关联应该被弄明白。可以这样来最恰当地做到这一点：使课程的中心围绕一直在被谈论的最好的东西，教师就是准备让学生的性情、想象和智力去接受那些教诲。

因为这个原因，那些使用一些所谓经典来教学的大学——诸如威斯康辛实验学院（Experimental College at Wisconsin）、圣约翰学院（St. John's College）和[360]芝加哥大学学院——成功地在学生中激起了最大的热忱。那些书包含着许多对人的自然最深刻的反思，与它们的接触是富于启发的知识和道德经历，它们对那些被带进来的人有巨大的解放作用。

关于读经典之路上的不足已经说的很多了。主要的批评是它太书呆子气了，即它是从书本而非事物开始的，它似乎把所有伟大的东西都放进了一个单一的、不适当的范畴中。它不可避免地要使学生囫囵吞枣。对书有很好的理解，即使读的数量少些，也比匆匆忙忙读一百本书好，因为千变万化造成的影响可能会对所有东西都没感觉了。即使如此，那些提出这种课程的人在美国的教育者中已经几乎是孤独地指明了正确的方向。他们的指导思想是要暂时忘记时代所有强加的关心，而去塑造有思想的人。他们明白，确立这种教育是在提出根本的替代方案，而对这些替代方案的意识是在现代民主社会中最受威胁的东西。

读经典的道路现在除了圣约翰学院外几乎在各地都消失了。但无论这种课程固有的缺陷是什么，都无法阻止它成为近年来美国本科生可上的最好的课。说它远离职业的专业兴趣和大学里已获稳固支持的倾向,这与其说是对圣约翰学院的批评,不如说是对美国高等教育的批评。如果不是学生坚持的话,这幅图景就确是黯淡的。很显然,自由教育的观念依然存在着,我们世界发生的所有变化都还没有使这样的教育不再可能。

我们学生最需要的东西是训练阅读一些位于伟大传统中的著作,这个传统可以给他们严肃的而非假冒的整全性的模型。这些书能把各种研究整合起来并将它们与生活的关联作为一个整体来呈现。这种书提供的不仅仅是知识教育,而且是道德教育——就它们使读者涉入对过善好生活的关怀而言。它们使其品位优雅并对其经验提供了另类的解释。它们是学生们得以沟通的主题。今天学生们已没什么谈的了,因为他们的学习没有给他们什么共同之处。这些书不应该作为文学、政治学或史学的组成部分来学习,而是将它作为对所有这些都有益的书来学。

自由教育致力于[361]细读经典文献的规划既要在永恒的某种保证下获得支持,又要在现代系科的参与上获得支持,做到这点的惟一方式是这样来构建这个规划,即在通过它本身的结构来维持对整全的关注的同时,继续鼓励专业本身的发展。不应该要求教授将时间花在与他们的专业兴趣没什么关系或不能满足职业能力标准的课程上。他们应该去教他们的学科,为追随它而开展竞争,但他们的教学和竞争是被放在这样一个背景中,即他们被迫将其学科与某些整全性的问题关联起来,并说服那些一直不相信这些整全性问题具有帮助其理解专业学科的重要性的学生。(这还附带有这样的好处,即教授们会有将他们的工作与非职业的常识感关联起来的经历,这种经历也许会是有益的。今天这被做得越来越少了,正像教授们越来越多地生活在专业化的学院中,再也提不出首创性的问题来一样。)

康奈尔大学正在构想一个用当代大学的资源来克服今天自由教育的障碍的规划。这个规划是一门古希腊的研究课,其目的是吸引一个被特别挑选的学生群体——大学新生和二年级学生中的3/5。之所以选择刚在学院里过了头一两年的学生,是因为他们那时是最开放的,可能在这些早期经历的基础上选择他后来的专业研究方向,此后他们再从其主修专业的角度来判断一切。这两年并不与专业冲突,因此,不会触犯那些既得利益。这个规划会替代广遭批评的"分类要求",并给学生充实而有益的内容去填补时间——有那么多的人感到时间被虚掷,时间的空洞就产生出缩短学院生活时间的建议。学生们会有自由选修课满足其打算从事的专业或追随可能有的任何兴趣的技术要求。

这个规划的内容是简单的;没有巨大的教学法革新。学生们会参加一系列希腊的哲学、政治思想、文学、历史、数学和科学的专题讨论课,还会有一个关于希腊艺术的夏季学期。他们这两年要强化学习希腊语。规划希望会有高标准的准确性和集中性,将学习集中在一些重要文本和很短的历史时期里。规划期望学生能够(1)懂得希腊;(2)在获得一些广博的学科训练的同时明白它们之间的关系;(3)熟悉[362]在西方思想源流和传统中所启示的永恒的问题。它希望学生对整全意义上的伟大的敏感会由于对其某一种形式的掌握而增加。在他们的经历中不会有矫揉造作的东西——从各方面来说,他们所学的都是实在之物而非学术的杜撰。

资深教授在什么程度上会对这样的规划表现出热情,这是引人注目的。许多著名学者都渴望参与进来,因为它允许他们在满足就他们所知的研究生的需求的同时,还满足了他们的学术良心。虽然这个规划并不打算在它之外的地方起引导作用,但他们还是禁不住希望一些优秀学生会被他们的学科所吸引,他们此外便别无吸引办法了。看来推行自由技艺规划最好的策略是使一小群已有一些共同兴趣的教授参与进来,而不是努力建立在大学范围内推展的规划——这些规划必然侵犯到已被承认的利益,因而很少有维持下来的希望。其他的规划可以按照类似的路线来构建,因此可给学生带来多样的受教选择。这些选择结合了专业的稳定性和哲学的开放性,避免了与某种选择体系连在一起的方向的迷失或一体性的缺失。

这并非人文主义的规划。科学也是其内在的组成部分。学生不可能"人文主义地"或"科学主义地"来探讨这种主题。每个部分都是希腊思想中整全的一部分。人可以成为什么,这是由科学对人作为一部分的自然的了解程度所决定的,而科学又是由对人的了解所引导的。要承认的是,对自然的任何理解,不包括人就是不完整的。学生将来可以不去研究科学史或"希腊的自然观",但可以学会像欧几里得或托勒密那样去解决他们的问题。虽然这不会使他们因此熟悉当代科学的运转,但可以使他们明白科学始终要提的那种问题,使他们可以判断科学所做的与人所相信和知道的其他东西之间的关系。也许,一些学生还可能在多少有些不同的古代科学中发现现代科学要问的问题呢。

这不是要取代对现代科学的结论的学习,但它可以给那些不从事科学的人以更有意味的科学推理的经验,它比他们从介绍性的自然科学课程中可能得到的东西更能去真正反思科学的目的。对那些有意向[363]要成为科学家的人来说,这种附加的研究也许会证明它本身是更值得的,因为整个的科学事业在古典思想中都得到了详细而清晰的讨论,他们会去思考科学的目的,它本身的应用,它的限度及它与其他重要生活的关系。这种规划超越了"两种文化"的鸿沟。

在今天的流行讨论中,几乎一切的目标包括大学的目标据说都是多样的。多样性并不仅仅是回避讨论什么是善好的一种方式,在这个意义上,我们也可说在自由社会中,许多高雅的或高贵的生活方式必然为人们的多样选择而存在着。但将焦点放在多样性本身上就是自欺欺人。因为,一种崭新的和严肃的生活方式要能出现并维持下来,它的创立者必须相信它的真理性和它高于其他的选择;因此,他们就不可能认为想要的东西就是多样性。这种追求绝不会是对多样性的追求,而必然是对真理的追求——在最高的善好和生活目的上的真理。多样性会照看好它自己的,会赋予人不同的才能和性格。但我们绝不要老是在多样性上喋喋不休,却不怎么顾及人与人之间的真正差别。的确存在着专业的多样性,但它表现出的是某种更单调的方面,因为实践者在生活原则上并没有什么差别。虽然工厂工人在许多任务上有分工,但他们可以是也通常是有类似品味和信仰的人。如果说在所有礼拜堂的布道从根本上是同样的,那么,存在的许多小教派会构成宗教上的多元论吗？我们在这种几乎只可说是数量的意义上是不同的,但睿智的观察者会说我们都是相似的,因为我们多数人确立的都是某种来自我们的政治和经济体制的生活方式。之所以如此,是因为没有更好的(faute de mieux),是因为我们无视替代物或因为我们被告知所有的替代都是对的或都是错的。

要对这种专业化的多样性作补充,就出现了可以被称为是反常的多样性。作家在对寻求利益和多样性这种荒漠的逃避中,接纳了可能与我们一些人冲突的含混的独特性。但这也变得乏味了,因为光偏离了就没有深度;一旦我们朴素的好奇心耗尽了,我们就会发现它比仅仅是"规范的"更无趣。

再说一遍,惟一真正的多样性来自在终极目的上原则的不同——比如,在得救、智慧或荣誉是否最好这个问题上严肃的思考和信念。这是我们所缺乏的,而维持对这些最高形式的替代物的意识就是大学的作用所在。我们所有的是自由的消极[364]条件。我们的年轻人可以随心所欲地去想或做。但为了非同寻常地行事,就得有思想,这是他们所缺乏的。他们本可以接近过去的所有思想及其引以为荣的典范,但他们却没有被教会认真地去对待它们,就像对待他们自己充满活力的可能性一样。这正是我们的教育体制的问题。

(应星 译)

大学的民主化

[365]"你也像许多人那样,相信真有什么青年人被诡辩家所败坏,相信真有什么诡辩家以私人的能力够得上对青年人的败坏?说这些话的人自己难道不正是最大的诡辩家吗——不正是他们自己在最成功地进行教育,在按他们自己的意图塑造男女老少吗?"

"但那是在什么时候呢?"阿得曼托斯说。

"每当许多人或聚到一起开会,或出庭听审,或到剧场看戏,或在兵营训练,或参加其他任何公共活动时,他们就利用这些场合大呼小叫,或指责或赞许一些正在做的事或正在说的话,无论他们的指责还是赞许,无不言过其实;他们鼓掌哄闹,引起岩壁和会场的回声,闹声和回声互助声势,变得更加嘈杂。在这种场合中,如常言所说的,你想一个年轻听众的心灵会在什么状态下呢?有什么私人给他的教导能站得住、不被众人的指责或赞许的洪流所卷走?他能不因此跟着大家说话,大家说好他也说好,大家说坏他说坏,甚至跟大家一样地行事,并进而成为他们那样的人吗?"

"苏格拉底啊,这是完全必然的。"他说。

"有一个最重要的'必然'我们还从未提到过呢?"苏格拉底说。

"哪一个呀?"他说。

"这些教育家和诡辩家在用言词无法说服的时候就用行动来强加于人。你没听说过他们用剥夺荣誉、罚款和死刑来惩治那些不服的人吗?……那么,你想有什么别的诡辩家或私人的[366]

言论可以与之对抗并取胜呢?……连起这种念头都是一个大傻瓜。"①

现代大学就曾是那样一个大傻瓜,它企图建立一个反思和教育的中心,这个中心独立于政制及其原则的普遍影响,不受无论是粗糙的形式还是精致的形式的公共意见的主导,而是致力于不带偏见地探求重要的、广泛的真理。它曾要成为公民社会中的独立之岛,一个至高无上的文人共和国。它试图证明苏格拉底关于他与统治者——无论统治者是君主还是人民——同舟共渡并很快就不得不分享他们的品位与生活方式的声称是错的,故而,思想者必须将自己的心灵和思想从当下的派别激情中分离出来,以使他自己摆脱偏见。现代大学的基本前提是思想自由可以在不被公共激情所威胁的整个学术共同体范围内存在着,大学可以在保持学术诚信的情况下提供服务。学术自由是要去保护学者免遭对其独立性的最粗暴的践踏,它设计使学者从私人的孤立状态走进公共的制度中——终身教职就是现代大学这个原则最明显的表示。

从前,民主制被看作特别需要大学的启蒙作用,这既因为民主制必然有大量未受教育的统治者,又因为公共意见在民主制中占据着主导,而不再有贵族阶层发挥平衡作用了——这个阶层本可以整合不同的原则,异议者的修补意见本可以得到它的保护。大学的出现是将优秀与平等、理性与被统治者的同意结合起来的手段。但恰因为大学对民主制是如此必要,所以它在那些平等具有了某种宗教性并能够唤起所有的狂热因素的国家中就会特别受到威胁。之所以会这样,首先是因为民主制的根本信仰是很难探究的;去迎合这种政制和大多数人民是难免的事。民主制的谄媚成为某种巨大的诱惑,要抵御它并非没有困难和风险。其次是因为,无论是否愿意,大学在某种意义上是贵族制

---

① 柏拉图,《理想国》(Republic),VI,492a - e。[译按]此段中译参考郭斌和、张竹明译本[《理想国》,商务印书馆,1986],有改动。

的——不论是从这个词的习俗意义还是从其自然意义上看。尽管存在着广泛的限制,但与穷人的孩子比起来,大学不可避免地要成为有钱父母的子女更容易接近的地方,它在对来自大多数、有着各种品味的男男女女进行塑造,而切不可忘记,大多数人才是真正的统治者。[367]大学被看成是要教育那些有更高智识的人,确立多数人不可能达到的成就标准。这就只会激怒民主制的感情。

对我们的大学今天在发生些什么事,最显见、最综合也最真实的解释是,对民主制的某种激进的平等主义获得了对自由的大学最后的残余物的胜利。这种平等主义坚持民主社会的目标并非机会平等而是实质平等。它有着对于劝服其信奉者所必需的种种说法:它认为实质平等是可能的,这种平等未成为现实只是邪恶的特殊利益的结果;它无法容忍人的品性之间哪怕是一丁点的差异。它宁可接受某种集权主义的政制而不愿接受由财富、地位、教育甚至天赋所带来的利益未能进行平均分配的自由主义政制。倾力于某种人文教育和高标准的自由的大学已经几乎被巨型大学(multiversity)所吞食了,那种巨型大学致力的是服务于共同体及反映选民的愿望。

现在大学已经成为自由的民主制与激进的甚或可说是集权的平等主义之间展开争斗的战场。因此,不仅仅是因为大学是新闻的焦点才使它们在关于美国是多么民主的任何讨论中成为中心话题的,而且也因为它们在教育我们年轻人中的佼佼者,而现在这些人在年轻人中已经超过半数;因为他们的教育最终将决定这个民族的思想;因为在这方面所进行的斗争关系到对我们制度的意义及其好坏的解释。所有这种争论都发生在民主制的背景中,因为无论是我们政制的支持者还是批评者都接受这样一个前提:民主制是一种合法的政制,惟一的问题在于美国是否有充分的或真正的民主制。

大学逐渐的政治化可以部分地从整个社会对此所表示的关心程度看出来。政治人士常常在谈大学,谈它们应该做什么,不应该做什么。大学已失去了中立,也失去了对其命运的控制。从前大学的课程事务与学生行为被认为完全是大学的内部政策事务。如今,大学的使命感已经消失,与此并行的则是大学成功地唬住或激发了政治共同体。健康、教育与福利机构的前任秘书长菲尼希(Robert Finch)甚至走到了对终身制——学术自由的核心提出抨击的程度。[368]他追随专家和学生中的激进派,尖锐地批评说正是教员最可能顽固不化地不去试图使大学对当下的关怀作出反应,而终身制则是其护身符。他对教员的定性如同马克思对资本主义制度中的资产阶级的定性一般。在他看来,他们是看守其特殊的、私人的利益的特权阶级。他看不出有什么原则体现在他们不寻常的地位中。他认为问题很明确,只有私人的恶习才使他们不愿与时俱进。我们被记者和政客的自以为是弄得不堪其重,而教授、学校当局和学生又从报纸与电视中去寻求公众注意与支持。所有这些都表明大学在多大程度上已成为公共意见体系的一部分。

但这些仅仅是征兆。我们还必须到大学本身去看看所发生的事情的重要性。首要的一点是学生权力的出现,这至少意味着大学极端的民主化。它在这样几种意义上是一种民主化:它将权力的范围扩展到每一个在场的人(事情已经发展到这个地步,即保安人员已经参与到一些大学的立法机构);甚至通常被接受的把年龄和与这个共同体的利害关系作为参与标准的想法也被看作是歧视;最重要的是,对管辖权的特定要求被忽视或被拒绝了。教授与学生一样常常否认他们的学识使他们有权利主宰大学或决定什么对大学所代表的东西是重要的。每个人都在听现在的年轻人说什么。

我所知道的最令人震惊的例子是康奈尔大学所发生的事。当黑人学生扛着枪并挟持着数以千计的白人学生的支持,坚持教员们要放弃大学的评判制度——这个大学内有教养的共同体的最低条件——并以威胁手段来支持这个要求时,教员们竟屈从了。投票赞成屈从的多数教员提出的理由是:这是这个共同体的意志,是学生要求的东西。他们与许多学生都谈过,学生们强烈呼吁教员能彻底改变自己。这些教授是通过转向公共意见来满足他们的良心的。他们已变得如此民主,以至于他们竟把一群在暴力之下聚集起来的暴民接受为真正的公众。他们对大学该是怎样缺乏确信,以至于他们只有在其学生选民的公众支持中找到合法性；他们的学术能力无法为其提供独立的判断。他们的心灵[369]变得民主与平等了，其程度在某种意义上远远超过了这种政制的原则所要求的程度。这种政制要求每个公民遵从多数正式表达出的意志，而非要求人的心灵被整个共同体的品位所决定。在这个例子中，可以看到苏格拉底对民主喜剧性的比拟是如何体现在现实中的。苏格拉底把民主比作一群有权在一个医生所规定的饮食与一个甜点厨师所规定的饮食之间作选择的孩子的认真斟酌。而在这里，医生们竟还接受了这个裁决的合法性。

为了明了这种情况的各个方面并认识到现在所发生的变化和所要求的改革中惟一真正的要点在于激进的平等主义，我们必须仔细听听大家说了些什么。（我们听到的）关键词是适用性（relevance）。教育的整体必须被适用性的水平所引导，当然，没有任何课程会被设计成不适用的；即使学者丧失了证明他们学科重要性的习惯，那在每个学科中还是包含了对研究其适用性的认真讨论。适用性显然是一个关系性的术语，它包含了判断适用或不适用事物的标准。古典的自由主义教育将具有知识上的和道德上的德性的人的形成作为它的标准；适用的研究就是那些倾向于使自然禀性充分发挥并独立于特定的时间或空间要求的研究。

但这并非今天的学生所指的适用性的标准。那些喜好高谈阔论并流行这样一种适用性观念的学生即左派学生认为，教育必须针对战争、贫困尤其是出现在他们自己身上的种族主义的问题，换言之，教育必须针对当代民主社会的问题。他们不仅认为存在着大学应该致力的基本问题，而且还坚持某些解决问题的方法是自明的。当他们谈论正义时，他们并不把有关正义的知识当作一个问题；对他们来说，平等原则会存在理论上的疑点，这几乎是不可想象的，更不用说在实践上对它的怀疑了。这些学生所看到的大学就是要鼓吹某些原则并研究它们的实现。这种倾向是反理智的并具有民主的十字军性质。站在这种倾向之外、认为大学的基本功能在于澄清这些问题的理论人很容易被指责是沾沾自喜的。只有当我们已将和平、财富与平等带给世界时，这般缺乏介入精神的闲暇才会被包容。即使那些已知的最富裕的国家也不会支持将它的资源投在对这种心灵无甚用处的培养上。

[370]那种适用的课程是被学生所推进、监督和运用的。学生参与在所有关于大学改革的讨论中都是口号。学生参与所要达成的目标从没有被清楚地界定。人人皆有权利选举，提及这样的民主观就够了。各地的教员和管理者都在忙于让学生更多地参与一切事务以"重建"大学；这已变成目的本身。指出学生没有参与学科的规则、系科的选择、课程的建设等等，这已足以说明决策的非法性。几乎没有人去关心这类参与对那些决策的品质的提高，关心无论用什么方式对真正的教育目标的助益，关心对学生希望——更不用说其真正的需要——的满足。我斗胆放言，在过去的四五年间，扩大学生参与的运动没干成别的什么事，只是滋生出对他们的作用的新要求，并引起学术水平的堕落、蛊惑人心的学说的增加和大学的目的感的丧失。这是一个着魔中邪的变化，但教育者却没有意识到这种变化的目的；他们除了变化本身外就没有别的东西可提供了。这个方向被流行的极端民主之风赋予了主旨。是教育机构可以作为一个政治共同体来被对待，还是民主需要约束，这似乎从来就不成其为问题。

这是一个民主的年代，而民主是年轻人的特殊领地。据柏拉图分析，年轻人接着就会加剧民主的弱点，将它推向无秩序状态，最终推向暴政。他预先描述了我们的处境："教师害怕学生，迎合学生，学生反而漠视教师和保育员。到处都是年轻人在充老资格，分庭抗礼，侃侃而谈，而老一辈则顺着年轻人，说说笑笑，态度谦和，他们不想看上去有什么不快或像个暴君。"①

年轻人在民主制中是强有力的，这有很多原因。社会等级在他们中不容易流通，所以，父辈的权威就被削弱了。排斥年轻人、作为其他政制特点的等级制在民主制中是不存在的。年长者失去了特权；在自

---

① 同上，VIII, 563a–b。[译按]译文参照中译本，有改动。

由的氛围中,年轻人最擅长的身体愉悦获得了解放并享有了一个更高的地位。平等使私生子最能[371]声称对年轻人的统治:年龄、智慧、财富、德性、好的家庭统统被清除了,只留下数字或同意和强力。而在这些东西的基础上要排除年轻人的统治就更为困难。所有这些都使人有理由相信,当年轻人变得要求更严,而老人变得更顺从时,民主的新阶段就达成了。年轻人充分利用他们的优越条件,利用他们两个特别的统治诉求——同意和暴力,无论这两个东西看起来是多么矛盾。

在我们的民主制中还有一个柏拉图未提及的理由可说明年轻人为什么占据主导。激进的政治运动试图建立新型的社会,找到所谓古老的智慧无法解决的方法,克服必然并掌握机会或马基雅维里所谓的机运:

> 我断定迅猛胜于小心谨慎,因为命运之神是一个女子,你想要压倒她,就必须打她,冲击她。人们可以看到,她宁愿让那样行动的人们去征服她,而不愿让那些冷冰冰的工作者去征服她。当然,正如女子一样,命运常常是青年人的朋友,因为他们不那么小心谨慎,更勇猛,能更加大胆地制服她。①

那些希望驾驭未来的人知道年轻人对此更有技能,因此而遵从他们。只有那些对其原则的正确性存有一些信念的人才会抵制这种变化的大潮,而正如我们看到的,这种信念似乎是不再被普遍拥有的东西了。

由学生构成的民主统治体就像所有的统治体一样,确立了政策,政策进而成为它的利益所在。我已说过,实质性的改革所基于的正是它们对所有人的平等的助益。开放的入口是新的呼声。所有公民都必须上大学;每个人都必须被允许跨入知识的殿堂。而这实际上意味着每个人都必须从大学毕业,因为人们很快将会发现在这个学生权力高涨

---

① 马基雅维里,《君主论》(*The Prince*),第25章。[译按]中译文参照潘汉典的译本(商务印书馆,1993),有改动。

的年代中,让一大群学生不及格是不可能的。接踵而至的就是标准必须降低,甚至完全被放弃,不管在多么堂皇的旗帜下,都会出现这种变化。第一个被攻击的是分数;分数据说让学生堕落,使他们"埋头苦读"而不是独立思考,使他们成为这种体系的一部分,分数助长了鄙俗的学习动机。虽然这些说法并非不值一提,但这种批评的真正原因是,分数在学生中制造了区分,表明了有些人至少作为学生要比另一些人优秀些。类似地,必修课与[372]传统的主修科目也开始被丢弃。很难争辩说这些课程和学习规划以前是被很好地设计的,但它们代表了一些思想破旧的残余物,这些思想是关于各种知识的自然表达以及为了被称为最低程度有教养的人就必须知道的东西的。被称为自由的真空替代了它们的位置。

每个学生都被允许设计他自己的课程,发现他的特殊才能或实现独特的自我。大学不再能够在什么是重要的东西上提供指导,也不再能够建立从人的完美角度提出的标准。它乐观地假设每个学生都有能力为自己设计,他们无需净化训练。当然,在技术学习中,固定的学习课程仍然保留着,因为,举例而言,工程学教授知道他们必须教什么,学生必须学什么。但最好的大学中最好的学生不再对技术教育感兴趣;他们更倾向于被不太严格地称作的人文与社会科学,大学在此已放弃其教学职能。对教育者来说,完美的解决之途在于:在神圣的自由的名义之下,他们被解脱了精心设计课程的责任。所有这些的真正后果是整个社会大量充斥的最卑俗平庸的东西支配着大学,因为大学无法像它们应该的那样来抵制这些玩意。如果大学不能为这些流行物提供另外的选择,学生又从何处去发现它们呢?

有一件事是肯定的:对经典文献的认真研读会牺牲在改革精神之下。那种研读似乎对我们的学生来说并不适用,人们也不期望它有什么适用性。经典文献特别是哲学文献只有经过长期、严格的训练后才会被年轻人认识到其重要性。这种情况在美国尤其是如此,学生过去的经验或大学之外的世界见证不了这些稀少而精致之物的重要性乃至其存在。正因为大学坚持这些东西,它们才得以保存下来;而大学教育则可以被理解成是对经验的提升而非进行自我表达或无论可能发生什么都只管"做自己的事"。

古典语言的命运就是现在在发生的总体变化的一个代表。它们越来越少地被研究,因为它们要求的是似乎迂腐的、约束太强的努力,而这些与学生未受训练的经验并不直接相关。在缺乏语言知识的情况下,就不可能有对以此语言写成的文本的认真研究了。在现在的氛围中,各安其位,没有什么感到不舒服或被忽视的。结果,种种昙花一现的[373]全新研究计划层出不穷,它们都是时代最流行的问题或学生群体的偏好所产生出来的东西。

最后,批评的锋芒指向了教授们,他们不仅是传统方式的守护者,而且被指责为无视其学生。教授们被理解为首先是一个已经失去了教学品味的教师。大学教授最重要之处是一个学者,而这必然会占据他大部分的时间,这种看法逐渐成为难以理解的事了。一个人太像教师过去常常被认为有某种不妥,因为那会使他受到以其思想适应市场需求的诱惑。他不应该被迫去吸引学生,而应该为他们提供一个正直与独立、有更高动机水平的典范,不管他们喜欢与否。成为一个有学识者的机会应该被看作一种特权而非权利,这种特权是留给有能力与值得尊重的人的。可以相信,这不仅对科学是有利的,对学生也是有利的。但现在,到处都认为这样才是适当的:教授应该更多投力在教学上,应该与学生有更密切的接触,应该在他的能力上接受学生的判断。我们并不否认教授有时也能从学生那里学到东西,许多教授既是糟糕的老师又是拙劣的学者,批评通常能帮助他们校正其教学和研究两方面的方向。但是作为一个原则问题来声称,学生有权判断一个教授或他的教学的价值,这就是把大学变成了市场,在这里——卖者得取悦买者的市场,其价值的标准是被需求所决定的。

大学的创立,恰恰在于它为避开经济体系的投票和它们所代表的大众意志提供了一个安身之所。但现在学生的评判权变成了教条,大学变成了这样一种民主制——学生是选民,教授则要对这些选民负责。江湖庸医与和面团者这种全新的族类出来充当了保民官(tribune)。人们可以料见那种完全背离了有真正独立性的教授的大学的批发现象。

我们已经在通向平等的道路上走得太远了。相信平等要受男人与女人禀赋的自然差异的限制,相信对民主制的一个合理理解是将其作为允许人们不受习俗或专断的阻碍而去发展其(不同)禀赋的政制,这种看法现在从某种角度被认为是要受道德谴责的。而今的教诲是,所有人实质上都是平等的;如果他们没有达到高的标准,那是因为标准造成的剥夺或标准本身的错误。在大学的理论与实践中,我们已经[374]步入了托克维尔所警告过的民主的激情时代,在这种时代,人们宁要民主而不要自由,他们为了获得平等的感觉而情愿去推翻自由所必需的制度和法律,他们不是要抬高而是要削平,他们对他们强加给卓越者和整个共同体的剥夺满不在乎。

一

那么,面对这些强劲的浪潮,自由教育的未来如何呢?我所说的自由教育指的是旨在自由尤其是心灵自由的教育,它主要在于认识最重大的人生选择。这种教育在很大程度上致力于研究过去最深邃的思想家,因为他们的著作构成了我们为了保持教化而必须保存的学识主体,因为任何严肃的新东西都必须根基于它或考虑它。如果没有这样的研究,一个人的心灵就几乎必然囿于他身处的特定时空给他的视域,而在民主社会中那就意味着是公共意见最重要的假定或偏见给他的视域。这样的研究长久以来就只能得到很弱的支持,现在则备受威胁。而大学高于一所高级高中的惟一理由就在于对年轻人的这种训练和禁闭。

我在1966年写的一篇文章中表达了我自己对这个问题的看法,该文即是从自由教育的角度来评判大学状况的。① 那时的状况很暗淡,但还有一些让人怀有希望的因素,希望在庞然大物般的大学的缝隙中,

---

① 参见"自由教育的危机"。

这个小小的有生命力的核心也许还能维持,这不是因为还有什么空间可以保证大学的原则,而完全是因为受巨富支持的习惯以及美国大学的多样性。这种希望现在几乎已消失了。那时我看到巨型大学没有组织的原则,它针对的是公共的益处而非知识自身,大学失去了任何知识的整体感。大学成了没有任何整全或不追求任何整全的专家聚集之地。学生开始被唤起,他们的激动似乎是要表达对在大学的安定中所缺乏的整全的追求。然而,他们也共享着专家的信念,即大学的目的在于公共服务,在于实践而非理论。[375]他们要求的强烈性与专家随遇而安的、互不相扰的取向构成了鲜明的对比,而前者很容易引起大学知识氛围的堕落。自由的技艺可能在专家无目的的多样性与学生政治改革的精神之间两面受压。

  我那时也看到管理者可能成为学生的共谋,因为他们除了在效率方面的教育外就几乎没受过什么教育了。我知道,没有对大学目标的清楚认识,他们就会屈从于最大的压力。但我那时将希望基于这样的信念上:本科生的确还对专家教育中所缺乏的东西有某种感觉;他们对过善好的生活的关怀或许会成为发展一些自由课程的导因,因为这些课程就是对那种关怀作出反应并帮助他们以一种理性和学术的方式恢复一些有限的教育的整全感。但我当时并没有预想到的是,管理者下滑速度是如此之快,而教授们对他们所从事的事情的重要性又是如此之缺乏自信。教授们在学术自由与教养上的虔敬结果成了空空如也的东西。他们准备完全从学生们未受过引导的希望的角度来改革大学。之所以教授们证明了他们如此具有包容性,是因为他们缺乏虔诚,或因为他们太希望分享学生的理想主义,或因为他们做的是利益的算计——担心其专长会被摒弃。

  至于说学生,我那时在他们那里看到一种潜能,既可为善,也可为恶。他们在某种程度上比其父母更自由。他们被提供了更好的生活必要条件,他们生活在一个道德、宗教和政治的多数准则都没有巨大劝服或强迫压力的世界中。这给他们提供了在没有外在约束的情况下重新思考这些问题的条件。但他们缺乏根基性,他们在传统教育上的几乎完全空白使他们对思想或行动中伟大的东西缺乏经验;没有什么书对他们有很重的分量。他们是在渴求整全,但部分是认真的,部分则是矫情的(为了获得深刻感带来的兴奋)。我相信,这种渴求如果被恰当地控制与引导,是可以成为使他们具有求知所必需的那种努力的动因的。

但不知是在这个方向上的什么地方,这种危险的混合物开始失去了平衡。也许这现在是过去也始终是不可避免的事。因为没有足够的知识上与道德上的内容用来规训学生无目的的自由。只有少数天赋很好的学生才可能受触动并最终受到教育,但他们要求保护,至少要求一种对自由研究有某种尊重的呼吁氛围。[376]我认为这少数人还是有的,但所有的荣誉都给了一个大声嚷嚷的抗议者群体,这些人所有的是轻松易得的、哗众取宠的意识形态,以此作为思想的替代品。他们不是去吸引真正有能力的学生,因为他们看起来像是真正有力的惟一代表;就是把那些学生压制到一种含混的沉默中去。他们开初似乎是在要求对其情绪作出反应的引导和某类领导。但是,他们当然容易被各种政治的与思想的运动所操纵,这些运动会迎合他们的口味,并在很大程度上诓骗他们。

他们在既无经验又乏知识的情况下能判断什么呢?他们的心灵年复一年、越来越空洞地面对着精神滋养的需求;他们的开放变成了空疏,变成了无法培育任何根深的植物的土壤。他们探寻他们可以去诉求的可能的权威,却发现谁都没有力量激发他们甚或抵制他们。这个成人世界自轻自贱,他们似乎代表的只是空虚本身,他们的表现在年轻人看来似乎只能是怯弱地献媚,颂扬他们从不曾有机会去实践的年轻人的理想主义和道德而已。当学生不再是问而是在教的时候,就出现了巨大的变化,学生自信他们知道答案,而这对他们自己来说就足够了。一个最丑陋的现象是年轻人失去了敬畏之心和羞耻之感,对其缺陷全然不察,因为年轻的护身符就是他总有潜力去追求自己的完美,它从根本上说是不完美的,但它有一天也许会真正完美起来。成年人几乎始终就是不完美的了;年轻人肯定现在是不完美的,但他至少还有发展的希望。自卑是自我提高的基础,而这一代却没有为上帝或他们可以对比着去衡量自己的人留下什么空间。柏拉图所描述的民主制下的人现在看起来是最恰当的：

> 如果有人告诉他，有些快乐来自高贵的和善好的欲望，应该得到鼓励与满足，有些快乐来自坏的欲望，应该加以控制与压抑，对此他会置若罔闻……他会拼命摇头说，所有快乐一律平等，应当受到同等的尊重……他一天又一天地沉迷于他眼前的欲望中，今天是饮酒听歌，明天又是清水节食；忽而是体育锻炼，忽而又是游手好闲，懒惰玩忽；他有时又仿佛被哲学迷住了。他常常还想从政，他经常想起什么就跳起来干什么说什么……①

[377]我们对柏拉图的描述还必须补充一些在某种程度上更不幸的东西：对这种生活的空虚的愤怒，将自己献身于革命暴力行为的欲望。非暴力已或多或少从新左派的信条中被悄悄驱逐出去了。学院现在意味着为越来越多的学生提供一个年轻人教育国家和实践自我表达的场所。不必惊讶的是，民主所挫败的贵族欲会展现在激进的左派中。在平等的旗帜下，这些有着特权的学生可以引导人民并不受惩罚地表露出他们对人民的轻蔑。

大学本是精神发展的富饶之地。而现在对大学所谓自由技艺的片断一瞥，就会看到大学里所有的是一堆互不相关的系，各自教授的是专业学科，这些学科有着几乎不被讨论的预先假定，这些假定常常无法与其他学科的预先假定相容。这些学科是在过去一千多年的不同时间里陆续集合在大学中来的。它们之间殊少一致，既不能从任何单独的学科也不能从所有的学科中明显地看到某种人生观和世界观。最重要的问题始终被遗忘，甚至对大学整全性或生活整全性的理性讨论的手段似乎都已经消失了。我们似乎不是得凑合着应付传统，就是得卷入流行的无论什么时尚。应该作为整全性的学科的学院派哲学的状态即表

---

① 柏拉图，《理想国》(Republic)，VIII, 492c–d。[译按]译文据中译本，有改动。

明了这个问题的严重性。今天,学院派哲学在很大程度上被语言分析所支配,而语言分析仅仅是分析话语的方法而不是本身作为一种话语的源头;它是用于玩这个游戏的一本普遍适用的规则手册,但它并不告诉我们游戏是什么或玩游戏本身是什么。自然科学是面对它们自己的一个世界,它们要处理的是被假设为重要的问题,但在揭示它们在世界整体图像中的意义上却无所作为。人文学科也变成了专业,殊少能找到对它们重要性的令人信服的解释;文学研究很少被理解成对当下的生活具有至关的重要性,它们当然遭到了这样的观念的削弱,即科学是理性主导的,它不可能理解诗的世界。社会科学也卑躬屈膝地模仿自然科学,并被他们自身的法则即事实与价值的两分阻碍着去谈论道德与政治上的善好,这正是让学生感到焦虑不安的地方。

故而,当学生问到善好的生活与我们世界的自然时,他们就会遇到装聋作哑的沉默,因为在大学里没有人有能力回答这些问题。许多教授是在回答学生,但不是基于[378]他们的能力在回答;他们是生物学家或心理学家,或别的什么家,所说的是他们从未研究过、从未深思过的东西,并且还没有办法将这些与他们能够声称了解的东西联结起来。在这过去六年中,学生的问题与压力已经在学术人中引起了一场轰动,但并没有让他们去认真反思我们的知识状态或为在哲学上和思想上处理已被提出的这些问题作好准备。这些似乎是不大可能的;大家在感觉方式上、在与大众运动的认同上、在"献身"或"关怀"上是半斤八两的。教授们并不试图对学生的这些渴求进行教育,他们只是在不改变这些渴求的情况下共享它们。一些社会科学家骄傲地称作"后行为主义"的东西不是别的,而是企图将"价值"这种饥饿的狼拒之门外的东西。

大学已经证明它自己无力教授学生善好的生活是什么,因为那是我们大学里任何一部分甚至都不知道如何去讨论的一个主题;它不属于任何一个系或任何一个将系组合起来的群体。我们教授的教育是专业化、技术化的,老式的人文教育或多或少地掺和在其中,但不会真正被重视或渗透在这种专业学科中。我们对曾经作为大学中心事业的东西已经甚少记忆。在二战期间与其后不久,美国受惠于许多受过通识教育与人文教育的欧洲学者。不论多少人带来了什么教学上的困难，这些人都深深地根植于最好的思想家，他们对他们所教的东西有着证明其正当性的习惯。有人也许认为他们的学识和人格的典范会从根本上影响我们的大学。但高等教育的急速膨胀和巨型大学的发展完全淹没了他们的影响。现在，即使是在这样一种不太可能出现的情况中，即人们认为哲学、统合的、综观全局的教育需要被重建，我们也不可能这样去做了，因为我们不再有充分了解或关心伟大传统、能够突破那些似乎已使这种传统变得无意义和不适用的偏见的教师了。

直到学生变得畅所欲言之前，大学的特征都是对更大目标的满不在乎；每一学科都依循着自己内在的发展轨迹，管理者则把所有这些杂合在一起。而在新的时代里，科学家与人文学者都走出来迎合学生，表扬他们，同意重新安排"特权者"，宣称大学的真正目的是那些左派政治运动所主张的目的。这样就将某种方向和目的[379]又赋了了大学，某个共同体围绕这一目的而建立起来。惟一的问题在于那个目的是否与科学和学术的前提完全一致。

当一些教授认识到他们为了适应运动必须改变其教学时，认识到其学科的整合受到了威胁时，认识到愤慨者充满激情的欲望与排除激情的理性探究的结果并不和谐时，他们变得不安了。但这般忧心忡忡的教授的作用在相当程度上被那样一些教授抵消了，后者为他们的新角色所激动并摆脱了他们现在认识到的其存在的分裂性，因而愿意使他们的学科成为"适用的"。后面这个群体的力量又被另一群教授或多或少的积极支持所壮大，那些教授主要由自然科学家组成，他们在自己的学科中是看不到某种新的李森科遗传理论（Lysenkoism）①的威胁的，因此他们的看法是他们可以有自己的蛋糕吃。教授们的利益差别是如此之大，这一点表明了，大学里的一个真正的知识共同体是多么小的圈子，教授们的生活已因此变得多么褊狭。在此情况下，大学成了被

---

① [译注]李森科系苏联农学家，李森科主义含糊的基本原理是"生物与环境"相统一，否认基因、植物激素的存在，否认染色体的特有功能。

最初的运动轻松征服之地,这个运动暴露了大学在目标或信念上的缺失,并提出要恢复生活的整全性。但这种缺失甚至开始给自满的教授们带来麻烦。这一运动篡夺了大学中按权利来说本属于自由教育的位置,它在此过程中取消了惟一合法的统治者——哲学的王位,这个王位此前被虚弱的、非法的假冒者所占据。

二

尽管近些年来,大学已经很少提供反思或充当领导了,但还是有人跳进由于哲学的缺失所产生的空地中并就总体性的问题发言。他们所说的话反映不出多少思想,所有的只是某种思想的朽烂,其语言仅仅是煽动学生的。尽管没有多少政治运动对他们的追随者的思想提出如此少的要求或是如此骄傲的反智,但这种运动当然也是建立在对万物的某种整体观念的基础上并为其所引导。那种观念并非运动缔造者的产物,并且,因为它的追随者是如此缺乏自我意识,他们并没有意识到它的来源[380]与意含。它们是欧洲特别是德国某些移植到美国的学说的俘虏,这些思想已如此成功地被同化,以至于它们现在看起来似乎是本土的和常识的一部分。我们采纳了这些来自欧洲教授们的思想的学说与结论,这些教授有助于这些学说的传入,但几乎没有吸收什么应该与这些学说相伴的学识。无论如何,当这些学说出笼时,就导向了与这种政制构成对立的观点和生活方式,而它们若起支配作用,肯定会削弱这种政制。这种德国学说反映在当前的政治语言中就是作为法西斯主义根源的那种学说。尽管现在的政治运动是民主性质的,因为它们提出要为所有人说话,他们也是平等主义的,然而,它们的基础是对自由民主制的某种批评或某种敌视。这种平等主义运动把至少可以说不是民主的朋友这类人的思想包容了进来,并用它们来深化平等。这样,正如我们所知的,惟一的牺牲是自由社会。对懂得一些现代哲学的审慎的观察者来说,在新左派中发现那种对暴力、暴君以及种族主义持开放态度的非理性主义,这是不会让他们感到惊讶的。正如我下面要试图展示的,它是这种非理性主义原则的必然产物。

在过去几年大学发生的事中,其中最严肃的是,无论是在大学被教的东西中,还是在那些被认为会对他们的执拗负责任的人的行动或反应中,都见不到多少对自由民主制和自由大学所立基的原则之真理性令人确信的论证。当这样的确信匮乏时,制度与法律都会失去有效性,而仅仅靠惯性来维持自身;它们被新的模式与秩序所取代仅是个时间问题。这并非说,通过鼓吹这些原则,人们就可以赋予它们生命力;它仅仅意味着是一种说法而已。我们的原则不知怎地就不再是有说服力的了。我们的处境在陀思妥耶夫斯基的《群魔》里的一段话中得到了最好的描述:

> 您可知道,我们现在就已经很强大了?我们的人不仅仅只是那些杀人放火并按照传统的方式射击或咬人的人……您听我说,我把这样一些人全都计算在内了:有一个教师,他和孩子们一起嘲笑他们的上帝和他们的摇篮,他已经是我们的人了。有一个律师,他保护一个受过教育的凶手,因为那个凶手比他的受害者更有教养,他为了弄钱而不得不去杀人,这个律师也已经是我们的人了。有几个小学生,[381]为了体验一下杀人的感受而杀害了一个庄稼汉,他们也是我们的人。有几个为一切罪犯辩护的陪审员也是我们的人。一个因感到自己不够自由主义而在法庭上哆嗦的检察官也是我们的人,我们的人……您可知道,我们仅仅根据一些现成的渺小观念就能抓住多少人?我出国的时候,李特雷(Littré)的关于罪行就是疯狂的论点正风靡一时;我回国的时候,罪行已不再是疯狂,而简直就是正当的想法,几乎是一种职责,至少也是一种高尚的抗议。①

---

① [译注]Constance Garnett 译,《群魔》(*The Possessed*)(New York: Modern Library,1936),页 427。中译文引自南江译,《群魔》(下),人民文学出版社,1993,页 527。

那是一种虚无的论调,看起来是对他的人民生活于其中的价值天平的消解。这种情境与我们自己的情境的相似并非偶然。这个谈话者基本上说的不是沙皇政制的衰亡,而是西方正义和道德的衰落,而这是我们在今天所有的自由社会中所体验到的。陀思妥耶夫斯基是十九世纪后半期中少数具有非凡洞察力者之一,他看到旧世界从某种角度说已病入膏肓,行将就木,但他用"旧世界"时说的不是国家或政制,而是圣经或古典道德——它位于我们所有已知的或可以想象的国家和政制的背后并使之成为可能。虚无主义是过去所有东西临死的反应,是在缺乏令人信服的价值天平的情况下生命的无意义感的表达,是生命中最核心部分已经死去,而对徒具的无生命的躯壳加以摧毁的努力,也许也是对一个新世界的希望——我们还无法想象这个世界的概貌,但却必须为生命的缘故而奉献给它。公民社会是由人们所尊重的东西、由人们所需崇敬地低头致意的东西组成的。而当他们不再有任何可以在前面低头致敬的东西时,他们的世界就行将就木,人心中所有被压抑的、非法的恶魔就会重新显身。可以说,我们的新左派是尊重过去和现在的虚无主义与对民主进步的未来的天真信念的奇怪混合体。

将这点更令人信服地用在美国人身上,可以说,旧式的自由主义不再是今日学生的真正关怀了。我说旧式的自由主义既是指其奠基者的思想,这些奠基者相信由理性建构并可用在所有人那里的人的自然权利,他们构建了一个致力于生命、自由与追求幸福的国度;也是指像穆勒那样的人的思想,他们相信致力于言论自由与自主的私人生活的开放社会。[382]就洛克、独立宣言的起草人、联邦党人或穆勒的思想都在大学里被传授而言,他们只是留在历史里的东西,几乎没有什么人认为他们现在还可以被相信作为我们生活的向导。这代人不去吟味那种更古老的自由思想的价值,那种东西不知怎地就不再能满足他们的心灵,它的位置似乎是在历史坟场中位居那些让君主制与贵族制合法化的学说的旁边。成年人还会提到这种思想的原则,但每当反对战争、贫穷或种族主义的抗议与这些原则矛盾时,那些抗议就会占据上风。谁也不会相信自由社会能确保实质正义。而任何在"生活方式"上与自由社会的生活方式相对立的人在"决定退出"自由社会的生活方式时会被认为是有道理的甚至是英雄的。如今吸引学生的是马克思主义与存在主义的语言,对他们来说,那似乎道出了他们的处境。

最令人震惊的一点是,自从穆勒以后就不再有一本支持自由民主社会的真正有影响力的专著了,而穆勒在影响力或深度上又不能与作为他的批评者的马克思或尼采相比。自由民主似乎逐渐成为消极的了;它希望为自由或善好的生活提供条件,但它却不能规定自由的运用或界定善好的生活。它的中立性允许无数可能的生活方式中的任何一种包括毫无吸引力的生活方式来支配人。马克思可以有理由宣称自由民主仅仅是资产阶级的资本主义的存在条件,自由主要是指在这种制度内作为工人或占有者的自由。而尼采则论辩说自由民主是"末人"(the Last Man)之家,末人是一个丧失心灵或信念的存在,是一个仅献身于自我保存与舒适的侏儒般的萎缩者。所有这些批判在对白人的、自满的、中产阶级的美国持续的攻击中变成了老生常谈;它又由于弗洛姆与马尔库塞这样的人在美国被庸俗化了。值得钦羡的典范不再是政治家而是放荡不羁的文化人或革命者。

最近,马克思与尼采被安排在不大可能的情况下结合了,尼采尽管有其右派倾向,但显而易见的是占支配地位的一方。马克思的平等主义、对穷人的关注、对帝国主义的仇恨等等仍然被保留着,左派们仍然喜欢将他们自己称作马克思主义者。但他们不再阅读严肃的马克思;《资本论》似乎是枯燥的和无关紧要的;惟一有吸引力的马克思体现在早期所谓人道主义的作品中,对它们的研究最近才开始。对理性的攻击,诸如自我、真实性与献身这类挂在每个人嘴边的词的运用,[383]足够充分地表明了马克思主义的教诲已经在什么程度上被更新的、更有吸引力的思想与对政治目标不同的理解掺了水。新左派不是老左派,但它是将尼采与海德格尔的思想吸收进老左派的结果。无论是怎样的情况,对最高水准的学识的流行讨论或多或少地采用的是这种后自由主义思想的术语,这意味着每一个人很快就会这样去想问题。

但我们也许最好通过回溯美国社会科学新近的历史来看看我们思

想上发生的这些变化。社会科学是我们期望最能讨论人的政治生活和道德生活的学科，它们是我们对这些东西理解的源头。三十多年来，社会科学已经被价值与事实的区分所主导。这种区分是在十九世纪九十年代由德国社会学家做出的，最有影响的倡导者是韦伯。它在二十世纪二十年代由社会学家与政治学家引入美国。这一区分建立在这样的主张上：没有什么对好与坏的判断即没有什么道德区分可以建立在理性的基础上，它们是心灵的主观行动、是个人偏好而已。我们指导自己生活的目标构成了我们为自己定位的天平，但那个天平是人的创造性行为而非理性行为；没有什么天平能够声称是权威的或显而易见的。韦伯被这种分析的真理性所打动，但他还试图为科学、为对客观真理的理性探究挽回一些可能性。科学过去被看作是以真理的名义克服自己价值的崇高努力。正如韦伯所知道的，所有这一切对我们生活的影响是极为深远的。不过，美国的社会科学家很少注意到去评价这种区分的影响或进一步去证明其有效性。他们接受了它并致力于以此为基础的客观的社会科学的精确化；他们沉迷于可以与自然科学相比的价值自由的社会科学这种想象。

尽管科学本身现在还没有非常令人激动，但这种观点的成功却是惊人的。今天甚至中学生都会用"价值"一词，而另一代人说的则是善与恶。新的社会科学产生了从科学或理性的支配领域中取消善与恶及讨论目的的后果。那些东西不再是一个学术性的论题。社会科学家在作为学者的同时还不得不作为男人或女人生活着，但他们作为一个人来说几乎都是自由民主人士；他们将此接纳为自己的价值。不同于韦伯的是，他们将事实与价值的分离[384]用作使自己解脱对他们的价值状况进行关心的必要性手段。只要那种价值未遭到挑战，就万事大吉。那种价值已经丧失了尊严；自由民主仅是诸种价值中的一种，而它在长期的被忽视中已锈迹斑斑。

当学生们要贯彻某些政策并发现了成人们的麻木冷漠时，他们以及他们的教授阵营的支持者开始攻击价值自由的社会科学，坚持社会科学应该主要关心价值。他们指责社会科学家成为既定秩序随随便便的同谋。社会科学家的确是这种秩序的支持者,他们也无法给出这样做的理由。他们只是简单地相信没有哪个神志清醒的人会质疑自由民主高于所有其他可替代的东西。的确,事实与价值的区分已经成为自由民主最后的思想堡垒:在缺乏一种价值比另一种价值优越的任何证明的情况下,包容所有价值的政制就会被理解为比不包容所有价值的政制更可取。而且,既然价值都是平等的,那么,他们看来就是民主的。每一个人都有权利选择自己的价值;没有谁需要感到低人一等。而社会科学家根本不准备抵制这样一个大的群体,这个群体不管别人是否愿意都坚持其价值必须被接受。说到底,为什么不呢?

值得注意的是,正如人们所期望的,学生们本身也采纳了事实与价值的两分。他们并不想回到马克思,马克思认为人的生活的真正目标可以被理性所决定。学生们仅仅看到了价值与事实的两分并认识到,并不存在内在的理由说明我们为什么要关注事实,那种选择本身就是一种价值判断。科学似乎已经证明,最重要的事情即正确的生活方式并不屈从于科学即理性的论述。这就意味着,人必须放弃理性而回到价值的确立那里去。这恰是十九世纪欧洲最深刻的思想家的分析,这些思想家是严肃对待价值问题的。从这种角度来看,价值的假定是最重要的人类活动,所有的专业活动都由所假定的价值来引导。故而,这些社会科学家,这些如此投身于理性的人,会吃惊地发现他们的学生甚至他们的孩子却在否定理性,转向东方宗教,沉醉于毒品,陷入暴力,成为理性主义者不可理解的一种新人类。但在某种意义上说,他们不过是在走向他们的老师与父母所开辟而未曾到过的道路的尽头罢了。像毒品泛滥这类现象[385]并不能仅仅在社会学或心理学的基础上来理解。他们是我们思想问题的结果。假如理性是肤浅的,那么,非理性势必为生活的丰富而被培植出来。

多数我们所认作的最先进的当代思想都是事实与价值两分的结果。人是生产价值的存在;这是潜含在这种区分中的一大发现。假如它是指导理性的价值,那么,人为了发现人是什么并找到有意义的生活的源泉,就必须在理性意识即自我(ego)之下去深究无意识,本我(id),

自我(self)。这个自我(self)不能用理性来理解;它必定是创造性的因而是预料之外的;它必须作为一个神谕来倾听。人不知道它将要生产什么,也不知道它生产的东西是好是坏。它是一个绝对的开始。我们借此才会看到对这个自我及其实现的关注的源头。它是心灵的现代替代品。心灵是理性安排的一种结构,心灵取决于也服从宇宙(cosmos)的秩序。而自我并无秩序,它不取决于任何东西,它通过强加给混沌一种价值秩序而从真正外在于自我的混沌中制造了一个宇宙出来。

在今天的多数讨论中,人们会发现,对自我是什么的问题少有详细分析;自我倒是通过它所反对的东西来界定的。根据我们的批评家,现代人最大的病症是异化或没有自己的行动准则(other-directedness)。这意味着是按照别人的价值在生活,不管它们是表现在法律、学校、工作或其他什么上。一个如此生活的人是脱离了自我的,是空虚的。教育不应该将价值强加给学生,而应让他们自己的价值得以形成和发展。在缺乏任何判断一个人言行的客观标准的情况下,惟一的准绳就是看其言行是自己的还是别人的,他是真实的自我还是异化的自我,是有自己行动准则的还是没有自己行动准则的,是真实的还是虚伪的。真实成为替代善好的一个词。许多不同的生活方式都可以是真实的;衡量标准仅仅是生活方式的表达的真诚性或真挚性。不管你可能有多大的罪恶或是多么无耻,只要你在这上面是真诚的,你就被净化了;虚伪地服从法律是人之罪;而热内(Jean Genet)①比资产阶级的父亲和公民要高得多。

那么,如何能确认一个人是真诚的,他的价值是真实的呢?这种确认不能由一个人的价值与另一个人的价值相比较而得出。惟一的证明是在一个人献身的这种紧张中,在愿意舍生取义的极端时刻,在勇敢地面对所有危险去维护旨在反对外部混乱的价值中。[386]正是强悍的

---

① [译注]热内(1910—1986),法国作家、荒诞派戏剧家。原是弃儿,后因行窃多次入狱,写有长篇叙事散文《百花圣母》及自传《偷儿日记》等。

意志与虚弱的意志之间的对立替代了善与恶之间的对立。我们现在称赞人,不是为他们的动因正确,而是为他们有胆量;最重要的不是真理而是关怀。当然,这就是要鼓励狂热,去除虚伪之辞。

无论如何,人作为一种需要价值与生产价值的动物,直接导向了这样一种观念,即好社会是允许自我献身于真实的价值并按照这些价值来发展的社会。这即是新左派开出的处方。当然,它不过是空洞之物,因为它缺乏具体说明。这样的社会会是怎样的,人们一无所想;它完全缺乏规划。而正是这样的观念支持对现有的政制进行最彻底的拒绝与破坏,支持毫无罪感的、最大程度的自我放纵;与此同时,献身于这种观念却又满足了道德上的空虚感。这就算是许多可能的世界中最好的世界了。

尼采最早提出关于自我的深刻教诲,但他懂得那是一种贵族式的教诲,因为真正的自我是罕见的。这种能为所有人创造价值天平并使他价值成为所有人的价值从而使他们的生命更崇高的人是极为罕见的。这是人之间的自然差异,根据尼采的看法,这种差异被民主社会抹平了。但容易看到,这种教诲或者说这种教诲的滥用容易沦为极端平等主义之磨坊中的磨谷。客观的标准鼓励人之间的等级差异;而每一个自我都是用于它自己的标准,并不存在着一个人的自我与其他人的自我做比较的理性基础。自我可以证成最极端的自由,因为在自然中没有要自我屈从的东西;自我就是创造者,是人人独有的圣经意义上的上帝。

学说在政治上容易被政制中最强有力的东西所改变,它转而又从其最危险的倾向上去改变政制。一种想要成为高贵的学说的败坏特别让人反感。我们若不满意于将民主制中的公民理解成关注自我利益而又体面——他们努力遵守他们自己为共同体之善所制定的法律——的人,那我们就不得不将他们当作没有什么可与之相比的上帝。每个人必定被理解为充满创造性,不管为此就不得不败坏多少艺术和品位的标准。为了给每个人被承认的机会,政治的约束与节制就必须让位于丑陋的狂热。在真诚的名义下就要认可最粗俗不堪的言行。为了避免使一个生长中的自我遭到异化,岁月的智慧就必须被遗忘。

所有这些都倾向于强化同质性这种不断坚固的生活品质,[387]而这又是被认为要去克服的东西。因为在缺乏真正可以努力的目标的情况下,人类最容易退回到他们的动物般的同一性中,退回到共同的本能中——所有人在这方面的满足都是大同小异的。真正的多样性绝不是对多样性这种关注的结果。在我们可能生产更多的同质性的同时,我们不会不去考虑:我们所倡导的放任(laissez aller)是否与公民风范(civility)或政治正义协调。没有人去问:我们是否有任何权利希望每个健康的自我可以为自己安排与其他人的自我实现协调的好的公民价值?是否存在着任何内在的保证使每个个体不加约束的发展不会侵占其他个体的生命空间?这就是所有那些看来被大家讨论过的东西了;这一情景很类似于十九世纪法国每个冷漠的、自私的官僚运用卢梭的同情修辞的情景。至少有一点是肯定的:在所有这些讨论中,即使人们知道每个共同体的生活所始终必需的那些限制,也没有人关心去证明或保存它们。如果既非理性也非传统可以带来一致的话,那么,就必然需要富有资源、获得足够认同的第一流的人的力量去这样做了。

毋庸怀疑,价值问题是一个最令人迷惑不解的问题。因为伟人们有助于今天对事物的洞察,所以他们必须被仔细地研究,对他们的取代也必须如此。理性只能理性地被放弃;未经这样严肃的思考,现代观念就会变成空洞而危险的废话。正是在这种情况下,自由民主的价值才变得清晰起来:这是惟一允许并鼓励这种追求的政制。进行这种追求应成为大学的使命。今天为了重新恢复它,大学的全体教员就不得不在保护自由探究上达成共识,同时他们还得保护与鼓励那些有求知欲的学生。大学是否还能做这样的努力是大成问题的,因为它缺乏这种意识,这种欲望和这种人物。相反地,激进的平等主义在大学中已成一个信条。假如对同质性不断增长和造成威胁的压力也在大学里发展起来,那么,我们似乎就有理由问一问:对正在思考问题的人来说,为了能够自由地思考,让他们回到私人生活的隔离状态中去,这是否真就无此必要？这对我们的大学来说可不是一个什么愉快的想法。然而,还有一个更大的问题:自由民主在缺乏自由的大学的情况下还能想象吗?自由的大学显然既是自由民主最高的表现,又是它得以不朽的一个条件。

(应星 刘云杉 译)

致 谢

"Giants and Dwarfs" is reprinted from *Ancients and Moderns: Essays on the Tradition of Political Philosophy in Honor of Leo Strauss*, ed. Joseph Cropsey, pp. 32–52, © Basic Books, New York, 1964. By permission of the publisher.

"Political Philosophy and Poetry" is reprinted from *Shakespeare's Politics* by Allan Bloom (with Harry V. Jaffa), pp. 1–12, © Basic Books, New York, 1964. By permission of the publisher.

"Richard II" is reprinted from *Shakespeare as Political Thinker*, eds. John Alvis and Thomas G. West, pp. 51–61, © Carolina Academic Press, Durham, 1981. By permission of the publisher.

"The Political Philosopher in Democratic Society: The Socratic View," copyright © 1971 by Allan Bloom. Originally published in *Mélanges en l'honneur de Raymond Aron*, pp. 147–66, ed. Jean-Claude Casanova, Editions Calmann-Lévy, Paris, 1971.

"Hipparchus or the Profiteer," translated by Steven Forde, is reprinted from *The Roots of Political Philosophy: Ten Forgotten Socratic Dialogues*, ed. Thomas L. Pangle, pp. 21–35, © Cornell University Press, Ithaca, 1987. By permission of the publisher.

"An Interpretation of Plato's Ion" is reprinted from *Interpretation*, Vol. 1, No. 1, Summer, © 1970. By permission of *Interpretation*.

"Aristophanes and Socrates: A Response to Hall" is reprinted from © *Political Theory*, Vol. 5, No. 3, pp. 315–30, August 1977. By permission of Sage Publications, Inc.

"Emile" is reprinted from Rousseau, *Emile or On Education*, tr. Allan Bloom, pp. 3–27, © Basic Books, New York, 1979. By permission of the publisher.

"Rousseau: The Turning Point" is reprinted from *Confronting the Constitution*, ed. Allan Bloom, pp. 211–34, © American Enterprise Institute, Washington, D.C., 1990. By permission of the American Enterprise Institute.

"Leo Strauss" is reprinted from © *Political Theory* 2(4), November 1974, pp. 372–92. By permission of Sage Publications, Inc.

"Raymond Aron: The Last of the Liberals" in *Commentaire*, March 1985.

"Alexandre Kojève" is reprinted from Alexandre Kojève, *Introduction to Reading Hegel*, pp. vii–xii, © Basic Books, New York, 1969. By permission of the publisher.

"Commerce and 'Culture' " is reprinted from *This World* 3, pp. 5–20, Fall 1982. By permission of the Institute for Educational Affairs.

"The Study of Texts," Richter, M., ed. *Political Theory and Political Education*, pp. 113–38, © 1980 Princeton University Press. Reprinted with permission of Princeton University Press.

"Justice: John Rawls versus the Tradition of Political Philosophy" is reprinted from © *American Political Science Review*, 69(2), pp. 648–62, June 1975. By permission of the APSR.

"The Crisis of Liberal Education" is reprinted from *Higher Education and Modern Democracy*, ed. Robert A. Goldwin, pp. 121–39, Rand McNally, Chicago, 1967. By permission of Kenyon College.

"The Democratization of the University" is reprinted from *How Democratic Is America?*, ed. Robert A. Goldwin, pp. 109–36, Rand McNally, Chicago, 1967. By permission of Kenyon College.

索引

（以下阿拉伯数字为原书页码，即本中文版方括号中的页码）

Achilles, 130, 149, 188, 204, 205
Adam, 52, 89, 93, 189, 204, 205
Adams, John, 228
Adeimantus, 62, 197, 254, 285, 335
Agamemnon, 204, 205
Aglaophon, 128
Alcibiades, 116, 117, 119, 250
Alembert, Jean Le Rond d', 282
Alexander VI, Pope, 311
Alexander the Great, 57
Al-Farabi, 244
Anacreon of Teos, 98
Anaxagoras, 125n
Andersen, Hans Christian, 35
Andromache, 130
Andros, 137n
Anne, Queen of Great Britain and Ireland, 45
Antilochus, 132
Antiphon, 9–10, 74
Antisthenes, 138
Antoninus, Marcus Aurelius, 25
Antonio, 67–81
Anytus, 119
Apollodorus of Cyzicus, 137
Aquinas, Thomas, 27–28, 38, 306, 341
Aragon, 76
Archilochus, 125, 127, 140, 141, 145
Archimedes, 304

Aristogeiton, 100, 116–20
Aristophanes, 37, 45, 108, 170–175, 240, 245, 250, 251, 329
Aristotle, 16, 25, 27–28, 40, 47, 49, 111, 163, 164n, 170, 198, 228, 249, 251, 255, 262, 271, 273, 284, 287, 288, 293, 296, 298, 302–4, 306, 307, 315, 320, 322, 328, 329, 335, 339–340, 342, 344, 345, 356
Aron, Raymond, 256–67, 268n
Asclepius, 124n
Athena, 98n, 124n
Augustine, Saint, 52, 320
Aumerle, 91, 92
Austen, Jane, 253
Averroës, 27–28
Avicenna, 250

Bacchus (Dionysus), 129n
Bacon, Francis, 247, 282, 289
Balthasar, 80
Balzac, Honoré de, 25
Bassanio, 71, 72n, 75–78, 80
Bayle, Pierre, 308
Bell, Daniel, 358, 359
Bennett, William, 24
Bernstein, Richard, 16–17, 24
Boccaccio, Giovanni, 35
Bok, Derek, 14–15
Bolingbroke, Henry, 83, 84, 86–88, 90–93

索引 403

Brecht, Bertolt, 291
Buddha, 29
Burke, Edmund, 15, 193, 228, 262

Cain, 83, 93
Carlisle, Bishop of, 87, 88, 90–91
Casanova, Jean-Claude, 256
Chernick, Judy, 12
Chremes, 172–73
Churchill, Winston, 266
Chus, 74n
Cicero, 162, 170, 254
Corneille, Pierre, 58
Critias, 117, 118
Cronos, 100, 117
Crusoe, Robinson, 182–83, 184, 197, 201, 206
Cuomo, Mario, 21
Cyrus, 225, 253

Daedalus, 128
Daniel, 79, 80
Dante Alighieri, 24, 55
Darwin, Charles, 302
David, King, 311
De Man, Paul, 30
Deng Xiaoping, 31
Denov, Terese, 12
Derrida, Jacques, 267
Descartes, René, 247, 282, 285–287, 289, 298–99, 356
Desdemona, 75, 76
Dionysus (Bacchus), 129n
Dostoyevsky, Fyodor, 253, 381
Du Bois, W. E. B., 25–26
Dumas, Alexandre, 25
Durant, Will, 27

Eliot, T. S., 291
Emile, 182–84, 189–92, 194–207
Epeius, 128

Euclid, 362
Euripides, 129, 149

Fanon, Frantz, 31
Farabi, al-, 244
Finch, Robert, 367–68
Fish, Stanley, 17, 24, 25
Flaubert, Gustave, 25, 281
Fortinbras, 93
Freud, Sigmund, 11, 56, 192, 193, 279
Friedenberg, Edgar Z., 29
Friedman, Milton, 262–63

Gates, Henry Louis, Jr., 347
Genet, Jean, 385
Gibbon, Edward, 308
Gilbert, William, 48
Glaucon, 62, 125, 165, 167–68 173, 197, 254, 335
Gloucester, Duchess of (*Richard II*), 85–86
Gloucester, Duke of (*Richard II*) 85–86, 92
Gobbo, Launcelot, 70–71
God, 52, 70, 84–93, 198–99, 204, 205, 218, 232, 279, 280, 294, 304, 332, 339, 340, 343, 380, 386
Goethe, Johann Wolfgang von 55, 58, 251, 279, 291, 330,
Goldstein (*1984*), 16
Goliath, 311
Gulliver, Lemuel, 9, 35

Hall, Dale, 162–72, 175–76
Hamilton, Alexander, 228
Hamlet, 88–89, 93
Hannibal, 254
Harmodius, 100, 116–20
Harrington, James, 65–66
Hecamede, 133–34
Hector, 130
Hecuba, 130, 149
Hegel, Georg Wilhelm Friedrich 179, 230, 247, 251, 262, 268

273, 279, 281, 298, 307, 341, 358
Heidegger, Martin, 22, 30, 235, 240, 241, 247, 252, 266, 267, 269, 271, 293, 294, 383
Henry IV, 83, 84, 86–88, 90–93
Henry V, 84n, 93
Henry VIII, 84n, 91
Heracleides of Clazomenae, 137
Heraclitus, 297
Hermes, 99, 116, 117, 119
Herodotus, 57, 329
Hesiod, 57, 125–27, 140–42, 145
Hiero of Syracuse, 99n
Hipparchus, 94n, 98–100, 108, 115–20, 123
Hippias, 94n, 98n, 100, 116
Hirsch, E. D., 13, 24
Hitler, Adolf, 30, 252, 257, 258n, 266, 267, 316
Hobbes, Thomas, 51–53, 179, 180, 185, 189, 192, 196, 198, 212, 217, 226, 246, 247, 282, 287–88, 301–2, 303, 305, 312, 313, 320, 322, 323, 327–28, 333–35, 344
Homais, M., 281
Homer, 36, 49, 55, 57–58, 125–137, 138–45, 147–48, 151–53, 155, 158–60, 181
Hook, Sidney, 19
Hume, David, 289
Husserl, Edmund, 235, 261

Ion, 106, 124–37, 138–61
Isocrates, 105

Jacob, 69
Jean-Jacques, 182, 189–190, 196, 198, 199, 204–6, 210
Jefferson, Thomas, 61, 228
Jessica, 71–76, 81
Jesus, 70, 78n, 87, 88
John, King, 84n

John of Gaunt, 85–86, 89–91
Julius Caesar, 83, 88

Kant, Immanuel, 24, 28, 54, 106, 114, 177, 178, 192, 194, 211, 227, 230, 241, 247, 265, 277–279, 281, 302, 315, 327, 331–334, 335, 339, 344, 345
Kautz, Steven, 12
Khomeini, Ayatollah Ruhollah, 23
Kojève, Alexandre, 251, 259, 266, 268–73

Laban, 69
Lacoue-Labarthe, Philippe, 267
La Fontaine, Jean de, 312
Lancaster, Duke of (*Richard II*), 85
Lasswell, Harold, 49
Lehmann-Haupt, Christopher, 17
Leibniz, Baron Gottfried Wilhelm von, 356
Lenin, Vladimir Ilyich, 259
Lincoln, Abraham, 57
Lippmann, Walter, 258n
Littré, Maximilien Paul, 381
Livy, 253–54
Locke, John, 23, 31, 44, 106, 112, 179, 180, 190, 192, 196, 212–13, 216–21, 226, 228, 231, 232, 247, 263, 266, 282, 289, 294, 302, 303, 312, 313, 319, 320, 322, 323, 327, 328, 333–35, 344, 382
Long, Huey, 293
Lord, *see* God
Lorenzo, 81
Louis XII, King of France, 311
Lycurgus, 225

Machaon, 133, 153
Machiavelli, Niccolò, 11, 17, 29, 65, 89, 93, 180, 191, 225, 229, 232, 247–49, 253–54, 282, 283, 285, 287, 298, 303, 305–311, 371

Madison, James, 228
Maimonides, 123, 243–45, 251
Maistre, Joseph-Marie de, 262
Malraux, André, 259
Mann, Thomas, 259
Mansfield, Harvey C., Jr., 309n
Marcus Aurelius, 25
Marx, Karl, 28, 56, 111, 221, 265, 269, 272, 281, 294, 315, 316, 319, 382–83, 384
Menelaus, 161
Merleau-Ponty, Maurice, 268n, 269
Metrodorus of Lampsacus, 125
Mill, John Stuart, 23, 210, 263, 266, 330, 381–82
Miller, J. Hillis, 16
Milton, John, 15, 23
Minos, 108
Molière, Jean Baptiste, 54, 55
Montesquieu, Charles Louis de Secondat, Baron, 198, 213, 216, 225, 226, 228, 231, 232, 263, 266, 305, 308
More, Thomas, 49
Moses, 69, 225, 311
Mowbray, Thomas, 89n
Musaeus, 131, 151
Muse, 129–31, 181

Napoleon I, Emperor, 58
Nebuchadnezzar, 80
Nestor, 132, 133, 153
Newton, Isaac, 48, 298, 355
Nietzsche, Friedrich Wilhelm, 12, 17, 24, 25, 29, 106, 192, 238, 240, 244–45, 247, 250, 251–252, 265, 273, 291, 294, 298, 302, 305, 316, 330–31, 345, 382, 383, 386
Numa, 225

O'Brien, Conor Cruise, 17
Odysseus, 130, 147, 149, 168
Oedipus, 287
Olympus, 128
Orpheus, 128, 131, 151

Orwell, George, 16
Othello, 62, 64–65, 76

Parmenides, 297
Pascal, Blaise, 18, 243, 292, 296, 304
Patroclus, 132
Peisistratus of Philaidae, 94n, 98n, 100n
Pekarsky, Maurice B., 64n
Percy, Walker, 18–19
Pericles, 280
Phanosthenes of Andros, 137
Phemius, 128, 147
Pilate, Pontius, 78n
Plato, 11, 12, 15, 21, 25n, 28, 29, 36, 37, 51–53, 94–104, 100n, 105–9, 124–37, 138–60, 162–75, 178, 181, 184, 188, 189, 200, 217, 228, 231, 232, 240, 245–50, 253, 271, 273, 280, 282, 285–88, 293, 294, 298, 305–8, 310, 319, 320, 322, 359, 365–66, 370, 371, 376–77
Plutarch, 171, 181, 197
Polycrates of Samos, 99n
Polygnotus, 128
Portia, 71n, 75–82
Praxagora, 171–75
Priam, 130, 149
Proteus, 137, 161
Ptolemy, 362

Queneau, Raymond, 268

Racine, Jean Baptiste, 55
Rawls, John, 15, 300–302, 315–345
Reeves, Richard, 17
Richard II, King, 83–93
Richard the Lion-Hearted, King, 84n, 85
Robespierre, Maximilien de, 228
Romulus, 225
Roosevelt, Franklin D., 13

Rorty, Richard, 30
Rosovsky, Henry, 22
Rousseau, Jean-Jacques, 10, 17, 54, 177–207, 208–32, 247, 251–52, 277–79, 298, 302, 303, 305–8, 310, 312–14, 320, 322, 323, 326, 327, 333–35, 342, 344, 355, 387
Rushdie, Salman, 23
Russell, Bertrand, 298

Said, Edward, 24
Salerio, 72
Sartre, Jean-Paul, 16, 31, 259, 260, 264, 266, 267, 269
Savoyard Vicar, 198
Schiller, Johann Christoph von, 62, 178, 281
Schlesinger, Arthur, Jr., 17–18, 19
Schopenhauer, Arthur, 192
Sextus Pompeius, 62
Shakespeare, William, 11, 15, 24, 25, 55–63, 64–82, 83–93
Shylock, 62, 64–82
Simonides of Ceos, 98–99
Sinon, 35–36, 54
Skidelsky, Robert, 17
Smith, Adam, 218, 261, 286, 289
Socrates, 9–10, 12, 17–19, 28, 29, 45, 51, 57, 62, 94–104, 105–23, 124–37, 138–61, 162–176, 185–86, 197, 211, 240, 241, 250, 254, 285, 287, 289–291, 297, 308, 313, 314, 317, 328, 330, 331, 335, 342, 359, 365, 369
Solanio, 72
Solon, 225
Sophie, 199, 200–07
Sophocles, 93
Spinoza, Baruch, 65–66, 242–43, 244, 247, 282, 303
Stalin, Joseph, 257, 258n, 267, 294, 316
Stesimbrotus of Thasos, 125

Strauss, Leo, 11–12, 37–38, 235–255, 268n
Swift, Jonathan, 9, 11, 23, 35–54, 288

Tacitus, 254
Tarcov, Nathan, 12
Teiresias, 287
Tertullian, 37
Thamyras, 128
Theoclymenes, 134
Theodorus of Samos, 128
Theseus, 225
Thomas Aquinas, Saint, 27–28, 38, 306, 341
Thrasymachus, 169, 306
Thucydides, 98n, 100n, 105, 116, 117, 245, 249, 280, 289
Tocqueville, Alexis de, 15, 29, 179, 202, 210, 231, 263, 292–293, 303–4, 307, 312–13, 330, 374
Tolstoy, Leo Nikolaevich, Count, 230n
Tubal, 72, 74n
Tynnichus the Chalcidean, 130

Voltaire, 310

Washington, George, 341
Weber, Max, 238, 258, 261, 383
Wordsworth, William, 210

Xenophon, 9–10, 29, 105, 138, 156, 167, 171, 240, 245, 246–247, 250, 253, 254, 303, 311
Xerxes, 188

York, Duchess of (*Richard II*), 86, 92
York, Duke of (*Richard II*), 85, 86–89, 91, 92

图书在版编目（CIP）数据

巨人与侏儒：1960-1990/（美）阿兰·布鲁姆(Allan Bloom)著；张辉等译.--2 版.--北京：华夏出版社有限公司，2020.6
（西方传统：经典与解释）
书名原文：Giants and Dwarfs: Essays 1960-1990
ISBN 978-7-5080-9810-4

Ⅰ.①巨… Ⅱ.①阿… ②张… Ⅲ.①社会科学－文集 Ⅳ.①C53

中国版本图书馆 CIP 数据核字(2020)第 036478 号

GIANTS AND DWARFTS: ESSAYS 1960-1990 by Allan Bloom
Original English language edition Copyright ©1990 by Allan Bloom
北京市版权局著作权合同登记号：图字 01-2009-2087 号

巨人与侏儒：1960-1990

作　　者	[美]阿兰·布鲁姆
译　　者	张　辉　等
责任编辑	王霄翎　刘雨潇
责任印制	刘　洋
出版发行	华夏出版社有限公司
经　　销	新华书店
印　　装	北京汇林印务有限公司
版　　次	2020 年 6 月北京第 2 版 2020 年 6 月北京第 1 次印刷
开　　本	880×1230　1/32
印　　张	13.5
字　　数	350 千字
定　　价	98.00 元

华夏出版社有限公司　地址：北京市东直门外香河园北里 4 号　邮编：100028
网址：www.hxph.com.cn　电话：(010)64663331(转)
若发现本版图书有印装质量问题，请与我社营销中心联系调换。

西方传统：经典与解释
Classici et Commentarii
HERMES
刘小枫◎主编

古今丛编

克尔凯郭尔　[美]江思图 著
货币哲学　[德]西美尔 著
孟德斯鸠的自由主义哲学　[美]潘戈 著
莫尔及其乌托邦　[德]考茨基 著
试论古今革命　[法]夏多布里昂 著
但丁：皈依的诗学　[美]弗里切罗 著
在西方的目光下　[英]康拉德 著
大学与博雅教育　董成龙 编
探究哲学与信仰　[美]郝岚 著
民主的本性　[法]马南 著
梅尔维尔的政治哲学　李小均 编/译
席勒美学的哲学背景　[美]维塞尔 著
果戈里与鬼　[俄]梅列日科夫斯基 著
自传性反思　[美]沃格林 著
黑格尔与普世秩序　[美]希克斯 等著
新的方式与制度　[美]曼斯菲尔德 著
科耶夫的新拉丁帝国　[法]科耶夫 等著
《利维坦》附录　[英]霍布斯 著
或此或彼（上、下）　[丹麦]基尔克果 著
海德格尔式的现代神学　刘小枫 选编
双重束缚　[法]基拉尔 著
古今之争中的核心问题　[德]迈尔 著
论永恒的智慧　[德]苏索 著
宗教经验种种　[美]詹姆斯 著
尼采反卢梭　[美]凯斯·安塞尔-皮尔逊 著
舍勒思想评述　[美]弗林斯 著
诗与哲学之争　[美]罗森 著
神圣与世俗　[罗]伊利亚德 著
但丁的圣约书　[美]霍金斯 著

古典学丛编

赫西俄德的宇宙　[美]珍妮·施特劳斯·克莱 著
论王政　[古罗马]金嘴狄翁 著
论希罗多德　[古罗马]卢里叶 著
探究希腊人的灵魂　[美]戴维斯 著
尤利安文选　马勇 编/译
论月面　[古罗马]普鲁塔克 著
雅典谐剧与逻各斯　[美]奥里根 著
菜园哲人伊壁鸠鲁　罗晓颖 选编
《劳作与时日》笺释　吴雅凌 撰
希腊古风时期的真理大师　[法]德蒂安 著
古罗马的教育　[英]葛怀恩 著
古典学与现代性　刘小枫 编
表演文化与雅典民主政制
[英]戈尔德希尔、奥斯本 编
西方古典文献学发凡　刘小枫 编
古典语文学常谈　[德]克拉夫特 著
古希腊文学常谈　[英]多佛 等著
撒路斯特与政治史学　刘小枫 编
希罗多德的王霸之辨　吴小锋 编/译
第二代智术师　[英]安德森 著
英雄诗系笺释　[古希腊]荷马 著
统治的热望　[美]福特 著
论埃及神学与哲学　[古希腊]普鲁塔克 著
凯撒的剑与笔　李世祥 编/译
伊壁鸠鲁主义的政治哲学
[意]詹姆斯·尼古拉斯 著
修昔底德笔下的人性　[美]欧文 著
修昔底德笔下的演说　[美]斯塔特 著
古希腊政治理论　[美]格雷纳 著
神谱笺释　吴雅凌 撰
赫西俄德：神话之艺
[法]居代·德·拉孔波 等著
赫拉克勒斯之盾笺释　罗逍然 译笺
《埃涅阿斯纪》章义　王承教 选编
维吉尔的帝国　[美]阿德勒 著
塔西佗的政治史学　曾维术 编

古希腊诗歌丛编
古希腊早期诉歌诗人 [英]鲍勒 著
诗歌与城邦 [美]费拉格、纳吉 主编
阿尔戈英雄纪（上、下）
[古希腊]阿波罗尼俄斯 著
俄耳甫斯教祷歌 吴雅凌 编译
俄耳甫斯教辑语 吴雅凌 编译

古希腊肃剧注疏集
希腊肃剧与政治哲学 [美]阿伦斯多夫 著

古希腊礼法研究
希腊人的正义观 [英]哈夫洛克 著

廊下派集
廊下派的苏格拉底 程志敏 徐健 选编
廊下派的神和宇宙 [墨]里卡多·萨勒斯 编
廊下派的城邦观 [英]斯科菲尔德 著

希伯莱圣经历代注疏
希腊化世界中的犹太人 [英]威廉逊 著
第一亚当和第二亚当 [德]朋霍费尔 著

新约历代经解
属灵的寓意 [古罗马]俄里根 著

基督教与古典传统
保罗与马克安 [德]文森 著
加尔文与现代政治的基础 [美]汉考克 著
无执之道 [德]文森 著
恐惧与战栗 [丹麦]基尔克果 著
托尔斯泰与陀思妥耶夫斯基
[俄]梅列日科夫斯基 著
论宗教大法官的传说 [俄]罗赞诺夫 著
海德格尔与有限性思想（重订版）
刘小枫 选编
上帝国的信息 [德]拉加茨 著
基督教理论与现代 [德]特洛尔奇 著
亚历山大的克雷芒 [意]塞尔瓦托·利拉 著
中世纪的心灵之旅 [意]圣·波纳文图拉 著

德意志古典传统丛编
论荷尔德林 [德]沃尔夫冈·宾德尔 著

彭忒西勒亚 [德]克莱斯特 著
穆佐书简 [奥]里尔克 著
纪念苏格拉底——哈曼文选 刘新利 选编
夜颂中的革命和宗教 [德]诺瓦利斯 著
大革命与诗化小说 [德]诺瓦利斯 著
黑格尔的观念论 [美]皮平 著
浪漫派风格——施勒格尔批评文集 [德]施勒格尔 著

美国宪政与古典传统
美国1787年宪法讲疏 [美]阿纳斯塔普罗 著

世界史与古典传统
伊丽莎白时代的世界图景 [英]蒂利亚德 著
西方古代的天下观 刘小枫 编
从普遍历史到历史主义 刘小枫 编

启蒙研究丛编
浪漫的律令 [美]拜泽尔 著
现实与理性 [法]科维纲 著
论古人的智慧 [英]培根 著
托兰德与激进启蒙 刘小枫 编
图书馆里的古今之战 [英]斯威夫特 著

政治史学丛编
自然科学史与玫瑰 [法]雷比瑟 著

地缘政治学丛编
克劳塞维茨之谜 [英]赫伯格-罗特 著
太平洋地缘政治学 [德]卡尔·豪斯霍弗 著

荷马注疏集
不为人知的奥德修斯 [美]诺特维克 著
模仿荷马 [美]丹尼斯·麦克唐纳 著

品达注疏集
幽暗的诱惑 [美]汉密尔顿 著

欧里庇得斯集
自由与僭越 罗峰 编译

阿里斯托芬集
《阿卡奈人》笺释 [古希腊]阿里斯托芬 著

色诺芬注疏集
居鲁士的教育 [古希腊]色诺芬 著

色诺芬的《会饮》　[古希腊]色诺芬 著

柏拉图注疏集
立法与德性——柏拉图《法义》发微　林志猛 编
柏拉图的灵魂学　[加]罗宾逊 著
柏拉图书简　彭磊译注
克力同章句　程志敏 郑兴凤 撰
哲学的奥德赛——《王制》引论　[美]郝兰 著
爱欲与启蒙的迷醉　[美]贝尔格 著
为哲学的写作技艺一辩　[美]伯格 著
柏拉图式的迷宫——《斐多》义疏　[美]伯格 著
哲学如何成为苏格拉底式的　[美]朗佩特 著
苏格拉底与希琵阿斯　王江涛 编译
理想国　[古希腊]柏拉图 著
谁来教育老师　刘小枫 编
立法者的神学　林志猛 编
柏拉图对话中的神　[法]薇依 著
厄庇诺米斯　[古希腊]柏拉图 著
智慧与幸福　程志敏 选编
论柏拉图对话　[德]施莱尔马赫 著
柏拉图《美诺》疏证　[美]克莱因 著
政治哲学的悖论　[美]郝岚 著
神话诗人柏拉图　张文涛 选编
阿尔喀比亚德　[古希腊]柏拉图 著
叙拉古的雅典异乡人　彭磊 选编
阿威罗伊论《王制》　[阿拉伯]阿威罗伊 著
《王制》要义　刘小枫 选编
柏拉图的《会饮》　[古希腊]柏拉图 等著
苏格拉底的申辩（修订版）　[古希腊]柏拉图 著
苏格拉底与政治共同体　[美]尼柯尔斯 著
政制与美德——柏拉图《法义》疏解　[美]潘戈 著
《法义》导读　[法]卡斯代尔·布舒奇 著
论真理的本质　[德]海德格尔 著
哲人的无知　[德]费勃 著
米诺斯　[古希腊]柏拉图 著
情敌　[古希腊]柏拉图 著

亚里士多德注疏集
《诗术》译笺与通绎　陈明珠 撰
亚里士多德《政治学》中的教诲　[美]潘戈 著
品格的技艺　[美]加佛 著
亚里士多德哲学的基本概念　[德]海德格尔 著
《政治学》疏证　[意]托马斯·阿奎那 著
尼各马可伦理学义疏　[美]伯格 著
哲学之诗　[美]戴维斯 著
对亚里士多德的现象学解释　[德]海德格尔 著
城邦与自然——亚里士多德与现代性　刘小枫 编
论诗术中篇义疏　[阿拉伯]阿威罗伊 著
哲学的政治　[美]戴维斯 著

普鲁塔克集
普鲁塔克的《对比列传》　[英]达夫 著
普鲁塔克的实践伦理学　[比利时]胡芙 著

阿尔法拉比集
政治制度与政治箴言　阿尔法拉比 著

马基雅维利集
君主及其战争技艺　娄林 选编

莎士比亚绎读
莎士比亚的历史剧　[英]蒂利亚德 著
莎士比亚戏剧与政治哲学　彭磊 选编
莎士比亚的政治盛典　[美]阿鲁里斯/苏利文 编
丹麦王子与马基雅维利　罗峰 选编

洛克集
上帝、洛克与平等　[美]沃尔德伦 著

卢梭集
论哲学生活的幸福　[德]迈尔 著
致博蒙书　[法]卢梭 著
政治制度论　[法]卢梭 著
哲学的自传　[美]戴维斯 著
文学与道德杂篇　[法]卢梭 著
设计论证　[美]吉尔丁 著
卢梭的自然状态　[美]普拉特纳 等著
卢梭的榜样人生　[美]凯利 著

莱辛注疏集
- 汉堡剧评　[德]莱辛 著
- 关于悲剧的通信　[德]莱辛 著
- 《智者纳坦》（研究版）　[德]莱辛 等著
- 启蒙运动的内在问题　[美]维塞尔 著
- 莱辛剧作七种　[德]莱辛 著
- 历史与启示——莱辛神学文选　[德]莱辛 著
- 论人类的教育　[德]莱辛 著

尼采注疏集
- 何为尼采的扎拉图斯特拉　[德]迈尔 著
- 尼采引论　[德]施特格迈尔 著
- 尼采与基督教　刘小枫 编
- 尼采眼中的苏格拉底　[美]丹豪瑟 著
- 尼采的使命　[美]朗佩特 著
- 尼采与现时代　[美]朗佩特 著
- 动物与超人之间的绳索　[德]A.彼珀 著

施特劳斯集
- 论僭政（重订本）　[美]施特劳斯 [法]科耶夫 著
- 苏格拉底问题与现代性（增订本）
- 犹太哲人与启蒙（增订本）
- 霍布斯的宗教批判
- 斯宾诺莎的宗教批判
- 门德尔松与莱辛
- 哲学与律法——论迈蒙尼德及其先驱
- 迫害与写作艺术
- 柏拉图式政治哲学研究
- 论柏拉图的《会饮》
- 柏拉图《法义》的论辩与情节
- 什么是政治哲学
- 古典政治理性主义的重生（重订本）
- 回归古典政治哲学——施特劳斯通信集
- 苏格拉底与阿里斯托芬

***

- 施特劳斯的持久重要性　[美]朗佩特 著
- 论源初遗忘　[美]维克利 著

- 政治哲学与启示宗教的挑战　[德]迈尔 著
- 阅读施特劳斯　[美]斯密什 著
- 施特劳斯与流亡政治学　[美]谢帕德 著
- 隐匿的对话　[德]迈尔 著
- 驯服欲望　[法]科耶夫 等著

施米特集
- 宪法专政　[美]罗斯托 著
- 施米特对自由主义的批判　[美]约翰·麦考米克 著

伯纳德特集
- 古典诗学之路（第二版）　[美]伯格 编
- 弓与琴（重订本）　[美]伯纳德特 著
- 神圣的罪业　[美]伯纳德特 著

布鲁姆集
- 巨人与侏儒（1960-1990）
- 人应该如何生活——柏拉图《王制》释义
- 爱的设计——卢梭与浪漫派
- 爱的戏剧——莎士比亚与自然
- 爱的阶梯——柏拉图的《会饮》
- 伊索克拉底的政治哲学

沃格林集
- 自传体反思录　[美]沃格林 著

大学素质教育读本
- 古典诗文绎读 西学卷·古代编（上、下）
- 古典诗文绎读 西学卷·现代编（上、下）

中国传统：经典与解释
Classici et Commentarii

亲亚南丰
刘小枫 陈少明 ○ 主编

- 《孔丛子》训读及研究 / 雷欣翰 撰
- 论语说义 / [清]宋翔凤 撰
- 周易古经注解考辨 / 李炳海 著
- 浮山文集 / [明]方以智 著
- 药地炮庄 / [明]方以智 著
- 药地炮庄笺释·总论篇 / [明]方以智 著

青原志略 / [明]方以智 编
冬灰录 / [明]方以智 著
冬炼三时传旧火 / 邢益海 编
《毛诗》郑王比义发微 / 史应勇 著
宋人经筵诗讲义四种 / [宋]张纲 等撰
道德真经藏室纂微篇 / [宋]陈景元 撰
道德真经四子古道集解 / [金]寇才质 撰
皇清经解提要 / [清]沈豫 撰
经学通论 / [清]皮锡瑞 著
松阳讲义 / [清]陆陇其 著
起凤书院答问 / [清]姚永朴 撰
周礼疑义辨证 / 陈衍 著
《铎书》校注 / 孙尚扬 肖清和 等校注
韩愈志 / 钱基博 著
论语辑释 / 陈大齐 著
《庄子·天下篇》注疏四种 / 张丰乾 编
荀子的辩说 / 陈文洁 著
古学经子 / 王锦民 著
经学以自治 / 刘少虎 著
从公羊学论《春秋》的性质 / 阮芝生 撰

现代人及其敌人
海德格尔与中国
共和与经纶
现代性与现代中国
现代性社会理论绪论
诗化哲学 [重订本]
拯救与逍遥 [修订本]
走向十字架上的真
西学断章

编修 [博雅读本]
凯若斯：古希腊语文读本 [全二册]
古希腊语文学述要
雅努斯：古典拉丁语文读本
古典拉丁语文学述要
危微精一：政治法学原理九讲
琴瑟友之：钢琴与古典乐色十讲

译著
普罗塔戈拉（详注本）
柏拉图四书

刘小枫集

民主与政治德性
昭告幽微
以美为鉴
古典学与古今之争 [增订本]
这一代人的怕和爱 [第三版]
沉重的肉身 [珍藏版]
圣灵降临的叙事 [增订本]
罪与欠
儒教与民族国家
拣尽寒枝
施特劳斯的路标
重启古典诗学
设计共和

经典与解释辑刊

1 柏拉图的哲学戏剧
2 经典与解释的张力
3 康德与启蒙
4 荷尔德林的新神话
5 古典传统与自由教育
6 卢梭的苏格拉底主义
7 赫尔墨斯的计谋
8 苏格拉底问题
9 美德可教吗
10 马基雅维利的喜剧
11 回想托克维尔
12 阅读的德性
13 色诺芬的品味
14 政治哲学中的摩西
15 诗学解诂
16 柏拉图的真伪
17 修昔底德的春秋笔法
18 血气与政治
19 索福克勒斯与雅典启蒙
20 犹太教中的柏拉图门徒
21 莎士比亚笔下的王者
22 政治哲学中的莎士比亚
23 政治生活的限度与满足
24 雅典民主的谐剧
25 维柯与古今之争
26 霍布斯的修辞
27 埃斯库罗斯的神义论
28 施莱尔马赫的柏拉图
29 奥林匹亚的荣耀
30 笛卡尔的精灵
31 柏拉图与天人政治
32 海德格尔的政治时刻
33 荷马笔下的伦理
34 格劳秀斯与国际正义
35 西塞罗的苏格拉底
36 基尔克果的苏格拉底
37 《理想国》的内与外
38 诗艺与政治
39 律法与政治哲学
40 古今之间的但丁
41 拉伯雷与赫尔墨斯秘学
42 柏拉图与古典乐教
43 孟德斯鸠论政制衰败
44 博丹论主权
45 道伯与比较古典学
46 伊索寓言中的伦理
47 斯威夫特与启蒙
48 赫西俄德的世界
49 洛克的自然法辩难
50 斯宾格勒与西方的没落
51 地缘政治学的历史片段
52 施米特论战争与政治
53 普鲁塔克与罗马政治
54 罗马的建国叙述
55 亚历山大与西方的大一统
56 马西利乌斯的帝国